Der Heilige Stuhl
und Hitler-Deutschland

Gerhard Besier
in Zusammenarbeit mit Francesca Piombo

Der Heilige Stuhl
und Hitler-Deutschland

Die Faszination des Totalitären

Deutsche Verlags-Anstalt
München

Bibliographische Information Der Deutschen Bibliothek
Die Deutsche Bibliothek verzeichnet diese Publikation
in der Deutschen Nationalbibliographie; detaillierte
bibliographische Daten sind im Internet über
http://dnb.ddb.de abrufbar.

© 2004 Deutsche Verlags-Anstalt GmbH, München
Alle Rechte vorbehalten
Lektorat: Ulrich Volz, Stuttgart
Typographie und Satz: DVA/Brigitte Müller
Druck und Bindearbeit: GGP Media GmbH, Pößneck
Printed in Germany
ISBN 3-421-05814-8

Inhalt

Inhalt

Vorbemerkungen

Seit Rolf Hochhuths Drama »Der Stellvertreter« aus dem Jahr 1963 reißen die Vorwürfe gegen den Pacelli-Papst Pius XII. nicht mehr ab: Er habe es versäumt, feierlich und öffentlich gegen die Verfolgung und Ermordung der europäischen Judenheit zu protestieren, und angesichts dieser und anderer Verbrechen des Nationalsozialismus und Faschismus »geschwiegen«. Sein Urteil sei sowohl durch den Antisemitismus[1] wie durch den einseitigen Antibolschewismus[2] der römisch-katholischen Kirche – Haltungen, die er selbst geteilt habe – getrübt gewesen. Die eigentlichen Wurzeln dieses menschenverachtenden Verhaltens lägen in der Lehre und der Tradition des Christentums selbst: in zahlreichen Passagen der Bibel und dem zwei Jahrtausende alten, imperialen Streben nach exklusiver Herrschaft über das Denken und Fühlen der Menschen.[3] Diese Geschichte der Durchsetzung des Christentums habe eine breite Blutspur hinterlassen und begründe die Intoleranz der abendländischen Kultur.[4] Gegen dieses inzwischen dominante, meist von Angloamerikanern vertretene und durch einflußreiche Verlage verbreitete negative Geschichtsbild setzt sich die römisch-katholische Kirche bis heute zur Wehr[5] – bis vor kurzem vergeblich.

Die Kritiker Hochhuths wiederum übersehen vielfach, daß der damals noch unbekannte zweiunddreißigjährige Autor 1963/64 wegen seines »Stellvertreter«-Stücks heftigster Kritik und massiver Rufschädigung ausgesetzt war – weil er es gewagt hatte, ein bis dahin gültiges, weithin positives Geschichtsbild über Pius XII. umzustoßen. Hannah Arendt, die im Herbst 1963 ein Exemplar von dem Heidelberger Philosophen Karl Jaspers

zugeschickt bekam, durchbrach sogar eine persönliche Lebens-
regel, um dem jungen Dichter zu helfen: Sie gab dem Fern-
sehen ein Interview.

Jaspers schlug später einen Bogen vom »Fall« Hochhuth zum
»Fall« Arendt – der Empörung über ihre unemotionale, nüchterne und ironische Darstellung des Eichmann-Prozesses in
Jerusalem. »Die auf Dich unternommene Jagd ist scheußlich«,
schrieb Jaspers. »[...] ein entsetzliches Symptom unserer Lage,
der abendländischen Lage und unserer Rolle darin. Wer die
Wahrheit sagt, wird ausgeschlossen, es sei denn, daß niemand
auf ihn hört. Ich bin fest überzeugt, daß der ›Rufmord‹ nicht
gelingen wird. [...] Hier die größte Aufregung wegen Hochhuths ›Stellvertreter‹. [...] Vor zwei Tagen hatte ich mit ihm
und sechs anderen Leuten [...] ein Radiogespräch [...]. Haß-
erfüllt von katholischer Seite [...]. Ich war begeistert, einen
dreißigjährigen Deutschen zu sehen, Autodidakt [...], leiden-
schaftlich in der Frage nach dem Judenmord, dem anwesenden katholischen Professor [Rudolf Morsey[6]] in konkreten
Kenntnissen überlegen, so daß er ihn durch Fakten und Fragen
zum Schweigen brachte [...]. Ihr beide lebt nun wie hinter
einer Fassade, die Ihr der Welt zeigt. Ich bin mit meinem Herzen bei Euch.«[7]

Hannah Arendt versuchte das Ihre beizutragen, um Mißver-
ständnisse auszuräumen und das wahre Problem in den Vordergrund zu rücken. Am 13. Februar 1964 publizierte sie einen
Artikel in der *New York Herold Tribune*, in dem es unter anderem heißt: »Beurteilt man den Papst nur als weltliches Staatsoberhaupt, so tat er nichts anderes, als die meisten seinesglei-
chen, wenn schon nicht alle, unter solchen Umständen getan
haben. Für die Kirche als Institution unter anderen ist ihre
Neigung, sich mit jeglichem Regime zu arrangieren, das seine
Bereitwilligkeit betont, Eigentum und Vorrechte der Kirche zu
respektieren, [...] verständlicherweise fast zum Glaubenssatz
der politischen Philosophie des Katholizismus geworden. [...]

Aber die geringe weltliche Macht des Papstes [...] verbindet sich mit der ›geistlichen Souveränität des Heiligen Stuhles‹, die eine Sache für sich ist und in der Welt eine außerordentlich große, wenngleich unwägbare geistige Autorität darstellt.«[8] Mit seiner Anmerkung –»Kirche und Papst sind für uns menschliche Institutionen. Sie haben sich nicht besser und nicht schlechter verhalten als alle anderen politischen Instanzen«[9] – traf Karl Jaspers den eigentlich neuralgischen Punkt. Denn anders als er implizierte der Tenor des Hochhuthschen Stücks – man darf wohl sagen: im Einvernehmen mit gläubigen Katholiken – eine ganz andere Erwartung: nämlich die, daß der Stellvertreter Gottes auf Erden, das Oberhaupt der universalen römisch-katholischen Kirche, eben mit anderen Maßstäben als den ansonsten auf dieser Erde gültigen zu messen sei.

Kaum ist jedenfalls eine kurze Phase der Beruhigung eingetreten, erregt wieder eine neue Welle Pacelli-kritischer Literatur die Gemüter und stört damit das seit über sieben Jahren laufende Seligsprechungsverfahren. Dieses setzt ein heiligmäßiges Leben voraus. Wichtige Aufklärung über die vatikanische Diplomatie zwischen 1933 und 1945 könnten die archivierten Dokumente des Kirchenstaates geben, so argumentierten Wissenschaftler immer wieder. Als inzwischen einziger europäischer Staat gewährte der Vatikan den interessierten Historikern aus aller Welt bis Februar 2003 keine freie Archivbenutzung und beharrte auf einer Sperrfrist von 80 Jahren. Nicht einmal die im Oktober 1999 gemeinsam von der vatikanischen Kommission für die religiösen Beziehungen zum Judentum und vom Internationalen Jüdischen Komitee für Interreligiöse Kontakte eingesetzte Historikerkommission erhielt ungehinderten Zugang zu wichtigen Vatikanakten für die Zeit nach 1922. Daraufhin stellte die sechsköpfige Kommission jüdischer und katholischer Historiker ihre Arbeit Ende Juli 2001 vorläufig ein.[10]

Seit Mitte Februar 2003 sind nun folgende Bestände des Vatikanischen Geheimarchivs zugänglich: Archivio della Nunziatura Apostolica in Monaco [München] (di Baviera) – von 1922 bis Mai 1934, Archivio della Nunziatura Apostolica in Berlino – bis Dezember 1929, Affari Ecclesiastici Straordinari, Germania – von 1922 bis Ende 1939 und Affari Ecclesiastici Straordinari, Baviera – von 1922 bis Ende 1939.

Darüber hinaus erfolgte im Juni 2002 die Öffnung des Kardinal-Faulhaber-Archivs im Erzbischöflichen Archiv München und Freising, mit dessen Hilfe ebenfalls einige Lücken der Kirchengeschichtsschreibung in der NS-Zeit geschlossen werden können.

Das Archiv der Deutschen Nationalkirche *Santa Maria dell'Anima* – es enthält u. a. die Bestände ihres Rektors, Alois Hudal, der in dem fraglichen Zeitraum eine wichtige Rolle spielte – ist dagegen noch nicht frei zugänglich. Vielmehr wurde vom Vatikan eine Kommission eingesetzt, die das Material vorab sichtet und auswertet.[11]

Erkenntnisse für die Zeit nach 1939 dürften über das hinaus, was eine elfbändige Akten-Edition (1965-1981) und die darauf gründende Darstellung Pierre Blets SJ aus dem Jahr 1997[12] erbracht haben, erst aufgrund weitergehender Quellenstudien möglich sein. Doch die Bestände für die Epoche Pius' XII. (1939-1958) sind weiterhin geschlossen. Bisher publizierte Quellen wie Darstellungen schließen freilich schon jetzt aus, daß Pacelli »Hitlers Papst« war. Vielmehr belegt gerade das Verhalten Pacellis Mitte der dreißiger Jahre, daß der höchste vatikanische Diplomat sich im Interesse seiner Kirche und ihrer Gläubigen mit der Pariser Volksfrontregierung Léon Blums ebenso verständigen konnte wie mit dem amerikanischen Präsidenten Roosevelt oder mit den europäischen Diktatoren Mussolini, Franco und Hitler. Ziel seiner Politik war eine Befestigung oder gar Erweiterung des Gestaltungsraumes für das katholische Leben in den betreffenden Ländern. Zum Teil gegen den Wunsch des jeweiligen Episkopats in den einzelnen Nationalstaaten mußte der Kardinalstaatssekretär darauf bedacht bleiben, mit nahezu allen politischen Richtungen verhandeln zu können. Zu einer umfassenden Würdigung Pacellis und seines Wirkens gehören jedenfalls auch diese Aspekte. Die jetzt erschienenen Memoiren von Harold Tittmann Jr., dem Assistenten Myron C. Taylors, verschieben die Gewichte weiter zugunsten Pius' XII., denn sie ordnen manche der aus dem Zusammenhang gerissenen Zitate plausibel ein und stellen Pacelli, der viele Leben gerettet habe, ein glänzendes Zeugnis aus.[13] Diese und weitere Veröffentlichungen[14] scheinen eine neue Phase der Erforschung dieser Epoche einzuläuten: Es geht wieder weniger um das Spektakuläre als um den redlichen historiographischen Versuch, die Rolle Pacellis und die der römisch-katholischen Kirche im Zeitalter der Diktaturen zu verstehen. »Mein eigener Eindruck ist«, schrieb Joseph Bottum in einem Essay über *The End of the Pius Wars*, »daß es mit den Anti-Pius-Büchern langsam zur Neige geht.«[15]

Der vorliegende Band konzentriert sich auf die Zeit zwischen 1917 und 1939, also im wesentlichen auf jene Jahre, über die nun neue Dokumente vorliegen. Es ist freilich von Nachteil, daß nur die Akten über den diplomatischen Verkehr zwischen den deutschen Nuntiaturen und dem Vatikan geöffnet wurden, während der Schriftverkehr mit den anderen Nuntiaturen Europas verschlossen bleibt. Da die Diplomatie des Heiligen Stuhls aber europäisch konzipiert war, mußte weiteres Material auch zu den anderen europäischen Staaten mit herangezogen werden. Das gilt insbesondere für jene Länder, die als katholische Ständestaaten eine besondere ideologische Nähe zum Vatikan für sich beanspruchten, sowie für das faschistische Italien Mussolinis.

Die neuen Dokumente bieten keine wirklichen »Sensationen«, aber doch einige Überraschungen. Die Funde sind dazu geeignet, Forschungslücken zu schließen und unsere Kenntnisse über die zwanziger und dreißiger Jahre des letzten Jahrhunderts zu vervollständigen. Das Bild des Vatikans, das Denken und Handeln seiner Akteure gewinnt an Profil und damit an Klarheit. Das gilt insbesondere für Papst Pius XI., Pacelli und Cesare Orsenigo, den Nachfolger Pacellis im Amt des Berliner Reichsnuntius. Im Nachzeichnen der Entscheidungsprozesse wird der geheimnisumwobene Vatikan entzaubert.

Unser Dank gilt den Archivarinnen und Archivaren, die uns stets mit Freundlichkeit und manchmal auch großzügig über die normalen Öffnungszeiten hinaus arbeiten ließen. Besonders bedanken möchten wir uns bei Padre Sergio Pagano, dem Direktor des Vatikanischen Geheimarchivs, der uns den Zugang zu den Pacelli-Akten erleichterte, und bei Dr. Peter Pfister, dem Direktor des Erzbischöflichen Archivs München und Freising, der uns in personell bedrängter Situation das Kardinal-Faulhaber-Archiv öffnete.

Wir haben auch unseren Kolleginnen und Kollegen am Hannah-Arendt-Institut für mannigfaltige Hilfe zu danken: Hannelore Georgi und Katarzyna Stoklosa für die Übersetzungen aus dem Russischen und Polnischen, Hans Jörg Schmidt und Petra Tallafuss für Nachrecherchen in deutschen Archiven, weitere Übersetzungen, die Durchsicht der Anmerkungen und das Register. Kai Krause hat aus den Dresdner Bibliotheken unermüdlich Bücher herbeigeschleppt, zahlreiche Kopien angefertigt und zusammen mit unserer Bibliothekarin Claudia Kegel die Fernleihen besorgt. Uwe Backes verdanken wir Hinweise auf wichtige Quellen und Literatur, ihm und Gerhard Lindemann schließlich eine kritische Durchsicht des Manuskripts und wertvolle Anregungen. Ulrich Volz von der Deutschen Verlags-Anstalt danken wir für die sorgfältige Lektorierung des Manuskripts.

Dresden, im Juli 2004   *Gerhard Besier und Francesca Piombo*

Die Deutschland- und Europapolitik
des Vatikans 1904-1920

Eugenio Pacelli: Staatskirchenrechtler, Diplomat und Kenner des Kanonischen Rechts

Wie kaum ein führender Geistlicher vor ihm, dürfte der Römer Eugenio Pacelli vom Vatikan und seiner Geschichte geprägt worden sein. Durch Großvater, Vater und Bruder, die als Anwälte und leitende Beamte dem Kirchenstaat auf vielfältige Weise dienten, war der Lebensraum des 1876 Geborenen eindeutig bestimmt und wohl auch begrenzt.[1] Der Untergang des Kirchenstaates 1871, die Einnahme Roms durch die Truppen Garibaldis, die Gründung des italienischen Staates 1870 und die binnenkirchlich-theologischen Maßnahmen der Päpste zur Kompensation des außenpolitischen Machtverlusts gehörten sozusagen zum erzählten oder schon selbst erfahrenen Erlebnishintergrund des in einer Drei-Generationen-Großfamilie Aufgewachsenen.

Zeitlebens blieb Pacelli Santa Maria in Vallicella verbunden, der Kirche seiner Kindheit, wo er als Meßdiener die Gottesdienste mitgefeiert hatte. Seine Eltern schickten ihn auf das Ennio-Quirino-Visconti-Lyzeum, das zwar eine klassische Ausbildung bot, aber auch für seine antikuriale, national-italienische Haltung bekannt war.[2] Doch der laizistische Geist konnte dem religiös tief Verwurzelten wenig anhaben. Mit dem festen Entschluß, Priester zu werden, nahm er 1894 das Theologiestudium an der Päpstlichen Universität Gregoriana auf, das er 1899 abschloß. Am 2. April desselben Jahres, einem Ostersonntag, wurde er zum Priester geweiht; am folgenden Tag feierte er die Primiz, seine erste Messe. An beiden Ereignissen nahmen Kardinäle und Bischöfe teil, was einmal mehr die engen Kontakte seiner Familie zum Heiligen Stuhl unterstrich. Den jungen, intellektuell hochbegabten Priester zog es nicht in die Pfarrgemeinde; vielmehr kehrte er an die Hochschule zurück und schloß 1901 seine Studien mit dem Doktor beider Rechte ab.

Auf Empfehlung von Kardinal Vincenzo Vannutelli, dem ehemaligen päpstlichen Gesandten am Zarenhof und Freund der Familie Pacelli, begann Eugenio seine berufliche Laufbahn 1901 als Mitarbeiter der Kongregation für die Außerordentlichen Kirchlichen Angelegenheiten. Dessen einflußreicher Sekretär war der Titularerzbischof und international renommierte Kirchenrechtler und Kanonist Pietro Gasparri[3], von 1880 bis 1897 Professor am Institut Catholique in Paris, dann als päpstlicher Delegat in Peru, Bolivien und Ecuador tätig.[4] Die 1814 gegründete Kongregation arbeitete dem Kardinalstaatssekretär zu, indem sie sich mit Fragen von Diözesangrenzen, Bischofsernennungen und ähnlichen Gegenständen befaßte. Solche Regelungen waren bei den Verhandlungen des Heiligen Stuhls mit den Nationalstaaten und für den Abschluß bilateraler Verträge von großer Bedeutung. Mithin befand sich der erst 25jährige Pacelli im Kernbereich der außenpolitischen Aktivitäten des Vatikans. Schon 1903 wurde er zum Minutanten im päpstlichen Staatssekretariat ernannt, erhielt also eine Referentenstelle im Außenministerium des Vatikans, und schlug damit eine Laufbahn als Beamter an der päpstlichen Kurie ein. Durch seine Minutantentätigkeit erhielt er fundierte Einblicke in die Kurialverwaltung und in die Diplomatie der Päpste.

Besaß die außenpolitische Kongregation aufgrund der Bildung neuer Nationalstaaten schon eine fortdauernde Bedeutung, so galt dies um so mehr für ihren Sekretär. Denn Gasparri, ein Hoffnungsträger unter den »fortschrittlichen« Kardinälen[5], nahm nicht nur hier eine wichtige Funktion wahr. Er war auch Sekretär der sechzehnköpfigen Kardinalkommission, die Papst Pius X. 1904 einberufen hatte, um ein neues Kirchengesetzbuch, den *Codex Iuris Canonici* (CIC), zu erarbeiten. Von Anbeginn bezog er seinen Mitarbeiter Pacelli auch in diese Materie ein[6] und nahm den 26 Jahre Jüngeren bei seinem weiteren

Aufstieg stets fördernd mit. Wegen seiner Verdienste im Zusammenhang mit dem CIC – er galt als Schöpfer des schließlich 1917 promulgierten und bis 1983 gültigen Kirchengesetzbuches[7] – wurde Gasparri 1907 zum Kardinal ernannt und stieg 1914 unter Benedikt XV.[8] zum Kardinalstaatssekretär auf.

Pacelli war auch 1906 dabei, als sein Mentor Gasparri das Weißbuch gegen das französische Trennungsgesetz von 1905 abfaßte[9], in dessen Folge der Vatikan das Konkordat von 1801 einseitig aufhob. Die religionspolitische Entwicklung im vormals »katholischen Frankreich«, einer Schutzmacht des Heiligen Stuhls, mußte auf die päpstlichen Diplomaten traumatisch wirken. Als eine bleibende Auswirkung der Französischen Revolution war schon am Ende des 18. Jahrhunderts eine Spaltung der Bevölkerung in Katholiken und Laizisten eingetreten. Bereits 1880 hatte die französische Regierung den »kirchlichen« Sonntag als regulären Feiertag außer Kraft gesetzt, um 1906 statt dessen einen weltlichen Ruhetag einzuführen. Seit 1900 ergriff sie konkrete Maßnahmen, um die finanzstarken und damit mächtigen katholischen Kongregationen aus dem Bildungswesen zu drängen und ihnen die Möglichkeit zu nehmen, regierungsfeindliche Aktivitäten zu unterstützen. Zu diesem Zweck verabschiedete das Parlament 1901 ein Gesetz, das die Existenz von Kongregationen von einer gesetzlichen Zulassung abhängig machte. Nachdem Frankreich schließlich auch die diplomatischen Beziehungen zum Heiligen Stuhl abgebrochen hatte, mußte es so scheinen, als sei das Land unter politischen Gesichtspunkten für die Kurie verloren.

Bereits 1904 hatte Pacelli eine Privatreise nach Frankreich unternommen. Ob sie im Zusammenhang mit den innenpolitischen Entscheidungen in Paris stand, ist ungewiß. Trotz des Schocks blieb Pacelli in der Folgezeit ganz Diplomat, der mit Pragmatismus und Beharrlichkeit auch gegenüber Frankreich die Interessen des Heiligen Stuhls verfolgte.[10] Denn noch war nichts verloren.

Tatsächlich gärte es im Frankreich der Jahrhundertwende. Das dort herrschende, kulturkämpferische Klima begünstigte Charles Maurras und die reaktionäre *Action française* – eine Bewegung, die in der Affäre Dreyfus wurzelte und ein patriotisches, antidemokratisches, antirevolutionäres, monarchistisches und religiöses Frankreich anstrebte.[11] Sie bekämpfte auch die Anfänge der christlichen Demokratie, in denen sie lediglich Ausläufer der Revolution zu sehen vermochte. Im Vatikan nahm man die *Action française* sehr ernst. Maurras pflegte gute Beziehungen zum hohen Klerus, Pius X. machte aus seiner Sympathie für die Bewegung keinen Hehl. Allerdings hatte sich Maurras mit seinen radikalen Ansichten auch mächtige Gegner in Rom gemacht; sie sorgten dafür, daß mehrere seiner Schriften auf den Index verbotener Bücher gesetzt wurden. Bis zum Bruch des Vatikans mit der *Action française* Mitte der zwanziger Jahre blieb es bei einem eigentümlich schwankenden Verhältnis.[12]

Am 20. Juli 1903 starb Leo XIII. Im Zusammenhang mit der Papstwahl suchte eine andere katholische Großmacht, nämlich Österreich-Ungarn, die Kandidatur von Kardinalstaatssekretär Mariano Rampolla zu verhindern, indem es von seinem Veto-Recht – der sogenannten *Exklusive* – Gebrauch machte und auf dem Konklave gegen die Kandidatur opponierte.[13]

Aus politischer Perspektive wehrte sich die Doppelmonarchie zu Recht gegen diesen Kandidaten, der als »Außenminister« des Vatikans den »Dreibund« mit Deutschland und Italien[14] hatte hintertreiben wollen, da ihm das Bündnis für eine Lösung der ungeklärten »Römischen Frage« nicht förderlich erschienen war.

Mit ihrem Veto nahm die Doppelmonarchie keinen entscheidenden Einfluß auf die Wahl, schadete aber sich selbst, da die Angelegenheit bekannt wurde. Sogar in kirchenfernen, liberalen Kreisen nahm man diese Intervention schlecht auf. Der österreichische Außenminister Graf Goluchowski wurde mit einem Beschwichtigungsversuch beauftragt. Seine Äußerung, die *Exklusive* habe nur Wunsch- und Warncharakter und sei kein Befehl, wurde im *Osservatore Romano*[15] zurückgewiesen: Österreich habe sich auf ein »überliefertes Recht« berufen, das aber in moderner Zeit zum Anachronismus geworden sei. Die Vatikanzeitung nahm dabei eine Argumentationslinie auf, die der junge, gerade in die Kongregation für Außerordentliche Kirchenangelegenheiten aufgestiegene Pacelli im Auftrag Gasparris in einer Studie zum Thema erarbeitet hatte. Pacelli verwies darin auf die relativ späte Entstehung des Exklusivrechts im 16. Jahrhundert, auf deren Verfestigung zur Regel seit der Wahl Innozenz' XII. 1691 und vor allem darauf, daß weltliche Staaten ungeniert weiterhin Gebrauch von der *Exklusive* machten, obwohl sie doch gleichzeitig auf der Trennung von Staat und Kirche bestanden, die auf gegenseitiger Freiheit gründen sollte.

Die Kardinäle der Kongregation für Außerordentliche Kirchenangelegenheiten stimmten in der Folge für die Abschaffung des Veto-Rechts. Die kurz zuvor abgegebenen Erklärungen Goluchowskis würden eine solche Abschaffung nicht nur nahelegen, sondern sogar gebieten. Dies wurde um so stärker empfunden, als die Kirche sich nun, nach dem Verlust des ehemaligen Territoriums, nicht mehr als weltliche, sondern als nur noch geistliche Autorität sah. Die Intervention weltlicher Staaten im Zusammenhang mit dem Konklave betraf daher geistliche Kompetenzen, was man nicht mehr hinnehmen wollte. Kardinalstaatssekretär Raffael Merry del Val schlug vor, eine zweite Konstitution zu erlassen, die die übrigen päpstlichen Konstitutionen zum Konklave regeln sollte. 1904 wurden daher zwei Konstitutionen erlassen – am 20. Januar die *Commissum nobis*, die das Veto-Recht verurteilte, und am 25. Dezember die *Vacante sede apostolica*, die außer zweien (*Commissum nobis* und *Praedecessores nostri*) alle früheren Konstitutionen zum Konklave abschaffte.[16]

Pacelli wurde Ende Januar 1904 damit beauftragt, die Nuntien über die neue Konstitution in Kenntnis zu setzen. Diese erhielten den Auftrag, keinesfalls von sich aus die betreffende Regierung über den Inhalt der Konstitution zu informieren – da es sich um eine interne, das Konklave betreffende Angelegenheit handele –, sondern den Text nur weiterzuleiten, wenn danach gefragt werde.[17] Erst später, nunmehr selbst Papst, gelang es Pacelli, die Einmischung anderer Staaten in den Vorgang der Papstwahl völlig zu unterbinden.

Unter Pius X., der Leo XIII. am 4. August 1903 folgte, ließ die Kurie von der Forderung nach einer Wiederherstellung ihrer ehemaligen Grenzen von vor 1870 ab und kämpfte statt dessen um die diplomatische Anerkennung der Kirche als einer unabhängigen und freien Entität auf juristischer Ebene.[18] Die Aufhebung des Veto-Rechts von weltlichen katholischen Herrschern bei der Papstwahl, wodurch die Kirche ihre Unabhängigkeit von den katholischen Großmächten Österreich-Ungarn, Frankreich und Spanien durchsetzte, war eben eine Folge dieser Politik.

Pacelli machte unter Pius X. rasch Karriere. Im Oktober 1903, mit 27 Jahren, wurde er auf Vorschlag Pietro Gasparris Mitarbeiter in der Kongregation für Außerordentliche Kirchenangelegenheiten, die als unabhängige, von einem Sekretär geleitete Behörde direkt dem Kardinalstaatssekretär unterstand und außenministerielle Funktionen innehatte. 1908 wurde diese Kongregation dem Staatssekretariat als dessen erste Abteilung einverleibt. 1904 stieg Pacelli zum Hausprälaten der Kongregation auf, 1911 wurde er Untersekretär und schließlich 1914 Sekretär derselben. Pacelli galt als zuverlässiger und fähiger Vertreter der Politik Pius' X., was sicher zu diesem raschen Aufstieg beitrug.[19]

Er folgte in diesen Ämtern jeweils dem ultrakonservativen Monsignor Umberto Benigni, gestaltete diese aber um, indem er sie nicht, wie sein Vorgänger, antimodernistisch-theologisch akzentuierte, sondern staatskirchenrechtlich. Obwohl persönlich zweifellos ein Anhänger der integralen Linie Pius' X., hielt er sich in dieser Lebensphase konsequent aus den theologiepolitischen Zeitfragen heraus. Diese Abstinenz kam ihm beim Pontifikatswechsel 1914 zugute, denn bruchlos konnte er unter dem neuen Papst Benedikt XV. und dessen Kardinalstaatssekretär Gasparri weiter die Karriereleiter hinaufeilen.

In den ersten anderthalb Dekaden nach der Jahrhundertwende hatte der Integralismus, das kirchliche Gegenmodell zu Reformkatholizismus und Modernismus, seinen Höhepunkt erreicht. Dabei handelte es sich um »eine Art religiösen Totalitarismus«[20], der alle Bereiche des Glaubens, der Kultur und der Politik der direkten Gewalt der Kirche unterwerfen wollte. Mit ausdrücklicher Billigung Pius' X. baute Benigni einen »Spitzeldienst über ganz Europa«[21] aus, das »Sodalitium Pianum« – eine Einrichtung, die von Kritikern als System »perfekter Spionage und organisierter Verleumdung« bezeichnet wurde. Auf diesem Weg sollten »getarnte« Modernisten in der Kirche aufgespürt und aus ihren Ämtern entfernt werden. Zu denen, die denunziert wurden, gehörte auch Angelo Giuseppe Roncalli, der spätere Papst Johannes XXIII.

Als das Konklave in den ersten Kriegswochen zur Wahl eines neuen Papstes zusammentrat, erhielt Kardinal Giacomo della Chiesa, der Erzbischof von Bologna, die Unterstützung jener Kardinäle, die sich für ein rasches Ende der Modernistenkämpfe einsetzten. Tatsächlich traten – auch wegen des Krieges – nach dem Amtsantritt Benedikts XV. die Modernistenjagden in den Hintergrund; 1921 hob der Papst das »Sodalitium Pianum« ganz auf. Darüber darf freilich nicht verdrängt werden, daß »Integralismus« und »Fundamentalismus« als mächtige kirchliche Strömungen, besonders in hohen klerikalen Kreisen, durchaus erhalten blieben.

Seit seiner Ernennung zum Sekretär der Kongregation für Außerordentliche Kirchliche Angelegenheiten im Jahr 1914 war

Pacelli mit den Konkordatsverhandlungen mit dem Königreich Serbien betraut.[22] Diese betrieb er – im Namen des Kardinalstaatssekretärs Raffael Merry del Val – weitgehend selbständig.

Die Verhandlungen mit Serbien hatten nach dem Konkordatsabschluß mit Montenegro (1886) begonnen, dessen Unabhängigkeit 1878 auf dem Berliner Kongreß anerkannt worden war.[23] Doch diese ersten diplomatischen Kontakte waren zunächst im Sande verlaufen und wurden erst nach den Balkankriegen von 1912 und 1913 wiederaufgenommen.[24] Österreich-Ungarn schien nicht mehr in der Lage zu sein, die Interessen der katholischen Minderheit in den von Serbien eroberten Gebieten zu vertreten. Daher wollte man die dort lebenden Katholiken durch ein Konkordat schützen. Belgrad hatte keine grundsätzlichen Einwände gegen den katholischen Glauben; vor Ort aber wurden Katholiken durchaus diskriminiert, weil man ihnen politische Verbindungen zu Österreich-Ungarn unterstellte. Darüber hinaus duldete der Balkanstaat keine Einmischung seitens des habsburgischen Rivalen. So war man auf serbischer Seite einem Konkordat gegenüber aufgeschlossen, da dieses den Einfluß Wiens auf die inneren Angelegenheiten des Landes unterbinden werde.

Über die Nuntien der beiden Länder sowie auf diplomatischem Weg begann die Kontaktaufnahme. Trotz der Fürsprache des Wiener Nuntius Raffaele Scapinelli di Leguigno zugunsten eines solches Konkordats – es brächte, so sein Argument, der katholischen Kirche Einfluß auf orthodoxem Territorium, wenn auch auf Kosten des Einflusses der Donaumonarchie in der Region – entschied man in Rom zunächst dagegen: Auf serbischer Seite würden solche Verhandlungen zunächst keine Vorteile bringen. Aber die vertrauenswürdige katholische Schutzmacht Österreich-Ungarn würde durch einen solchen Schritt geschwächt, wie man befürchtete.

Dennoch – möglicherweise weil Wien selbst seine Haltung änderte – wollte man ein Konkordat unterstützen, wenn die Verhandlungen immer im vollen Einverständnis mit der Doppelmonarchie geführt würden. Anfang 1914 unternahm der Heilige Stuhl erste offizielle Schritte.[25]

Vor dem Hintergrund der Tatsache, daß die Kurie seit geraumer Zeit keine Konkordatsverhandlungen mehr geführt hatte, stellte Pacelli Richtlinien für ein »perfektes und vollständiges Konkordat« auf, die sich an dem in Arbeit befindlichen *Codex Iuris Canonici* orientierten.[26] Darin verankerte er folgende Grundsätze: freie Religionsausübung für die Diasporakatholiken, Freiheit der Ortskirche im Kontakt mit der päpstlichen Kurie, Zulassung der religiösen Orden, rechtliche Absicherung des kirchlichen Besitzes wie des Klerus, staatliche Besoldung des Klerus und der Religionslehrer sowie die Regelung der Priesterausbildung in Serbien. Bei den Verhandlungen mit der serbischen Staatsregierung ergänzte Pacelli diesen Vorabkatalog noch um das Recht zur Konversion und die Beibehaltung der österreichischen Patronatsrechte über die katholische Kirche in Serbien.

Im Auftrag von Kardinal Merry del Val führte Eugenio Pacelli die Verhandlungen mit dem Gesandten aus Belgrad. Wien bestand auf dem Erhalt der traditionellen Rechte, wie beispielsweise dem Gebet für den Kaiser während der Messe; Rom war bereit, auf »gerechte« Forderungen der Monarchie einzugehen, wollte sich aber seinerseits keine Zügel anlegen lassen. So sagte man Wien zu, für einen Erhalt der alten Privilegien innerhalb von kirchlichen Einrichtungen zu sorgen, also dort, wo die Kirche festen Einfluß hatte. Serbien jedoch wollte von einer Bewahrung der Protektoratsprivilegien nichts wissen und drohte mit Abbruch der Verhandlungen. Auf einer Versammlung am 7. Juni 1914 entschieden die Kardinäle, mit den Verhandlungen fortzufahren und im Blick auf die Patronatsrechte die österreichischen Ansprüche fallen zu lassen; der angestrebte Schutz der albanisch-katholischen Minderheit in Serbien wurde höher gewertet. Entgegen allen Befürchtungen schwenkte Österreich auf den Kurs der Kurie ein.[27] Am 24. Juni 1914 unterzeichneten – in Anwesenheit des Unterhändlers Pacelli – Kardinal Merry del Val und der serbische Minister Milenko R. Vesnitsch das Konkordat.[28] Danach wurde eine eigene Kirchenprovinz eingerichtet, die den Grenzen des Königreichs Serbien entsprach und den Menschen römisch-katholischer Konfession freie und öffentliche Ausübung ihres Glaubens garantierte. Die Bischofskandidaten mußten zuvor der serbischen Regierung benannt werden und vor Amtsantritt einen Treueid ablegen.

Die Umstände änderten sich schlagartig, als vier Tage später der österreichische Thronfolger Franz-Ferdinand in Sarajewo ermordet wurde. Merry del Val selbst war es, der Wien empfahl, das unmittelbar zuvor unterzeichnete Konkordat nicht anzuerkennen; die Ratifizierung erfolgte erst ein Jahr später – auf Druck Großbritanniens hin.

Pacelli wird Apostolischer Nuntius in München (1917) und vertritt die Friedensinitiative des Papstes

Im Herbst 1914 wurde Gasparri zum Kardinalstaatssekretär ernannt. Er sollte dieses Amt nicht nur unter Benedikt XV., sondern auch unter dessen Nachfolger Pius XI. innehaben. Von Beginn an bemühten sich der neue Papst und sein Kardinalstaatssekretär um eine Beendigung der Kriegshandlungen. Bereits fünf Tage nach seiner Wahl, am 8. September 1914, richtete Benedikt XV. einen Aufruf an alle katholischen Christen des Erdkreises.[29] In seiner Antrittsenzyklika vom 1. November 1914 beschwor er die kriegführenden Mächte erneut, das Blutvergießen einzustellen.[30] Im Jahr darauf formulierte er im Geheimen Konsistorium eine Reihe von Grundsätzen, die zu einem »gerechten und dauerhaften Frieden« führen sollten. Dazu gehörte vorrangig der konstruktive Kompromiß, wonach »alle Parteien von den vorgesteckten Zielen oder den vorher erhofften Vorteilen etwas abstreichen oder preisgeben« sollten. Doch in den Feldgottesdiensten fehlte jeder Hinweis auf die eindringlichen Worte des katholischen Oberhauptes; in den Zeitungen fanden sie kaum oder gar keine Erwähnung.[31]

Das Selbstverständnis dieser Appelle und Vorschläge war ganz erfüllt von der Vorstellung des Papsttums als einer unbestechlichen, überparteiischen moralischen Großmacht. Obwohl heute unbestritten ist, daß Benedikt XV. den Grundsatz der Unparteilichkeit tatsächlich strikt einhielt, sich allen Umarmungsversuchen – auch denen der Parteien im Vatikan – entzog und konzentriert auf eine Beendigung des Krieges sowie auf eine Linderung des Elends und der Not hinarbeitete, wurde ihm wechselweise von beiden Bündnissen vorgeworfen, er unterstütze die Gegenseite. Der französische Ministerpräsident Georges Clemenceau nannte ihn verächtlich »le pape boche« – den deutschen Papst –, in der Obersten Heeresleitung sprach Erich Ludendorff abfällig vom »Franzosenpapst«[32]. Genau diesen Eindruck hatte Benedikt XV. stets vermeiden wollen, indem er beispielsweise Friedensappelle einer Seite, die keine konkreten Vorschläge zur Beilegung des Konflikts enthielten, nicht unterstützte.[33] Vor allem auf Drängen Frankreichs, das seit dem Bruch von 1905 keine diplomatischen Vertretungen beim Heiligen Stuhl unterhielt, errichteten Großbritannien[34] und die Niederlande noch 1914 diplomatische Vertretungen beim Heiligen Stuhl. Obwohl der Kriegseintritt Italiens an der Seite der Entente-Mächte manche Kardinäle und Bischöfe bewog, den Westmächten näher zu rücken, übten sich der Papst und Gasparri weiterhin in strikter Neutralität allen Seiten gegenüber.

Für den Heiligen Stuhl gestalteten sich die Verhältnisse in Italien nun aber ausgesprochen schwierig. Gegenüber einem Schweizer Prälaten äußerte Papst Benedikt XV.: »Vier Fünftel des Klerus [in Italien] sei gegen Krieg und Regierung. Alle Predigten würden […] polizeilich überwacht; wenn ein Geistlicher es wage, zum Gebet für den Frieden aufzufordern oder den Krieg als Strafe Gottes erkläre, würde er von der Kanzel heruntergeholt, eingesperrt und gegen ihn prozessiert«.[35]

Tatsächlich kam dem Vatikan der Kriegseintritt Italiens höchst ungelegen – nicht zuletzt, weil er die päpstliche Diplomatie erheblich behinderte.[36] Die beim Heiligen Stuhl akkreditierten Gesandten jener Staaten, die sich mit Italien im Krieg befanden, mußten nach der Kriegserklärung Italiens an die Mittelmächte im Mai 1915 Rom verlassen.[37] Sie begaben sich in die Schweiz, die so zu einer wichtigen Drehscheibe vatikanischer Außenpolitik wurde. Die diplomatischen Vertreter der Mittelmächte beim Heiligen Stuhl saßen jetzt in Lugano: der Gesandte Preußens, Otto von Mühlberg, der Gesandte Bayerns, Otto Freiherr zu Groenesteyn, und der Botschafter Österreich-Ungarns, Prinz Johann von Schönburg-Hartenstein.

Erst nach der gescheiterten Friedensinitiative des deutschen Reichskanzlers Theobald von Bethmann Hollweg und der des amerikanischen Präsidenten Thomas Woodrow Wilson – Ende 1916/Anfang 1917 – ergab sich, als Konsequenz aus dem kurz darauf erfolgenden Kriegseintritt der USA am 3. Februar 1917, eine neue Situation. Mit den USA war die letzte neutrale Großmacht, die als Friedensvermittler hätte tätig werden können, selbst zur Partei geworden. Jetzt blieb nur noch der Heilige Stuhl. Benedikt XV. und Gasparri wollten ihre neue Friedensvermittlung über die europäischen Nuntiaturen einleiten. Allerdings war ausgerechnet die Münchner Nuntiatur – nach der Abberufung von Andreas Frühwirth[38] – seit November 1916 unbesetzt.[39] In den gut informierten Kreisen Münchens wie im Vatikan rechnete man mit einer Berufung Pacellis. Als sich die Dinge hinauszögerten, gab es Gerüchte, Pacelli spekuliere darauf, erster Nuntius in Berlin zu werden. Doch der bayerische Gesandte beim Heiligen Stuhl, Otto Freiherr zu Groenesteyn, hielt solche persönlichen Aspirationen Pacellis für ganz abwegig. Tatsächlich wollten Benedikt XV. und Gasparri ihren jungen, vielversprechenden Diplomaten[40] nicht in einer so wenig chancenreichen Initiative, wie es die Friedensinitiative war, verheizen. Vielmehr sollte er unbelastet von diesen Umständen in der Nachkriegszeit die Konkordatsverhandlungen in Deutschland führen.[41]

Statt seiner schickte Benedikt XV. am 17. Januar 1917 Giuseppe Aversa nach München. Dieser sondierte im Januar/Februar 1917 vergeblich die Möglichkeit eines deutsch-belgischen Sonderfriedens und schuf »so etwas wie ein Zentrum katholischer Friedensbewegung«[42] an der Nuntiatur, starb aber schon Anfang April 1917 an den Folgen einer Blinddarmoperation. Jetzt konnte Benedikt XV. nicht mehr anders, als seinen jungen, noch unverbrauchten Diplomaten Pacelli rasch auf diesen für die Mittelmächte wohl wichtigsten Nuntiaturposten zu berufen. Schon zehn Tage nach dem Ableben Aversas erteilte König Ludwig III. von Bayern das Agrément für Pacelli. Groenesteyn stellte dem Neuankömmling, den er seit 1909 kannte, ein glänzendes Zeugnis aus. Er habe gute Manieren, sei bescheiden und klug, allerdings ein »strenger Verfechter des kanonischen Rechts« und »etwas monastisch angehaucht«[43].

Dieser Eindruck mußte sich verfestigen, als Pacelli, kaum in München, auf der Einhaltung des neuen Kirchenrechts bestehen wollte. Nach Rücksprache mit dem Papst hatte König Ludwig III. am 12. April 1917 Michael von Faulhaber[44] zum Erzbischof von München und Freising »ernannt«. Im Einklang mit dem *Codex Iuris Canonici*[45] hätte im Falle der Wahl durch den Landesherrn jedoch ein »Begehren« (*postulatio*) angezeigt werden müssen. Doch Staatsminister Hertling verweigerte Pacelli diesen Wunsch, weil die bayerischen Könige immer von »*nominatio*« gesprochen hätten.[46] Mit Recht konstatiert der Kirchenhistoriker Stefan Samerski, daß Pacelli von Anfang an eine »Kurien- und Codex-zentrierte Konkordatspolitik« betrieb, gepaart mit einer »geschmeidig-konziliante[n] Zusammenarbeit« gegenüber den deutschen Behörden.[47] Und Fabrizio Rossi formuliert vielleicht etwas zu prononciert: »Für Pius gab es scheinbar überhaupt nur zwei Instrumente, um mit den Problemen von Welt und Kirche umzugehen: das Kirchenrecht und die Diplomatie.«[48] Das alles war getragen von einer »zeitgenössisch streng hierarchische[n] Grundeinstellung«[49]. Bei aller persönlichen Bescheidenheit repräsentierte der junge Nuntius mit großem Selbstbewußtsein stets den ungeteilten Führungsanspruch der Kirche.

Benedikt XV. persönlich weihte Pacelli am 13. Mai 1917 in der Sixtinischen Kapelle zum Bischof. Am selben Tag erschienen erstmals drei Hirtenkindern aus dem portugiesischen Dorf Fátima Engel und Mitglieder der Heiligen Familie. Insbeson dere die Friedensbotschaften Mariens, verkündet aus Kindermund, übten einen nachhaltigen Einfluß auf Pacelli aus. Als er 1942 die Welt dem unbefleckten Herzen der Gottesmutter weihte, setzte er den ersten marianischen Höhepunkt seines Pontifikats.[50] Am 26. Mai 1917, dem Vortag des Pfingstfestes, kam Pacelli in München an.[51] Ende Juni 1917 nahm er seine Tätigkeit als Friedensunterhändler auf. Begleitet von dem Kölner Erzbischof und Kardinal Felix von Hartmann unternahm er eine Reise nach Berlin, deren privaten Charakter er unterstrich, um keine neuen Gerüchte über die Etablierung einer Nuntiatur in der Reichshauptstadt aufkommen zu lassen. Unter anderem wurde er am 26. Juni von Reichskanzler Bethmann Hollweg empfangen, den er über ein Schreiben Benedikts XV. an Kaiser Wilhelm II. unterrichtete.[52] Das päpstliche Handschreiben sollte er hernach dem Monarchen ins Große Hauptquartier nach Bad Kreuznach bringen.

Obwohl Bethmann Hollweg zu Unrecht vermutete, die päpstliche Kurie habe zuvor schon mit Großbritannien Fühlung aufgenommen und wolle nun die deutschen Ansprüche dämpfen, verlief das Gespräch in der Wahrnehmung Pacellis sehr zufriedenstellend.[53] Im Blick auf Rüstungsbeschränkungen und Schiedsgerichte zur künftigen Verhütung internationaler Konflikte erzielten die Gesprächspartner Einvernehmen. Zur belgischen Frage erklärte der Reichskanzler, Deutschland wolle die volle Souveränität Belgiens wiederherstellen, wenn garantiert sei, daß das kleine Land nicht unter die Herrschaft einer der westlichen Großmächte gerate. Auf Elsaß-Lothringen angesprochen, zeigte sich Bethmann Hollweg kompromißbereit und hielt Gebietsabtretungen im Zusammenhang mit Grenzbereinigungen für absolut möglich. Allein hinsichtlich der deutschen Kriegsziele im Osten blieb der Kanzler vage und verwies auf die Revolution und das dort herrschende Chaos.

Pacelli wußte nicht, daß es sich bei den vertraulichen Mitteilungen Bethmann Hollwegs nur um persönliche Meinungsäußerungen handelte, die weder mit der Obersten Heeresleitung noch mit Wilhelm II. abgesprochen waren. Hocherfreut über die, wie er meinte, gelungene Mission[54] reiste er drei Tage später nach Kreuznach, überreichte dem Kaiser das päpstliche Schreiben und mahnte zum Frieden – auch um den Preis, daß Abstriche bei den deutschen Kriegszielen hingenommen werden müßten.[55] Wilhelm äußerte sein Bedauern darüber, daß der Papst nicht schon das deutsche Friedensangebot vom Dezember 1916 unterstützt habe, empfahl eine stärkere öffentliche Propagierung des Friedensgedankens durch die katholische Kirche und warnte vor den Friedensaktivitäten des internationalen Sozialismus. Nach dem Eindruck aus der Umgebung des Kaisers schied der Nuntius auch »von diesem Empfang hoch befriedigt«[56]. Doch das Gegenteil war der Fall. Gasparri berichtete er von einem zerfahrenen, abgespannten Monarchen, der zusammenhanglos über verschiedene Themen geredet und dabei »abgehoben und nicht ganz normal« gewirkt habe.[57]

Noch am 29. Juni reiste Pacelli nach München zurück, um sich mit dem österreichischen Kaiser Karl I. zu treffen, der sich bei König Ludwig III. von Bayern aufhielt. Ähnlich wie zuvor bei den Deutschen suchte der Nuntius die österreichische Haltung im Blick auf die päpstliche Friedensvermittlung auszuloten. Seit Mitte Juni hatte Gasparri über einen Mittelsmann, Propst Franz Segesser von Luzern, die österreichische Regierung zu Zugeständnissen gegenüber Italien gedrängt.[58] Jetzt erhielt Pacelli eine positive Antwort. Mit Hilfe von Vorleistungen beider Kaiserreiche wollte der Vatikan eine Art Aktionsgemeinschaft zur Vorbereitung eines Friedensschlusses bilden. Allerdings erfuhr die deutsche Regierung weder von der Kurie noch von ihrem Wiener Verbündeten, daß der Vatikan auch Österreich-Ungarn Konzessionen nahegelegt hatte. Insofern mußte sie den Eindruck gewinnen, daß allein vom Reich Zugeständnisse erwartet wurden. Erschwerend für das Gelingen der päpstlichen Friedensmission war der Rücktritt Bethmann Hollwegs am 14. Juli 1917. Fünf Tage später verabschiedete der Reichstag eine eigene Friedensresolution.[59]

Am 24. Juli reiste Pacelli – wiederum unter strikter Geheimhaltung – ein zweites Mal nach Berlin und machte nun der Reichsregierung unter dem neuen Reichskanzler Georg Michaelis ein förmliches Vermittlungsangebot. Als Vermittlungsgrundlage legte er ein Promemoria vor, das nach einer bilateralen Verständigung als offizielle päpstliche Friedensnote allen kriegführenden Mächten zugestellt werden sollte. Daß der Vatikan zuvor das Reich konsultiert und ihm einen Vortext zugestellt hatte, sollte strengster Diskretion unterliegen.[60] Das Promemoria enthielt bereits alle wesentlichen Punkte der päpstlichen Friedensnote vom 1. August 1917[61]: Garantien für die Freiheit der Meere, allseitige Rüstungsbeschränkungen, Einrichtung eines internationalen Schiedsgerichts, wechselseitiger Verzicht auf Reparationszahlungen sowie die militärische und politische Unabhängigkeit Belgiens. Um nicht den Eindruck zu erwecken, als habe man bereits vorab mit der deutschen Reichsregierung Abmachungen getroffen, erfolgte die rasche Herausgabe. Freilich hätte der Zeitpunkt für das Reich kaum günstiger gewählt werden können[62], denn im Osten war die am 16. Juni befohlene Kerenskij-Offensive fünf Tage später hoffnungslos zusammengebrochen,[63] so daß die Position der Deutschen noch einmal recht stark erschien. Am 9. August 1917 erhielten die Gesandten Großbritanniens, Rußlands und Belgiens die päpstliche Friedensnote zugestellt, drei Tage später die Mittelmächte.[64] Frankreich, Italien und die USA besaßen keine diplomatische Vertretung an der Kurie. Darum bat Gasparri den englischen König, die päpstliche Note an die betreffenden Staatsoberhäupter weiterzuleiten.

Auf das Promemoria hin reiste Michaelis, begleitet von Staatssekretär Richard von Kühlmann, ins Große Hauptquartier nach Kreuznach, um mit Hindenburg und Ludendorff den Friedensvorschlag des Papstes zu besprechen. Die Militärs vertraten die Auffassung, daß das »Faustpfand« Belgien nicht durch eine Erklärung aus der Hand gegeben werden dürfe, und lehnten darum jegliche Vorleistung ab. Alle Anstrengungen Gasparris und Pacellis, doch noch »eine günstige Antwort zur belgischen Frage« zu erhalten, scheiterten an dem Widerstand der Militärbehörden und an den bilateralen Friedensbemühungen mit Großbritannien, die aussichtsreicher erschienen als die päpstliche Initiative. Die außerordentlich zurückhaltenden Formulierungen des Antwortschreibens Michaelis' vom 24. September 1917 schienen der Kurie gleichbedeutend mit einem Ende ihrer Mission. Auch Pacellis Argument, es käme nicht allein auf den diplomatischen, sondern auch auf den moralischen Erfolg vor der Weltöffentlichkeit an, fruchtete nichts.[65] Erst im Dezember 1917 erfuhr das päpstliche Staatssekretariat von der spanischen Initiative einer bilateralen Verständigung zwischen dem Deutschen Reich und Großbritannien. Ernüchtert mußte der Heilige Stuhl konstatieren, wie gering das Vertrauen in seine Diplomatie war.

Das galt auch für die anderen Kriegsparteien. Schon Ende August 1917 ließ Kaiser Karl den zwischen 1916 und 1919 in Wien akkreditierten Apostolischen Nuntius Theodoro Valfré di Bonzo wissen, daß er auf den Vorschlag der Abtretung Trients an Italien nicht eingehen könne.[66] Frankreich[67] und Italien wiesen die päpstliche Friedensvermittlung einfach zurück, Präsident Wilson formulierte eigene Friedensforderungen, die – wie die Abschaffung der Monarchie – einer Ablehnung gleichkamen.

Am 24. Oktober begann die erfolgreiche Offensive der Mittelmächte gegen Italien. Zehn Tage zuvor hatte Munitionsminister Winston Churchill die Friedensbedingungen Großbritanniens erörtert, indem er, neben der Wiederherstellung Belgiens, nun auch die »Befreiung« Elsaß-Lothringens forderte.[68] Bald sollte sich der Kriegseintritt der Vereinigten Staaten zu Ungunsten der Mittelmächte auswirken. Umgekehrt brachten die russische Revolution und der Zusammenbruch des Zarenreiches nicht die erhoffte militärische Entlastung. Wie Gasparri vorausgesehen hatte, sollten sich binnen weniger Monate die Konstellationen derart verändern, daß »keine weiteren Friedensvorschläge mehr gemacht« werden konnten und der »Krieg bis zum bitteren Ende« weiterging.[69] Während der letzten Kriegsmonate kümmerte sich Pacelli verstärkt um die karitative Arbeit für die Kriegsgefangenen.[70] Die Unterstützung Bedürftiger durch den Heiligen Stuhl mit Lebensmitteln und Verbandsmaterial sowie der Suchdienst für Vertriebene und Vermißte stießen auf breite Akzeptanz und Dankbarkeit.[71] Mit seinen Bemühungen hatte der Vatikan sich als neutrale Macht profiliert und sich weltweites außenpolitisches Prestige erworben.[72]

Da das diplomatische Engagement Pacellis im Zusammenhang mit den päpstlichen Friedensbemühungen offenkundig geworden war, mußte ihn auch das Scheitern der Initiative treffen. Nicht in katholischen Kreisen, wohl aber auf seiten der überwiegend nationalistisch gestimmten, protestantischen Mehrheit blieb ein tiefsitzendes Mißtrauen gegen ihn bestehen. Insofern begünstigten der Zusammenbruch des Kaiserreiches und der damit verbundene Elitenwechsel in Deutschland den Fortgang seiner Karriere. Daß Pacelli auch während der Friedensinitiative sich des umstrittenen Zentrumsabgeordneten Matthias Erzberger[73] als Mittelsmann bedient hatte, der in der Müchner Nuntiatur ein- und ausging und als erster hoch vertrauliche Schriftstücke zu Gesicht bekam, gehörte vielleicht nicht zu den personalpolitischen Glanzleistungen des jungen Diplomaten.[74] Andererseits ist Michael Feldkamp als ausgezeichnetem Kenner der vatikanischen Diplomatie wohl zuzustimmen, daß solche »Mitarbeiter‹ im Grenzbereich zwischen Informant, Spion oder Agent« zum diplomatischen Geschäft aller Regierungen gehören.[75] Allerdings war und ist der Vatikan mehr als eine politische, er ist eben auch eine moralische Institution. Diese Doppelgesichtigkeit führte und führt bis heute immer wieder zu kritischen Nachfragen – bezogen auf das Verhältnis von Diplomatie und Religion im Kirchenstaat.

Das enge Verhältnis Erzbergers zur Kurie sollte wenig später für große Aufregung in der Kurie sorgen. Erzberger hatte sich 1920 nach Biberach zurückgezogen, um seine Memoiren zu schreiben. »In Kenntnis der Natur dieses Mannes«, schrieb Pacelli am 15. Juni 1920 an Gasparri, »hatte ich sogleich die Sorge, daß er phantastische und für den Heiligen Stuhl kompromittierende Neuigkeiten veröffentlichen könnte«[76]. Er ließ seinem ehemaligen Vertrauensmann über drei unterschiedliche Kontaktleute bestellen, daß er bei seiner Darstellung größte Vorsicht walten lassen möge, und kündigte an, daß sich der Heilige Stuhl gegebenenfalls »gezwungen sehen würde, wenn auch mit Bedauern, ihm ein formelles Dementi zufügen und öffentlich sein Betragen bedauern zu müssen«[77].

Als ihm Erzberger daraufhin Teile des Manuskripts zum Lesen gab, war Pacelli entsetzt. »So sehr ich auch auf seine Unvorsichtigkeiten vorbereitet war, gestehe ich doch, daß die Lektüre [...] jegliche meiner Erwartungen und Sorgen übertraf; so sehr waren sie [...] für den Heiligen Stuhl kompromittierend, und besonders für die Person des Heiligen Vaters selbst, zum Beispiel darin, was den Kriegseintritt Italiens betraf.«[78] Pacelli selbst wies auf die Streichungen und Änderungen hin, die er für notwendig hielt. Erzberger, der gemeint hatte, »all diese Teile zum Ruhm des Heiligen Stuhls«[79] geschrieben zu haben, lenkte sogleich ein und veränderte die entsprechenden Passagen seines Buches. Pacelli, der die korrigierten Kapitel wiederum selbst in Augenschein nahm, war zufrieden. »[...] ich mußte anerkennen, daß, wenn sie [scil. die Kapitel] tatsächlich in dieser Form erscheinen, sie sich nicht, wie es scheint, zum Schaden des Heiligen Stuhls auswirken werden.«[80] Lediglich das Kapitel über die Friedensmission des Papstes schickte Pacelli sicherheitshalber noch einmal nach Rom.[81] Gasparri war besorgt.»[...] besonders die detaillierte Darstellung der vom Heiligen Stuhl als mögliche Friedensgrundlagen angesehenen Punkte wird gewiß wieder den Eindruck erwecken, daß der Heilige Stuhl, als er die päpstliche Note vom 15. August 1917 veröffentlichte, in Übereinstimmung mit Deutschland handelte«[82].

Die päpstliche Friedensinitiative hatte in der Weimarer Nationalversammlung ein Nachspiel.[83] Vor allem auf Erzbergers Vorwurf hin, daß die Rechtsparteien und die Oberste Heeresleitung einen möglichen, durch den Papst vermittelten Verständigungsfrieden torpediert und so das Fiasko des deutschen Zusammenbruchs mitzuverantworten hätten, setzte die Nationalversammlung Mitte August 1919 einen parlamentarischen Untersuchungsausschuß ein. Eines der innerhalb dieses Ausschusses gebildeten Untersuchungsgremien beschäftigte sich auch mit der päpstlichen Friedensvermittlung. Obwohl der Vatikan aus prinzipiellen, aber auch aus diplomatischen Gründen nicht bereit war, seine Akten zur Verfügung zu stellen[84], gelangten dem Untersuchungsausschuß zahlreiche päpstliche Dokumente zur Kenntnis. Allerdings befürchtete nicht nur die Kurie, sondern auch die Reichsregierung, durch die Veröffentlichung bestimmter vatikanischer Dokumente könnte der Eindruck erweckt werden, der Heilige Stuhl habe sich allzu deutschfreundlich verhalten. Darum wurde der Zentrumspolitiker Ludwig Kaas[85], der mit Pacelli in enger Verbindung stand, zum Berichterstatter bestellt. Zwar kam die Arbeit des Untersuchungsausschusses nie zum Abschluß, aber immerhin erklärte der Unterausschuß, daß die deutsche Regierung »in der formellen Behandlung der päpstlichen Friedensinitiative Fehler begangen«[86] habe.

Bethmann Hollwegs Erinnerungen bestätigten dieses Bild im wesentlichen[87], im Gegensatz zu den im niederländischen Exil verfaßten »Ereignisse und Gestalten« Wilhelms II. Darin stilisierte sich der gescheiterte Monarch selbst als Ideengeber der päpstlichen Friedensinitiative.[88] Nach dem vergeblichen Versuch Pacellis, mit Hilfe des Auswärtigen Amts und durch die Vermittlung des Benediktinerabtes von Maria Laach, Ildefons Herwegen[89], die Drucklegung der Memoiren in dieser Fassung zu verhindern, publizierte er in der *Germania* und im *Osservatore Romano* eine Richtigstellung.[90]

Die Haltung des Münchner Nuntius zur Revolution und die Bemühungen des Heiligen Stuhls um einen gerechten Frieden

Nach Kriegsende erlebte Pacelli in München die bayerische Revolution unter Führung von Kurt Eisner, einem Preußen jüdischer Herkunft.[91] Am 8. November telegraphierte er an Gasparri: »Nach gestriger Volksdemonstration heute Nacht demokratisch-soziale Republik erklärt. Provisorischer Rat aus Arbeitern, Soldaten und Bauern gegründet. Ich bitte Familien mitzuteilen, daß es uns gut geht.«[92] Zwei Tage später heißt es: »Lage schwerst. Keine ernstzunehmende Garantie [für Unversehrtheit] päpstlicher Vertretung. Bitte Ew. H. E., mir Instruktionen oder Vollmachten zu geben, um zu jenen Mitteln zu greifen, zu denen unvorhersehbare neue Umstände möglicherweise raten. Bitte innigst, mir für ganz Deutschland breite Vollmachten auch mit [möglicher] Unterbevollmächtigung zu geben und unsere Familien zu beruhigen.«[93]

Tags darauf setzte er die Meldung ab:

»Münchener Erzbischof kam, um mir zu bedeuten, daß, falls Klausel aus Waffenstillstand über Fortführung [der] Blockade in Kraft bleibt, allein in Bayern mehrere Hunderttausende Menschen vor Hunger [… sterben werden] und es schreckliche Katastrophe geben wird. Er bittet Seine Heiligkeit, bei Präsident Wilson und Entente-Mächten zu intervenieren, damit jenes riesige Unglück erspart bleibt. Erzbischof sieht demnächst auch große Gefahr [für] meine Person voraus und schlug mir vertraulich vor, mich in die Schweiz zu begeben. Bitte um Instruktionen für mich und Personal.«[94]

Gasparri informierte Pacelli am 13. November darüber, daß die Telegramme wie die politischen Berichte eingegangen seien. »Euer Hochwohlgeboren haben volle erbetene Ermächtigungen und *volle Freiheit, sich andernorts zu begeben, indem Sie Ratschlag hiesigen Erzbischofs annehmen*, dessen Ermahnung ausgeführt wurde.«[95] In einem Brief an Faulhaber vom 9. Dezember 1918 zeigte sich Gasparri beunruhigt über die Bedrohung der Religion durch die Revolution und lobte Pacelli für die »mutige Entschiedenheit«, mit der er für die Freiheit der Religion eintrete.[96]

Über das Verhalten des Nuntius zwischen November 1918 und Mai 1919 gab es bisher noch keine letzte Klarheit, wohl aber eine Reihe reich ausgeschmückter Berichte.[97] Deren Absicht schien häufig darin zu bestehen, die Revolutionsregierungen in übelstem Licht erscheinen zu lassen, um daraus ein persönliches Motiv für den Pacelli seit dieser Zeit unterstellten Antikommunismus abzuleiten.[98] Der Erzbischof von München, Michael von Faulhaber, vermied jeden Kontakt mit der Revolutionsregierung Eisner[99] und suchte Stellenbesetzungen hinauszuschieben, um nicht mit Kultusminister Johannes Hoffmann, »einem ausgesprochenen Kulturkämpfer und Kirchenhasser«[100], kooperieren zu müssen.[101] Zu dieser Haltung einer grundsätzlichen Kontaktverweigerung wollte Faulhaber auch Pacelli bewegen. Die Revolutionsregierung suche nur die Verbindung zu ihm, um »in den Augen des katholischen Volkes den Anschein zu erwecken, der Apostolische Nuntius habe die Regierung Eisner anerkannt und damit die Revolution legitimiert«[102]. Darum habe er München verlassen müssen und sei in die Schweiz gegangen. Faulhaber läßt unerwähnt, daß er dem Nuntius zweimal zu diesem Schritt dringend geraten hatte.[103]

Über das Bemühen Eisners, mit Pacelli Verbindung aufzunehmen, wurden – außer der Darstellung Faulhabers – bisher kaum weitere Zeugnisse berücksichtigt. Aus einem Bericht Pacellis an Gasparri vom 20. November 1918 geht hervor, daß es auf seiten der Provisorischen Regierung tatsächlich den Versuch gab, eine »zufällige Begegnung« zwischen Kurt Eisner und

Pacelli zu arrangieren. Aber nach kurzer Bedenkzeit, so Pacelli, habe er über den *Uditore* – den Rechtsreferendar der Nuntiatur –, Mons. Schioppa, das Angebot abgelehnt. Faulhaber, den Pacelli gerne wegen dieser Sache konsultiert hätte, war gerade nicht in München.

»Die Motive dieser meiner Antwort waren folgende: 1.) Die gegenwärtige Regierung, die überdies nur provisorisch ist, besteht aus Atheisten, Juden, Protestanten, alles revolutionäre Sozialisten, mit denen ein Apostolischer Nuntius kein anständiges Verhältnis haben zu können scheint. Besonders umstritten ist dann die Person des Außenministers Kurt Eisner, galizischer Jude, viele Male wegen politischer Vergehen zu Kerker verurteilt. 2.) Die geplante Begegnung hätte, glaube ich, bei den Katholiken und sogar bei allen Männern der Ordnung einen kläglichen Eindruck gemacht. 3.) Die Regierung wünscht sich gegenwärtig den Anschein zu geben, mit der Apostolischen Nuntiatur auf gutem Fuße zu stehen, um die Katholiken zu beruhigen und so ihre Opposition bei den nächsten Wahlen zu schwächen. Danach, wenn sie sich völlig sicher fühlt, wird sie ihr antireligiöses Programm umsetzen. Deshalb hat sich, während in Sachsen und im protestantischen Preußen die jeweiligen provisorischen Regierungen bereits die Trennung vom Staat von der Kirche erklärt haben, die bayerische Regierung eines solchen Schrittes bislang enthalten, um nicht die katholische Bevölkerung gegen sich aufzustacheln. Hätte ich jene Begegnung akzeptiert, hätte ich so das Spiel der revolutionären und antireligiösen Regierung gespielt. [...] 5.) Keines der anderen Mitglieder des Diplomatischen Korps hat sich zum Außenminister begeben. Es ist aber wohl wahr, daß die Monarchen, von denen sie akkreditiert worden waren, alle den Thron verloren haben. 6.) Der Minister, der seit dreizehn Tagen an der Macht ist, hatte bislang in keiner Weise, wie es üblich ist, dem Diplomatischen Korps seinen Amtsantritt bekanntgegeben, er hatte sogar fast so getan, als ignoriere er die Nuntiatur, der er anfangs nur unter Schwierigkeiten (wie ich bereits die Ehre hatte, Ew. H. E. zu berichten) das Recht zugestand, chiffrierte Telegramme zu versenden. Und nun hätte ich mich zu einer Unterredung mit ihm in den Räumen eines untergebenen Funktionärs hergeben sollen – zu dem einzigen Zweck, danach dem Publikum zu verkünden, daß der Apostolische Nuntius sich zu einem Besuch bei Kurt Eisner begeben habe, mit dem er in gutem Verhältnis stehe.«[104]

Warum Pacelli um den 20. November herum München verließ[105], lag bisher im Dunkeln. In der älteren Literatur wird Pacellis Abreise aus München mit seinem angegriffenen Gesundheitszustand erklärt.[106] Aufgrund der vatikanischen Quellen scheint es hingegen naheliegender, daß Pacelli, nachdem er Eisner aus den genannten politischen Gründen eine Abfuhr erteilt hatte, es vorzog, den Einflußbereich des Revolutionärs zu verlassen. Ob er bei den Landtagswahlen vom 12. Januar 1919 wieder in München war, wissen wir nicht.[107] Aber kurz darauf berichtete er aus der Bayernmetropole über die zweite Revolution in Bayern.

Eisners USPD hatte bei den Landtagswahlen Mitte Januar 1919 eine verheerende Niederlage erlitten. Am 21. Februar 1919, auf dem Weg in den Landtag, wo er seinen Rücktritt als Regierungschef bekanntgeben wollte, wurde der jüdische Literat und Pazifist von dem Jurastudenten und beurlaubten Leutnant Anton Graf Arco auf Valley niedergeschossen.[108]

Nachdem er schon zuvor über die politischen Wirren unmittelbar nach der Wahl berichtet hatte[109], gab Pacelli am 23. Februar 1919 einen ausführlichen Lagebericht:

»[...] Am 21. [Februar], an dem das Parlament eröffnet werden sollte, waren die zuführenden Straßen seit den frühen Morgenstunden militärisch besetzt. Es schien, daß alle Maßnahmen ergriffen worden seien, um dem Landtag den bestmöglichen Schutz zu gewährleisten. [...] Es fehlte nur Ministerpräsident Kurt Eisner. – Als schließlich Herr Fechenbach, der junge Sekretär Kurt Eisners, totenblaß im Saal erschien und mit brüchiger Stimme ankündigte, daß der Ministerpräsident ermordet worden sei, erhob sich unerhörter Lärm im Saal. Überall hörte man Schreckensrufe, und erst nach vielen Anstrengungen gelang es dem Präsidenten der Versammlung, den Tumult ziemlich zu beruhigen. [...] In den angrenzenden Räumen [...] schimpfte man gegen Innenminister Auer, einen bekannten politischen Gegner Eisners. [...] Nach etwa einer Stunde wurde die Sitzung wiedereröffnet. Auer ergriff sogleich das Wort und bedauerte mit berührten und lebhaften Wendungen die Ermordung des Ministerpräsidenten, zumal Eisner bereits beschlossen hatte, den Rücktritt des gesamten Kabinetts dem Landtag einzureichen. Die Rede des Ministers fand allgemeine Zustimmung und wurde von befürwortenden Ausdrücken unterbrochen. Doch während der Abgeordnete Süßheim den Vorschlag vorbrachte, den Landtag auf unbekannte Zeit zu vertagen, brach ein als Soldat gekleidetes, doch mit zivilem Hut versehenes Individuum in den Saal ein, warf sich gegen Minister Auer und entlud drei Revolverschüsse in seine [...] Brust. Man sah den Minister die Hände auf sein Herz legen und auf dem Stuhl zusammenbrechen. [...] Jemand näherte sich Auer, um zu sehen, ob er noch am Leben war, und da er noch atmete, brachte man ihn in die Klinik, wo er noch immer mit Leben und Tod ringt. Wie allgemein erzählt wird, geschah die Ermordung Eisners folgendermaßen. Er begab sich alleine und zu Fuß vom Außenministerium zum Landtag, der sehr nahebei liegt, als ein junger Mann, der wie ein Student aussah, ihm drei Revolverschüsse in den Nacken entlud: Eisner hob die Arme, torkelte, brach am Boden zusammen und starb sofort. Der Mörder ist ein Graf Arco-Valley, der sogleich von einem Soldaten angegriffen und tödlich verletzt wurde, obwohl man sich nun bemüht, ihn am Leben zu erhalten. Da er ein adeliger Heeresoffizier und Katholik ist, fiel den Sozialisten nichts Besseres ein, als das Volk gegen den Adel, die Offiziere

und den Klerus aufzuhetzen. [...] Vorerst hat sich die neue
Regierung nicht gebildet, und das Land ist unter der Befehlsgewalt des Soldatenrates. [...] Inzwischen beginnt der Krieg
auch gegen [Mitglieder] des Klerus. Den Priestern ist nach
einem Beschluß des Soldatenrates der Zutritt zu den Militär-
spitälern rigoros verboten worden. Der Priester kann sein Werk
nur im Todesfall, und falls der Kranke darum bittet, ausführen.
Ansonsten keine Messe und kein religiöser Beistand. [...] Alle
Anstrengungen, die Opfer, die von der ›Bayerischen Volkspartei‹ und den Ordnungsparteien erbracht wurden, um ein
Parlament zu schaffen, das dem Land Ruhe und Ordnung
gewähren sollte, sind durch die unbedachte Ermordung Eisners zerstört worden. [...]«[110]
Über die Beerdigung Eisners Anfang März 1919 sagt Pacelli,
es habe sich ein beeindruckender Zug von ca. 50.000 Personen
gebildet, die revolutionären Parteien hätten das Begräbnis zu
einer machtvollen Demonstration genutzt. »Alle Läden und
öffentlichen Ämter wurden verpflichtet, an jenem Tag zu schließen. Alle Häuser mußten die schwarze Flagge hissen. Alle Kirchen wurden mit lebhafter Gewalt gezwungen, ihre Glocken
zum Zeichen der Trauer zu läuten.«[111]
Am 17. März 1919 wählte der Landtag den bisherigen Kultusminister Johannes Hoffmann von den Mehrheitssozialdemo-
kraten zum neuen Ministerpräsidenten. Daneben existierte
seit dem 21. Februar 1919 ein Zentralrat der bayerischen Republik unter Führung des Augsburger Lehrers Ernst Niekisch.
Ermutigt von der Proklamation einer ungarischen Räterepublik durch den Kommunisten Béla Kun am 21. März 1919[112],
rief der Zentralrat am 7. April die erste Münchner Räterepublik aus und erklärte die Regierung Hoffmann für abgesetzt.
Am 13. April unterlag die Republikanische Soldatenwehr der
nach Bamberg ausgewichenen Regierung Hoffmann der »Roten
Armee« der Räterepublik. Jetzt nahmen die bayerischen Kommunisten unter Eugen Leviné das Heft in die Hand und

begründeten die zweite bayerische Räterepublik. Doch die »Sonne der Weltrevolution« (Leviné) ging rasch wieder unter. Die Bamberger Regierung erhielt militärische Unterstützung von Reichswehrminister Noske und württembergischen Freikorps, die bis zum 3. Mai Levinés Räterepublik blutig beseitigten und einen Monat später deren obersten Volkskommissar hinrichteten.

Unter dem Eindruck dieser Kämpfe sah Pacelli die große Gefahr einer Ausbreitung der Revolution mit der Entstehung von Zuständen wie in Sowjetrußland. Deutschland könne unter solchen Umständen keine Reparationen mehr aufbringen. Die Revolution könne auf Frankreich und Italien übergreifen. »Wenn [...] die Entente sich weiterhin weigern und zögern wird, Hilfe zu schicken, wird der Bolschewismus unaufhaltsam triumphieren, und die soziale Zerstörung wird in der ganzen Welt ausgelöst werden.«[113]

Mitte April 1919 wurde auch die Nuntiatur in Mitleidenschaft gezogen, obwohl man Pacelli erst am 9. April 1919 eine Sicherheitszusage gegeben hatte.[114] Über den Verlauf der Ereignisse berichtete Pacelli nach Rom.

»[...] In Folge jener beklagenswerten Ereignisse hielt man es für opportun, eine Versammlung des Diplomatischen Korps abzuhalten, um diesbezüglich Entscheidungen zu treffen. Nach einer langen Diskussion wurde beschlossen, direkt mit Levien, dem Oberhaupt der Münchner Räterepublik, zu sprechen, um ihn zu zwingen, unmißverständlich zu erklären, ob und wie die gegenwärtige kommunistische Regierung die Immunität der diplomatischen Vertretungen anzuerkennen und zu schützen gedenkt. Die Verhandlungen wurden der Nuntiatur und der preußischen Delegation anvertraut. Da es absolut unangemessen für mich gewesen wäre, mich besagtem Herrn vorzustellen, beauftragte ich den Mons. *Uditore* [scil. Schioppa] damit, der sich heute Morgen gemeinsam mit dem preußischen Chargé d'Affaires, Herrn Grafen von Zech [...] zu ihm begab. Levien hat sich mit seinem Stab – oder, wenn es besser gefällt, mit dem Rat der Volksbeauftragten – im früheren Königspalast der Wittelsbacher eingenistet. Das Schauspiel, das jener Palast bietet, ist unbeschreiblich. Das chaotischste Durcheinander, der abstoßendste Schmutz, das ständige Kommen und Gehen von bewaffneten Soldaten und Arbeitern, die Rufe, die unflätigen Ausdrücke, die Flüche, die dort widerhallten, machen den einstigen Lieblingssitz des Königs von Bayern zu einem wahren Hexenkessel. Ein Heer von Angestellten, die gehen, die kommen, die Befehle weiterleiten, die Nachrichten verbreiten, und unter ihnen eine Reihe junger Frauen, von wenig beruhigendem Äußeren, Jüdinnen wie erstere, die in allen Büros in provozierender Weise und mit zweideutigem Lächeln stehen. An der Spitze dieser weiblichen Gruppe befindet sich Leviens Geliebte: eine junge Russin, Jüdin, geschieden, die als Chefin befiehlt. Und ihr mußte sich die Nuntiatur beugen, um Eintritt zu erhalten! Levien ist ein junger Mann, auch er Russe und Jude, von etwa 30 oder 35 Jahren. Bleich, schmutzig, mit stumpfen Augen, heiserer und verschriener Stimme: Ein wirklich abstoßender Typ, und doch mit einer intelligenten und schlauen Physiognomie. Er ließ sich gerade noch dazu herab, den Mons. *Uditore* auf einem Gang zu treffen, umgeben von einer bewaffneten Eskorte, darunter ein ebenfalls bewaffneter Buckliger, seine treue Leibwache. Mit dem Hut auf dem Kopf und rauchend, hörte er dem zu, was Mons. Schioppa ausführte, wobei er wiederholt und unhöflich einwarf, daß er wegen wichtigerer Dinge in Eile sei. In verächtlichem Ton sagte er, daß die Räterepublik die Exterritorialität der ausländischen Delegationen anerkenne, wenn und solange die Vertreter der befreundeten oder feindlichen Mächte (er macht da keinen Unterschied) keine Handlung begingen, die gegen die Räterepublik gerichtet sei.

Als ihn der *Uditore* darauf hinwies, daß die Stellung des Päpstlichen Vertreters auf Grund seiner Mission besondere

Rücksichtnahme verdiene, unterstrich Levien in einem gewissen, ironischen Ton: ›Sicher, es geht darum, das Zentrum zu beschützen!‹ Worauf Monsignor Schioppa energisch erwiderte, daß es darum gehe, die religiösen Interessen der Katholiken zu schützen, nicht nur Bayerns, sondern ganz Deutschlands!

Der Schluß des Gesprächs war es, daß er den *Uditore* zum *Genossen* Dietrich schickte, Volksbeauftragter für die Auswärtigen Angelegenheiten. Dort wieder eine Reihe von Frauen, Soldaten und Arbeitern; weiteres Geschrei, weiteres Babel. [...] Im wesentlichen wiederholte er, was Levien gesagt hatte, wobei er in einer Weise, die keine Diskussionen zuließ, hinzufügte, daß, falls der Nuntius irgendeine Handlung gegen die Räterepublik oder andere Interessen des Proletariats begehe, er ›weggeworfen‹ [...] würde, und er wiederholte den bereits von Levien gesagten Satz, daß *sie die Nuntiatur nicht brauchen*, um so mehr, als man zur Trennung von Staat und Kirche gelangen werde. [...]«[115].

Kurze Zeit vor dem definitiven Sieg der Regierungstruppen, am 29. April, war es zu einer Verletzung der Exterritorialität der Münchner Nuntiatur gekommen. Den Berichten Pacellis und Schioppas zufolge verlangte die Räteregierung unter Androhung von Waffengewalt die Herausgabe des Dienstwagens der Nuntiatur.[116] Gegen den Protest Pacellis, der sich auf ein Schriftstück des Volkskommissars des Auswärtigen der Räterepublik Bayern, Hermann Dietrich, berufen konnte[117], wurde das Auto beschlagnahmt, aber wieder zurückgegeben, weil es aufgrund einer Manipulation von Pacellis Chauffeur nicht fahrtüchtig gemacht werden konnte.[118] Tags darauf sollte der Wagen erneut beschlagnahmt werden. Der Stadtkommandant, Josef Max Mehrer[119], den Pacelli unterrichtet hatte, schickte seinerseits Soldaten, um die Karosse des Nuntius gegen die Beschlagnahmung durch die »Rote Garde« zu schützen.[120] Doch die »Roten« setzten sich durch, und erst aufgrund der Intervention eines italienischen Offiziers aus der Berliner

Militärmission Italiens, der nach München abgestellt worden war, wurde das Fahrzeug zurückgegeben. Pacelli zog es daraufhin vor, mehrere Nächte außerhalb des Nuniaturpalastes zu verbringen, weil er fürchtete, daß der Kommandant der Roten Armee, Abschnitt Süd, wegen »der zweifachen Niederlage«[121] einen nächtlichen Angriff auf das Gebäude befehlen werde.

Pacelli und Schioppa wissen noch von einem weiteren Zwischenfall zu berichten, der sich am Abend des 3. Mai zutrug.[122] Als Schioppa nämlich in seinem Schlafzimmer das Licht anzündete, beschossen preußische Regierungstruppen die Nuntiatur; anschließend durchsuchten zwanzig Mann und drei Offiziere das Haus, weil sie meinten, aus der Nuntiatur sei auf ihre Soldaten geschossen worden. Pacelli protestierte wegen des Rechtsbruchs bei der preußischen Gesandtschaft in München, die ihm versprach, künftig solche Vorkommnisse verhindern zu wollen. Auch die überlieferte Entschuldigung des Ministerpräsidenten Hoffmann bezog sich auf diesen Vorgang.[123]

Erst nachdem die revolutionären Turbulenzen ausgestanden waren, verließ Pacelli auf Weisung des Heiligen Stuhls München zum zweiten Mal. Die gespannte Lage, insbesondere der durch die Freikorps ausgeübte blutige Terror und die Racheaktionen gegen »Spartakisten«, machten es dem Nuntius unmöglich, sein Amt in Würde zu führen.[124] Unmittelbarer Anlaß für seine Abreise war ein Telegramm Gasparris vom 8. Mai 1919, das Pacelli über den Wiener Nuntius erreichte. Darin heißt es: »Teilen Sie Mons. Pacelli mit, daß er das Archiv der Nuntiatur in Sicherheit bringen soll und sich danach mit dem *Uditore* in die Schweiz begebe, wo er Instruktionen erhalten wird.«[125] Pacelli zögerte zunächst, die Nuntiatur im Stich zu lassen, und verwies auf die Entschuldigung der Regierung Hoffmann.[126] Erst ein zweites, sehr deutliches Telegramm Gasparris vom 10. Mai ließ ihm keine Wahl mehr.[127] In einem Schreiben an das Außenministerium des Bayerischen Volksstaates ließ er die Regierung jedoch wissen, daß er sich nur vorübergehend in die Schweiz begeben werde.[128] Den Exzessen in der unter Belagerungszustand stehenden Stadt waren am 6. Mai auch 21 Kolpinggesellen zum Opfer gefallen[129], die übliche Fronleichnamsprozession konnte wegen der unsicheren Verhältnisse nicht stattfinden.

Während so die traditionellen kirchlichen Feste bedroht waren, machte sich der säkulare Staat daran, eigene Nationalfeiertage zu etablieren. Erzberger riet Pacelli, der Vatikan möge von sich aus »den 1. Mai als Marienfeiertag festsetzen«, ihm »dadurch die religiöse Weihe geben« und ihm das »Unangenehme nehmen, was sonst dem Tag anhängen würde«[130]. Pacelli hielt den Vorschlag für gut und leitete ihn an Gasparri weiter.[131] Neun Jahre später folgte als weiteres Säkularfest die Einführung des Muttertages. Auch diesen Tag lehnte die Kirche ab, weil sie darin eine Konkurrenz zu ihrer eigenen religiösen Deutung sah. Unter Bezugnahme auf eine Predigt Faulhabers vom 31. Mai 1928 schrieb dessen Domkapitular an das Bayerische Staatsministerium für Unterricht und Kultus: »[...] wir Katholiken brauchen keinen neuen Tag der Mutter, weil wir in den Marienfeiertagen des Kirchenjahres Tage der Mutter schon haben, und weil diese Versuche, einen Tag der Mutter einzuführen in den Augen Sr. Eminenz ein stilles Heimweh des Protestantismus nach dem Marienkult ist.«[132]

Noch Mitte Juni 1919 zeigte sich Pacelli – vor dem Hintergrund des Verfassungsentwurfes – tief skeptisch über die politisch-religiöse Entwicklung in Bayern. »Die Lage in Bayern [...] steckt weiterhin voller Gefahren, und die Interessen der Kirche scheinen sehr bedroht zu sein, so daß man immer mehr befürchten muß, daß das von Monsignor Erzbischof von München [Faulhaber] Vorhergesehene sich bewahrheitet, der bereits in seiner Predigt vom 31. Dezember letzten Jahres die Gläubigen warnte, daß, wenn in Bayern die Trennung von Staat und Kirche umgesetzt würde, dieses nicht nach dem amerikanischen, sondern nach dem französischen System geschehen würde.«[133] Die katholische Kirche genieße nach dem Verfassungsentwurf keine Vorrechte mehr gegenüber den anderen Religionsgemeinschaften, in der Schulfrage setze sich die sozialistische Doktrin durch, und der Religionsunterricht sei kein Pflichtfach mehr.

Der katholische Kirchenhistoriker Stefan Samerski geht davon aus, daß Pacellis im revolutionären München »gesammelte [...] Erfahrungen und Eindrücke [...] nicht ohne Auswirkungen auf seine Einstellung zum Sozialismus bleiben« konnten und ihm einmal mehr »den Nutzen von konkordatären Abmachungen für das Verhältnis von Kirche und Staat in ein helles Licht rück[t]en«[134]. Diese Interpretation ist plausibel, zumal die Volksbeauftragten gewiß keine besonderen Sympathien für die Kirche hegten und überdies dem Nuntius vorwarfen, er protegiere das Zentrum.[135] Andererseits berichtete der bayerische Gesandte am Heiligen Stuhl, Pacelli habe die Übergriffe bagatellisiert und ohne weiteres nachvollziehen können, »warum unter den jetzigen Verhältnissen den diplomatischen Gepflogenheiten die gebührende Bedeutung nicht beigemessen wird«[136].

Im Kontrast dazu haben, im Gefolge der katholischen Presse und der Erinnerungen von Pacellis Haushälterin Pascalina Lehnert[137], zahlreiche Autoren die bayerischen Revolutionserfahrungen des Nuntius als traumatisches Schlüsselerlebnis für einen fortan stets präsenten, tiefempfundenen Antikommunismus stilisiert. Weiterhin wurden die Vorkommnisse so dargestellt, wie Heinz Hürten, Verfasser des Standardwerks »Deutsche Katholiken 1918-1945«, herausgearbeitet hat[138], daß man nur die Räterepubliken für die Eklats verantwortlich machte, nicht aber die Truppen der Reichsregierung. Diese frühe Akzentuierung mag diplomatischen Überlegungen geschuldet sein. Möglicherweise sollten die Beziehungen zur Reichsregierung nicht belastet werden, in deren Koalitionskabinett immerhin drei Zentrumsmitglieder saßen.[139] Im Blick auf die angeblichen Vorbehalte Pacellis gegenüber dem »gottlosen Bolschewismus« ist zu sagen, daß diese jedenfalls nicht stark emotional eingefärbt gewesen sein können. Andernfalls hätte ihn der Heilige Stuhl 1925 wohl kaum zu Geheimverhandlungen mit dem sowjetischen Botschafter in Berlin, Nikolai Krestinski, herangezogen.[140] Wohl aber verband Pacelli – jedenfalls für Deutschland – die Gefahr des Bolschewismus mit der auch religiösen Vorstellung des »Chaos«[141].

Eine andere Rekonstruktion geht dahin, Pacelli Vorurteile gegen den »jüdischen Bolschewismus« zu unterstellen.[142] Dazu soll der oben zitierte Brief des Nuntius an Gasparri vom 18. April 1919 dienen, der die Umstände beschreibt, unter denen Schioppa im Hauptquartier der Räterepublik um Garantien für die Exterritorialität der diplomatischen Vertretung bat. Die Situation muß für den *Uditore* denkbar demütigend gewesen sein, wurde er doch auf dem Flur von der Freundin des Revolutionärs Max Levien abgefertigt. Die Feststellung, daß die Anwesenden nicht reinlich, fremden Glaubens und der kirchlichen Moral abhold waren, kompensierte die erfahrene Schmach. Solange Juden nicht zum wahren katholischen Glauben übergetreten waren, gehörten sie nach dem Verständnis der Kirche zu den Ungläubigen und Verstockten. Ihnen in ihrem falschen Glauben auch noch Unterstützung zu leisten, wie im Falle eines Rabbiners, der Pacelli im Frühherbst 1917 bat, ihm bei der Einführung von Palmwedeln für das jüdische Laubhüttenfest zu helfen, wäre von diesem religiösen Standpunkt aus ein Sakrileg gewesen. Pacelli konnte sich überdies auf das kanonische Recht berufen, das den religiösen Verkehr mit Ungläubigen verbot.[143] Es ging in dem erwähnten Fall eben nicht um Unterstützung »auf dem Feld praktischer, rein bürgerlicher und natürlicher Rechte, wie sie allen menschlichen Wesen zukommen«[144], wie Pacelli eigens unterstreicht, sondern um Hilfeleistungen bei der rituellen Ausführung einer nach katholischem Verständnis falschen Religion. Wenn es um die Frage des Heils ging, hatten diplomatische Freundlichkeiten keinen Platz.

In den letzten Kriegsmonaten und nach Kriegsende galt die Sorge des Heiligen Stuhls vor allem den Mittelmächten. Dabei ging es der Kurie weniger um eine einseitige politische Hilfestellung für Deutschland, Österreich[145] und Ungarn[146] als um die Herstellung eines sicheren und beständigen Friedens in Europa. Zunächst setzte sich Benedikt XV. für eine Erleichterung der Waffenstillstandsbedingungen ein.[147] Da sich die italienische Regierung unmittelbar nach Kriegsende auf den Geheimartikel des Londoner Abkommens vom 26. April 1915 berief, wonach der Heilige Stuhl nicht zu Friedensverhandlungen zugelassen werden sollte, blieben der Kurie unmittelbare politische Interventionen versagt. Italien befürchtete, daß die päpstliche Diplomatie bei der Neuordnung Europas auch die »Römische Frage« anschneiden und auf Resonanz stoßen werde. Einzig über die Vermittlung des amerikanischen Präsidenten Woodrow Wilson schien der Kurie ein Ausgleich mit der italienischen Regierung möglich.

Früh schon erkannte der Heilige Stuhl die bedeutende Rolle, die den USA künftig zukommen sollte.[148] Doch auch über diesen Kanal kam es zu keinem Arrangement. Da der Papst nur über ein gut funktionierendes diplomatisches Netzwerk politisch wirksam werden konnte, lag der Kurie überdies an einer raschen Rückkehr der deutschen Gesandtschaften nach Rom – ebenfalls ein Differenzpunkt mit dem italienischen Nationalstaat wie auch mit Frankreich, das die deutschen Vertreter möglichst lange an einer Präsenz in der Heiligen Stadt hindern wollte.[149]

Mitte September reiste Diego von Bergen[150], damals Leiter der politischen Abteilung II im Auswärtigen Amt, zu Pacelli nach München, um die Möglichkeiten hinsichtlich der Vermittlung von Friedensgesprächen zu erkunden.[151] Pacelli sah keinen Handlungsspielraum für den Heiligen Stuhl, gab von Bergen aber zu verstehen, daß sich Deutschland nach Lage der Dinge in der Elsaß-Lothringen-Frage zu Konzessionen bereitfinden müsse. Die Note, mit der Prinz Max von Baden am 4. Oktober 1918 um einen Waffenstillstand nachsuchte, spielte Erzberger auch Pacelli zu, der sie mit dem Kommentar an das päpstliche Staatssekretariat weiterleitete, er bedaure die deutsche Selbstdemütigung und die Tatsache, daß der Kurie die Hände gebunden seien.[152] Daraufhin wandte sich Benedikt XV. am 11. Oktober an Wilson und bat diesen um Einflußnahme im Interesse eines gerechten Friedens.[153] Anfang November, wenige Tage vor dem Waffenstillstand am 11. des Monats, schickte Pacelli nochmals einen eindringlichen Lagebericht an Gasparri, in dem er auch das drohende Chaos durch die bolschewistische Revolution erwähnte.[154]

Kurz nach dem Waffenstillstand richtete der Unterstaatssekretär von dem Bussche einen dringenden Appell an Pacelli, in dem er diesem die katastrophalen Auswirkungen der alliierten Hungerblockade vor Augen führte und auf die drohende sozialistische Revolution verwies. Der Kölner Kardinal von Hartmann flankierte diese Bitte um Intervention und unterstrich seinerseits die Notwendigkeit einer päpstlichen Demarche.[155] Nach Beginn der Friedenskonferenz in Versailles konnte der Sondergesandte der Kurie und Sekretär der Kongregation für außerordentliche kirchliche Angelegenheiten, Erzbischof Bonaventura Cerretti, unauffällig mit Wilson in Verbindung treten, erzielte aber keinerlei Ergebnisse.[156]

Anfang April schlug Kardinal von Hartmann der Kurie vor, sie möge als ersten Schritt zur Aussöhnung der Völker Kontakte zwischen dem deutschen Klerus und dem der ehemaligen Feindstaaten stiften.[157] Am 8. Mai 1919, einen Tag nachdem die deutsche Delegation den fertigen Friedensvertrag vorgelegt bekam und deutlich wurde, daß kein Verhandlungsspielraum mehr bestand, wandte sich Erzberger, Mitglied der deutschen Delegation, direkt an Benedikt XV. und suchte ihn zu einer Intervention zu bewegen.[158] Auch die Mehrheit des deutschen Episkopats drängte den Papst zum Eingreifen. Pacelli gab am 11. Mai 1919 das Votum der Bischöfe mit folgendem Kommentar an Gasparri weiter:[159] »Ich werde von zahlreichen Bischöfen Deutschlands gebeten, den Heiligen Vater anzuflehen zu intervenieren, um eine Milderung der Deutschland vorgelegten Friedensbedingungen zu erreichen: Bedingungen, die sie als unrealisierbar und solcher Art einschätzen, daß sie die gesamte Bevölkerung in Verzweiflung stürzen.« Tags darauf machte auch der niederländische Internuntius Sebastiano Nicotra Gasparri auf die verzweifelte Situation in Deutschland aufmerksam und äußerte sich besorgt über die mögliche Bolschewisierung des Landes.[160] Trotz der geringen Aussicht auf Erfolg richtete Bendedikt XV. über den Berater des amerikanischen Präsidenten, Colonel Edward Mandell House, eine weitere Note an Wilson und bat um eine Milderung der Friedensbedingungen für die Deutschen.[161] Umgehend unterrichtete Pacelli den deutschen Episkopat über diesen Schritt[162] und stellte nach dem Scheitern auch dieser Demarche seine Bemühungen nicht ein, die Kurie zu weiteren Schritten zu motivieren.[163] Schließlich entfaltete der Vatikan, wenn auch wiederum vergeblich, beträchtliche diplomatische Aktivitäten, um die Auslieferung und Aburteilung des im niederländischen Exil befindlichen deutschen Kaisers zu verhindern.[164]

Nach der erzwungenen Unterzeichnung der Friedensverträge urteilte Gasparri, diese hätten eine unhaltbare Lage in Europa geschaffen.[165] In der Folgezeit intensivierte die Kurie ihre Anstrengungen, den Deutschen zu helfen, indem sie sich an die Regierungen wie an die Episkopate der Entente-Staaten wandte und diese um Lebensmittellieferungen für das hungernde Land ersuchte.[166] Benedikt XV., aber auch Gasparri ließen nie einen Zweifel daran, daß sie den Versailler Vertrag für ein ungerechtes, den Frieden gefährdendes Dokument hielten.[167] In der Enzyklika *Pacem Dei munus* vom 23. Mai 1920[168] distanzierte sich der Papst von den Pariser Friedensverträgen.

Infolge des Krieges und seiner Auswirkungen nahmen die außenpolitischen Aktivitäten des Heiligen Stuhls erheblich zu, was sich auch in den Gründungen neuer Vatikangesandtschaften in Rom niederschlug.[169] Zu einem Eintritt in den Völkerbund, den vor allem die Zentrumspartei favorisierte, um das Deutsche Reich aus der Isolation zu bringen, kam es freilich nicht, zumal kein anderer Staat ein vergleichbares Interesse an einer Integration des Vatikans in das internationale Gremium zeigte.[170]

Die Einrichtung einer Botschaft des Deutschen Reiches beim Heiligen Stuhl und der Berliner Nuntiatur (1920)

Schon seit der Wiedereröffnung der preußischen Vatikan-gesandtschaft im Jahr 1882, die bis 1920 fortbestand, und der Beendigung des Kulturkampfes[171] gab es immer wieder Über-legungen, auch eine Reichsnuntiatur in Berlin zu errichten.[172] Während des Ersten Weltkrieges verdichteten sich diese Ab-sichten. Bremsend wirkten auf solche Pläne die Sorge Bayerns, daß mit einer Berliner Nuntiatur die katholische Vorrang-stellung Süddeutschlands relativiert würde, und die Aversion des protestantischen Nordens gegen eine kuriale Präsenz in der Reichshauptstadt. Auch der Fürstbischof von Breslau, Georg von Kopp, hätte durch eine Reichsnuntiatur an Einfluß verloren, da die diplomatischen Beziehungen zwischen Rom und Berlin nicht mehr über ihn hätten laufen müssen. Schließlich befürchtete auch das Zentrum den Verlust seiner Unabhängigkeit durch einen Vertreter des Papstes in Berlin.[173] Nach dem Kriegseintritt Italiens signalisierte der Heilige Stuhl seine Bereitschaft, einen päpstlichen Geschäftsträger in Berlin zu akkreditieren und zu einem späteren Zeitpunkt einen Nun-tius zu entsenden.[174]

Der Papst zeigte nicht nur eine deutliche Hinwendung zu den Mittelmächten; er war auch aus eigennützigen Motiven – einer internationalen Lösung der »Römischen Frage« – an einem europäischen Gleichgewicht der Kräfteverhältnisse inter-essiert und befand sich innerhalb Italiens in einer ähnlich schwierigen Lage wie die Zentralmächte in Europa.[175] Diese Beweggründe verstärkten sich im weiteren Verlauf des Krieges und gipfelten in dem Wunsch Benedikts XV., seinen fähigsten Diplomaten, Pacelli, als Nuntius in Berlin zu etablieren.[176] Als die *Germania*, das Organ der Deutschen Zentrumspartei, Mitte Februar 1917 offen die Frage einer Doppel-Akkreditierung in München und Berlin aufwarf[177], sprach sich Pacellis Vorgänger in München, Aversa, gegenüber Kardinalstaatssekretär Gasparri sofort für diese Lösung aus.[178] Zu diesem Zeitpunkt bediente sich die römische Kurie ohnedies immer öfter der Münchner Nuntiatur, um ihre Schreiben an die Reichsregierung nach Berlin zu befördern.[179] Dabei galt es natürlich, auf bayerische Empfindlichkeiten Rücksicht zu nehmen und alles zu vermeiden, was als Abwertung der Münchner Nuntiatur interpretiert werden konnte.[180] Gasparri ging von einem Provisorium für die Zeit des Krieges aus, erwartete aber angesichts der bisherigen Brüskierungen durch Berlin, daß die Reichsregierung die Initiative ergreifen müsse.[181]

Aversa ließ Erzberger in Berlin sondieren und gab seinem Unterhändler die Nachricht mit auf den Weg, daß »der Heilige Stuhl einer derartigen Bitte geneigtes Gehör schenken würde«[182]. Die Reichsregierung begrüßte die Entsendung eines Apostolischen Nuntius nach Berlin, sah aber ihrerseits in der »Nebenakkreditierung« ein Problem und befürchtete überdies den Widerstand Wilhelms II.[183] Über Msgr. Rudolf von Gerlach, den ehemaligen Kammerherrn Benedikts XV., ließ die Reichsregierung sondieren, welche Haltung die Kurie zur Errichtung einer dauerhaften Nuntiatur in Berlin einnehme. Dieser schrieb, um Klarheit zu gewinnen, an den Deutschlandexperten des Vatikans, Pacelli.[184] Pacelli antwortete von Gerlach, daß die Behandlung dieser überaus wichtigen Frage bei Aversa liege[185], ließ diesen aber gleichzeitig wissen, daß die Verhandlungen bis Kriegsende ausgesetzt werden sollten.[186]

Am 17. April 1917, also vierzehn Tage später, starb Aversa plötzlich. Am 26. Mai 1917 machte Aversas Nachfolger Pacelli seinen Antrittsbesuch bei dem bayerischen Ministerpräsidenten Georg Graf von Hertling, der offen seine Ablehnung gegenüber dem Berliner Nuntiaturprojekt bekundete.[187] Dennoch hielt Pacelli an dem Vorhaben fest, das bei seinem Berlin-Besuch im Juni 1917 gewiß auch ein Gegenstand der Gespräche mit Kaiser, Kanzler und dem Staatssekretär des Auswärtigen Amts war. Aber aufgrund der bayerischen Vorbehalte wurden bis 1919 keine weiteren Schritte unternommen. Allerdings blieb das Projekt auch in Berlin stets präsent. So machte der preußische Gesandte beim Vatikan, Otto von Mühlberg, Ende Juli 1918 auf die wachsende diplomatische Bedeutung der Kurie aufmerksam und äußerte die Sorge, daß Deutschland wegen unzureichender Kontakte außenpolitisch ins Hintertreffen geraten könne.[188]

Nach dem Zusammenbruch des Kaiserreiches und der Ausrufung der Republik hatten sich die gesellschaftlichen und politischen Konstellationen in Deutschland grundlegend geändert. Deshalb und wegen des *Codex Iuris Canonici* (CIC) schienen der Kurie die mit den deutschen Einzelstaaten im 19. Jahrhundert abgeschlossenen Zirkumskriptionsbullen – päpstlichen Kirchengesetzen, die die äußeren Verhältnisse einer Diözese regeln – überholt.[189] Allerdings betraf der Epochenbruch ganz Europa. Allein aus den drei untergegangenen Großreichen waren elf Staaten hervorgegangen.[190] In seiner Allokution vom 21. November 1921 schloß Benedikt XV. eine Rechtskontinuität, also die Übertragung der alten Konkordatsbullen auf die Nachfolgestaaten, grundsätzlich aus.[191] Damit war für weite Teile Europas in bezug auf das Staat-Kirche-Verhältnis ein rechtsfreier Raum geschaffen.

Eine wichtige Voraussetzung für rechtliche Neuregelungen bestand in der Aufnahme diplomatischer Beziehungen zu den neuen Staaten, die der Heilige Stuhl möglichst breit ausgestalten wollte.[192] Der neue preußische Vatikangesandte am Heiligen Stuhl berichtete Anfang Dezember 1919 nach Berlin, die Kurie betrachte die Tatsache, »daß [das] Reich überall im Auslande, nur nicht beim päpstlichen Stuhle eigene Vertretungen« unterhalte, »als Degradierung«[193]. Auch auf deutscher

Seite bestand ein starkes Interesse an der Aufnahme diplomatischer Beziehungen mit dem Heiligen Stuhl: Das Land lag ökonomisch und politisch am Boden und war aufgrund der Versailler Friedensbestimmungen weitgehend isoliert. Von der Kurie erhoffte man sich vermittelnde Kontakte zur mindestens teilweisen Überwindung dieser Ausgrenzung und zählte auf Unterstützung für die deutsche Bevölkerung in den Abtrennungsgebieten – insbesondere für die katholischen Deutschen in den neupolnischen Territorien. Die von dort kommenden Nachrichten über Polonisierungsmaßnahmen und Kirchenenteignungen deutscher katholischer Gemeinden machten diplomatische Interventionen erforderlich, für die sich der Vatikan vorzüglich eignete.[194] Bereits im April 1919, nachdem der Heilige Stuhl die unabhängige Republik Polen formell anerkannt hatte, wurden diplomatische Beziehungen zu Polen aufgenommen[195] – ein Umstand, der das Reich gewaltig unter Druck setzen mußte.

Zu einem neuen Impuls zugunsten der Wiederaufnahme der Nuntiaturpläne führte die Tatsache, daß im Koalitionskabinett der vorläufigen Reichsregierung vom 13. Februar 1919 auch die Deutsche Zentrumspartei vertreten war. Noch im selben Monat, am 28. Februar, nahm sich der Zentrumsabgeordnete Peter Spahn vor dem Reichstag des Themas an und nannte es lächerlich, daß die Reichsregierung über keinen Repräsentanten beim Vatikan verfüge.[196] Über Pacelli war der Vatikan von diesem Vorstoß informiert.[197] Nachdem Friedrich Ebert dem Papst seine Wahl zum Reichspräsidenten angezeigt hatte, nutzte Benedikt XV. Anfang April in einem persönlichen Schreiben an Ebert die Gelegenheit, seinen Wunsch nach engeren Beziehungen mit dem Reich auszusprechen.[198] Freilich gab es auch erhebliche Widerstände. Als die Pläne bekannt wurden, polemisierten Frankreich und Italien gegen die deutsch-vatikanische Annäherung, um zu verhindern, daß der Vatikan für mildere Friedensbedingungen eintrat. Auf bayerischer Seite erhielten die alten partikularistischen Vorbehalte durch Artikel 78 der Weimarer Reichsverfassung (WRV) vom 11. August 1919 neues Gewicht, wonach die diplomatische Vertretung deutscher Interessen allein bei der Reichsregierung lag.[199] Es gelang den Völkerrechtlern, diese Klippe zu umschiffen, indem sie den Heiligen Stuhl nicht »als auswärtigen Staat« (WRV Art. 78, Abs. 1) oder »auswärtige Macht« (WRV Art. 45, Abs. 1) definierten. Pacelli und der Heilige Stuhl zeigten sich mit dieser Rechtsposition einverstanden.[200] Damit blieb das Recht der deutschen Länder unberührt, mit dem Heiligen Stuhl diplomatische Beziehungen zu pflegen und Konkordate abzuschließen. Die bayerische Regierung unter Johannes Hoffmann setzte sich vehement für die Aufrechterhaltung der Münchner Nuntiatur ein – auch für den Fall, daß eine zweite in Berlin errichtet würde.[201] Das lag durchaus im Interesse Pacellis, der zwar dringend die Berliner Nuntiatur befürwortete, aber in München ein deutsches Musterkonkordat aushandeln wollte.[202] Darum suchte er die bayerischen Bedenken gegen das Berliner Projekt zu zerstreuen und bediente sich dabei auch bayerischer Zentrumsabgeordneter.[203]

Aus Kostenersparnisgründen beschloß der Staatshaushaltsausschuß der preußischen Gesetzgebenden Landesversammlung am 17. Juli 1919, die Gesandtschaften Preußens bei den deutschen Einzelstaaten aufzuheben; die preußische Vatikangesandtschaft sollte das Reich zum 1. April 1920 übernehmen.[204] Erzberger favorisierte für den neuen Botschafterposten Clemens von Brentano di Tremezzo, Pacelli brachte seinen Freund, den preußischen Gesandten in München, Julius Graf von Zech-Bukersroda, ins Gespräch, beides hochgeachtete Katholiken.[205] Da der Vatikan, der deutsche Episkopat und die Zentrumspartei aber auch keine Einwände gegen einen Protestanten erhoben, wenn gleichzeitig etwa ein katholischer Botschaftskonsultor ernannt würde, und da sich der protestantische Diego von Bergen das Vertrauen Pacellis erworben hatte, sollte die Wahl schließlich auf den preußischen Gesandten fallen.[206]

Aber bis dahin war noch ein weiter Weg. Im September beschloß das Reich die Einrichtung einer Botschaft, ohne Bayern in den Entscheidungsprozeß mit einzubeziehen.[207] Das Interesse Bayerns am Fortbestand seiner eigenen Vatikangesandtschaft und der Münchner Nuntiatur traf sich ganz mit dem Pacellis[208], zumal angesichts der fortgesetzten Partikularpolitik Bayerns nun auch Preußen schwankend geworden war, ob es seine Gesandtschaft schließen solle.[209] Das Reich mußte – auch wegen des rheinischen Separatismus – Geschlossenheit demonstrieren und konnte aus außenpolitischen Gründen nicht auf die Botschaft verzichten, durfte aber auch die Partikularinteressen der einzelnen Länder nicht unberücksichtigt lassen. Darum schlug das Reichskabinett der bayerischen Regierung einen Handel vor: Gegen die Auflösung der bayerischen Gesandtschaft sollte sie das Vorschlagsrecht für den deutschen Botschafter beim Heiligen Stuhl erhalten.[210] Pacelli dagegen hielt, darin unterstützt von Faulhaber[211], an der Münchner Nuntiatur fest und erklärte auch, daß die Errichtung einer weiteren Nuntiatur in Berlin kein Problem darstelle. Die bayerische Regierung und der bayerische Episkopat erhielten vom Heiligen Stuhl die Zusicherung, daß die Münchner Nuntiatur nicht aufgelöst würde[212], der bayerische Gesandte Ritter zu Groenesteyn reichte ein neues Beglaubigungsschreiben beim Heiligen Stuhl ein.[213] Doch diese für Berlin wenig erfreuliche Entwicklung sollte die Reichspläne nicht torpedieren. Da sich Benedikt XV. aus der Umklammerung der Entente lösen wollte, suchte er dringend den diplomatischen »Rückhalt an Deutschland«[214] und legte darum Wert auf die rasche Entsendung eines deutschen Botschafters an den Vatikan.[215]

Die von der Kurie angestrebte Maximallösung vertrug sich freilich schlecht mit den politischen Realitäten in Deutschland. Mitte Dezember 1919 lenkte die Landtagsfraktion des bayerischen Zentrums (BVP) schließlich ein und ließ ihren Widerstand gegen die Auflösung der Vatikangesandtschaft fallen[216], Mitte Januar 1920 lag die Zustimmung des Kabinetts zur Auflösung vor.[217] Die römische Kurie bestand dagegen weiterhin auf beiden Vertretungen[218], obwohl Pacelli erkannt hatte, daß diese Lösung nicht durchzusetzen war.[219] Wenn die Reichsregierung auf der Auflösung der bayerischen Gesandtschaft bestehe, so Gasparri Ende Januar 1920, ziehe man den *Status quo ante* vor.[220] Reichsaußenminister Hermann Müller erklärte ebenso unmißverständlich, daß drei deutsche Vertretungen in Rom »völlig ausgeschlossen« seien.[221]

Preußen rettete schließlich die Situation. Mitte Februar 1920 erklärte Ministerpräsident Paul Hirsch den Verzicht seines Staates auf eine eigene Vatikanbotschaft, wenn dem preußischen Staats- und Kultusministerium der Verkehr mit dem Nuntius offen stehe.[222] Nun war höchste Eile geboten, denn weder der Heilige Stuhl noch natürlich das Deutsche Reich wollten, daß Frankreich den Deutschen zuvorkam.[223] Dabei handelte es sich um keine Petitesse, denn in der diplomatischen Rangordnung spielte die Frage der Anciennität eine wichtige Rolle.[224]

Am 10. März teilte Gasparri von Bergen mit, daß sich der Heilige Stuhl und Frankreich auf eine Wiederaufnahme der diplomatischen Beziehungen geeinigt hätten.[225] Schon knapp vierzehn Tage später gab Reichsaußenminister Müller der Kurie die Einrichtung einer Botschaft des Deutschen Reiches beim Heiligen Stuhl bekannt und bat um das Agrément für deren ersten Botschafter, den vormaligen preußischen Gesandten von Bergen.[226] Dieses traf eine Woche später in Berlin ein.[227] Bei der Übergabe des Beglaubigungsschreibens am 30. April 1920 äußerte der Papst die Absicht, in Berlin eine Nuntiatur erster Klasse zu errichten und Pacelli als ersten Nuntius zu bestellen.[228]

Es sollte freilich noch fünf Jahre, bis zum 20. August 1925, dauern, bis Pacelli endgültig nach Berlin übersiedelte, obwohl das Staatssekretariat schon Anfang Mai 1920 die Errichtung der Nuntiatur bekanntgab und die Reichsregierung im Monat darauf erklärte, daß von ihrer Seite der Ernennung Pacellis nichts im Wege stehe.[229] Für die Verzögerung des vollständigen Wechsels nach Berlin gab es mehrere Gründe. Zunächst suchte die bayerische Regierung, Pacelli möglichst lange in München zu binden, was sie vor allem mit den Konkordatsverhandlungen begründete. Darauf kaprizierte sich auch Pacelli und schickte sogar den bayerischen Episkopat bei der Kurie vor, seinen Münchner Aufenthalt zu verlängern.[230] Bergen schilderte den Münchner Nuntius als einen »sehr deutschfreundlich gesinnten« und »im Vatikan hochgeschätzten und einflußreichen Mann«[231]. Wie sehr sich diese Charakterisierung auf den katholisch-süddeutschen Lebenskreis Pacellis bezog, in dem er sich bis dahin bewegt hatte, wurde erst jetzt richtig deutlich. Jenes andere, das protestantisch-preußische Deutschland, kannte er zu diesem Zeitpunkt nicht aus näherer eigener Anschauung.

Seine bayerischen Konfidenten mochten das Ihre dazu beigetragen haben, ihn vor dem Wechsel nach Berlin zurückschrecken zu lassen. Er war nicht verlegen in der Konstruktion immer neuer Ausflüchte, um den »delikaten und schwierigen« Wechsel hinauszuschieben.[232] Wie groß sein Einfluß in Rom tatsächlich war, wird daraus ersichtlich, daß ihn die Kurie, wenn auch unwillig, gewähren ließ, obwohl ihr an einer raschen Übersiedlung Pacellis nach Berlin ebenso gelegen war wie der Reichsregierung.[233] Wegen des Doyenats des Berliner diplomatischen Corps mußte das Beglaubigungsschreiben der Kurie für Pacelli aber rasch nach Berlin gehen, weil sich die alliierten Mächte bereits auf den französischen Botschafter geeinigt hatten, der – zusammen mit seinem britischen und italienischen Kollegen – schon am 1. Juli 1920 seinen Antrittsbesuch avisiert hatte.

Nachdem am 25. Juni die Ernennung Pacellis bekanntgegeben worden war, sorgten beide Seiten in allergrößter Hektik für die Akkreditierung des Berliner Nuntius.[234] Frühmorgens am 29. Juni erreichte Pacelli Berlin, um am selben Tag vom Außenminister empfangen zu werden. Tags darauf beging die Weimarer Republik mit der Entgegennahme der Kredenzialien durch Reichspräsident Ebert ihren ersten Festakt.[235] Auch für das Oberhaupt des Deutschen Reiches war damit eine wichtige Etappe erreicht. »Mit Ihnen, Herr Nuntius«, sagte Ebert bei Gelegenheit der Beglaubigung, »denke ich, die vor uns liegende Aufgabe, das Verhältnis zwischen Kirche und Staat in Deutschland, zu regeln.«[236] Knapp ein Jahr zuvor hatte er den Nuntius in München getroffen und ihn um die moralische und politische Hilfe des Heiligen Stuhls beim Aufbau des neuen Deutschland gebeten.[237] In seiner Ansprache erklärte Pacelli zu den Auswirkungen der nunmehr gefestigten Beziehungen, er sei davon überzeugt, »daß auf diese Weise die religiösen Interessen der katholischen Bevölkerung geschützt« blieben und das »Wohl des Staates [...] gefördert« würde.[238]

Die Alliierten, deren Botschafter am Tag danach eintrafen, reagierten sichtlich irritiert auf den *fait accompli*[239], machten aber keine Anstalten, den Vorgang in Zweifel zu ziehen. Am 6. Juli gab der neue Doyen einen Empfang für das diplomatische Corps und verließ schon nach 20 Tagen wieder Berlin. Auch in den folgenden Jahren hielt er sich stets nur wenige Tage in Berlin auf, obwohl seit Herbst 1920 das Nuntiaturgebäude in der Rauchstraße 21 und Corneliusstraße 11/12 für einen Daueraufenthalt bereit stand und man ihn aus Berlin wie Rom immer deutlicher drängte.[240] Am 18. November 1920 präsentierte Gasparri den neuen Münchner Nuntius Alberto Vassallo di Torregrossa, der aufgrund seiner Funktion als Auditor zwischen 1898 und 1905 in der bayerischen Metropole wohlbekannt war. Das bayerische Agrément von Mitte Dezember 1920 war mit dem Hinweis verknüpft, daß der Wechsel erst nach Abschluß der Konkordatsverhandlungen erfolgen solle.

Nach dem Wunsch Gasparris sollte der Abschluß des Konkordats mit Bayern, »das vielleicht einen nützlichen Präzedenzfall darstellen kann, so stark wie möglich beschleunigt werden. In jedem Fall, auch in der Möglichkeit, daß die Verhandlungen für eine Übereinkunft mit dem Reich fehlschlagen sollten, wird es immer noch besser sein, bereits vorher ein separates Konkordat mit Bayern abgeschlossen zu haben«[241]. Bis zum Abschluß des Bayernkonkordats sollten »die begonnenen Verhandlungen mit dem Reich in die Länge gezogen werden«[242]. Von vornherein hatte das Staatssekretariat von der katholischen Bayerischen Staatsregierung größere Zugeständnisse erwartet als von anderen deutschen Staaten.[243] Darum wollten Gasparri und Pacelli erst mit einem ratifizierten bayerischen »Musterkonkordat« in die voraussichtlich schwierigeren Verhandlungen mit Preußen, Baden und dem Reich eintreten.

Die Verhandlungen mit Bayern zogen sich bis Februar 1924 hin.[244] Am 14. März 1924 schrieb Pacelli an Bertram: »Heute noch reise ich nach Berlin für mehrere Tage. Die völlige Einigung mit der bayerischen Regierung über den Konkordatsentwurf ist endlich erreicht. Nunmehr hat noch die Reichsregierung eine negative Prüfung desselben vorzunehmen, um festzustellen, ob sich darin nichts in Widerspruch mit der Reichsverfassung Stehendes findet. Hoffentlich wird diese Prüfung rasch und glatt vor sich gehen. Um die Sache zu fördern, gehe ich eigens nach Berlin.«[245] Das Konkordat wurde schließlich am 29. März 1924 unterzeichnet.[246] Pacellis Freude darüber wurde dadurch getrübt, daß er »in einigen Bestimmungen der Verträge mit den evangelischen Landeskirchen Bevorzugungen [sieht], die im Konkordat nicht enthalten sind.«[247] Daß man in Deutschland Wert auf eine strikt paritätische Behandlung beider Konfessionen legte, blieb für den

Römer auch bei den Verhandlungen mit Preußen und Baden ein Stachel.

Das bayerische Konkordat[248] war das zweite nach Lettland[249] vom 3. November 1922. Ihm sollten Polen[250] (10. 2. 1925), Rumänien[251] (10. 5. 1927), Litauen[252] (27. 9. 1927), Danzig[253] (1928), Italien[254] (11. 2. 1929), Preußen[255] (14. 6. 1929), Baden[256] (12. 10. 1932) sowie Deutschland[257] (20. 7. 1933) folgen, und stets läßt sich – mehr oder weniger deutlich – die Handschrift Pacellis erkennen.[258] Das gilt auch für das Konkordat mit dem Königreich Jugoslawien von 1935, das auf den Einspruch der orthodoxen Kirche hin freilich im Belgrader Parlament abgelehnt wurde, sowie für die Vereinbarungen mit Frankreich[259] (1926), mit der Tschechoslowakei[260] (1927) und Portugal[261] (1928) sowie mit Ecuador[262] (1937).

Der Hitler-Putsch und
die Übersiedlung Pacellis nach Berlin

Der Hitler-Putsch am 8. und 9. November 1923 scheint den Nuntius, obwohl er sich in München aufhielt, wenig beeindruckt zu haben.[263] In seinen Berichten hielt er aber Rom ständig auf dem laufenden. Beunruhigung herrschte im Vatikan lediglich darüber, »was wohl jetzt aus dem bayerischen Konkordat werden würde, wenn es wirklich zu einer Diktatur in Bayern kommen sollte«[264]. Unter dem 9. November 1923 telegrafierte Pacelli an Gasparri: »Vergangene Nacht erklärte Hitler mit bewaffneten Banden bayerische Regierung für gefallen, Ministerpräsident und weitere Minister verhaftet, neue nationaldeutsche Regierung mit Ludendorff als Heerführer proklamiert. [...] Man glaubt, in Kürze kann Ordnung wiederhergestellt werden, wahrscheinlich aber nicht ohne Blutvergießen.«[265]

Am 10. November, also nachdem Hitler schon geflohen war, schrieb er Unterstaatssekretär Giuseppe Pizzardo:

»Ich konnte nun Ministerpräsident [Eugen Ritter] von Knilling sehen, der Freitag Nacht von den Revolutionären verhaftet wurde und sich dann befreien konnte. Er war sehr aufgebracht. Er sagte mir, daß jetzt der Ministerrat tagen würde, um die schwersten Entscheidungen zu fällen – überall ruft man ›Nieder mit [Generalstaatskommissar Gustav Ritter von] Kahr!‹. Die Reichswehr scheint sich auf die Seite der Nationalsozialisten stellen zu wollen. Hitler soll mit seinen Truppen auf München zumarschieren. Wenn das so ist, kann man schwere Unruhen erwarten.«[266]

Unter dem 12. November sandte er zwei Telegramme an Gasparri: »Lage noch kritisch. Nationalisten erregen Bevölkerung gegen Klerus, besonders gegen [...] Faulhaber.«[267] Kurz darauf heißt es: »Hitler verhaftet. Ruhe scheint wieder hergestellt.«[268] Am 14. November schickte er einen ausführlichen Bericht über den Putsch an Gasparri, in dem er den grundsätzlich »antikatholischen Charakter« der Bewegung betonte.[269]

Im einzelnen berichtete Pacelli über die katholikenfeindlichen Ausbrüche gegen den katholischen Klerus, »mit denen die Anhänger Hitlers und Ludendorffs [...] die Bevölkerung aufhetzten«; auf diese Weise seien die Kirchenleute Beschimpfungen und Verhöhnungen ausgesetzt gewesen. Im Mittelpunkt der Häme habe Erzbischof Faulhaber gestanden, »der in einer Predigt vom 4. November und in einem Brief an den Reichskanzler die Judenverfolgungen getadelt hatte«. »Dazu kam das unbegründete und absurde Gerücht, das wahrscheinlich absichtlich in der Stadt verbreitet wurde, das [... Faulhaber] zur Last legte, er habe Herrn von Kahr dazu gebracht, seine Meinung zu ändern, der [...], während er anfangs im Bürgerbräukeller, scheinbar um sich der Gewalt zu entziehen, sich dem Hitler-Ludendorff-Staatsstreich angeschlossen hatte, sich dann dagegen ausgesprochen hatte.« Besonders enttäuscht zeigte sich Pacelli über die Haltung der katholischen Verbände Münchens – eine Passage in seinem Bericht, die er freilich wieder strich. Darin heißt es: »Und in diesem ganzen Durcheinander war es kläglich, die fehlende Reaktion (teils aus Schwäche, teils wegen der Verwirrung der Ideen, die in jenen Momenten vorherrschten) seitens der vielen katholischen Verbände [...] gegen solche Angriffe zur Verteidigung der Kirche und des Erzbischofs selbst zu sehen.«

Bald darauf informierte er den Kardinalstaatssekretär über »eine vulgäre und brutale Kampagne« der Hitler-Anhänger, die in der Presse gegen Katholiken und Juden geführt werde.[270] Auch Faulhaber, mit dem er in engem Kontakt stand, verurteilte die nationalsozialistische Doktrin und Agitation.[271]

Die 7. Reichswehrdivision hatte sich im großen und ganzen den Putschisten verweigert, Kahr ließ am 9. November durch bayerische Verbände des Reichsheeres unter Generalleutnant Otto von Lossow und die bayerische Landespolizei den Putsch niederschlagen, und Hitler wurde tags darauf gefangengesetzt. Wider Willen hatte Hitler mit seinem unkoordinierten Vorgehen die Republik gefestigt. Am 23. November verbot General von Seeckt NSDAP und KPD. Pacelli macht in dem Schreiben vom 10. November einen durchaus gelassenen Eindruck. Immerhin erlebte er nicht die erste Revolte in München. Nach dem kurzen Lagebericht ging er sofort zu Konkordatsfragen und den finanziellen Problemen der Nuntiatur über. Aber das Thema Nationalsozialismus blieb nun in seinen Berichten nach Rom stets präsent. Denn im Vatikan hegte man durchaus die Befürchtung, »daß aus dieser Bewegung der christlichen Lehre im allgemeinen und der katholischen Kirche im besonderen nicht zu unterschätzende Gefahren zu erwachsen drohen«[272].

Im Frühjahr 1924 verurteilte Pacelli die »vulgäre und gewalttätige Kampagne« der völkischen Presse gegen den Heiligen Stuhl und urteilte, daß diese Bewegung Katholiken und Juden als ihre schlimmsten Feinde betrachte.[273] Einen ganz ähnlichen Tenor trägt sein Berichtsentwurf vom 3. März 1924 über den Ludendorff-Prozeß, in dem er darauf verweist, daß der Angeklagte in seiner Verteidigungsrede die römisch-katholische Kirche und den Heiligen Vater als die schlimmsten Feinde Deutschlands dargestellt habe.[274] In diesem Zusammenhang sprach Pacelli auch von dem »blinden Fanatismus des intoleranten Protestantismus, der über die eigene Dekadenz und das wachsende Prestige des Papstes irritiert ist«[275]. Von Ludendorffs Rede distanzierten sich übrigens der preußische Ministerpräsident wie auch die bayerische Regierung in Schreiben an Pacelli.[276]

Aber die fortwährenden Angriffe gegen die katholische Kirche, insbesondere die Behauptung einer angeblichen Parteinahme des Papstes für Frankreich während des Krieges, zeitigten doch ihre Wirkung. Besorgt meldete Pacelli dem Kardinalstaatssekretär, es mache sich in Bayern eine »Bewegung gegen den Heiligen Stuhl« bemerkbar, die die »althergebrachte Verehrung« für die Kirche gerade in diesem Land gefährde.[277] In seinem ausführlichen Bericht hob Pacelli erneut die Gefahr hervor, welche die »ultra-nationalistische Presse [...] für die Verehrung und den Respekt gegenüber dem Heiligen Stuhl in Deutschland«[278] heraufbeschworen habe, und plädierte für eine Publikation der päpstlichen Akten, um die Kampagne zu beenden. »Welches Echo dann eine solche Veröffentlichung in den Ländern der Entente, besonders in Frankreich haben könnte, ist mir nicht zu beurteilen gegeben.«[279]

Vierzehn Tage später berichtete Pacelli entsetzt über Zeitungsartikel, die den Heiligen Stuhl »den Juden als Feind Deutschlands an die Seite« stellten. »›Wir haben aufgehört‹, so liest man, ›ein freies Volk zu sein. Nichtdeutsche Mächte, der Jude und Rom, haben im Land das Wort, treten unser Recht mit Füßen.‹«[280] Als Gegenmaßnahme zur Abschwächung der Agitationen dieser »fanatische[n] Protestanten oder gar Heiden« empfiehlt Pacelli die Selig- und Heiligsprechung von solchen Personen, deren »Ruf als Heilige[r] in Bayern sehr stark ist. Obwohl man in solcher Angelegenheit von jeglicher Frage der Nationalität absehen muß, scheint es jedoch, daß die baldige Lösung besagter Verfahren den Katholiken Deutschlands zur lebhaften Zufriedenheit gereichen und dazu beitragen würde, ihre Anhänglichkeit gegenüber dem Apostolischen Stuhl zu verstärken.«[281]

Immer wieder vermerkt er schmerzlich, daß »auch nicht wenige Katholiken betrogen und auf Abwege geführt werden«, was im Hinblick auf Deutschland einmal mehr bestätige, daß »der Nationalismus vielleicht die gefährlichste Häresie unserer Zeit ist«[282]. Aufgrund seiner Münchner Erfahrungen mit kommunistischen und nationalsozialistischen Bewegungen kann kaum angenommen werden, daß Pacelli noch irgendwelche Sympathien für das eine oder andere Extrem hegte. Wenn sie nicht schon vorher bestand, wurde hier der Grund für eine prinzipielle Ablehnung gelegt, die nicht mehr veränderbar schien.

Die definitive Übersiedlung Pacellis nach Berlin am 20. August 1925 »glich einem Staatsakt«, ja, die Reichsregierung schickte ihm gar einen Salonwagen nach München.[283] Dennoch haderte der Apostolische Nuntius noch Monate später mit seinem Schicksal. Anfang Dezember 1925 klagte er gegenüber Pizzardo: »Sie wissen, daß ich mich mit großer Opferbereitschaft darin fügte, nach Berlin zu ziehen. Solange ich in München war, obwohl ich auch dort aus vielen Gründen das Nuntiaturleben hinter mir lassen wollte, hielt mich der, wie ich glaube, auch menschlich verzeihliche Wunsch zurück, das bayerische Konkordat abzuschließen, für das ich bereits soviel gearbeitet hatte. Jetzt in Berlin habe ich nichts als Kämpfe und Probleme, und nur aus Gottesliebe habe ich dieses schwere Kreuz auf mich genommen. Man ergänze, daß das Klima jener Stadt nicht das beste für meine Gesundheit ist.«[284] Daran schlossen sich bittere Klagen an, daß trotz all des Ungemachs nicht einmal die ökonomischen Grundlagen seiner Existenz durch die Kurie sichergestellt würden und er, wie Pizzardo selbst zugebe, »das niedrigste Gehalt von allen Nuntii in der Welt« habe.[285]

Um ein Haar wären Pacelli die Umsiedlung nach Berlin und das harte Nuntiaturleben in der Reichshauptstadt erspart geblieben, denn seit 1924 galt er – neben dem Pariser Nuntius Bonaventura Cerretti, ebenfalls einem Günstling Gasparris – als aussichtsreichster Kandidat für das Kardinalat. Wohl aus politischen Gründen zog der Heilige Stuhl die Erhebung Cerrettis vor, um der französischen Regierung ein positives Signal zu geben und den Eindruck zu konterkarieren, in der päpstlichen Kurie herrsche eine antifranzösische Stimmung.[286] Überdies war nach Einschätzung von Bergens dem Papst die

Berliner Nuntiatur sehr viel wichtiger als die Stelle eines Kurienkardinals.[287] Pacelli deutete in einem in Rorschach verfaßten Privatbrief an Pizzardo zwar an, daß er vom Kardinalsamt eher wenig halte und sich darum mühelos im »Zustand heiliger Gleichgültigkeit« habe halten können.[288] Aber die »Kommentare und Anspielungen [...] und andere ähnliche Demütigungen« schienen ihn doch nicht ganz unberührt zu lassen. »In jedem Falle, da diese Lage gegeben ist, kann ich nicht nach Rom kommen.«[289] Aber auch in Berlin werde er »mit Fragen zum Wieso und Weshalb usw. belagert« und sei darum froh, in Rorschach zu sein.[290] Die Berliner Regierung betrachte seine nicht erfolgte Ernennung zum Kardinal als Ungerechtigkeit gegenüber den Nuntiaturen in Paris und Brasilien, zumal den Zeitungen zufolge Cerretti als Pro-Nuntius dort bleiben werde.[291] Um eine Beschwerde der Reichsregierung beim Heiligen Stuhl zu verhindern, habe er »einer vertrauenswürdigen und einflußreichen Person geschrieben«[292].

Es lag in der Logik seiner bisherigen Argumentation für den Standort München, daß die anstehenden Konkordatsverhandlungen mit Preußen und dem Reich[293] Pacellis Präsenz nun in Berlin erforderlich machten. Überdies empfand es die Reichsregierung als »unangenehm«, daß »der bei ihr beglaubigte Päpstliche Vertreter noch immer nicht seinen ständigen Wohnsitz nach Berlin verlegt hat«[294]. Daraufhin erhielt er die »Weisung«, sich »länger als bisher« in Berlin aufzuhalten.[295] Auf preußischer Seite verlangte man seit 1923 nun wieder eine Akkreditierung Pacellis auch bei der preußischen Regierung.[296] Neben der Zurücksetzung gegenüber Bayern machte man geltend, daß preußische Kirchenangelegenheiten vom Auswärtigen Amt eigenmächtig und unbefriedigend behandelt würden.[297]

Die Staatssekretäre im preußischen Wissenschafts- bzw. im Staatsministerium des Ministerpräsidenten, Carl Heinrich Becker und Robert Weismann, betrieben darum mit zunehmender

Intensität die Doppelakkreditierung Pacellis und hoben hervor, daß diese für die Verhandlungen nur von Vorteil sein könne. Während sie von den Kardinälen Adolf Bertram[298] (Breslau) und Carl Joseph Schulte darin unterstützt wurden, standen die Kurie, das Auswärtige Amt und auch Pacelli selbst diesem Ansinnen sehr kritisch gegenüber. Gasparri bezeichnete den »ihm neuen preußischen Gedanken [... als] unlogisch und eigenartig«[299]. Der Apostolische Nuntius zeigte sich besonders befremdet über die Zumutung, daß er »quasi die Initiative in der Angelegenheit übernehmen« sollte.[300] Preußen hegte sogar die Absicht, seine Gesandtschaft in Rom wieder zu reaktivieren, was weder für das Auswärtige Amt noch für Bergen akzeptabel schien.[301] Doch die Intervention der beiden Kardinäle tat in Rom ihre Wirkung. Der Papst gab schließlich nach und erteilte seine grundsätzliche Genehmigung für die Doppelakkreditierung.[302]

Obwohl die Bedenken auf seiten der Reichsregierung fortbestanden, fügte sie sich der preußisch-kurialen Koalition. Botschafter von Bergen wurde am 12. Juni 1925 auch für Preußen beglaubigt, Pacelli überreichte am 24. Juni dem preußischen Ministerpräsidenten die Kredenzialien als päpstlicher Gesandter bei der preußischen Staatsregierung.[303] Für den Botschafter sollte die Doppelbeglaubigung zu Loyalitätskonflikten führen, denn er durfte über die preußischen Konkordatsverhandlungen dem Auswärtigen Amt gegenüber keine Mitteilungen machen, weil bei Länderkonkordaten Länder- und Reichsinteressen kollidieren konnten.[304] Aufgrund des Gesetzes über den Neuaufbau des Reiches vom 30. Januar 1934[305] wurden die verbliebenen Hoheitsrechte der Länder auf das Reich übertragen und die Ländervertretungen aufgelöst.

Vatikanische Außenpolitik
1920-1929

Benedikt XV. sollte keines der modernen Konkordate mehr erleben. Einen Monat vor dem Abschluß des Konkordats mit Lettland, am 22. Januar 1922, verstarb er. Als das Konklave zusammentrat, befand sich Italien im Taumel der Gewalt. Der nationalistische Rom-Kult blühte, und Mussolini erklärte, die Welt gehe politisch nach rechts und wende sich gegen Demokratie und Sozialismus.[1] Im Konklave standen sich *zelanti* (»Eiferer«) und *liberali* gegenüber – der Kardinalstaatssekretär Pius' X., Merry del Val, war der Favorit der einen, für den Kardinalstaatssekretär Benedikts XV., Gasparri, setzten sich die anderen ein.

An den Erzbischof von Mailand, Achille Ratti, dachte zunächst niemand. Als er schließlich am 6. Februar 1922 im vierzehnten Wahlgang gewählt wurde, galt er als ein Kompromißkandidat. Ratti wählte den Namen Pius XI. und machte deutlich, daß er die Kirchenpolitik Benedikts XV., insbesondere dessen Aussöhnung mit dem Quirinal, fortzusetzen trachte.[2] Als er nach seiner Krönung aus der Loggia von Sankt Peter erstmals seit dem Untergang des Kirchenstaates wieder den Apostolischen Segen spendete, interpretierte man dies als Zeichen für eine neue Öffnung gegenüber der Welt. Allerdings galt Mailand als derjenige Ort, von dem nach dem Ersten Weltkrieg jener militante Katholizismus ausging, der sich bald über das ganze Land ausbreiten sollte.[3]

Katholischer Nationalismus in Polen und die Rolle Achille Rattis

Der neue Papst hatte vor seiner kurzen Mailänder Amtszeit Jahrzehnte als gelehrter Präfekt der Biblioteca Apostolica Vaticana zugebracht, bevor die Kurie den damals schon Einundsechzigjährigen mit einer schwierigen diplomatischen Aufgabe betraute: Am 25. April 1918 wurde er zum Apostolischen Visitator für den im Entstehen begriffenen polnischen Staat ernannt; vier Wochen später trat er seinen Posten in Warschau an.[4] Rattis Entsendung erfolgte auf Bitten der Bischöfe Polens und war als innerkirchliche Mission zur Neuregelung der kirchlichen Verhältnisse im wiedererstandenen Polen gedacht.[5]

Aber darin erschöpfte sich seine Aufgabe nicht. Auf diesem östlichen Vorposten des lateinischen Katholizismus sollte er nicht nur Polen, sondern auch Gebiete wie das Baltikum, die bis zur Revolution zum Zarenreich gehört hatten, betreuen.[6] Durch diese Doppelbeauftragung geriet Ratti zwischen die Mühlsteine nationaler Emotionen, denn in Polen beherrschte der Haß auf alles Russische die Gemüter. Erschwerend kam hinzu, daß der Vatikan noch 1916 die polnische Unabhängigkeitsbewegung gegenüber einem ihrer Protagonisten, Roman Dmowski,[7] als »unrealistisch« eingeschätzt hatte[8] und eine ablehnende Haltung zu den Versailler Friedensbedingungen einnahm. Andererseits begrüßte Ratti öffentlich die Neuerrichtung des polnischen Staates, und Benedikt XV. wünschte im Oktober 1918 dem polnischen Primas, Erzbischof Aleksander Kakowski, daß der neue polnische Staat den ihm gebührenden Platz im Kreis der europäischen Nationen einnehmen möge.[9]

Seit jeher hatten zwischen der römisch-katholischen Kirche und dem polnischen Volk besondere, wenn auch nicht immer spannungsfreie Beziehungen bestanden. Jan Ludwik Popławski, einer der Begründer der polnischen Nationalbewegung, hatte 1897 geschrieben:

»Uns Polen verbindet mit dem Katholizismus, mit dem päpstlichen Rom, nicht nur das religiöse Interesse, sondern vor allem das politische Interesse. Unter den heutigen Umständen kann die polnische Sache nur durch Vermittlung Roms ihren internationalen Charakter bewahren [...]. Rom ist für uns die höhere Instanz, die von fremden Regierungen unabhängig ist und an die wir wenigstens in manchen Fällen appellieren können.«[10]

Das von Führern der nationaldemokratischen Bewegung wie Roman Dmowski beförderte Kirchenverständnis als dem einer »nationalen Einrichtung«, die ganz im Dienste der nationalen Existenz stehen sollte, rief allerdings Widerspruch auf seiten der universal orientierten katholischen Kirche hervor.[11] Dessen ungeachtet stand freilich für den polnischen Klerus im Spiegel seiner Äußerungen zwischen 1863 und 1918 fest, daß nur loyale römische Katholiken auch wirklich gute Polen sein konnten.[12]

Nach der polnischen Unabhängigkeit 1918 verloren die kontroversen Gesichtspunkte zwischen polnisch-nationalideologischem und römisch-universalem Katholizismus allmählich an Bedeutung. Die führenden Persönlichkeiten der Zweiten Polnischen Republik, Intellektuelle wie Politiker, kamen aus dem Milieu einer neu belebten katholischen Religiosität. So blieb das konfessionelle Element als nationale Bestimmungsgröße nicht nur erhalten, sondern konnte sich auch zunehmend gegenüber einer bloß »nationalen Weltanschauung« durchsetzen. Und dies um so mehr, als deren Antipoden, die »sozialistische Weltanschauung« und ihre politischen Repräsentanten, an Bedeutung verloren.

Bereits wenige Monate nach der Konsolidierung der jungen polnischen Republik durch das autoritäre Regime Józef Piłsudskis[13] nahmen Polen und der Heilige Stuhl diplomatische Beziehungen zueinander auf. Die Initiative dazu war schon im November 1918 von Erzbischof Aleksander Kakowski ausgegangen. Noch im selben Monat stimmte Kardinalstaatssekretär Gasparri dem Wunsch des polnischen Episkopats zu. Am 19. Juli 1919, vier Monate nach der offiziellen Anerkennung des neuen polnischen Staates, erhielt Achille Ratti, der bisherige Apostolische Visitator, sein Beglaubigungsschreiben als neuer Apostolischer Nuntius in Polen.[14] In Anwesenheit Pilsudskis und des diplomatischen Corps und zweiundzwanzig polnischer Bischöfe wurde Ratti am 28. Oktober 1919 durch Erzbischof Kakowski in der Warschauer Kathedrale zum Bischof geweiht.

Ratti konzentrierte sich von vornherein auf innerkirchliche Angelegenheiten, kümmerte sich namentlich um die kirchliche Organisation und die Angleichung von Landes- und Kirchengrenzen. Von politischen Entscheidungsprozessen suchte er sich fernzuhalten, um seine diplomatische Integrität und parteipolitische Neutralität nicht zu gefährden.[15] Darum beteiligte er sich nicht an der Erarbeitung der neuen polnischen Verfassung und bemühte sich, den polnischen Episkopat davon abzuhalten, politischen Einfluß auszuüben. Als die polnischen Bischöfe auf Antrag der Linken keine Senatorenposten einnehmen durften, kam es zu ersten Meinungsverschiedenheiten zwischen Ratti und dem polnischen Episkopat.[16] Der Nuntius unternahm ausgedehnte Reisen durch Polen und das Baltikum und lernte bei dieser Gelegenheit den Bischof von Riga und späteren Administrator von Danzig, Eduard Graf O'Rourke kennen, der die Konkordatsverhandlungen mit der lettischen Regierung führte.[17]

Während sich Ratti im Rahmen dieser Tätigkeit große Anerkennung erwarb und auch dadurch die Achtung der Polen erlangte, daß er auf dem Höhepunkt des russisch-polnischen Krieges im Sommer 1920 im belagerten Warschau ausharrte[18],

scheiterte er als päpstlicher Kommissar für die Abstimmungsgebiete Oberschlesien, Ost- und Westpreußen. Gegen seinen
Willen, aber auf den ausdrücklichen Wunsch Polens hin, sollte
er als päpstlicher Vertreter die Freiheit der Abstimmung in
Oberschlesien gewährleisten.[19] Die deutsche Regierung sah in
der Doppelfunktion Rattis als Nuntius in Polen und zugleich
als Abstimmungskommissar ein Problem und sprach sich darum
gegen seine Ernennung aus.[20] Der betroffene Breslauer Kardinal Bertram – Oberschlesien gehörte zu seinem Jurisdiktions-
gebiet – schloß sich dagegen dem polnischen Vorschlag an.[21]

In der Folgezeit versuchten beide Regierungen, den Nuntius,
der sich lange in Oberschlesien aufhielt, von ihrer politischen
Sicht der Dinge zu überzeugen.[22] Die Deutschen führten das
Argument ein, daß im Falle eines Sieges der Sowjets im pol-
nisch-russischen Krieg die Bolschewisten in Oberschlesien
säßen, wenn dieses zuvor polnisch geworden sei.[23] Um Polen
vor einer vermeintlich bevorstehenden Niederlage zu retten,
die seine staatliche Existenz erneut bedroht hätte, fanden –
vermittelt durch den Vatikan – Sondierungsgespräche zwischen der deutschen und der polnischen Regierung statt.[24] Als
Preis für eine militärische Hilfe standen Gebietsverzichte zur
Diskussion. In dieser Phase suchte der Vatikan grundsätzlich,
die Territorialansprüche Polens an Deutschland zu mäßigen.
Pacelli vor allem dachte an die Schwächung der Deutschen
Zentrumspartei durch die Gebietsverluste und nahm darum
gegenüber der Kurie eine eher deutschfreundliche Haltung
ein.[25]

Als die Interalliierte Kommission im Juni 1920 Bertram verbot, das Abstimmungsgebiet zu betreten, erhielt er zunächst
keine Unterstützung von Ratti. Erst im Herbst 1920 setzte sich
der Warschauer Nuntius auf Weisung des Vatikans für die Wahrung der Jurisdiktionsrechte des Breslauer Kardinals ein.[26] Der
Heilige Stuhl hatte nie einen Zweifel daran gelassen, daß er
eine Jurisdiktionsbeschränkung ablehne. In Paris und War-

schau wertete man diese rein kirchenrechtlich motivierte Position als politische Option zugunsten der Deutschen. In den folgenden Monaten besuchte Ratti die Abstimmungsgebiete und verbot der Geistlichkeit – mit Wissen Pacellis und Gasparris[27] – jegliche Propagandatätigkeit für die eine oder andere Seite. Während der heißen Phase der Abstimmungskämpfe zog er sich dann nach Warschau zurück.[28] Doch beide Parteien nahmen ihm seine Neutralität nicht ab. Die Deutschen akzentuierten in ihrer Polemik seine Funktion als polnischer Nuntius, die Polen kreideten ihm an, daß er gegen die politischen Agitationen polnischer Geistlicher eingeschritten war.[29]

Auf dem Höhepunkt der nationalistischen Auseinandersetzungen wandte sich Bertram schließlich an Pacelli und den Vatikan. Mit päpstlicher Billigung stellte er am 21. November 1920 jede politische Propaganda seines gesamten Diözesanklerus unter Strafe und drohte bei Nichtbefolgung mit Suspension.[30] Die polnische Seite – Regierung wie Episkopat – machte irrtümlicherweise Ratti für die Verfügung verantwortlich, obwohl dessen Sympathie in Wahrheit eher dem polnischen Klerus gehörte.[31] Polnische Kardinäle und Bischöfe, von denen einige sogar Priester zu Agitationsreisen beurlaubt hatten, unterzeichneten eine Protestnote gegen die Bertramsche Verfügung und sandten sie nach Rom.[32] Die polnische Regierung forderte die Abtrennung Oberschlesiens vom Fürstbistum Breslau und die Abberufung des Nuntius. Ratti mußte am 2. Dezember 1920 Polen verlassen; noch im selben Monat erfolgte die Berufung Giovanni Ogno Serras als Abstimmungskommissar. Am 13. Juni 1921 ernannte Benedikt XV. Ratti zum Erzbischof von Mailand und erhob ihn gleichzeitig zum Kardinal.

In der 1921 verabschiedeten polnischen Staatsverfassung definierte sich die Zweite Polnische Republik in hohem Maße als national und katholisch, wobei letzteres zunehmend die

Oberhand gewann.[33] In keinem anderen Land Mittel- und Ostmitteleuropas besaß die katholische Kirche solche Einfluß-möglichkeiten wie in Polen. Nach dem Staatsstreich Józef Pilsudskis Mitte Mai 1926 (»Marsch auf Warschau«) näherte sich die ideologisch-politische Konzeption der Nationaldemo-kratie immer mehr dem katholischen Standpunkt an, die Angelegenheiten der Nation wurden nunmehr den Gesetzen einer thomistisch bestimmten katholischen Ethik untergeord-net. Unter den »jungen« katholischen Nationalisten ging – mit positiver Konnotation – Anfang der dreißiger Jahre schließlich die Parole vom »neuen Mittelalter« um, die Losung von der Bildung eines »Katholischen Staates Polnischer Nation«[34]. Diese Katholisierung der polnischen Nationalideologie brachte der deutschen katholischen Minderheit jedoch keine spürbaren Erleichterungen.

Pilsudski selbst, der zwischen 1899 und 1916 der Evange-lisch-Augsburgischen Kirche[35] angehört hatte, blieb, wie die Mehrheit der Obristen, religiös eher indifferent, wenngleich nach außen hin ein anderer Eindruck erweckt werden sollte.[36] Die kultische Verehrung seiner Person, die der von Mussolini und später Hitler oder Franco in nichts nachstand, wurzelte denn auch weniger in den katholischen Überzeugungen Pil-sudskis als in dessen militärischen und politischen Taten. So schrieben seine Anhänger die Staatsgründung und den Sieg Polens über die Rote Armee 1920 allein dem Genie ihres »Führers« zu und werteten den Mai-Umsturz 1926 als weiteres zentrales Grunddatum für die Wiederherstellung von Ruhm, Größe und Stärke des polnischen Staates.[37] Auch die rück-sichtslose Ausschaltung der parlamentarischen Opposition 1930 war ein Bestandteil des Pilsudski-Mythos.

Nach dem deutsch-polnischen Abkommen vom 26. Januar 1934[38] schloß sich die nationalsozialistische Führung dem pol-nischen Pilsudski-Bild an. Im Geleitwort des preußischen Mi-nisterpräsidenten Hermann Göring zur autorisierten deutsch-

sprachigen Pilsudski-Biographie »Erinnerungen und Dokumente« heißt es:

»In selbstloser und äußerster Hingabe hat Marschall Pilsudski
für sein Vaterland gearbeitet. In mythischer Größe ist er schon
zu Lebzeiten in die Geschichte seines Vaterlandes eingegangen. Das heutige Polen wäre nicht ohne Pilsudski. [...] Josef
Pilsudski war aber auch der Mann, der mit dem deutschen
Führer und Kanzler die Voraussetzungen und Grundlagen
schuf, auf denen zum Segen unserer Nationen und darüber
hinaus zur Erhaltung des Friedens der Welt weitergebaut werden konnte und weitergebaut wird.«[39]

Das im Unterschied zum Heiligen Stuhl nach wie vor nationalkatholische Verständnis der polnischen Regierung wie der
polnischen Geistlichkeit kam auch dadurch zum Ausdruck,
daß die Forderungen der kleinen Minderheit deutscher Katholiken im Posener Land und in Mittelpolen hinsichtlich der
Erhaltung ihrer kulturellen Eigentümlichkeiten kaum Unterstützung fanden.[40] In dem Polen zugeteilten Gebiet Oberschlesiens lebte immerhin eine Viertelmillion römischer Katholiken deutscher Sprache.[41] Ähnlich erging es den litauischen
Katholiken im Gebiet um Wilna, wo sie die Mehrheit der
Bevölkerung stellten.[42]

Verhandlungen des Vatikans
mit Sowjetrußland

Auf seiner Reise in die neue polnische Metropole im Frühjahr 1918 hatte Ratti bei Pacelli in München Station gemacht und sich hernach bei Augustyn Hlond[43] in Wien, dem Vorsteher der dortigen Kongregation der Salesianer, die sich der äußeren Mission und der Jugendarbeit widmeten, über die Lage in Polen informiert. Der Publizist Hansjakob Stehle, lange Jahre Korrespondent deutscher Zeitungen und Rundfunkstationen in Rom, bezeichnet Pacelli und Ratti als die beiden »diplomatischen Schlüsselfiguren«[44] des Vatikans in dieser Zeit. Jedenfalls wurden beide mit heiklen Missionen betraut. Dazu gehörte die Kontaktaufnahme mit den neuen Herrschern Rußlands.[45]

Neben der umfangreichen karitativen Hilfe, die der Vatikan für die russische Bevölkerung leistete, gab es verschiedene Versuche, mit dem kommunistischen Regime einen Modus vivendi zu finden. Schon im Frühjahr 1917 hatte der Papst den Sturz des Zarenregimes begrüßt, weil er sich eine neue Ära der Freiheit für die römisch-katholische Kirche in Rußland erhoffte.[46] Zunächst herrschte in Sowjetrußland die Einstellung vor, der Vatikan sei ein politischer und historischer Anachronismus, den man einfach ignorieren könne. Trotzki erwähnt kein einziges Mal die Existenz des Heiligen Stuhls. Erst seit 1920 finden sich regelmäßige Dossiers über den Vatikan im Volkskommissariat für Auswärtige Angelegenheiten. Der offizielle Schriftverkehr begann mit einem Telegramm des Volkskommissariats vom 5. Dezember 1917 an den russischen Vertreter beim Vatikan, Aleksander L. Lysakowskij, und an den noch vom Zaren ernannten bisherigen Geschäftsträger Nikolai Bok, sie möchten der Außenpolitik der Sowjetregierung zustimmen. Als die beiden russischen Diplomaten die Botschaft der Bolschewiki einfach ignorierten, wurden sie am 9. Dezember 1917 abgesetzt.[47] Noch bis Anfang März 1922 blieb Lysakowskij dem Heiligen Stuhl als Gesprächspartner und Vermittler erhalten.

Im Frühsommer 1918 beauftragte der Vatikan Pacelli, sich über den preußischen Botschafter in Moskau, Graf von Mirbach, an Sowjetrußland zu wenden und die Bereitschaft des Heiligen Stuhls zu erklären, Zar Nikolai II. und seiner Familie Asyl in Castel Gandolfo bei Rom zu gewähren.[48] Der Vatikan wollte alle Kosten für Fahrt und Aufenthalt übernehmen. Doch wie ähnliche Initiativen anderer europäischer Staaten scheiterte auch die des Heiligen Stuhls am Unwillen der Bolschewiki, die Zarenfamilie emigrieren zu lassen. In der Nacht vom 17. auf den 18. Juli 1918 wurde sie in den Kellerräumen des Ipatievhauses in Jekaterinenburg erschossen, ihre Leichen verbrannt und die Asche verscharrt.[49]

Die eigentlichen diplomatischen Kontakte begannen mit insgesamt drei telegraphischen Botschaften, die Benedikt XV. im Frühjahr 1919 über Ratti an Lenin richtete.[50] Darin bat der Papst um die Freilassung des aus Polen stammenden römisch-katholischen Erzbischofs von Mogilew, Monsignore Ropp, und um Schutz für orthodoxe Geistliche, die von den Bolschewisten verfolgt wurden. Obwohl – mit Ausnahme von Ropp, der am 17. November 1919 freigelassen und nach Polen ausgewiesen wurde – diesen Interventionen letztlich der Erfolg versagt blieb, hielt der Vatikan weiter Kontakt und bemühte sich um eine privilegierte Sonderstellung der römisch-katholischen Kirche in Sowjetrußland. Anfang Juli 1921 wandte sich Patriarch Tychon an den Papst und bat diesen um Hilfe für die verfolgte russisch-orthodoxe Kirche.[51] Als der Vatikan im September 1921 der sowjetischen Regierung eine Caritas-Hilfsmission offerierte, stimmte Kamenew, der Vorsitzende des Pomogul, zu. Am 12. März 1922 ließ sich der Vatikan auf ein 13 Punkte umfassendes Geheimabkommen mit der Sowjetunion ein, das sich auf rein humanitäre Fragen beschränkte und für die vatikanische Seite jegliche Beteiligung von Bürgern aus »Nationen, die Sowjetrußland feindlich gesinnt sind« – im Klartext französische und polnische Staatsangehörige – ausschloß.[52]

Auf sowjetischer Seite verhandelte der Chef der ersten sowjetrussischen »Handelskommission« in Rom, Wacław Worowski, der die karitativen, wirtschaftlichen und politischen Vorteile eines Vertrages mit dem Heiligen Stuhl erkannt hatte.[53] Als Mittelsmann diente ihm der deutsche Konvertit Wilhelm von Braun, den mit Pizzardo eine sehr enge Freundschaft verband und der anscheinend auch über gute Verbindungen zu dem geistlichen Konsultor an der deutschen Vatikanbotschaft, Prälat Johannes Steinmann, verfügte.[54] Der in Breslau Gebürtige nahm eine Schlüsselposition bei den vatikanischen Sowjetkontakten ein. Von seiten der deutschen Regierung unterstützte außerdem der deutsche Botschafter in Moskau, Ulrich Graf von Brockdorff-Rantzau, die vatikanisch-sowjetische Annäherung und erwies sich in dieser Angelegenheit Pacelli behilflich. Das Deutsche Reich war an einer besseren Beziehung des Vatikans zu Moskau interessiert, weil es die internationale Isolation der beiden Kriegsverlierer – eben der Sowjetunion und Deutschlands – mit Hilfe des Heiligen Stuhls aufbrechen wollte.

Für die Kurie verbanden sich mit der Moskau-Mission zum Teil religiös-romantische Vorstellungen. Man träumte von einer katholisch-orthodoxen Union, mindestens aber von einer Ausdehnung und ungehinderten Mission der römisch-katholischen Kirche, nachdem die ehemalige orthodoxe Staatskirche unter dem neuen Regime ihre privilegierte Position verloren hatte. Die Kurie war so versessen auf eine Vereinbarung, daß Gasparri das Abkommen zwischen dem Heiligen Stuhl und der Regierung der Sowjets unterzeichnete, obwohl es – abgesehen von der humanitären Hilfe – nichts mehr von dem zuvor

Versprochenen enthielt. Weder Missionare noch Seelsorger durfte der Vatikan in die UdSSR schicken, auch keine Schulen unterhalten, sondern nur ein Päpstliches Hilfswerk, das die Hungersnot in dem ausgeplünderten Land lindern sollte. Worowskis schriftliche Zusicherungen, daß die römisch-katholische Kirche in der Sowjetunion landwirtschaftliche und handwerkliche Produktions- und Lehrstätten errichten dürfe, wurden nie realisiert. Nach dem Tode Lenins Anfang 1924 scheiterte auch das Hilfswerk.[55]

Mitte April 1922, also einen Monat nach dem Abschluß des Geheimabkommens, nahm der Heilige Stuhl – auf die Initiative Steinmanns hin – an der Weltwirtschaftskonferenz in Genua teil.[56] Erstmals waren auch die beiden Verlierer des Weltkrieges, das Deutsche Reich und die UdSSR, zu einer internationalen Konferenz geladen.[57] In dieser Konstellation sahen sowohl der linkskatholische deutsche Reichskanzler Josef Wirth als auch Pius XI. eine diplomatische Chance, die nach verschiedenen Richtungen hin genutzt werden sollte. Während der Konferenz plädierte der Heilige Stuhl dafür, die deutschen Reparationszahlungen zu reduzieren und die militärische Teilbesetzung Deutschlands zu beenden.[58]

Am Rande der Konferenz – man schrieb den 22. April 1922, also fünf Tage nach Unterzeichnung des deutsch-russischen Rapallo-Vertrages – wurde eine Begegnung zwischen dem Genueser Erzbischof Signori und Georgij Tschitscherin[59], seit Mai 1918 Trotzkis Nachfolger als sowjetischer Volkskommissar für Auswärtige Angelegenheiten, arrangiert. Tschitscherin hatte vor der Genueser Konferenz in Berlin Station gemacht und sich mit der deutschen Regierung ins Benehmen gesetzt. Während eines Diners auf dem italienischen Kreuzer Dante Alighieri vor Genua saßen sich die beiden Herrn ganz »zufällig« gegenüber und sprachen über ein Konkordat sowie über die Möglichkeit der freien Religionsausübung.[60] Tschitscherin vertrat die Auffassung, daß in Sowjetrußland alle Konfessionen frei seien und ein Konkordat mit dem Heiligen Stuhl die römisch-katholische Kirche einseitig privilegiere.[61]

Im Monat darauf reisten Pizzardo und Steinmann nach Santa Margherita bei Rapallo, zum Aufenthaltsort der sowjetischen Delegation, um die während des Diners angeknüpften Gespräche mit Tschitscherin und Worowski fortzusetzen und ebenfalls ein Abkommen mit den Sowjets abzuschließen. Im Gepäck hatten sie ein päpstliches Memorandum, das volle Religionsfreiheit und die Rückgabe kirchlichen Eigentums forderte. Auf Intervention von Wirth hatte Pizzardo freilich den letzten Punkt bereits fallengelassen bzw. so mit der humanitären Hilfe verquickt, daß es sich nur mehr um ein »Tauschgeschäft« handelte. Tschitscherin forderte eine förmliche Anerkennung der UdSSR. Darauf reagierte der Vatikan zurückhaltend, da er bereits Kenntnis von einer neuen Welle religiöser Verfolgungen besaß. Wegen ideologischer Bedenken innerhalb der russischen Regierung kam es in Rapallo zu keinem russisch-vatikanischen Abkommen. Aber die Verhandlungen wurden fortgesetzt. Brockdorff-Rantzau vermittelte ein Geheimtreffen zwischen Pacelli und Maksim Litvinov in der Berliner Villa von Brockdorff-Rantzaus Zwillingsbruder, das am 4. Juli 1922 stattfand.[62]

Das enge diplomatische Zusammenspiel zwischen Berlin, Moskau und dem Vatikan, ansatzweise so etwas wie ein neuer »Dreibund«[63], erscheint nicht unproblematisch – besonders dann nicht, wenn man sich die politischen Implikationen der beiden weltlichen Mächte in Erinnerung ruft. Ein zentrales gemeinsames Anliegen der Deutschen wie der Russen war nämlich die Schwächung, wenn nicht gar Liquidierung des polnischen Staates.[64] Eine Annäherung des Vatikans an diese beiden polenfeindlichen Staaten mußte in Warschau übel aufgenommen werden.

Ungeachtet fortgesetzter Brutalitäten gegen russisch-orthodoxe und katholische Geistliche gingen die geheimen Verhandlungen zwischen Vatikan und UdSSR weiter. Neben dem

Deutschen Reich kam seit Ende Oktober 1922 als weiteres Bindeglied zu Rußland die italienische Regierung unter Benito Mussolini hinzu. Dieser hatte schon zu Beginn des Jahres 1922 dem Vatikan Avancen gemacht, bereits im März 1922 den Gesprächsfaden zu Wirth aufgenommen[65], verfügte über gute Beziehungen zu seinem »revolutionären Rivalen« Lenin[66] und erklärte am 30. November 1923 für seine faschistische Regierung[67], daß sie keine Schwierigkeiten sähe, die Sowjetunion anzuerkennen. Neun Wochen später, am 8. Februar 1924, erfolgte die offizielle Anerkennung durch Mussolinis Regierung. Sie gehörte damit zu den ersten Regierungen Westeuropas, die sich zu einem solchen Schritt entschloß. Allerdings folgten bald darauf Großbritannien, Norwegen, Österreich, Griechenland und Schweden nach, so daß eine diplomatische Anerkennung durch den Heiligen Stuhl in seiner Bedeutung abnahm.[68] Im Blick auf diese Entwicklung schrieb Tschitscherin Anfang 1925 an Krasikow: »Jetzt brauchen wir vom Vatikan nichts mehr, weder eine Anerkennung ›de jure‹ noch die Entsendung eines Vertreters, eines Nuntius, und der Papst ist für uns nur eine geistliche Position.«[69] Letztlich hatte Mussolini mit seinem Vorpreschen die diplomatischen Rußland-Pläne des Vatikans durchkreuzt! Doch bis zu diesem Zeitpunkt wurde lebhaft weiterverhandelt:

Im Mai 1923 beriet sich Pius XI. mit Gasparri, Pizzardo, dem Jesuitengeneral Wlodimierz Ledóchowski und Simonetti, wie mit der Sowjetunion weiter zu verfahren sei. Man einigte sich darauf, die Mission nicht zurückzurufen, aber auch die UdSSR nicht anzuerkennen, bevor sie kein Entgegenkommen in der religiösen Frage zeige.[70] Auf russischer Seite verständigte man sich, wie aus einem Schreiben Litvinovs an Worowski vom Februar 1923 hervorgeht, auf die förmliche Anerkennung durch den Vatikan als Voraussetzung für den Abschluß jeglicher Vereinbarungen.[71] Darum lehnte die sowjetrussische Regierung den auf Anweisung des Vatikans erfolgten Vorschlag des Leiters der Hilfsmission, des amerikanischen Jesuiten Edmund Walsh, vom Sommer 1923 ab, seine Einrichtung in eine Ständige Vertretung umzuwandeln. Bald darauf, am 18. Juli 1923, bestätigte das Politbüro eine neue Instruktion für die Verhandlungen mit dem Vatikan. Danach sollte religiöser Unterricht erlaubt sein, allerdings wollte man zur Bedingung machen, daß polnische Geistliche durch deutsche oder italienische ersetzt würden.[72]

Anfang Dezember 1923 unterbreitete dann der Nachfolger Worowskis[73] und spätere Botschafter am Quirinal, Jurenew, dem Vatikanischen Staatssekretariat einen neuen Vorschlag. Das Päpstliche Hilfswerk sollte in eine Nuntiatur umgewandelt, und vom Vatikan sollten neue, konkrete Hilfszusagen an die UdSSR gegeben werden. Dafür wollte die sowjetische Regierung die verurteilten Geistlichen freilassen, den Katholiken Kultfreiheit einräumen und ihnen sogar die Erteilung von Religionsunterricht gestatten. In der Heiligen Kongregation für Außerordentliche Kirchliche Angelegenheiten, die Mitte Dezember 1923 über diese Offerte beriet, gab es Bedenken. Daß man vor allem in Polen die Entwicklung mit Argwohn verfolgte, konnte nicht überraschen.[74] Darum fiel der Gegenvorschlag des Vatikans vorsichtig aus: Man wollte zunächst nur einen Päpstlichen Delegaten nach Moskau schicken, stellte aber eine diplomatische Anerkennung in Aussicht, falls die Verhandlungen vor Ort zufriedenstellend verliefen.

Wegen der ungeklärten »Römischen Frage« fiel Jurenew nach seinem Amtsantritt als sowjetischer Botschafter am Quirinal als Gesprächspartner aus. Die weiteren Verhandlungen wurden darum über die Berliner Nuntiatur geführt. Während seiner Berlin-Aufenthalte traf sich Pacelli seit Februar 1924 mit dem sowjetischen Geschäftsträger Bratman-Brodowski und bald auch mit dem sowjetischen Botschafter in Berlin, Nikolai Krestinski. Die Sowjets reagierten enttäuscht auf den vatikanischen Gegenvorschlag, zumal etwa gleichzeitig die versprochenen Hilfslieferungen wegen der finanziell desolaten Lage des Heiligen Stuhls weit hinter den Erwartungen zurückblieben.

Bildeten etwa Lenins Direktiven zur physischen Vernichtung der orthodoxen Priester 1922 schon einen beispiellosen Kulturbruch,[75] so setzte nach seinem Tod eine noch entschlossenere Politik der Religionsverfolgung ein. Um einer sowjetischen Ausweisung zuvorzukommen, kündigte der Vatikan am 31. Mai 1924 seine Moskauer Hilfsmission, stellte aber deren Umwandlung in eine Apostolische Delegatur in Aussicht. Über diese Fragen verhandelte Pacelli bis Ende August 1924 im Detail mit Brodowski, unterrichtete auch den deutschen Botschafter Brockdorff-Rantzau über den jeweiligen Stand der Dinge und bat diesen gelegentlich um Vermittlung.[76] Am 18. September 1924 stellte die Hilfsmission ihre Tätigkeit ein.[77]

Vier Monate später, am 8. Januar 1925, beauftragte die Kurie Pacelli mit der Aufnahme neuer geheimer Verhandlungen mit dem sowjetischen Botschafter in Berlin, Krestinski.[78] Während der Berliner Verhandlungen, die vom 4. bis 24. Februar 1925 dauerten, verlangte die sowjetische Seite die diplomatische Anerkennung der Sowjetunion durch den Heiligen Stuhl und die Anerkennung der Trennung von Staat und Kirche, wie sie in der Sowjetunion praktiziert wurde. Das hieß Genehmigung jeder »Religionsvereinigung« durch den Staat und völlige Kontrolle der finanziellen Transaktionen wie auch der Verbindungen der katholischen Kirche in der UdSSR zum Vatikan. Außerdem forderten die Sowjets, daß die Ortspriester und Bischöfe durch ihre Gemeinden gewählt würden.

Inzwischen hatte sich freilich auch die Opposition im Kardinalskollegium gegen die Verbindungen des Vatikans zu dem atheistischen Regime versteift. In seiner Weihnachtsansprache vom 18. Dezember 1924 ermahnte Pius XI. die Staatsmänner der Welt – Ende Oktober hatte auch Frankreich die UdSSR anerkannt –, »die überaus schweren Gefahren und ganz sicheren Übel des Sozialismus und Kommunismus«[79] von sich und ihren Mitbürgern fernzuhalten. Obwohl die Verhandlungen weiterliefen, hatte er damit einen weltanschaulichen Pflock eingeschlagen. Nicht zum letzten Mal. Ein Jahr später äußerte Pacelli gegenüber Pizzardo, man sei »in Berlin sehr beunruhigt [...], weil der Heilige Vater die Absicht haben soll [...], im nächsten Konsistorium wieder den Sozialismus zu verurteilen und ebenso, wenigstens implizit, die Koalition mit den Sozialisten.«[80]

Die Weihnachtsansprache 1924 hatte der Zentrumspartei gegolten, deren Reichskanzler Wilhelm Marx mit Unterstützung der Sozialdemokraten regierte.[81] Aber nicht nur dem politischen Katholizismus in Deutschland: Nach der Ermordung des gemäßigten Sozialisten Giacomo Matteotti durch die Faschisten[82] näherte sich auch die Katholische Volkspartei Italiens den Sozialisten an. Für ihren Parteichef, den Geistlichen Luigi Sturzo, hatte der Vatikan Anfang Oktober 1924 ein Einreisevisum nach Österreich besorgt, um die Verhandlungen mit Mussolini, die Anfang 1925 begannen, nicht durch die Opposition politisierender Priester zu belasten.[83] Am 25. Oktober 1924 ging Sturzo nach London – ursprünglich zum Besuch eines Kongresses.[84] Daraus wurde mehr.[85] Wer in Italien der Annäherung zwischen Vatikan und faschistischem Staat im Wege stand, mußte, wie Sturzo, auf Veranlassung des Heiligen Stuhls ins Exil.[86] Überdies hatten die *Popolari* gegen den Duce gemeinsam mit den Sozialisten vorgehen wollen – nach Überzeugung des Vatikans nicht nur eine antiklerikale, sondern eine antichristliche Partei, mit der keine Zusammenarbeit möglich war.[87]

Nach der völkerrechtlichen Anerkennung Sowjetrußlands durch Italien verlagerten sich die diplomatischen Verhandlungen zwischen dem Heiligen Stuhl und Moskau mehr und mehr nach Berlin. In dieser Phase knüpfte Pacelli enge Verbindungen zum amtierenden sowjetischen Botschafter Nikolaj Krestinski und dessen Geschäftsträger Bratmann-Brodowski. Die

Verhandlungsgrundlagen, die Krestinski der Berliner Nuntiatur am 4. Februar 1925 präsentierte, boten allerdings keinen Ansatzpunkt für ein befriedigendes Abkommen.[88] Am 11. Februar schob Krestinski ein »Zugeständnis« nach, demzufolge der Vatikan bei den Bischofsernennungen und die Bischöfe bei den Pfarrstellenbesetzungen ein Vorschlags- bzw. Mitsprache- und Bestätigungsrecht erhalten sollten.[89] Diese Selbstverständlichkeiten machten die russischen Vorschläge freilich kaum akzeptabler, zumal man keinerlei schriftliche Vereinbarungen treffen wollte. Darum mußten die Verhandlungen am 24. Februar ergebnislos abgebrochen werden. Als Mitte August 1925 bekannt wurde, daß ein katholischer Priester polnischer Herkunft in Leningrad hingerichtet werden sollte, beendete Papst Pius XI. das dilatorische Abwarten. Er ermächtigte Pacelli, klipp und klar die sowjetischen Verhandlungsgrundlagen als unzureichend abzulehnen, ohne freilich die Verbindungen völlig abzubrechen. Vielmehr sollten durch die Sowjets neue Vorschläge für eine realistische Verhandlungsbasis unterbreitet werden.

Auf ein entsprechendes Schreiben Pacellis vom 7. September 1925 erhielt der Berliner Nuntius erst zwölf Monate später eine offizielle Antwort. Am Rande eines Essens, das Reichsaußenminister Stresemann für seinen durchreisenden Kollegen Tschitscherin gab, kam es zu einer Begegnung mit Pacelli, während der der sowjetische Volkskommissar den Eingang des Pacelli-Briefes vom September 1925 bestätigte. Die beiden Diplomaten vereinbarten für den 6. Oktober 1926 ein Treffen in der Wohnung des Kammerherrn Ernst Graf von Rantzau. In dessen Verlauf wurde deutlich, daß die Sowjetregierung bei religionspolitischen Fragen auch die modernistische Erneuerer-Kirche, eine Abspaltung von der russisch-orthodoxen Kirche, konsultierte. Diese kooperierte eng mit der Sowjetmacht, kopierte organisatorisch deren Rätesystem und erfreute sich bis 1925 eines regen Zuspruchs.[90] Nach diesem »Kirchenbolschewismus«-Modell sollte anscheinend auch die römisch-katholische Kirche in der UdSSR aufgebaut werden.

Auch in ihrem verspäteten Antwortschreiben vom 11. September 1926, noch vor dem Treffen bei Rantzau, zeigte die Sowjetregierung wenig Entgegenkommen und gestand den in der Sowjetunion lebenden Katholiken lediglich einen kontrollierten Umgang mit dem Heiligen Stuhl zu. Einen Monat später teilte sie Pacelli mit, daß ausländischen Geistlichen bis auf weiteres die Einreise in die UdSSR verwehrt würde.[91] Konkreter Anlaß war die Einreise zweier Jesuiten, die der Vatikan in die UdSSR geschickt hatte, um dort ein Priesterseminar aufzubauen.[92]

Mitte Juni 1927 kam es auf Vermittlung des deutschen Botschafters von Brockdorff-Rantzau zu einer weiteren Begegnung zwischen Tschitscherin und Pacelli.[93] Auch diese Gespräche scheiterten, weil die sowjetische Seite Religionsunterricht als Indoktrination strikt ablehnte. Eine letzte Initiative Pacellis im Oktober 1927, während der er den Sowjets ein Einspruchsrecht bei Bischofsernennungen zugestand, verlief ebenfalls im Sande.[94] Sergej Nosov sieht einen Zusammenhang zwischen der durch den Patriarchatsverweser Metropolit Sergij unterzeichneten Deklaration vom 29. Juli 1927, die eine endgültige Einpassung der Patriarchatskirche in den Sowjetstaat vollzog, und dem Ende der Verhandlungen mit dem Vatikan.[95] Im Frühjahr 1928, nachdem Stalin sich endgültig durchgesetzt hatte, endete die außenpolitische Ära Tschitscherin[96] und damit das Interesse an einem Modus vivendi mit dem Heiligen Stuhl.

Seit 1926 kam es überdies zu Überschneidungen und vielleicht auch zu Beeinträchtigungen der diplomatischen Aktivitäten des Berliner Nuntius durch eine andere Initiative des Vatikans. Im Februar 1926 hatte nämlich das Staatssekretariat entschieden, in aller Heimlichkeit den französischen Jesuiten Michel d'Herbigny in die UdSSR zu entsenden, um dort durch Bischofsweihen die Apostolische Sukzession wiederherzustellen.[97] Am 29. März 1926 weihte Pacelli in der Hauskapelle der

Berliner Nuntiatur d'Herbigny zum Bischof.[98] Der Vatikan ließ d'Herbigny über die bisherigen diplomatischen Bemühungen in Unkenntnis und schickte ihn Anfang April 1926 nach Moskau, wo er dem Assumptionistenpater Pius Neveu in der Kirche der französischen Botschaft die Bischofsweihe erteilte. Im Mai und Juli folgten zwei weitere geheime Bischofsweihen, letztere in der französischen Kirche Notre Dame de France in Leningrad.

Nunmehr wirkte sich positiv aus, daß sich die Beziehungen zu Frankreich deutlich verbessert hatten. In der Enzyklika *Maximam gravissimamque*[99] vom 18. Januar 1924 hatte Pius XI. die Trennungsgesetzgebung von 1905[100] trotz unveränderter Ablehnung als Realität hingenommen.[101] Anfang September 1926 sollte es freilich wieder zu einer Trübung des guten Verhältnisses kommen, weil Pius XI. in einem Schreiben an Kardinal Paulin Andrieu von Bordeaux die nationalistisch-monarchistische Weltanschauung der *Action française* unter der Führung von Charles Maurras[102] in ihren Grundlagen als atheistisch und neuheidnisch verurteilte.[103]

Unter dem Schutz der Französischen Botschaft feierte d'Herbigny dann völlig öffentlich Gottesdienste in Moskau, segnete, weihte Rosenkränze und Kerzen, nahm Beichten ab, taufte und firmte. Tausende Gläubige strömten nach Moskau. Die Sowjetregierung sah in dem Vorgehen des Vatikans eine »Verschwörung« und wies d'Herbigny am 6. September 1926 aus. 1931 übernahm der Rußland-Kenner die Leitung des »Päpstlichen Kommission für Rußland«. Zwei Jahre später geriet sein Bürosekretär Edoardo Prettner-Cippico in den begründeten, aber unbewiesenen Verdacht, Geheimdokumente gestohlen und weitergegeben zu haben.[104] Infolge dieser Affäre wurde d'Herbigny abgesetzt und durfte den Bischofstitel nicht mehr tragen.[105]

In diametralem Gegensatz zu der verbreiteten Sicht, der Vatikan habe einem kompromißlosen Antibolschewismus gehuldigt, steht die Interpretation von Sergej Nosov, einem dem Vatikan gegenüber äußerst kritisch eingestellter Autor. Er konstatiert, daß der Heilige Stuhl sich erst gegen die bolschewistischen Verbrechen gewandt habe, als seine politisch-diplomatische Niederlage unausweichlich gewesen sei.[106] Zuvor scheine er die Grausamkeiten des Regimes nicht bemerkt zu haben.

Tatsächlich spielte im Vatikan meist die diplomatische Maxime eine zentrale Rolle, Türen nicht für immer zuzuschlagen. Aus diesem Grund ließ Kardinal Faulhaber Mitte Novemebr 1929 vor Veröffentlichung einer Papstrede den Abschnitt über Moskau streichen – unter anderem »weil es nicht ausgeschlossen ist, daß in absehbarer Zeit der Heilige Vater selbst mit Rußland wegen der Missionen in Verbindung treten muß«[107]. Der getilgte Passus lautete:

»[...] Vor unseren Augen wird zur Zeit ein Trauerspiel gespielt und der Versuch gemacht, eine staatliche Ordnung ohne Gott in Gang zu setzen. Die Mitwelt schaut dem Blutregiment von Moskau ebenso gleichgültig zu wie den Justizmorden in Mexiko. Wir verstehen nicht, wie eine Regierung, die auf die Ehre und andere sittliche Pflichten etwas gibt, einer anderen Regierung durch diplomatische Beziehungen und durch Handelsverträge den Handschlag geben kann, wenn die Hand dieser anderen Regierung blutbefleckt ist. Auch im Völkerleben gilt: Was nützt es dir, wenn du durch wirtschaftliche Verträge die ganze Welt gewinnst und dabei an deiner Seele Schaden leidest?«[108]

Nach der Friedensinitiative Benedikts XV. war zum zweiten Mal eine diplomatische Mission gescheitert, in der Pacelli eine Schlüsselrolle eingenommen hatte. Nach seinem Abschied von Berlin diente die Reichshauptstadt dem Heiligen Stuhl nicht mehr länger als Drehscheibe für die vatikanische Ostpolitik. Pacellis zögernde, immer wieder abwägende Herangehensweise verhinderte jedoch, daß sich der tatsächliche Mißerfolg negativ auf seine Karriere auswirkte. Selbst bei geringem Verhandlungsspielraum zeigte Pacelli eine auffallende Biegsamkeit und die Bereitschaft, trotz wenig aussichtsreicher Voraussetzungen das politisch eigentlich Unmögliche doch erreichen zu wollen. Auch Ratti galt als bedächtig, als ein *vas dilationis*[109]. Aber er war, anders als Pacelli, auch entscheidungsstark, weniger geschmeidig, konnte sogar starrsinnig sein und neigte gelegentlich zu cholerischen Ausbrüchen und einsamen Entschlüssen.[110] Für beide Priester-Diplomaten galten Konkordate als »*das* zeitgemäße Mittel kirchlicher Selbstbehauptung gegenüber dem modernen Staat gleich welcher Couleur«[111]. Und auf diesem Feld konnten beide bis dahin nur Erfolge aufweisen. Dabei ist deutlich, daß der deutsche Konkordatskomplex eng verquickt war mit den Verhandlungen über die Aufnahme diplomatischer Beziehungen zwischen dem Vatikan und Deutschland, der Frage der jurisdiktionellen Behandlung der von Deutschland abgetrennten Gebiete und mit den diplomatischen wie konkordatären Beziehungen der Nachbarstaaten Deutschlands mit dem Vatikan.

Der Heilige Stuhl
zwischen Deutschland und Polen

Für die deutsche Außenpolitik hing viel davon ab, wie der Vatikan die kirchlichen Neuregelungen für die abgetretenen Gebiete im Osten vornehmen würde. Zwei Drittel des Territoriums der ehemaligen preußischen Diözese Kulm mit Sitz in dem ehemaligen Zisterzienserkloster Pelplin waren polnisches Staatsgebiet geworden.[112] Das letzte Drittel verteilte sich auf die Freie Stadt Danzig, Teile Ostpreußens und das westliche Westpreußen. 1920 wurde für die beim Reich verbliebenen Teile des Erzbistums Gnesen-Posen die Delegatur Tütz eingerichtet. Diese übernahm auch die Betreuung des westlichen Westpreußen. Der deutsche Bischof Augustinus Rosentreter konnte in Pelplin bleiben, weil er sich für die Wiederherstellung der Republik Polen ausgesprochen hatte. Er erlegte sich politische Zurückhaltung nach allen Seiten auf und ließ auch Pacellis Schreiben unbeantwortet.[113] Während der Vatikan und Polen den Rücktritt Rosentreters wünschten, lag sein Verbleiben im Interesse des Deutschen Reiches.

Die Mitte November 1920 offiziell errichtete Freie Stadt Danzig[114] gehörte kirchlich teils zum deutschen Bistum Ermland, teils zur neupolnischen Diözese Kulm. Das Auswärtige Amt begünstigte die kirchliche Angliederung der gesamten Freien Stadt an das deutsche Bistum Ermland. Dem ausgesprochen deutschfreundlichen Dompropst Franz Xaver Sander, der als Mitarbeiter an die deutsche Botschaft abgeordnet war, gelang es in einem persönlichen Gespräch mit Rosentreter, diesen für die Abtrennung Danzigs von seinem Bistum zu gewinnen. Gleichzeitig erklärte er den alten Bischof für voll geschäftsfähig, so daß seine Ersetzung durch einen Polen, wie der Heilige Stuhl ursprünglich beabsichtigt hatte, entfallen konnte.

Damit hatte sich der Heilige Stuhl zu Lösungen bereit gefunden, die ganz den deutschen Wünschen entsprachen. Am 24. April 1922 bestellte Pius XI. den strikt antikommunistisch eingestellten Apostolischen Legaten für die baltischen Staaten, Eduard Graf O'Rourke[115], zum Apostolischen Administrator für Danzig. Während seiner Zeit als Apostolischer Visitator hatte Ratti eng mit O'Rourke zusammengearbeitet, der 1917 als Apostolischer Administrator von Minsk bestellt worden war. Ende September 1918 hatte Benedikt XV. – auf den Vorschlag Rattis hin – O'Rourke zum Bischof der wiedererrichteten Diözese Riga ernannt. In dieser Eigenschaft trieb er – im engsten Einvernehmen mit Ratti – die Konkordatsverhandlungen mit der lettischen Regierung voran. Aufgrund seiner Vorarbeiten konnte am 30. Mai 1922 das Konkordat mit Lettland abgeschlossen werden.[116]

Welche Beweggründe Pius XI. auch immer veranlaßt haben mochten, den im April 1920 von seinem lettischen Bischofsamt zurückgetretenen, als kränklich und durchsetzungsschwach geltenden O'Rourke zum ersten Oberhirten Danzigs zu bestellen – in Deutschland wurde die päpstliche Personalentscheidung weithin als Erfolg deutscher Diplomatie verstanden.[117] Obwohl er sich 1922 als »Großpole« bezeichnete und der polnischen Kultur gegenüber seine Affinität bekundete[118], protestierten sowohl der polnische Generalkommissar wie auch der polnische Botschafter gegen den Apostolischen Administrator O'Rourke.

Auf seiten der Reichsregierung und der preußischen Regierung konnte die Entscheidung der Kurie kaum Überraschung ausgelöst haben. Ende Februar 1922 hatte Pacelli in Berlin mit Ebert, Rathenau und dem preußischen Kultusminister Boelitz über die Danzig-Frage konferiert. Dabei deutete er an, »daß der künftige Apostolische Administrator deutscher Nationalität sein werde [...]. Die [...] Herren zeigten lebhafte Zufriedenheit über diese Lösung und [...] Rathenau drückte mir gegenüber den Wunsch aus, den Namen des Kirchenmannes, den der Heilige Stuhl für jenes Amt vorsehen würde, im voraus zu erfahren.«[119] Darauf fügte Pacelli hinzu, »daß Seine Heiligkeit als Gegenleistung für einen solchen Beweis des Wohlwollens erwartet, daß auch die [deutsche] Regierung ihrerseits guten Willen, Versöhnungs- und Einigungssinn in der Konkordatsfrage zeige«[120]. Darauf habe Rathenau, »obwohl er Jude ist, sehr wortreich den Wunsch der Reichsregierung« zum Ausdruck gebracht, daß er sich zusammen mit »dem katholischen [Reichs-]Kanzler Dr. Wirth« trotz der großen Schwierigkeiten »mit allem Eifer für dieses Ziel«, nämlich zum »Abschluß eines für beide Seiten zufriedenstellenden Konkordats zu gelangen«, verwenden werde.[121] Ein ähnliches Versprechen, »wenn auch in viel zurückhaltenderer und umsichtigerer Form«, habe ihm auch der preußische Kultusminister gegeben.[122]

Bis 1925 hielt die Kurie an dem provisorischen Charakter der Danziger Apostolischen Administratur fest, Ende des Jahres errichtete der Heilige Stuhl dann ein exemtes, keiner Kirchenprovinz zugeordnetes Bistum für die Freie Stadt, am 2. Januar 1926 wurde O'Rourke zum ersten Bischof ernannt. Die Konkordatsverhandlungen mit Preußen und dem Reich einerseits und mit Polen andererseits standen stets im Hintergrund der vatikanischen Diplomatie.[123] Den Integrationsbestrebungen Polens, das die Danziger Frage in die laufenden Konkordatsverhandlungen mit einbeziehen wollte, begegnete Pacelli, indem er die deutschen Interessen in die Waagschale warf. Beide Staaten mußten den Eindruck erhalten, daß der Heilige Stuhl die jeweiligen nationalen Interessen beachte. Mit Rücksicht auf Polen ließ der Vatikan die von O'Rourke mit dem Danziger Senat seit 1922 geführten Konkordatsverhandlungen scheitern[124], aber andererseits hielt er die Freie Stadt auch weitgehend aus dem polnischen Konkordat heraus. Danzig wurde als exemtes Bistum keinem Metropolitanverband unterstellt, und der Bischof von Danzig durfte weder an der Fuldaer Bischofskonferenz noch an der Konferenz der polnischen Bischöfe teilnehmen.[125]

Der dritte Artikel des Polenkonkordats löste allerdings bei deutschen Katholiken und in der Geistlichkeit Danzigs helle Empörung aus, weil er im zweiten Abschnitt besagte, daß sich die Vollmachten des Apostolischen Nuntius in Warschau auch auf das Gebiet der Freien Stadt erstreckten. Natürlich war auch das Auswärtige Amt mit dieser Regelung nicht einverstanden und ließ seinen Botschafter in Rom intervenieren. Im Rahmen der Ausführungsverhandlungen kam ein Kommuniqué zustande, das besagte, daß der polnische Nuntius in Danzig keine diplomatischen, sondern nur innerkirchliche Funktionen ausübe.[126] O'Rourke suchte gegenüber der polnisch-katholischen Minderheit eine ausgleichende Haltung einzunehmen. Als er 1937, mit Billigung des Vatikans, Seelsorgezentren für polnischsprachige Katholiken in der Freien Stadt einrichtete, wurde der Druck seitens des Danziger Senatspräsidenten Arthur Greiser auf ihn so groß, daß er Mitte Juni 1938 zurücktrat.

Mit der Danzigfrage korrespondierte die Oberschlesien-Frage. Nachdem dieses Territorium definitiv an Polen gefallen war, beabsichtigte der Papst den von Polen vorgeschlagenen Teodor Kubina als Apostolischen Administrator zu benennen, zumal er diesen während seiner Zeit als Warschauer Nuntius kennen- und schätzengelernt hatte.[127] Kubina hatte sich in der Abstimmungsphase jedoch als polenfreundlicher Agitator hervorgetan, und so erhob die deutsche Seite – das Auswärtige Amt ebenso wie der Episkopat – heftigen Protest. Pacelli befürchtete negative Auswirkungen auf die Konkordatsverhandlungen in Deutschland. Darum favorisierte die Kurie nun Anfang Mai 1922 den Salesianer Augustyn Hlond, den man damals für politisch neutral hielt.[128] Allerdings traf Pius XI. die Entscheidung zugunsten Hlonds ohne vorherige Konsultation mit Pacelli.[129]

Die Deutschen sahen in seiner Nominierung einen diplomatischen Sieg. Aber Polen, darin unterstützt von der französischen Regierung und dem französischen Episkopat[130], ließ nicht locker. Im Zusammenhang mit dem Abschluß des polnischen Konkordats im Februar 1925 willigte der Heilige Stuhl schließlich in die formelle jurisdiktionelle Trennung Oberschlesiens vom Bistum Breslau ein. Das abgetrennte Gebiet wurde zum Bistum Kattowitz erhoben und der Kirchenprovinz Krakau zugeschlagen, ohne daß diese jurisdiktionelle Rechte über das Bistum erhielt.[131]

Einen Monat nach Abschluß des Polenkonkordats[132] wandte sich Reichskanzler Wilhelm Marx an Pacelli, machte diesen auf die negativen innenpolitischen Auswirkungen des Vertragswerks in Deutschland aufmerksam und verlangte darüber hinaus finanzielle Kompensationen für den Haushalt der geschrumpften Diözese Breslau. Der deutsche Staat könne die erhöhten Kosten für die ärmer gewordene Diözese nicht übernehmen.[133] Finanzielle Einbrüche kamen auch dadurch zustande, daß die Tschechoslowakei unmittelbar nach Errichtung der Administratur für Oberschlesien eine analoge Regelung für Teschen forderte, das – obwohl bis 1919 Teil Österreich-Ungarns – kirchlich zur Diözese Breslau gehörte. Ohne Bertram zu informieren, hatte die tschechische Regierung bereits Mitte März 1919 den kirchlichen Besitz in Teschen verstaatlicht. Unter Hinweis auf diesen Vorgang weigerte sich der Vatikan, über das tschechische Anliegen zu verhandeln, bevor nicht Klarheit über den kirchlichen Besitz geschaffen worden sei.[134]

Pacelli, das Zentrum und die Konkordatspolitik
gegenüber Preußen und dem Reich

Obwohl der Heilige Stuhl kaum einen diplomatischen Draht-
seilakt scheute, um mit den verschiedenen Vertragspartnern
Kompromisse zu vereinbaren, die keine definitiven jurisdiktio-
nellen Veränderungen und damit auch politische Fakten schu-
fen, kristallisierte sich doch deutlich heraus, wie günstig es war,
vor den anderen zu einem Vertragsabschluß zu gelangen. Trotz
dieser Sachlage zögerten die Deutschen – zur Enttäuschung
Pacellis. Das lag nach seiner Überzeugung an den schwachen
Zentrumspolitikern. Über Reichskanzler Marx schrieb Pacelli
Anfang Dezember 1923:
»Er ist ohne Zweifel ein sehr guter und wohlverdienter
Katholik. Dennoch mußte ich einsehen, daß es eine Illusion
wäre, von ihm zumindest zum jetzigen Zeitpunkt eine positive
Haltung zugunsten der Interessen der Kirche zu erwarten.
Mehrmals fragte ich ihn, ob es nicht angebracht wäre, von der
gegenwärtigen Situation zu profitieren, um rasch ein Konkor-
dat zwischen dem Heiligen Stuhl und dem Reich auszuhandeln, wobei als Grundlage [...] dasjenige dienen könnte, das
demnächst mit Bayern abgeschlossen werden soll [...] Herr
Marx antwortete mir immer unsicher und ausweichend, und
gestern endlich erklärte er auf meine wiederholte Anfrage deutlich, daß dies unmöglich sei, und brachte die Begründung vor,
daß der jetzige Reichstag nunmehr seinem Ende zuneige.«[135]
Marx sei sich wohl nicht darüber im klaren, daß ins künftige
Parlament, »jedenfalls nach allgemeiner Voraussicht, in größerer Zahl die extremen rechten und linken Elemente einziehen
werden, das heißt die protestantischen Nationalisten und die
Kommunisten«. Das neue Parlament werde »noch weniger

geneigt sein [...], ein für die Kirche vorteilhaftes Konkordat zu akzeptieren«[136].

Mit dieser Prognose traf Pacelli ins Schwarze.[137] Bei den Reichstagswahlen am 4. Mai 1924 konnten die Radikalen starke Gewinne für sich verbuchen, die gemäßigten Parteien mußten – mit Ausnahme des Zentrums – große Verluste hinnehmen. Pacelli hielt die Zentrumspolitiker, verglichen mit denen der Bismarck-Ära, für Schwächlinge und Leisetreter, während es ihren Vorgängern »durch mutigen Kampf gelungen« sei, »sich siegreich zu behaupten und den Widerstand des Eisernen Kanzlers zu brechen«[138]. Als er Marx gegenüber »die feste Erwartung« zum Ausdruck gebracht habe, daß die Reichsregierung »keinerlei Schwierigkeiten« im Blick auf das bayerische Konkordat machen und erklären werde, daß es nicht im Widerspruch zur deutschen Verfassung stehe, habe er »zögernder und weniger klar« reagiert als sein Vorgänger Stresemann.[139] Eineinhalb Jahre zuvor hatte ihm der ebenfalls katholische Zentrumspolitiker und Reichskanzler Wirth mitgeteilt, daß es ihm unmöglich sei, ein Konkordat im Parlament durchzubringen, das den Wünschen des Vatikans entspräche.[140]

Bereits im Dezember 1919 hatte Pacelli die erste Verhandlungsrunde mit der Reichsregierung eröffnet.[141] Dabei machte er Rechtsbedenken gegen einschlägige Verfassungsartikel der Weimarer Reichsverfassung geltend, die das Verhältnis von Staat und Kirche insbesondere im Schulbereich einseitig zugunsten der staatlichen Prärogative verschoben hätten.[142] Dem Apostolischen Nuntius war durchaus bewußt, daß die bayerischen Bischöfe seine Vorbehalte teilten.[143] Von dort kam wiederholt Kritik an der neuen Staatsordnung und die Forderung nach einer Restitution der Monarchie. Allerdings konnte der Klerus mit dieser Position nur auf die Zustimmung des rechten Flügels der alten katholischen Parteien rechnen.

Zu einem denkwürdigen Eklat mit jenen, die den Weimarer Staat bejahten, kam es auf dem Münchner Katholikentag Ende

August 1922. Nachdem Kardinal Faulhaber in seiner Eröffnungsansprache die Revolution scharf als »Meineid und Hochverrat«[144] kritisiert hatte, antwortete der Kölner Oberbürgermeister Konrad Adenauer in seiner Funktion als Präsident des Kirchentages in der Schlußansprache: »Unsere Einigkeit in der Einschätzung und Bewertung mancher Dinge leidet unter der Verschiedenheit unserer Beurteilung der gegenwärtigen staatlichen Verhältnisse. [...] Es verrät Mangel an historischem Blick, die heutige Verfassung verantwortlich zu machen für die heutigen Zustände.«[145] Da Faulhaber zuvor den katholischen Reichskanzler Joseph Wirth gebeten hatte, nicht am Münchner Katholikentag teilzunehmen[146], erhielt die Kontroverse eine politische Dimension, die den Heiligen Stuhl auf den Plan rufen mußte. Anscheinend auf die Bitte der Kurie hin übergab Faulhaber am 19. Oktober dem Münchner Nuntius einen Schriftsatz, in dem er eine Stellungnahme zu seinen fraglichen Äußerungen abgab.[147]

Einen Monat zuvor hatte er an Pizzardo geschrieben: »Euer Exzellenz haben an die Apostolische Nuntiatur in München geschrieben, unser geliebter Heiliger Vater sei mit meinen Reden auf dem Katholikentag in München zufrieden. Das war für mich eine große Freude und ein großer Trost.«[148] Noch einmal wiederholte er seine Intention: Ihm sei es nur um katholische Grundsatztreue, um die Rückkehr zu den Prinzipien der katholischen Lebens- und Gesellschaftsordnung gegangen. Zwei Jahre später warf die Landesvorstandschaft der Bayerischen Volkspartei in einem Reichstagswahlaufruf Wirths Zentrum vor, »die Grundsätze der großen Führer aus der Windthorst-Zeit dem Techtelmechtel mit den Sozialisten geopfert«[149] zu haben. Der Vorfall auf dem Münchner Katholikentag 1922 sollte das Verhältnis zwischen Faulhaber und Adenauer zeitlebens belasten. Als dieser 1949 zum Bundeskanzler gewählt wurde, war der Kardinal entsetzt.[150] Adenauer stand für ihn eindeutig auf der Seite des antiklerikalen Flügels der christlichen Parteien. Mitte Juli 1927 empfing Adenauer im Kölner Rathaus die Delegierten der sogenannten »Weißen Internationalen«, eines Zusammenschlusses des politischen Katholizismus in Europa. Obwohl der italienische *Partito Popolare* bereits aufgelöst war, nahmen auch dessen Vertreter, darunter Sturzo, an der Begegnung teil.[151]

Pacelli verfolgte bei den Konkordatsverhandlungen von vornherein eine zweigleisige Verhandlungspolitik. Ungeachtet der »Schrittmacher«-Rolle des bayerischen Konkordats nahm er seit Sommer 1920 – zum Teil über den preußischen Geschäftsträger in München, Julius Graf von Zech – mit dem neuen Vatikanreferenten des Auswärtigen Amtes, Richard Delbrueck, Sondierungsgespräche auf.[152] Um zu verhindern, daß die von Deutschland abgetrennten Gebiete auch kirchlich verloren gingen, drängte Delbrueck auf den »schleunigen Abschluß eines Reichskonkordats«[153]. Die frühen Konkordatsverhandlungen auf Reichsebene waren also – im Unterschied zu den Länderkonkordaten – ganz außenpolitisch motiviert. Am 5. Juli 1920 nahmen Pacelli und Delbrueck im Beisein der Zentrumsabgeordneten Ludwig Kaas und Georg Schreiber[154] die Gespräche auf.[155]

Das vor dem Hintergrund der Gespräche noch einmal erweiterte Grundsatzpapier machte die deutsche Staatsbürgerschaft und eine spezifische akademische Ausbildung zur Voraussetzung für die Ausübung eines geistlichen Amts in Deutschland.[156] Weitere Punkte betrafen die Zusammensetzung der Domkapitel und die Wahl der Bischöfe sowie die Frage der Diözesangrenzen. Der Staat gewährleistete die Freiheit der Schule und der Ordensniederlassungen entsprechend der Verfassung. Außerdem strebten beide Seiten eine grundsätzliche theoretische Einigung über die Ablösung der Staatsleistungen an die katholische Kirche an. Doch die bayerische wie die preußische Regierung streuten Sand ins Verhandlungsgetriebe, weil sie »in föderalistischer Komplizenschaft«[157] ihren eigenen

Verhandlungsinteressen den Vorrang vor denen des Reiches geben wollten.[158] Überdies gab es innerhalb des Auswärtigen Amtes eine Oppositionsgruppe gegen Delbrueck, die sich um Diego von Bergen scharte[159] und in den Streit um die Person des Konsultors an der deutschen Botschaft in Rom mündete.[160] Bei weiteren Verhandlungen in München mit dem Nuntius und dem bayerischen Staatsministerium Mitte September 1920 warb Delbrueck für eine Zurückstellung partikularer Interessen, damit das Reichskonkordat als Rahmenkonkordat nicht nur für religiöse Bestimmungen ausgestaltet werden könne.[161] Neben den Spannungen innerhalb des Auswärtigen Amtes traten 1921 auch Konkurrenzen mit dem Reichsinnenministerium hervor, das in Konkordatsfragen ebenfalls ein Mitspracherecht einforderte.[162]

Im Frühjahr 1921 wurde vollends deutlich, daß Bayern und Preußen ein Reichskonkordat erst nach Abschluß ihrer Länderkonkordate zulassen wollten.[163] Durch den Regierungswechsel in Berlin und die Kanzlerschaft Wirths begann im Herbst 1921 eine neue Phase der Konkordatsverhandlungen, die jedoch ebenfalls am Widerstand Bayerns scheiterten, in das Reichskonkordat einzutreten. Wiederum hatte Delbrueck empfohlen, die von dem Vatikan geforderten Schulartikel in das Konkordat aufzunehmen, um einen raschen Abschluß zu erreichen. Die Kurie wollte jedoch ein Reichskonkordat ohne vertragliche Absicherung des Konfessionsschulwesens nicht abschließen. Am 14. November 1921 bat Wirth um eine Liste der römischen Wünsche und erhielt von Pacelli prompt ein 20-Punkte-Programm.[164] Dem Kanzler wie dem Heiligen Stuhl ging es mit dem Abschluß eines Rahmenkonkordats auch um eine Förderung der Reichseinheit[165], aber das preußische Kultusministerium bezeichnete die Einbeziehung der Schulfrage als »grundsätzlich unannehmbar«[166].

Anfang Januar gab die preußische Regierung dem Drängen der Bischöfe von Köln und Breslau schließlich nach und bezog eine kooperativere Haltung.[167] In einem eigenen Entwurf vom 18. Januar 1922[168] unterstützte Bergen in der Schulfrage den Kurs der Reichsregierung und suchte ein Junktim durchzusetzen: Sofern die deutschen Interessen in der östlichen Jurisdiktionsfrage Berücksichtigung fänden, könne man dem Vatikan bei der Aufnahme von Schulartikeln ins Konkordat entgegenkommen. Doch indem der Heilige Stuhl im Frühjahr und Herbst 1922 den deutschen Interessen in Danzig und Oberschlesien entgegenkam und damit »gewissermaßen seine Vorleistungen für die Aufnahme von Schulartikeln erbracht [...]«[169] hatte, nahm er aus den Konkordatsverhandlungen den Druck heraus.

Die Berichte Pacellis an Gasparri von Mai 1922 bis Februar 1923 spiegeln wider, wie mühsam sich fortan die Verhandlungen, insonderheit mit Preußen, gestalteten. Der Nuntius fürchtete auf seiten Preußens »eine Haltung offener Opposition oder wenigstens passiven Widerstands gegen den Abschluß des Konkordats mit dem Reich« und sah im Mai 1922 darin sogar noch eine indirekte Gefährdung des bayerischen Konkordats.[170] Preußen erwartete seitens des Vatikans die gleiche Behandlung wie Bayern, war aber vor allem in Schulfragen zu keinerlei Konzessionen bereit. Besonders alarmiert zeigte sich der Nuntius über »eine neue Art von Mittelschule namens Aufbauschule«[171]. Dieser neue Schultyp sei paritätisch, und der Stundenplan weise nur zwei Wochenstunden Religion aus. »Dies sind Umstände, die ernsthafte Besorgnis auslösen [...], da die betreffende Schule besonders der Ausbildung künftiger Lehrer dienen soll [und damit] die Zukunft der konfessionellen Grundschule unwiderruflich beeinträchtigt wäre.«[172] Ein anderes Mal heißt es verbittert, daß der preußische Kultusminister in der Schulfrage »die heiligsten Rechte und Kerninteressen der katholischen Kirche« verletze.[173] Bayern sei doch bereit, »in das Konkordat die [...] Schulfrage einzuschließen; man versteht daher nicht, warum Preußen es nicht tun kann«[174].

Überdies »hob die preußische Regierung von Anfang an hervor, daß, wenn man zum Abschluß eines Konkordats mit dem Reich gelangte, dieses auch für Bayern Gültigkeit besitzen müsse«[175]. Mit anderen Worten: Es stand zu befürchten, daß durch preußischen Einfluß ein Reichskonkordat die sehr viel weitergehenden Abmachungen mit Bayern unterlaufen werde. Da von den 66 Wahlstimmen im Reichsrat allein 26 auf Preußen fielen, kam man in Sachen Reichskonkordat an Preußen nicht vorbei. »Man kann auf keinen Fall mit der Kooperation [...] kleinerer Staaten zugunsten des Konkordats rechnen, wie Sachsen (mit 7 Stimmen), Thüringen (mit 2 Stimmen) usw., wo es rein sozialistische oder mehrheitlich protestantische Regierungen gibt. Ohne die Unterstützung Preußens ist daher die Zustimmung zum Reichskonkordat praktisch unmöglich.«[176]

Gerade in Sachsen, wo seit November 1920 ein linksrepublikanisches Kabinett (MSPD, USPD, Tolerierung durch die KPD) unter Wilhelm Buck die moderate sozialdemokratisch-bürgerliche Reichspolitik konterkarierte, hatte die römisch-katholische Kirche mit ihren knapp 200.000 Mitgliedern einen schweren Stand.[177] Die sächsische Regierung hintertrieb faktisch Pacellis Vertragspolitik, indem sie die Lage der Religionsgemeinschaften durch einseitige staatliche Gesetze zu regeln suchte, die unter finanziellen Gesichtspunkten für die Kirche nicht einmal ungünstig waren. Aber »ein solches Vorgehen [würde] auch in Preußen (um nicht von Baden, Württemberg und Hessen zu sprechen) von den vielen Feinden des Konkordats ausgenutzt werden, die daraus ein trügerisches Argument ziehen würden, um zu beweisen, daß eine Übereinkunft mit dem Heiligen Stuhl selbst nicht nötig sei, um zu einer neuen Regelung des Verhältnisses von Staat und Kirche zu gelangen«[178]. Demgegenüber bat Pacelli den Bischof von Meißen, Msgr. Christian Schreiber, »der sächsischen Regierung klarzumachen, daß der endgültige Abschluß und die Unterschrift des Vertrags in bezug auf die finanziellen Verpflichtungen des Staates gegenüber der katholischen Kirche in die Kompetenz des Heiligen Stuhls fällt«[179].

Da sich die sächsische Regierung zunächst weigerte, mit dem Heiligen Stuhl oder der Nuntiatur zu verhandeln, schlug Schreiber, der den Vertrag keinesfalls scheitern lassen wollte, eine Art Delegationsverfahren vor, demzufolge er selbst ermächtigt würde, für den Heiligen Stuhl zu verhandeln. Doch Pacelli fürchtete, daß dadurch ein Präzedenzfall geschaffen würde, und lehnte um des Prinzips willen ab. Dabei war ihm sehr wohl deutlich, daß Sachsen insofern eine Ausnahme bildete, als dieses Land im 19. Jahrhundert keinerlei Konventionen mit dem Heiligen Stuhl abgeschlossen hatte.

Ohne die kurialen Wünsche der Kirche weiter zu berücksichtigen, beendete schließlich das Kabinett Max Heldt die innerparlamentarischen Kontroversen im Sächsischen Landtag mit zwei Verträgen und einem Gesetzentwurf: Mitte Januar 1929 legte es zwei parallele Verträge mit dem Bistum Meißen[180] und der Evangelisch-Lutherischen Landeskirche Sachsens[181] vor, die sich allein auf die Staatsleistungen, die sogenannte »Ablösungsrente«, bezogen. Diese beiden Verträge wurden von einem Gesetzentwurf über die öffentlich-rechtlichen Religionsgesellschaften flankiert.[182] Am 22. März 1929 erklärte der Reichsstaatsgerichtshof die sächsischen Landtagswahlen von 1926 für ungültig. Damit scheiterte auch der Versuch der Regierung Heldt, eine parlamentarische Mehrheit für das Paket zu gewinnen. Gegen die oppositionelle Mehrheit aus Linksparteien und NSDAP vermochte das neue Kabinett Wilhelm Bünger die Entwürfe nicht durchzubringen, die schließlich am 14. Januar 1930 im Landtag der Ablehnung verfielen.[183]

Danach schien es vorübergehend so, als würde sich Pacellis Beharrlichkeit doch noch auszahlen. Denn am 18. März 1930 kam Msgr. Schreiber in die Berliner Nuntiatur und teilte dort dem Stellvertretenden Geschäftsführer Luigi Centoz mit, die sächsische Regierung sei nunmehr bereit, mit dem Nuntius zu verhandeln. Auf einmal zeigte man in Dresden große Eile und avisierte den Besuch von Dr. von Zimmermann vom Ministerium für Kultus und Bildung. Nun befand sich freilich die Nuntiatur in Verlegenheit, weil Pacelli inzwischen in Rom und der neue Nuntius noch nicht in Berlin eingetroffen war.[184] Sechs Wochen später, am 6. Mai 1930, folgten die Regierungsübernahme durch das Kabinett Walter Schieck und am 22. Juni 1930 erneut Landtagswahlen. Aus ihr gingen die heterogene Mehrheit der Linksparteien einerseits und der NSDAP andererseits nochmals gestärkt hervor. Diese neuen parlamentarischen Mehrheitsverhältnisse brachten die Verhandlungen über die Kirchenverträge und das Religionsgesetz endgültig zum Erliegen.[185]

Die innen- wie außenpolitischen Konstellationen – insbesondere nach dem Abschluß der jurisdiktionellen Neuregelungen im Osten – kamen den bayerischen und römischen Wünschen ganz entgegen. Unbehelligt von den Reichsinteressen war das bayerische Konkordat am 29. März 1924 unterzeichnet und am 15. Januar 1925 vom bayerischen Landtag ratifiziert worden. Einen günstigeren Ausgang hätte sich Pacelli wohl kaum vorstellen können.[186] Bei der Besetzung von Bischofsstühlen, Kanonikaten und Dignitäten kamen die Grundsätze des Kanonischen Rechts voll zum Tragen. Die umfassenden Schulartikel garantierten der Kirche einen weitreichenden Einfluß auf das bayerische Erziehungswesen. Der Staat verpflichtete sich zu immerwährendem Schutz, Anerkennung und Förderung der katholischen Kirche. Allein in Artikel 13 gestand die Kirche dem Staat zu, im wesentlichen deutsche Geistliche zu verwenden. Bis 1966 blieb das bayerische Konkordat unverändert in Kraft.

Im Oktober 1924 trat Pacelli erneut an die Reichsregierung unter Wilhelm Marx heran und regte an, die seinerzeit unterbrochenen Konkordatsverhandlungen wieder aufzunehmen. Mitte November lag der neue Entwurf vor, wurde aber nicht weiter verfolgt. Erst neun Jahre später, im Frühjahr 1933, nahm Hitlers Unterhändler Franz von Papen[187] just diesen Entwurf mit nach Rom.

Nachdem der Vatikan gegenüber Preußen schon 1921 Zweifel daran geäußert hatte, ob die alten Vereinbarungen – besonders die Bulle *De salutate animarum*[188] – angesichts der territorialen Veränderungen noch in Geltung stünden, fand eine Besprechung zwischen Pacelli und dem preußischen Kultusminister Otto Boelitz statt.[189] Da die Kurie auf einer Einbeziehung der Schulfrage in die Konkordatsverhandlungen bestand, liefen diese ersten Kontakte jedoch vorerst ins Leere. Anfang Mai 1924 ließ Pacelli dann erkennen, daß der Vatikan die Zirkumskriptionsbullen von 1821 und 1824 noch als gültig ansehe.[190] Am 27. November 1924 erklärte die preußische Regierung in einer Note an die Reichsregierung, daß nach dem Bayernkonkordat für sie nur noch ein eigenes Konkordat in Frage komme.[191] Damit war an ein Reichskonkordat vor Abschluß eines Konkordats mit Preußen nicht mehr zu denken.

Die im Frühjahr 1926 unter strikter Geheimhaltung[192] beginnenden Verhandlungen erwiesen sich als äußerst schwierig, zumal sich in den einschlägigen protestantischen Kreisen eine geradezu kulturkämpferische Stimmung gegen das Vertragswerk breit machte.[193] Die Generalsynode der altpreußischen Landeskirche nahm diese Bedenken auf und sprach in einem ihrer Beschlüsse von einer »schwere[n] Schädigung der ev. Kirche, der Volksgemeinschaft und des Staates«[194]. Zum Ärger Pacellis hatte das preußische Kultusministerium versucht, die längst obsolet gewordenen Kulturkampfgesetze aus der Ära Bismarck »zu verhandeln und einen Ersatz für dieselben zu erhalten«[195]. Nicht zuletzt dank des Verhandlungsgeschicks von Ludwig Kaas kam es bis Sommer 1927 in den meisten Fragen zu einer vorläufigen Einigung. Vor allem gelang es, die noch verbliebenen Kulturkampfbestimmungen im wesentlichen abzubauen. Aber bis in den Herbst 1928 hinein blieben drei kontroverse Sachthemen offen: die Errichtung des Bistums Berlin[196], die Regelung der Bischofswahl und die Schulfrage.

In den beiden ersten Punkten gab die preußische Regierung nach, in dem letzten der Vatikan. Die Schulfrage wurde in dem Vertragswerk mit keinem Wort erwähnt. Allerdings mußte sich die preußische Regierung noch vor dem Austausch der Ratifikationsurkunden in einem Notenwechsel mit der Kurie bereit finden[197], im Blick auf den Fortbestand der Konfessionsschulen die Status-quo-Garantie des Artikels 174 der Weimarer Reichsverfassung ausdrücklich zu bestätigen. Während die Kurie diesen Notenwechsel als Teil des Vertragswerkes betrachtete, verzichtete die preußische Regierung auf eine amtliche Publikation der Texte. Bei der Besetzung von Bischofsstühlen einigte man sich auf einen Kompromiß. Den Kapiteln verblieb das Vorschlagsrecht und das endgültige Wahlrecht unter drei Kandidaten, die der Heilige Stuhl aus den Vorgeschlagenen auswählte. Die »politische Klausel« stellte sicher, daß der Heilige Stuhl keinen zum Bischof oder Erzbischof bestellen konnte, gegen den die preußische Staatsregierung Bedenken politischer Art geltend gemacht hatte.

Am 14. Juni 1929 wurde der Vertrag des Freistaats Preußen mit dem Heiligen Stuhl unterzeichnet, am 9. Juli passierte er den preußischen Landtag. Mit knapper Mehrheit, nämlich 44 zu 36 Stimmen, sprach sich auch der preußische Staatsrat für das Vertragswerk aus. Wie im Falle Bayerns erklärte die Reichsregierung, daß reichsverfassungsrechtliche Bedenken nicht zu erheben seien. Anfang Juli 1929 brachte die Regierung das Konkordat in den Landtag ein. Im Mittelpunkt der parlamentarischen Verhandlungen stand die Frage der konfessionellen Parität und in deren Folge die Forderung, alsbald auch mit der evangelischen Kirche in Vertragsverhandlungen einzutreten. Bei der abschließenden dritten Lesung am 3. August 1929 kam mit 243 Stimmen von Wirtschaftspartei, Zentrum, DDP und

SPD gegen 172 Stimmen von NSDAP, DNVP und KPD eine ausreichende Mehrheit für das Konkordat zustande.[198]

Das Preußenkonkordat fiel.weit hinter den Erfolg des Bayernkonkordats, aber auch hinter den Triumph der Lateranverträge[199] zurück. Es war lediglich ein Kompromiß. Aber Pacelli ließ sich dadurch nicht beirren und suchte nach weiteren Möglichkeiten, mit einzelnen deutschen Ländern zu einem Vertragsabschluß zu kommen. Ende Juni 1928 nutzte er eine Reise nach Rottenburg zum 100jährigen Jubiläum der Diözese und den Besuch beim Theologischen Konvikt in Tübingen zu einem vertraulichen Gespräch mit dem katholischen württembergischen Staatspräsidenten Bolz und seinem ebenfalls katholischen Justizminister Beyerle.[200] Er »diskutierte mit ihnen vertraulich über eventuelle Verhandlungen über ein Konkordat mit Württemberg [...]. Aus dieser Unterredung ging hervor, daß der Abschluß einer solchen Abmachung – obwohl ohne Zweifel wegen des traditionellen antikatholischen Fanatismus eines Großteils der protestantischen Bevölkerung und der verwirrenden Lage in Politik und Parlament – sehr schwierig, aber nicht unmöglich« sei, »besonders wenn man in den laufenden Verhandlungen mit Preußen zu einem günstigen Ergebnis gelangen werde«[201].

Das klang nur verhalten optimistisch. Dagegen entwickelten sich im Herbst 1929 die badischen politischen Verhältnisse ausgesprochen günstig. Darauf hatte Pacelli, der die politische Entwicklung in den einzelnen Ländern aufmerksam beobachtete und immer wieder vertrauliche Gespräche führte[202], seit langem gewartet. Aufgrund beachtlicher Stimmengewinne konnte das Zentrum zusammen mit der SPD eine Regierung bilden und in die Koalitionsvereinbarungen die Bereitschaft zu Konkordatsverhandlungen aufnehmen lassen.[203] Doch noch vor Beginn der Verhandlungen verließ der Nuntius Berlin, weil in Rom größere Aufgaben auf ihn warteten.

Kirchliche »Innenpolitik« des Vatikans
in Deutschland

Der Primat der vatikanischen Außenpolitik hatte auch die innenpolitischen Entscheidungen des Reichsnuntius bestimmt. Als beispielsweise der Katholische Frauenbund für die Errichtung der Friedenskirche in Frankfurt am Main die verbale Unterstützung Pius' XI. bei der Eintreibung von Kollekten erbat, riet Pacelli von einer Beteiligung des Papstes ab.[204] Gasparri folgte, wie meist, den Empfehlungen seines Nuntius.[205] Er ließ den katholischen Frauen schreiben, »daß der Heilige Vater trotz seiner Freude über das fromme und großzügige Werk dieses Katholischen Frauenbundes es nicht für opportun hält, das von ihm erbetene Wort auszusprechen, weil es in der Widmung der neuen Kirche heißt, daß diese *zur Erinnerung an die gefallenen Helden* errichtet worden ist, und dieser Umstand hindert den Heiligen Vater am Eingreifen, wie er auch in anderen Ländern jedes Mal, wenn auf die Kriegsgefallenen hingewiesen wurde, nicht interveniert hat.«

Die Zurückhaltung der Kurie in solchen Fällen beruhte eher auf politischen und doktrinären Überlegungen, weniger auf ethischen. Als der Bingener Priester und Diözesanvorstand der Männer- und Arbeitervereine der Diözese Mainz, Michael Eich, eine Resolution über den katholischen Friedensgedanken an den Heiligen Vater gelangen lassen wollte, empfahl Pacelli eine Ablehnung des Begehrens. »Es sei mir erlaubt, respektvoll und vertraulich mitzuteilen, daß dieser Beschluß aus Kreisen stammt, die einen nach meiner bescheidenen Meinung extremen und übertriebenen Pazifismus vertreten [...], der ganz den Kommunisten zugute käme. Denn obwohl die Kirche immer die blutigen Kämpfe abgelehnt und den Frieden unter den

Völkern gefördert hat [...], hat sie doch immer nach der allgemeinen Doktrin der Theologen akzeptiert, daß es per se Fälle
von gerechtem Krieg gibt. Ganz anders sieht die Frage der,
besonders in moderner Zeit, von den kriegführenden Seiten
verwendeten Mittel aus, von denen einige zweifellos unerlaubt
und zu verurteilen sein können.«[206] Gasparri übernahm den
Pacellischen Tenor und ergänzte lediglich, daß ein extremer
und übertriebener Pazifismus zugunsten »des Kommunismus
und der extremen Parteien« ausschlage.[207]

Welche Rolle Pacelli bei der Disziplinierung deutscher Theologen und Priester spielte, ist bislang kaum erforscht.[208] Er
scheint bei den anhängigen Lehrverfahren »persönlich mit
größter Zurückhaltung vorgegangen zu sein«[209]. Auch auf diesem Sektor blieb er vor allem der vermittelnde Diplomat, dem
nichts an einer Verschärfung der Auseinandersetzungen lag.
Selbst bei Fällen, die Pacelli eindeutig als Irrlehre beurteilte,
riet er im Interesse von Konkordatsabschlüssen zur Zurückhaltung. Das betraf auch den damaligen Assistenten am Institut für Caritaswissenschaft an der Theologischen Fakultät
der Freiburger Universität, Joseph Mayer. Dieser hatte in seinem Buch über »Gesetzliche Unfruchtbarmachung Geisteskranker«[210] dem Staat das Recht auf Sterilisierung all jener
zugesprochen, von denen voraussichtlich nur »minderwer-
tige Nachkommen« zu erwarten seien. Pacelli hielt die Thesen
des Buches für »irrig«, wie er in einem Bericht an Gasparri vom
7. November 1928 ausführte.[211] Sie stünden »in mehreren
Punkten mit allgemein anerkannten Sätzen der katholischen
Sittenlehre in Widerspruch« und seien »objektiv geeignet, ein
[...] Anlaß zu Ärgernis und widersittlichem Tun zu werden«.
Schließlich verwies er noch auf eine Entscheidung des Heiligen Offiziums vom 22. Mai 1895, wonach die Sterilisation der
Frau untersagt worden sei.[212]

Dennoch riet er zur Zurückhaltung: Er meinte, »daß eine
Verurteilung des Buches eines Dozenten an einer staatlichen

Universität seitens des Heiligen Stuhles im gegenwärtigen Augenblick – in dem sich in den antikatholischen Kreisen und ihrer Presse der Kampf gegen das Konkordat wieder so lebhaft entfacht hat – den Angriffen der Feinde des Heiligen Stuhles neue Nahrung geben würde«. Statt dessen empfahl er, die deutschen Bischöfe aufzufordern, der in dem Mayerschen Buch vertretenen Auffassung öffentlich entgegenzutreten. Mit dieser Haltung gab er den diplomatischen Erwägungen den Vorzug vor den theologischen. Denn das Heilige Offizium hatte den am Jesuitenseminar im niederländischen Valkenburg lehrenden Theologen Franz Hürth um eine Begutachtung des Mayerschen Buches gebeten. Darin gelangte er zu einer eindeutigen Verurteilung der Ausführungen seines jungen Kollegen. Sterlisierungsmaßnahmen seien nach katholischer Lehre »irrig, verfehlt, gefährlich und ganz und gar verboten«[213]. Dem Urteilsspruch zufolge sollte Mayer sein Buch zurückziehen und umschreiben. Andernfalls werde es auf den Index der verbotenen Bücher gesetzt. Doch es geschah weder das eine noch das andere. Trotz der Enzyklika *Casti connubii* vom 31. Dezember 1930, die die Unfruchtbarmachung entschieden ablehnte und auf die sich Hürth in seinem Gutachten bezog, konnte Mayer seine theologische Universitätskarriere fortsetzen und verfaßte 1939 sogar ein Gutachten für den Sicherheitsdienst der SS. Darin rechtfertigte er Euthanasiemaßnahmen.[214]

Da schon während der Weimarer Demokratie diplomatische Gesichtspunkte im Vordergrund standen, kann es nicht wunder nehmen, daß diese Karte unter den Bedingungen der Diktatur erst recht stach. Als die Nationalsozialisten am 14. Juli 1933 das »Gesetz zur Verhütung erbkranken Nachwuchses« verabschiedeten, erkannte Bertram wohl, daß dieses Gesetz der katholischen Lehre diametral widersprach. Aber der Episkopat traute sich »wegen der Tragweite dieser Angelegenheit« nicht, selbst zu handeln und bat statt dessen am 4. August 1933 den Heiligen Stuhl um eine Anweisung.[215] Pius XI. wies die Bischöfe zwar an, *Casti connubii* zu folgen[216], gab aber keine konkreteren Instruktionen, so daß es bei matten Interventionen blieb, die der NS-Staat getrost ignorieren konnte.[217]

Während auf den politisch relevanten Feldern Verzagtheit, auch manche Unsicherheit, ja ein Zurückzucken vor dem praktischen Umsetzen des einmal als sachgemäß erkannten ethischen Urteils zu konstatieren war, befaßten sich Staatssekretariat und Heiliges Offizium zwischen 1930 und 1934 intensiv und koordiniert mit dem Nudismus als einem »Angriff auf die christliche Moral«[218]. Auch das berühmt gewordene Aufklärungsbuch des Niederländers Theodor Hendrik van de Velde zum Thema Ehe erschien dem Heiligen Offizium als so gefährlich, daß die Geistlichen es auf den Index der verbotenen Bücher setzten und gemeinsam mit Mussolini auch die öffentliche Diskussion darüber in Italien unterbanden.[219]

Peter Godman meint auf seiten des hohen Klerus eine gewisse Lust an solchen Sachgebieten feststellen zu können. Das mag wohl zutreffen. Aber entscheidender ist doch die darin offenbar werdende gesellschaftspolitische Perspektive: Hier kommt nochmals die entschlossene Abwehr der katholischen Kirche gegen liberal oder sozialistisch geprägte Subkulturen mit eher nonkonformer Lebensführung zum Ausdruck. Denn die Freikörperkultur bildete – wie der Bubikopf, kürzere Kleider, der Familienbegriff, neue Rollenmuster, die »Nichtehelichenfrage«, die moderne Ehe oder eine Liberalisierung des Scheidungsrechts – ein wichtiges Element im Rahmen der gesellschaftlichen Emanzipationsbestrebungen – übrigens gerade von Sozialdemokratinnen.[220] Mühelos ließ sich in den meisten dieser Bereiche eine Verständigung mit dem Faschismus wie mit dem Nationalsozialismus herstellen, nicht aber mit der Sozialdemokratie.[221] Deren – analog zur Demokratie propagiertes – emanzipatorisches Familienmodell widersprach dem tradierten Leitbild der patriarchalisch-christlichen Familie.

Mitte bis Ende der zwanziger Jahre betrachtete Pacelli die

innenpolitischen Verhältnisse in Deutschland ganz aus dem Blinkwinkel seiner Konkordatspläne. Seine Kritik zielte darum auf die Neigung des Zentrums, mit den Sozialisten zu koalieren. Ende Mai 1926 schrieb er an Gasparri:

»Wenn es stimmt, daß die Parteien von rechts, die großenteils aus Protestanten bestehen, der katholischen Kirche oft feindlich gesinnt sind, so sind es die Sozialisten nicht weniger, die nur aus taktischen, also vergänglichen Gründen in letzter Zeit sich mit ihren Angriffen zurückhalten. Es scheint überdies von der Erfahrung erwiesen, daß ein gutes Konkordat und ein Schulgesetz, das der Konfessionsschule günstig gesinnt ist, sich wahrscheinlich eher durch eine Allianz mit der deutsch-nationalen Partei als mit den Sozialisten erreichen lassen werden – wenn nicht in der Zentrumspartei die Rücksichten [...] auf die Außenpolitik und die soziale Innenpolitik die Überhand gewinnen.«[222]

Aus dieser Einschätzung geht hervor, daß der Nuntius im Grundsatz eine Kooperation des Zentrums mit den Linken wie mit den Rechten ablehnte. Aber er setzte im Blick auf die Kirche unterschiedliche Motivationslagen voraus. Vor dem Hintergrund seiner Erfahrungen mit den Sozialisten und deren Ideologie erschien ihm eine Kooperation mit ihnen geradezu abwegig. Er argwöhnte vielmehr, daß die Präferenzen des Zentrums für die Sozialisten wegen anderer Politikfelder – insonderheit der Außen- und Sozialpolitik – zustande kamen. In dem kritischen Unterton schwingt wohl mit, daß in Pacellis Wahrnehmung die Zentrumspartei seiner Konkordatspolitik ein zu geringes Gewicht gab.

Der Vorbehalt gegen die Rechte war weniger grundsätzlicher Natur. Hier dachte er ganz in dem für Deutschland charakteristischen Spannungsfeld zwischen Katholiken und Protestanten. Ähnlich wie die Juden hingen auch die Protestanten einer falschen Religion an. Sie waren in den Augen der Kurie »Ketzer«[223], die erst eine Generation zuvor, im Bündnis mit dem

Staat, der römisch-katholischen Kirche das Leben schwer gemacht hatten. In Gestalt des nach wie vor kulturkämpferisch gestimmten Evangelischen Bundes rumorte es in diesen Kreisen noch immer.[224] Gegen die Rechte sprach in seinen Augen vor allem, daß sie von dieser katholikenfeindlichen Konfession dominiert wurde. Abgesehen davon hielt er aus weltanschaulichen Gründen eine Kooperation – wenn sie denn schon sein mußte – mit den Rechtsparteien für zielführender als mit der atheistischen Linken.

Das Lateranvertragswerk und
die Wiederherstellung des Kirchenstaates

In Italien entfiel der konfessionelle Antagonismus, weitere unüberwindliche Hindernisse taten sich nicht auf. Darum mußten die Konkordatsverhandlungen mit dem faschistischen Staat Mussolinis zu einem wichtigen Meilenstein in Pacellis Einschätzung von Rechtsparteien werden.[225] Deshalb auch bildete das Jahr 1929 – eben nicht nur wegen seines Wechsels nach Rom, sondern vor allem wegen des Abschlusses der Lateranverträge – eine Epochenzäsur für den Vatikan. Die umfassende Vereinbarung mit Mussolini beendete das Nichtverhältnis mit dem seit 1861 liberal und antiklerikal geprägten Nationalstaat, der sich von 1923 an allmählich zu einem autoritär-nationalistischen Staat gewandelt hatte.[226]

Mussolinis faschistische Revolution führte nicht zum Abbruch der traditionellen kulturellen Linien. Vielmehr ging der »Duce« Kompromisse mit den alten Eliten ein und achtete – aus historischen Gründen – die kulturellen und sozialen Wertvorstellungen der römisch-katholischen Kirche. »1929 hatten sich [...] der autoritär gewordene Staat und die noch autoritär gebliebene, in Folge von Unfehlbarkeitsdogma (1870) und neuem Kirchenrecht (1917) zunehmend zentralisierte Papstkirche umfassend miteinander verständigt«[227], urteilt Rudolf Lill und erklärt so den relativen Gleichklang beider autoritären Systeme – jedenfalls bis 1936.[228] Pius XI. hegte unzweifelhaft Sympathien für die faschistische Bewegung – warum sonst hätte er 1922 als Erzbischof von Mailand auf seiner Kathedrale faschistische Fahnen hissen lassen?[229] Im selben Jahr gab der Vatikan zu verstehen, daß er sich einer Regierung Mussolini nicht widersetzen werde, wobei er insbesondere die Niederwerfung der Linken würdigte.[230]

Schon Benedikt XV. hatte dem italienischen Staat signalisiert, daß er zu einer Lösung der »Römischen Frage« auf dem Kompromißwege bereit sei. Pius XI., darin unterstützt von Gasparri, der die außenpolitische Kontinuität der Kurie repräsentierte, brauchte nur den von seinem Vorgänger eingeschlagenen Kurs fortzusetzen. Seit 1926/27 fanden geheime Verhandlungen zwischen dem faschistischen Staat und dem Heiligen Stuhl statt. Dem Papst waren zwei Aspekte wichtig: Einmal versprach er sich von der Anerkennung der Souveränität des Heiligen Stuhls durch Italien eine Festigung seiner internationalen Stellung als veritabler Kleinstaat »Vatikanstadt« mit internationalen, religiös grundierten Verflechtungen. Zum anderen sollten die Verträge die institutionalisierte, hierarchisch gelenkte Kirchlichkeit – gegen »Modernisten« aller Art – stärken.

In den Verhandlungen erlebten Pius XI. und Gasparri ein autoritäres Regime, das der Kirche in beinahe jeder Hinsicht weit entgegenkam und ihr mehr anbot als die pluralistischen Verfassungsstaaten westlicher Prägung – man denke nur an Preußen. Irgendwelche Berührungsängste mit der faschistischen Diktatur, die sich selbst für »totalitär« hielt[231] und 1929 das parlamentarische System außer Kraft setzte, gab es auf seiten des Heiligen Stuhls jedenfalls nicht. Das wäre auch darum merkwürdig gewesen, weil das Grundgesetz des nur 44 Hektar großen Staates der Vatikanstadt, das Pius XI. am 7. Juni 1929 erließ, keine konstitutionelle Monarchie, sondern eine absolute Wahlmonarchie begründete. Der Papst, souveränes Staatsoberhaupt über den *Stato della Città del Vaticano*, regiert »als absoluter Monarch in einem ihm persönlich gehörenden Territorium«[232].

Das am 11. Februar 1929 im Lateran unterzeichnete Vertragswerk sicherte dem Papst volle unabhängige Souveränität zu und beendete damit die Epoche der »territorialen Gefangenschaft« des Heiligen Stuhls durch den Nationalstaat. Im Gegenzug verpflichtete sich der Papst zu strikter Neutralität, erklärte die

»Römische Frage« für definitiv erledigt und bestätigte seinerseits das Königreich Italien mit Rom als Hauptstadt. Darüber
hinaus anerkannte der Vertrag die römisch-katholische Kirche
als die einzige Religion des italienischen Staates. Das Konkordat garantierte der katholischen Kirche die freie Ausübung
ihrer Jurisdiktion und Verkündigung sowie den Schutz des
»heiligen Charakters Roms«, ferner die freie Besetzung aller
geistlichen Ämter und die Einrichtung einer Militärseelsorge;
außerdem erhielten der militante Laienverband Katholische
Aktion[233] und seine Organisationen – ein von Pius XI. selbst
seit 1925 initiiertes Werk mit autoritär-patriarchalischer Intention – das verbriefte Recht auf freie Betätigung, soweit es sich
nicht um politische Aktionen handelte. Den Geistlichen wurde
jede parteipolitische Tätigkeit untersagt.

Das Konkordat sicherte weiterhin den unbedingten Macht-
anspruch der kirchlichen Hierarchie über den Klerus und die
Lebensführung der Gläubigen. Ein Geistlicher konnte ohne
Zustimmung seines Bischofs keine öffentliche Stellung erhalten; Pfarrer, die sich mit der Hierarchie überworfen hatten,
durften in keinem Amt beschäftigt werden, das in irgendeiner
Verbindung zur Öffentlichkeit stand. Die staatliche Ehegesetzgebung wurde dem kirchlichen Recht angepaßt, eine Schei-
dung war damit ausgeschlossen. Der katholische Religionsunterricht bildete »Grundlage und Krönung« des gesamten
öffentlichen Schulunterrichts. In der Finanzkonvention erhielt
der Heilige Stuhl für den Verlust des früheren Kirchenstaates
eine hohe Entschädigung: 750 Millionen Lire in bar und eine
Milliarde Lire in Staatsanleihen.

Mit überwältigender Mehrheit wurden die Lateranverträge
von dem faschisierten Parlament und im Senat angenommen
und schließlich im Juni 1929 ratifiziert. Mit den Verträgen
hatte sich Mussolini hohes nationales wie internationales Ansehen erworben und das faschistische System nicht nur für die
Kirche, sondern auch für demokratische Verfassungsstaaten

akzeptabel erscheinen lassen: Anders als der Bolschewismus hatte sich das faschistische Regime mit den Verträgen eine Selbstbegrenzung seines totalitären Anspruchs auferlegt.[234] »[...] der offizielle Kult der faschistischen Organisationen war seit dem Konkordat von 1929 der katholische!«[235]

Die »Weiße Internationale« der christlichen Parteien Europas reagierte freilich entsetzt auf die Lateranverträge. In ihren Augen hatte sich der Vatikan auf eine Allianz mit der faschistischen Regierung eingelassen und die katholische Opposition gegen Mussolini verraten. Diese Entwicklung gab dem latenten Antiklerikalismus in der Italienischen Volkspartei PPI neue Nahrung. Während Francesco Luigi Ferrari die drohende Isolierung der »Popolaren« im Exil erkannte und vielfältige Initiativen unternahm, um ihre Schlagkraft zu erhalten, zog Sturzo eine bittere Bilanz über die ersten fünf Jahre »seiner« Internationale.[236] Im Juli 1929 bekräftigte er freilich auf deren Kongreß in Brüssel noch einmal, daß im Interesse eines vereinigten und friedlichen Europa »die demokratische Politik die geeignetste« sei, um die nationalen Egoismen zu überwinden. Und die »christliche Moral« sei »diejenige, die der Annäherung der Völker am besten« entspreche.[237] Das war ganz und gar nicht die Perspektive des Vatikans.

In seinem auf Ostern 1929 datierten Geleitwort zur deutsch-italienischen Ausgabe des Vertragstextes rühmte Pacelli die Vereinbarung als »epochale [...] Wendung der Zeitgeschichte«[238]. Er hielt sie nicht nur für das »weittragendste Ereignis der Geschichte Italiens«, sondern unterstrich auch ihre »säkulare Bedeutung für die ganze katholische Kirche«. Es handele sich um ein »gewaltiges Friedenswerk [...], das uns wie Wehen und Walten der Vorsehung umrauscht«. Euphorischer ist wohl kaum je ein Vertrag bejubelt worden.[239] Dabei sprach Pacelli die Erwartung aus, daß der mit dem italienischen Staat geschlossene Frieden »auch in anderen Ländern und bei anderen Völkern zu greifbaren Erfolgen« führen werde.

Wie um den Aufbruch in die neue Zeit und die Bereitschaft zur Nutzung moderner Mittel zu dokumentieren, gab Pius XI. kurz nach Unterzeichnung der Lateranverträge den Auftrag, eine eigene Rundfunkanstalt zu begründen. Im Frühjahr 1931 war es dann soweit. Über Radio Vaticana sandte der Papst einen Friedensaufruf an die Weltöffentlichkeit: »Die Erde höre die Worte aus meinem Munde. Oh höret alle Völker«[240].

Die Lateranverträge bildeten den Höhepunkt und zugleich Abschluß der Tätigkeit von Kardinalstaatssekretär Gasparri. An seiner Seite hatte Francesco Pacelli, der Bruder des Reichsnuntius, federführend mitgewirkt.[241] Nach der Ratifikation mußte sich Gasparri zurückziehen[242] und jenem Mann das Feld überlassen, den er seit vielen Jahren gefördert hatte: Francescos Bruder Eugenio Pacelli.[243] Der machtbewußte, bäuerlich auftretende Gasparri mußte weichen, damit Pius XI. seine Oberhoheit problemlos behaupten konnte. Pacelli, zwölf Jahre im Ausland tätig und mit aristokratischen Manieren ausgestattet, verfügte in der Kurie über weniger gute Kontakte als sein Vorgänger und war darum auf das Wohlwollen Rattis angewiesen.[244] Ende 1929 erhob Pius XI. den Reichsnuntius als Dank für seine Verdienste zum Kardinal[245] und ernannte ihn Anfang 1930 zum neuen Kardinalstaatssekretär. Nach fast dreizehnjähriger Tätigkeit in Deutschland übergab Pacelli Anfang Dezember 1929 dem Reichspräsidenten Paul von Hindenburg sein Abberufungsschreiben.[246]

Auch nach Antritt des neuen Amtes in Rom Anfang Februar 1930 blieb der deutsche Einfluß in Gestalt dreier engster Mitarbeiter erhalten: seiner Haushälterin Pascalina Lehnert[247], die ihn seit 1918 begleitete, Robert Leiber, der ihm seit 1924 als Privatsekretär zur Seite stand, und schließlich Ludwig Kaas, der von 1933 an im Vatikan blieb. Auch den deutschen Botschafter und preußischen Gesandten beim Vatikan, Diego von Bergen, kannte Pacelli seit 1917, als er mit dem damaligen Ministerialbeamten im Auswärtigen Amt im Zusammenhang mit den

Verhandlungen über die päpstliche Friedensnote zusammentraf.[248] Das Verhältnis zwischen beiden war so vertraut, daß Bergen dem neuen Kardinalstaatssekretär sogleich Ratschläge für eine »Modernisierung des Geschäftsbetriebs« der Kurie und die »Einrichtung einer Presseabteilung« geben konnte.[249]

Der wichtigste Berater in Deutschland aber blieb Kardinal Faulhaber. Das enge Verhältnis zwischen Pacelli und dem Kardinal von München und Freising gründete in gemeinsamen Erfahrungen während der Revolutionsmonate. Im Zusammenhang mit dem bayerischen Konkordat tat Pacelli keinen Schritt, ohne ihn zuvor mit Faulhaber abgestimmt zu haben.[250] Das galt ebenso für alle weiteren Konkordatsverhandlungen.[251] Auch als Kardinalstaatssekretär und Papst suchte er kontinuierlich den Rat des deutschen Freundes, dessen Einfluß auf die Weltkirche der Pacelli-Ära kaum überschätzt werden kann.

Dem Vernehmen nach übernahm Pacelli nur ungern den Posten des Kardinalstaatssekretärs. Eine Zeitlang rissen die Gerüchte nicht ab, er gebe sein Amt alsbald wieder auf. Seine Gegner im Vatikan seien jetzt erst recht enttäuscht, weil er sich gegenüber dem »autoritären Charakter [des] Papstes« nicht durchsetzen könne.[252] Später soll der rasche Abschluß des Reichskonkordats das Verhältnis zwischen Pius XI. und Pacelli getrübt haben.[253] Doch alle diese Meldungen, wenn sie denn überhaupt einen realen Kern besaßen, erwiesen sich als bloße Spekulationen.

Pacellis Urteil über die katholische Kirche
in Deutschland am Ende seiner Nuntiatur

Zum Abschluß seiner Tätigkeit in Deutschland reichte Pacelli auch seinen Bericht über »*Die Lage der katholischen Kirche in Deutschland*« ein. Diese Arbeit hatte Kardinal Carlo Perosi, der Sekretär der Heiligen Konsistorial-Kongregation, schon Ende Januar 1929 angefordert. Doch die »nicht einfachen Arbeiten für den Abschluß und die anschließende Umsetzung des Konkordats mit Preußen«, so Pacelli am 18. November 1929 an Perosi, hätten ihn »bislang daran gehindert«, den Auftrag auszuführen.[254] Zwischen den überwiegend statistischen Angaben der 45 Seiten umfassenden Information finden sich Interpretationen Pacellis, die Rückschlüsse auf seine politische wie kirchenpolitische Haltung ermöglichen. So klagt er über die durchaus wirkungsvolle Kirchenaustrittspropaganda, »die besonders von den Kommunisten gefördert wird; sie haben z. B. in Berlin zentrale Büros eingerichtet, wo gegen die Zahlung von zwei Mark alle notwendigen bürokratischen Schritte für den Kirchenaustritt unternommen werden«[255].

Generell schien er den deutschen Klerus für »zu nachgiebig«[256] – etwa bei Dispensen im Falle von konfessionell gemischten Ehen – zu halten und wünschte von den Geistlichen auch in anderen Bereichen einen höheren Einsatz. Den Geburtenrückgang auch in »rein katholischen Ehen« führte er auf die »Folgen des unglückseligen Krieges« zurück, »der die Kenntnis und den Brauch unerlaubter Praktiken auch in die katholischen Milieus brachte«[257]. Eine große Gefahr für die öffentliche Moral der katholischen Bevölkerung gehe von »der perversen Propaganda der Nacktkultur aus«[258] – übrigens ebenfalls eine von Sozialdemokraten beförderte Bewegung.[259] Im katholischen Frauenbund werde »nicht alles getan, was er gekonnt hätte, um die katholische Frauenwelt vor der unsittlichen Mode zu bewahren«[260].

Die Ideen, die manche katholischen Intellektuellen verträten, »sind unter vielen Gesichtspunkten zweideutig oder fehlerhaft: Ihre Philosophie nähert sich jener der Protestanten an. Die Religion wird so eine ganz subjektive Angelegenheit, eine ausschließlich innere Erfahrung.«[261] Einige, wie Ernst Michel (Frankfurt/M.), dessen Buch »Politik aus dem Glauben«[262] auf den Index gesetzt worden war, meinten, in Zeiten der Demokratie müsse auch die katholische Kirche demokratisch werden. »Deshalb greift Michel[263] [...] energisch das Konkordat mit Bayern an, das seiner Meinung nach die mittelalterliche Auffassung des Verhältnisses von Kirche und Staat wiedergibt«[264]. Nach Michels Auffassung müßten die deutschen Katholiken ihre Freiheitsrechte vor den Forderungen und Interessen des Rechtssystems der Kurie schützen. Und wieder folgt die Rüge an den Klerus: »Um dem Übel vorzubeugen, bräuchte es vor allem mehr Wachsamkeit und Mut seitens der Ordinarien bei der Verteidigung der gesunden Lehre und schließlich bei der Zensur und dem Verbot von schädlichen Büchern.«[265]

Die Lehrerseminare, in denen katholische Religionslehrer ausgebildet würden, »sind gewöhnlich von liberalem Geist durchsetzt, und sie selbst [scil. die angehenden Lehrer] befinden sich unter dem Einfluß der liberalen, sozialistischen und freimaurerischen Propaganda«[266]. Als Folge dieser Entwicklung gehörten beispielsweise in Bayern nur zweieinhalb Prozent der katholischen Lehrer einem katholischen Verband an. Im Blick auf die bedauerliche Vorherrschaft der Simultanschule erhielten »die Liberalen auch die Unterstützung der Protestanten, denen eine Autorität wie die katholische Kirche fehlt und die den Staat für den höchsten Statthalter der Schule halten und den Einfluß der Bischöfe und des Heiligen Stuhls auf sie möglichst gering zu halten versuchen«[267]. Es scheine, daß die Sozialisten mit den Liberalen gemeinsame Sache machen wollten und deshalb die Simultanschule als Regelschule forderten.

Massive Kritik übte Pacelli an dem Nachkriegskurs des Zentrums, dessen »linke[r] Flügel seinerseits extreme Bewegungen und gefährliche Strömungen geschaffen«[268] habe. So gebe es eine Gruppierung, die fälschlicherweise davon überzeugt sei, »daß man gleichzeitig Sozialist und Katholik sein« könne. Die drohende politische Spaltung der Katholiken führe für diese zu einem schweren politischen Schaden. »Gewiß ist das Zentrum nicht frei von Schwächen und Fehlern gewesen, doch es bleibt immer (gemeinsam mit der Bayerischen Volkspartei für Bayern) die einzige Partei, auf die Verlaß ist, wenn es darum geht, im Parlament die Interessen der katholischen Religion wahrzunehmen.«[269] Der katholische Caritas-Verband befinde sich »heute in Deutschland in schwerem und hartem Kampf mit den Tendenzen der Liberalen und Sozialisten, die ihn durch öffentliche Wohltätigkeit seitens des Staates und der Gemeinde ersetzen«[270] wollten. Der junge Klerus müsse dazu »erzogen und aufgefordert« werden, »eine, wenn auch angemessene, so doch einfache und bescheidene Lebensweise zu pflegen [...]. Dem jungen Klerus müßte man besonders das Gebet und den Gehorsam ans Herz legen.«[271]

Scharfe Kritik übte Pacelli an den Domkapiteln und den Theologischen Fakultäten. Während der Konkordatsverhandlungen mit Preußen seien sie dem Heiligen Stuhl in den Rücken gefallen. Die Domkapitel hätten »bis zum Schluß bei Ministern und Abgeordneten«[272] auf das volle Recht zur Bischofswahl gedrängt, die Fakultäten hätten verhindern wollen, daß die Rechte der Kirche bei der Ernennung und Entfernung von Dozenten erweitert würden. Dadurch hätten sie die bereits bestehenden Schwierigkeiten noch erhöht.

Auch an dem deutschen Episkopat hatte Pacelli einiges auszusetzen. So urteilte er über Kardinal Bertram (Breslau), von diesem könnten schwerlich die notwendigen Reformmaßnahmen an der Breslauer katholischen Fakultät erwartet werden. Bezogen auf die Katholische Aktion habe Bertram »alle Versuche und Initiativen, um eine Organisation oder einen zentralen Verwaltungsausschuß einzurichten, wie es ihn in Italien gibt und wie es auch der Episkopat Polens in jenem Land zu schaffen beschlossen hat, [...] ›sabotiert‹. [...] Bertram hat überdies eine deutliche Tendenz dazu, alles selbst zu machen, wobei er gerne, soweit er kann, den Heiligen Stuhl beiseite läßt – ausgenommen den Fall, in dem er den Heiligen Stuhl braucht, um seine Verantwortung zu verdecken.«[273] In bezug auf Kardinal Schulte (Köln) wird lobend erwähnt, daß er sich »gegenüber der Apostolischen Nuntiatur [...] immer respektvoll gezeigt« habe.[274] Von Erzbischof Fritz (Freiburg) sagt Pacelli, daß er »von ziemlich kaltem und autoritärem Charakter, vielleicht übertrieben bürokratisch« sei; er werde »im Allgemeinen eher gefürchtet als geliebt; er ist gewissenhaft, eifrig und aktiv und dem päpstlichen Vertreter gegenüber voller Rücksichtnahme und Respekt.«[275] Der Bischof von Fulda, Josef Damian Schmitt, sei ein frommer Mann; »man kann jedoch nicht sagen, daß er wegen seiner Geistesgaben oder Weitsicht hervorsticht«[276].

Über den Bischof von Ermland, Augustin Bludau, heißt es, er werde von Volk und Klerus geliebt, scheine aber angesichts »der neuen religiösen und sozialen Notwendigkeiten untätig« zu bleiben und auch nicht zu erlauben, »daß andere die Initiative ergreifen«. Außerdem zeichne er sich nicht »durch übertriebene Ehrfurcht und Ehrerbietung gegenüber den Dekreten und Entscheidungen der Heiligen Kongregationen« aus.[277] Der Bischof von Münster, Msgr. Josef Poggenburg, sei ein eifriger Hirte, zeige allerdings »keine besonders bemerkenswerten Eigenschaften« und verhalte sich gegenüber Lehrabweichungen »schwach und zögernd«.[278] Von Augustin Kilian, dem Bischof von Limburg, heißt es, er unterhalte »mit der

Apostolischen Nuntiatur besonders herzliche Beziehungen«.[279]
Bischof Berning von Osnabrück bescheinigt Pacelli hohe Intelligenz und rhetorische Begabung. Aber »die Schnelligkeit in seinem Handeln und bei seinen Entscheidungen ist vielleicht der Grund, warum diese in einigen besonderen Fällen nicht ganz vorsichtig und opportun waren«[280]. Bischof Kaspar Klein von Paderborn steche nicht durch die Doktrin oder die Glaubensstärke besonders hervor, sei aber ein beliebter, gütiger und fleißiger Oberhirte, der »dem Heiligen Stuhl und der Päpstlichen Vertretung höchst ergeben [sei], deren Hinweise er gewissenhaft und gerne« umsetze.[281] So geht es Bistum für Bistum weiter. Auffallend ist nicht nur das gelegentlich scharfe Urteil Pacellis, sondern sind auch die Kriterien seines Urteils. Intelligenz, Frömmigkeit, diplomatisches Geschick und Ergebenheit gegenüber dem Heiligen Stuhl scheinen für Pacelli die wichtigsten Eigenschaften eines Bischofs zu sein. Dabei fällt auf, daß nach dem Eindruck Pacellis die wenigsten deutschen Bischöfe alle diese Eigenschaften in sich vereinen konnten.

Auf Wunsch der Kurie folgte auf Pacelli Cesare Orsenigo, von 1922 bis 1925 Internuntius in den Niederlanden und danach Apostolischer Nuntius in Budapest, als Apostolischer Nuntius in Berlin.[282] Über Cesare Orsenigos Ernennung ist viel spekuliert worden, da er im Vergleich zu Pacelli als zweite Wahl für den Berliner Nuntiusposten galt. Orsenigo stammte aus dem im Seidengewerbe tätigen Kleinbürgertum des Mailänder Umlands aus frommer Familie: Außer ihm selbst ergriffen auch zwei Cousins die Priesterlaufbahn.[283] Anders als Pacelli fehlte ihm die professionelle Diplomatenausbildung. Erst mit neunundvierzig Jahren wechselte er vom Priesterberuf in die diplomatische Laufbahn. Auch er gehörte zu jenen, die Pius XI. energisch protegierte. Auf seinen Einwand hin, er sei doch gar nicht qualifiziert für ein solches Amt, entgegnete Ratti, der ihn aus Mailand kannte, ein guter Priester könne auch ein guter Diplomat werden. War es nicht dem Papst selbst so ergangen?

Im Unterschied zu Pacelli verhielt sich Orsenigo in Berlin vorsichtig und ängstlich.[284] Immer bemüht, keinen Anstoß zu erregen, nahm man ihn weder in der Reichshauptstadt noch im Vatikan ganz ernst. Der britische Historiker Owen Chadwick meint, Orsenigo sei sogar schwächer gewesen als der britische Botschafter Sir Neville Henderson in den letzten Appeasement-Jahren. Pacelli habe gewußt, wie schwach der Berliner Nuntius war. Der Berliner Bischof Konrad von Preysing[285], ein Freund Pacellis, habe ebenfalls die Fähigkeiten Orsenigos als äußerst gering eingeschätzt. Dennoch hielt Pacelli, auch später als Papst, den Nuntius im Amt. »Lag es daran, daß irgendjemand in Berlin besser war als überhaupt niemand, und daß er, falls er Orsenigo zurückriefe, niemals die Erlaubnis erhalten würde, eine Vertretung zu entsenden? Oder paßte es zu seiner kontrollierenden Natur, einen Kirchenmann als Verantwortlichen für die Beziehungen des Papstes zu den Nazis zu behalten, der sich so wahrscheinlich mit allem abfinden würde, was geschehen könnte?«[286]

Peter Godman sieht in der Art der Berichterstattung Orsenigos aus Berlin einen Faktor für die »Einbahnstraßen«[287]-Politik des Vatikans gegenüber dem deutschen Diktator. Aber hieße es nicht, Verantwortlichkeiten zu verschieben, wenn man von Orsenigo erwartete, über beherztere Berichte nach Rom Pius XI. und seinen Kardinalsstaatssekretär zum Handeln zu veranlassen? Schließlich fing der Berliner Nuntius durchaus zutreffend die politischen Stimmungen in Deutschland ein und riet darum eher zu vorsichtiger Annäherung. In der Kurie hätte man solche Hinweise nicht befolgen müssen.

Zunächst freilich standen die Zeichen in der Berliner Nuntiatur ganz auf Kontinuität. Als Werner von Alvensleben[288], ein Vertrauensmann Schleichers und Vorsitzender einer überkonfessionellen Liga gegen die Exzesse der russischen Religionsverfolgung, dem neuen Nuntius im Frühjahr 1930 mitteilte, nach Ansicht von Außenminister Curtius schadeten die Pro-

teste gegen die Sowjetunion den außen- und wirtschaftspoliti-
schen Interessen Deutschlands, wurde Orsenigo sofort hell-
hörig. Alvensleben berichtete weiter, auf seinen Einwand, es
handele sich »um den Schutz religiöser, nicht politischer
Werte«, habe Curtius erwidert, »unter einer religiösen und
moralischen Maske« verfolgten auch die Gegner der UdSSR
politische Motive und Zwecke – der Heilige Stuhl eingeschlossen.[289] Der Vatikan protestiere zwar gegen die Schließung
katholischer Kirchen in der UdSSR, »doch er habe nicht protestiert, als vor einigen Jahren die Polen evangelische Kirchen
geschlossen und unterdrückt hätten«.

Orsenigo kommentierte in seinem Bericht an Pacelli, er
selbst schreibe diese Bemerkungen den »antikatholischen Gefühlen des Ministers zu [...]: Er ist tatsächlich der Sohn eines
evangelischen Pastors.«[290] Und weiter: »die gefährliche Sympathie, die die Kommunisten Deutschlands für die atheistische
Erziehung hegen, die in Rußland eingeführt wurde, [stelle] für
niemanden mehr ein Geheimnis dar [...] Die Zeitungen weisen
auf das Projekt hin, nach Rußland 800 Berliner Kinder in die
Ferien zu schicken.«[291] Pacelli bat den Berliner Nuntius, ihn
auf dem laufenden zu halten.[292]

Zwei Monate später gab Orsenigo das Gespräch zwischen
Curtius und dem Berliner Bischof, Msgr. Schreiber, wieder.[293]
Danach soll Curtius das von Alvensleben Berichtete als unwahr
zurückgewiesen und den Informanten als politischen Gegner
bezeichnet haben. Dennoch blieb Orsenigo mißtrauisch: »Als
ich dem Bischof von Berlin dankte, versäumte ich nicht, ihm
zu sagen, daß die bolschewistischen Unterwanderungen hier
so beträchtlich seien, daß es dem Minister nicht an Gelegen-
heiten fehlen wird, auch praktisch zu zeigen, wie sehr seine
Politik von jeglicher, auch indirekter Förderung des Bolschewismus abweicht [...]. Die nächsten politischen Wahlen werden uns sagen, ob die bolschewistische Flut mit gewöhnlichen
Mitteln eingedämmt werden kann.«[294]

Dachte Orsenigo auch an »ungewöhnliche« Mittel? Um seiner Beurteilung der Lage Nachdruck zu verleihen, legte der Berliner Nuntius einen Bericht über die bolschewistischen Kampagnen in den zurückliegenden Monaten bei. Darin beschrieb er auch die kommunistische Kirchenaustrittspropaganda[295] – mitsamt dem Angebot, alle Formalitäten zu übernehmen: »Glücklicherweise greift diese Einladung bei den Katholiken nicht sehr; viele Austritte gibt es hingegen bei den Protestanten. Wolle Gott, wenn diese armen Leute eines Tages den Glauben wiederfinden und zur Kirche zurückkehren, daß sie dann zur wahren Kirche finden mögen. Mit dieser Hoffnung ließen sich die heutigen Austritte mit geringerem Schrecken betrachten: Doch leider ist die Hoffnung sehr schwach.«[296] Wiederum zeigte sich Pacelli außerordentlich interessiert. »Es freut mich auch, daß Eure Exzellenz [scil. Orsenigo] es nicht versäumte, Mgr. Schreiber hervorheben zu lassen, wie groß die bolschewistische Gefahr ist, die Deutschland bedroht, und wie sehr es nötig ist, ihr eine rasche und energische Verteidigung entgegenzustellen«[297].

Bei den Priesterdiplomaten galt der Bolschewismus als der Hauptgegner. Diese Bewegung einzudämmen und zurückzudrängen war ihr vorrangiges politisches Ziel. Aus dieser Perspektive nimmt es nicht wunder, daß sich Pius XI. im Frühjahr 1933 zunächst positiv zur Machtübernahme Hitlers äußerte.[298] Daß diese Sicht der Dinge immer auch mit einem antiprotestantischen Affekt verbunden war, fällt auf. Die Evangelischen waren nicht nur vom katholischen Glauben abgefallen; sie bewiesen auch gegenüber ihrer eigenen Glaubensgemeinschaft Untreue und stellten das Wählerpotential für die Linke.

Andererseits registrierte Orsenigo aber auch mit Besorgnis die rasante Entwicklung der NSDAP hin zur »Volkspartei«[299]. Zwei Tage nach den September-Wahlen 1930 kommentierte er den erdrutschartigen Wahlsieg der NSDAP, die mit 18,3 Prozent der Stimmen und 107 Mandaten zur zweitstärksten Partei in Deutschland aufgestiegen war. Daß die KPD ebenfalls, wenn auch nicht so spektakulär, zugelegt hatte, 13,1 Prozent der abgegebenen Stimmen auf sich vereinigte und über nunmehr 77 Reichstagssitze verfügte, konnte den Berliner Nuntius kaum beruhigen. Orsenigo vermittelte folgendes Bild nach Rom:

Es gebe ein »großes Mißtrauen gegenüber dem Parlamentarismus alten Schlages, der sich in einer eklatanten Niederlage der liberalen Parteien ausdrückt, die sich eben mit dem alten Parlamentarismus identifizieren«.

Es gebe ferner einen »fast fieberhafte[n] Wunsch danach, eine neue, auch gewagte Lösung für die wirtschaftliche Lage zu finden, die in dieser letzten Zeit sehr schwer geworden ist und sich in sechs Millionen neuer Stimmen für die Nationalsozialistische Partei (Hitler) ausdrückt, die 1928 nur 809.000 Anhänger zählte. Diese Partei wird von einigen nur als vorübergehendes Phänomen eingestuft; doch da sie noch in der Opposition bleiben wird, ist es voraussehbar, daß sie bei einer eventuellen Neuwahl noch weitere Sitze erobern wird. Obwohl die NSDAP einige Katholiken zu ihren Mitgliedern zählt, gibt ihr Programm vorerst keinen Grund zum Vertrauen; sie verdient jedoch Aufmerksamkeit wegen der entschiedenen und manchmal geradezu gewalttätigen Opposition gegen die Ausbreitung des Sowjetismus – doch es ist eine Opposition, die sich nicht auf religiöse Prinzipien, sondern nur auf den Nationalismus stützt.«

Schließlich konstatierte Orsenigo die »Überzeugung, die in vielen immer mehr Wurzeln findet, daß nur der Kommunismus den Armen materiellen Wohlstand bescheren kann; eine solche Überzeugung äußert sich in dem bemerkenswerten Zuwachs, den die Kommunistische Partei erfahren hat [...]. Dies ist vielleicht das schlimmste Symptom der politisch-religiösen Lage in Deutschland, weil es sich nicht um Gelegenheitsanhänger, sondern großteils um solche handelt, die mit antireligiöser Propaganda vorbereitet wurden. Es ist aber sehr tröstlich festzustellen, daß die Zentrumspartei, der offen die Katholiken vorstehen, trotz der augenblicklichen, besonderen Schwierigkeiten – immerhin wird sie mit der Regierung identifiziert – exakt ihre Position gehalten hat, indem sie proportional die neuen Sitze eroberte, die ihr durch die Zunahme der Wähler zustanden. Im allgemeinen Zusammenbruch der Parteien des rechten Spektrums entspricht ihr intakter Zustand einem glänzenden Sieg, dem – wenn auch mit zusammengebissenen Zähnen – nicht nur die Demokraten, sondern auch die Liberalen Hochachtung gezollt haben. Die Lage, die mit den Wahlen vom Sonntag entstanden ist, bietet nicht viele Hoffnungen für ein dauerhaftes politischen Leben: Einige schätzen diese Wahlen als Zwischenschritt ein; es gibt manche, die an eine unvermeidliche erneute Auflösung des Reichstags denken und sogar an Veränderungen der Weimarer Verfassung. Unter den am Sonntag Gewählten befindet sich – zum ersten Mal – der bekannte Domprediger, der Protestant Doehring[300], dessen Ablehnung des Heiligen Stuhls sprichwörtlich ist. In den Reihen der Katholiken gibt es wenig Änderungen. Der Wahlkampf, an dem sich nicht wenige herausragende Persönlichkeiten des Klerus breit beteiligt haben, blieb gelassen und frei von jeder politisch-religiösen Konfusion. Mehrere Bischöfe richteten ein anfeuerndes Wort an die Gläubigen und riefen sie dazu auf, nach Gewissen zu wählen, mit der Absicht, für den Schutz der katholischen Prinzipien und der Rechte der Kirche zu sorgen. Auch diese Daten können helfen, das Bild der politisch-religiösen Lage, besonders in Berlin, zu vervollständigen: Die Kommunisten nahmen seit 1928 um 56.000 Stimmen zu, das Zentrum um 5.000. – 1929 trennten sich 6.570 Personen von der katholischen Kirche und 50.170 von der evangelischen, und weil der Beweggrund im allgemeinen der war, sich der Kirchensteuer zu entziehen, kann man annehmen, daß diese Trennungen alle zugunsten des anti-religiösen Kommunismus wirken. – Die Katholiken sind aber in

ihrer Frömmigkeit vorbildlich: Man zählt eine recht hohe An-
zahl von Kommunionsteilnahmen; circa 3 Millionen jedes Jahr,
d. h. 6,7 je Katholik.«[301]

Der Berliner Nuntius sah die politischen Probleme also recht
klar. Das galt gerade auch für den Nationalsozialismus. Im Unterschied zu früheren Einschätzungen Pacellis springt Orsenigos Optimismus im Blick auf den politischen Katholizismus
ins Auge. Auch die Treue der katholischen Milieus erfüllte ihn
mit Stolz und Zuversicht.

Die Außenpolitik des Vatikans
unter Kardinalstaatssekretär Pacelli
1930-1939

Erste Konflikte mit dem italienischen Faschismus.
Die Entwicklung in den katholischen Parteien Deutschlands und Österreichs

Pacellis Regierungsstil unterschied sich grundlegend von dem seines Gönners Gasparri. Während sich dieser nur mit wirklich »wichtigen Fragen« befaßt hatte[1], neigte jener dazu, sich um nahezu alles selbst zu kümmern, »die Geschäfte auf sich zu konzentrieren«[2]. Das galt auch für das offiziöse, von Jesuiten geführte Informationsorgan, das den Standpunkt des Papstes und der Römischen Kurie wiedergab: den *Osservatore Romano*.[3] Pacelli ließ es sich nicht nehmen, selbst die Ausgaben einer kritischen Durchsicht zu unterziehen. Als Mitte 1931 das faschistische italienische Regime gegen die »Vorhut-Armee«[4] der Katholischen Aktion vorging, weil deren soziale und kulturelle Kampagnen auf seiten des Staates Konkurrenzängste weckten, bezog das Blatt eindeutig Stellung gegen führende italienische Politiker.[5] Es folgte die Enzyklika *Non abbiamo bisogno*. Sie war »der persönlichen Initiative und eigenen Fassung«[6] des Papstes entsprungen. Darin wurde die »Vergötterung des Staates in heidnischem Sinne« verurteilt und eine Revolution zurückgewiesen, »die der Kirche und Jesus Christus die Jugend entreißt und ihre jungen Kräfte zum Haß, zur Gewalt, zur Ehrfurchtslosigkeit erzieht.«[7] Umgekehrt sprach der Papst über die Jugendorganisationen innerhalb der Katholischen Aktion als von den »kleinen Kreuzzüglern des Sakraments«[8].

Es war kein Zufall, daß so schwere Differenzen ausgerechnet auf dem Gebiet von Schule und Erziehung aufbrachen, denn auf diesem Feld hatte die Regierung Mussolini ihre größten Anstrengungen unternommen.[9] Der führende Philosoph des Faschismus und langjährige Erziehungsminister, Giovanni Gentile, antwortete auf *Non abbiamo bisogno*, indem er noch einmal den Charakter der Lateranverträge, das Selbstverständnis des faschistischen Staates und die Bedingungen einer friedlichen Kooperation darlegte. Das Errichtungsabkommen des *Stato della Città del Vaticano* sei aufgrund der staatlichen Selbstbeschränkung des Vatikans möglich geworden. Dazu zitierte er zustimmend Pius' XI. Rede vor Priestern am 11. Februar 1929: »Es wird, hoffen wir, allen klar sein, daß der Oberste Priester nichts zu eigen hat als jenes Stückchen materiellen Boden, das unentbehrlich ist zur Ausübung der geistlichen Gewalt, die den Menschen zum Segen von Menschen anvertraut ist [...]. Wir freuen uns, den materiellen Grund auf so geringe Grenzen reduziert zu sehen, daß man auch ihn als vergeistigt betrachten kann und muß von der göttlichen Geistigkeit, der es bestimmt ist, Träger und Diener zu sein.«[10]

Während sich der Errichtungsvertrag auf das Sein des Vatikanstaates beziehe, betreffe das Konkordat sein Wirken. »Das Konkordat [...] ist ein Programm«[11]. Dabei dürfe nicht übersehen werden, daß es von seiten des Staates geschlossen worden sei. »Die Kirche ist [...] durch das Konkordat zum Vertrag gelangt und der Staat durch den Vertrag zum Konkordat.«[12] Es sei Aufgabe des Staates, »den Klauseln des Konkordats einen konkreten Inhalt zu geben«[13]. Das Konkordat sei eine »Transaktionsformel zwischen den immanenten Forderungen der katholischen Kirche auf politischem Gebiet und den nicht weniger immanenten Forderungen des Staates. [...] Transaktionsformel bedeutet aber unstabiles Gleichgewicht oder lebendige Formel, die nicht fixiert bleibt, sondern sich bewegt, um zu leben.«[14] Der entscheidende Punkt der Übereinkunft sei die Bereitschaft zur Selbstbeschränkung auf beiden Seiten.

Zur Erläuterung dieses Verhältnisses zitierte Giovanni Gentile aus seiner Senatsrede vom 12. April 1930: »Staat und Kirche sind zwei totalitäre Regime. Ihre Übereinstimmung kann nur aus einer Selbstbegrenzung entstehen; und wer nicht geneigt ist, sich zu beschränken, wer alles für sich will und dem

Recht des anderen nichts zugesteht und sich in steife Unduld-
samkeit hüllt, wird dem Konkordat schwierige Tage bereiten.«[15] Die Kirche bestreite dem faschistischen Staat, ein »ethi-
scher Staat« zu sein. Die Überzeugung seines ethischen Charakters schreibe dem faschistischen Staat aber »das unbegrenzte
Recht der Jugenderziehung«[16] vor. An diesem absoluten Recht
werde der ethische Staat festhalten, »auch wenn er die Legiti-
mität privater Erziehungsformen anerkennt (darunter die von
der Kirche ausgeübten)«[17].

Durch die Vermittlung des Jesuiten Pietro Tacchi Venturi,
der das besondere Vertrauen Mussolinis besaß, konnte der Konflikt beigelegt werden.[18] In einem Abkommen vom 2. September 1931[19] kam der Vatikan den Forderungen des faschistischen
Staates weit entgegen, indem er die Katholische Aktion dezen-
tralisierte, die katholischen Jugendorganisationen weitgehend
den faschistischen Organisationen des Staates eingliederte und
die katholischen Aktivitäten strikt auf religiös-erzieherische
Aufgaben beschränkte.[20] Es war besonders die paramilitärische
Aufstellung der Katholischen Aktion, ihre moderne Morpholo-
gie, die Irritationen bei dem faschistischen Staat hatte hervorrufen müssen.[21] Mussolinis Empfang im Vatikan am 11. Februar
1932 beendete definitiv die letzte große Auseinandersetzung zwischen Regime und Kirche auf dem Gebiet der Jugenderziehung.

Zum Zeitpunkt dieses frühen Zusammenpralls mit Mussolini
hatte der Heilige Stuhl auch schon die ersten Zusammenstöße
mit dem deutschen Nationalsozialismus hinter sich.[22] Aber im
Vordergrund standen doch andere Aspekte. Unter den neuen
Verhältnissen der Weimarer Republik, manifestiert in der positiven Trennung von Staat und Kirche, hatte die römisch-
katholische Kirche einen beachtlichen Aufschwung nehmen
können. Das betraf nicht nur den organisatorischen Bereich –
die Länderkonkordate und die Errichtung der Bistümer Meißen, Berlin, Aachen und Danzig –, sondern vor allem auch das
katholische Leben.[23] Erfaßt von der allgemeinen deutschen

Jugendbewegung, schuf sich die katholische Jugend in verschiedenen Jugendverbänden ein spezifisch katholisches Profil.[24] Die übrigens auch von Pacelli[25] positiv bewertete »Liturgische Bewegung«[26] blühte auf, und ein neues Kirchenbewußtsein, das der Welt die christliche Botschaft bringen wollte, brach sich Bahn.[27] Nicht nur auf geistlicher, sondern auch auf politischer Ebene gewann der Katholizismus stark an Einfluß. Die beiden kirchennahen Parteien Zentrum und Bayerische Volkspartei sowie die hohe Zahl geistlicher Mandatsträger unterstrichen sinnfällig die nicht unproblematische, zuweilen enge Verbindung von katholischer Kirche und Politik. Ende 1928 mußte der Trierer Prälat und Berater Pacellis, Ludwig Kaas[28], den Zentrumsvorsitz übernehmen, um die Partei vor dem Auseinanderbrechen zu bewahren. Ähnliche Personalentscheidungen auf Länderebene – in Preußen ebenso wie in Baden und Schlesien, in Hannover wie in Sachsen – sorgten für eine flächendeckende »Klerikalisierung« des politischen Katholizismus. Die Bischöfe flankierten die häufigen Wahlen mit ihren eindeutigen Wahlhirtenbriefen.[29]

Eine entsprechende, gegenüber den deutschen Verhältnissen allerdings noch forcierte, Entwicklung fand in Österreich statt. Hier hatte der Universitätsprofessor und Prälat Ignaz Seipel[30] den Vorsitz seiner Christlichsozialen Partei schon 1921 übernommen, koalierte mit den Großdeutschen und dem deutschnationalen Landbund, lenkte bis 1929, zweimal auch als Bundeskanzler, die Geschicke des Landes und führte einen kompromißlos antimarxistischen Kulturkampf.[31] Pius XI. begrüßte in ihm jene starke Führungspersönlichkeit, die er in Deutschland vermißte. Wie Mussolini gehörte Seipel in den Augen des Papstes zu den »Vorherbestimmten [...] von der Vorsehung Erweckten«, die ihre Länder von einem »impotenten Parlamentarismus« befreiten.[32]

Ratti sollte sich in Seipel nicht täuschen: Im Zuge der Auseinandersetzungen gewannen dessen antiparlamentarische und antidemokratische Ideen immer mehr die Oberhand. Seipels Ziel bestand in der Errichtung eines Einparteienstaates unter katholischen Vorzeichen.[33] Auf große Sympathien stieß Seipel unter anderem in den aus den Frontkämpfervereinigungen entstandenen Heimwehren[34], die von Mussolini, aber auch Ungarn[35] mit Geld und Waffenlieferungen unterstützt wurden.[36] Bei Auseinandersetzungen zwischen Heimwehrmitgliedern und dem sozialdemokratischen Republikanischen Schutzbund Ende Januar 1927 kamen ein Invalide und ein Kind zu Tode, die sich in der Schutzbundgruppe befanden. Als das Schöffengericht die schuldigen Heimwehrmänner freisprach, rief die sozialdemokratische *Arbeiterzeitung* zu einer Demonstration vor dem Justizpalast auf. Auf Befehl Seipels schossen Polizei und Armee auf die unbewaffneten Demonstranten. Aufgrund dieser Vorfälle mußte sich Seipel schließlich 1929 aus der aktiven Politik zurückziehen, hielt aber im Hintergrund weiterhin die Fäden in der Hand. »Sein Gedankengut bereitete den Austrofaschismus vor«[37], urteilt der österreichische Historiker Karl Vocelka und steht damit der These, in Österreich habe sich erst infolge der nationalsozialistischen Bedrohung eine »Abwehrdiktatur« gebildet, ablehnend gegenüber.[38] Bereits die Verfassungsreform von 1929 stärkte die Stellung des Bundespräsidenten zum Nachteil des Parlaments.[39]

Allerdings ist nicht zu bestreiten, daß bis zur Machtübernahme Hitlers im katholischen Österreich eine großdeutsche Gesinnung vorherrschte, die erst dann einer Betonung der österreichischen Eigenstaatlichkeit wich.[40] Nach dem Tod Seipels rückte – auf dessen ideologischer Grundlage – eine neue Generation christlichsozialer Politiker nach – allen voran Engelbert Dollfuß[41] und Kurt Schuschnigg[42]. Dollfuß wurde im Mai 1932 Bundeskanzler, schaltete mit Gewaltmaßnahmen die sozialdemokratische Opposition aus[43] und baute, mit Notverordnungen und dem Standrecht regierend, einen autoritären Staat auf, der in der oligarchisch-elitären Maiverfassung von

1934 gipfelte. In einer Rede zum 250. Jahrestag der Befreiung Wiens von der türkischen Belagerung am 11. September 1933 hatte Dollfuß alle Elemente seines Programms genannt: die Herstellung einer »neuösterreichischen Identität« gegen die Anschlußbestrebungen des »Dritten Reiches« und die Schaffung eines »sozialen, christlichen, deutschen Staates Österreich auf ständischer Grundlage, unter starker, autoritärer Führung«[44]. Gleichzeitig erteilte er der parlamentarischen Demokratie eine programmatische Absage: »Das Parlament hat sich selbst ausgeschaltet, ist an seiner eigenen Demagogie und Formalistik zugrunde gegangen. [...] eine solche Volksvertretung, eine solche Führung unseres Volkes wird und darf nie wieder kommen...[...].«[45]

Erste Konflikte
mit dem Nationalsozialismus

Anders als in vorherrschend katholischen Ländern wie in
Polen, Portugal und Spanien, wo Ende der zwanziger, Anfang
der dreißiger Jahre ähnliche Konstellationen wie in Österreich
auf der Grundlage des ständestaatlichen katholischen Gedan-
kenguts Platz greifen konnten, war im gemischtkonfessionellen Deutschland eine Entwicklung hin zum katholischen
Ständestaat nicht zu erwarten. Mit Sorge hatte der Vatikan in
der Vergangenheit die Koalitionen des Zentrums mit den
Sozialisten registriert.[46] Ähnlich wie in Österreich verstanden
der Episkopat und die katholischen Parteien aber auch den
rasanten Aufstieg der Nationalsozialisten als ernsthafte Bedrohung des katholischen Christentums.[47] Nach den Reichstagswahlen vom September 1930 reagierten die Bischöfe schließlich im Frühjahr 1931 mit prinzipieller Ablehnung gegenüber
der braunen Bewegung.[48] Doch dazwischen lag – nicht zuletzt
aus politischem Kalkül – eine Phase unsicheren Schwankens.

Einer Meldung der Deutschen Botschaft beim Heiligen Stuhl
zufolge trafen sich Pacelli und Kaas am 26. September 1930
in Innsbruck. Dem Zusammentreffen wurde große Bedeutung
beigemessen. »Denn in der schwierigen Lage, in der sich das
Zentrum [...] nach den letzten Wahlen befinde, könne der
erleuchtete Rat Pacellis von entscheidendem Einfluß sein und
zwar im Sinne der Aufnahme von Beziehungen zu Hitler«[49].
Doch der deutsche Episkopat ging einen anderen Weg.

Durch einen vielbeachteten Briefwechsel zwischen der Gauleitung der NSDAP in Hessen und dem bischöflichen Ordina-
riat in Mainz, den die Pressestelle der Gauleitung Ende September 1930 provoziert hatte, wurde die katholische Kirche

förmlich in einen Klärungsprozeß hineingetrieben.[50] Der Mainzer Generalvikar Jacob Philipp Mayer hatte in einem Schreiben – ohne vorherige Absprache mit den anderen Bischöfen – in aller Kompromißlosigkeit die Unvereinbarkeit der nationalsozialistischen Kulturpolitik mit dem katholischen Christentum erklärt. Diese radikale Haltung stieß im deutschen Episkopat vielfach auf Mißbilligung, denn schließlich handelte es sich bei der NSDAP um eine Partei, die um die Kirche warb.

Auch Orsenigo war recht unglücklich über das unnötige Vorpreschen der Mainzer. Viele junge Katholiken sympathisierten mit der NSDAP, schrieb er am 8. Oktober 1930 an Pacelli, und überdies fänden Verhandlungen zwischen Kanzler Brüning und den verschiedenen Parteien statt. Zwar gebe es Katholiken, die dem Brief des Mainzer Generalvikars »frenetischen Beifall« spendeten. Aber andere kritisierten die »übertriebene Strenge« und meinten, daß man es »in jedem Fall an Takt« habe fehlen lassen.[51] Man habe sich »so eine Partei zum Feind« gemacht, die der katholischen Kirche »nicht definitiv feindlich gesinnt« sei und die sich noch zu einem respektvollen Umgang mit der katholischen Kirche entwickeln könne.[52] In einer handschriftlichen Aktennotiz zu Orsenigos Bericht regte Pacellis Sekretariat an, der Nuntius möge dem Mainzer Bischof Ludwig Maria Hugo zu verstehen geben, »daß er den Heiligen Stuhl befragen soll, bevor er neue Erklärungen dieser Art abgibt«[53]. Schließlich handele es sich um eine Angelegenheit, die die ganze Nation betreffe und daher nicht in die Kompetenz eines einzigen Bischofs falle. Etwa gleichzeitig mit Orsenigos Bericht erreichte den Heiligen Stuhl eine Reihe von Zuschriften katholischer Gläubiger, die – über die Mainzer Entscheidungen erschrocken – nach Konsequenzen fragten oder gar ihren Kirchenaustritt ankündigten.[54] Die Zuschrift eines Anhängers der NSDAP schloß mit der Frage: »Wie war es früher in Italien und wie [ist es] heute?«[55] In der Folgezeit baten immer wieder katholische Nationalsozialisten beim Heiligen

Vater um Dispens, wobei sie oftmals Persönlichkeiten aus dem katholischen Hochadel als Befürworter vorschickten.[56] In eingehenden Schreiben suchten der Episkopat wie die Kurie die Berechtigung ihres Standpunktes zu begründen.

Pacelli hoffte offenbar, daß die NSDAP aufgrund des Streits von sich aus eine offizielle Erklärung über ihre Haltung zur Kirche abgeben werde.[57] Doch das unterließ die Partei und sah zu, wie der uneinige Klerus schwieg, die NSDAP verteidigte oder sich auf die Anfragen Gläubiger hin in Ausflüchte zu retten suchte. Unter diesen Umständen mußten Bertrams Bemühungen, im Anschluß an den Mainzer Vorstoß eine gemeinsame Erklärung aller Bischöfe zuwege zu bringen, scheitern.

Als Ende Dezember 1930 »die Nachricht durchsickert[e], daß das katholische Zentrum, oder besser Kanzler Brüning, mit den Rädelsführern dieser neuen Partei über eine eventuelle Beteiligung ihrerseits am neuen Kabinett verhandelt[e]«[58], schien sich die Situation für den Klerus noch einmal anders darzustellen: »Natürlich macht einen dieser Schritt des katholischen Zentrums viel vorsichtiger gegenüber den Äußerungen gegen die Nationalsozialisten, und auch der Episkopat scheint eine Entscheidung verschieben zu wollen, die nun voreilig werden könnte«, meldete Orsenigo am 29. Dezember 1930 nach Rom. Doch Brünings Gespräche mit den Nationalsozialisten führten weder zu einer verdeckten Form der Zusammenarbeit noch gar zu einer »Synthese Brüning-Hitler«[59]. Bis ins Frühjahr 1931 hinein hielt Göring die Verbindung aufrecht und besuchte wiederholt die Reichskanzlei. Pacelli, dem die Koalition des Zentrums mit den Sozialdemokraten schon seit langem ein Dorn im Auge war, mußte sich von dem Berliner Nuntius sagen lassen, »daß es ein taktischer Fehler wäre, sich jetzt von den Sozialdemokraten zu trennen, da Brünings Kabinett die Zustimmung zu Notverordnungen erhalten muß, und jeder weiß, daß man ohne die Koalition von Zentrum und Sozialdemokraten die Zustimmung nicht erreicht«[60].

Orsenigo resümierte, die politische Lage habe sich insoweit geklärt, als »das Zentrum die Unmöglichkeit einer politisch motivierten Zusammenarbeit mit den Nationalsozialisten immer stärker betont« habe.[61] Überdies habe die NSDAP nichts unternommen, um die ihr von den Mainzern »vorgeworfenen antikatholischen Erklärungen zu beseitigen«[62]. Eine explizite Verurteilung durch den Episkopat sei ebenfalls noch nicht erfolgt. »Die geheime Frage, die der Breslauer Kardinal den einzelnen Bischöfen gestellt hatte, um in Erfahrung zu bringen, ob sie die Veröffentlichung einer Verurteilung des nationalsozialistischen Programms für opportun hielten, haben nur vier Bischöfe zustimmend beantwortet.«[63]

Nach dem definitiven Scheitern aller Überlegungen zu einer neuartigen Rechtskoalition brauchten die Bischöfe nun zwar keine politischen Rücksichten mehr zu nehmen, aber sie mußten sich einigen. Bereits zum Jahresende 1930 hatte Bertram in einem »offenen Wort zu ernster Stunde« vor politischer Radikalisierung, Rassenwahn und Nationalkirche gewarnt.[64] Doch diese Erklärung erschien den bayerischen Bischöfen noch nicht differenziert genug. Darum erschien im Februar 1931 unter dem Titel »Nationalsozialismus und Seelsorge. Pastorale Anweisungen für den Klerus bestimmt« eine bayerische Verlautbarung, die sowohl die Allgemeinheit Bertrams als auch die Kompromißlosigkeit der Mainzer vermied, indem sie die Zulassung von Nationalsozialisten zu den Sakramenten einer jeweiligen Einzelprüfung überließ und die Verwerfung der NS-Lehre zeitlich wie sachlich einschränkte.[65] Der Tübinger Kirchenhistoriker Klaus Scholder sah in dieser Entscheidung »ein beachtliches Beispiel kirchlicher Klugheit«[66]. Der Münchner Nuntius Vassallo paraphrasierte die pastorale Anweisung der bayerischen Bischöfe für Pacelli und urteilte, sie müsse »jener Partei bitter erschienen sein, denn [...] der *Völkische Beobachter* [...] versucht glauben zu machen, daß das, was die Bischöfe verurteilen, nicht die offiziellen Konzepte der Partei sind.

Doch das Organ fährt in einem Ton fort, der wohl begreifen läßt, wie die Freiheit der Kirche aussähe, wenn der Nationalsozialismus an die Macht käme.«[67] Der Vatikan sah von einer eigenen offiziellen Stellungnahme ab, »um nicht der Einmischung in innerpolitische Angelegenheiten beschuldigt werden zu können«[68].

Im Monat darauf folgten weitere offizielle Erklärungen seitens der Kölner, der Paderborner und der Oberrheinischen Kirchenprovinz, die in klarer Sprache vor den Irrlehren und glaubensfeindlichen Tendenzen des Nationalsozialismus warnten, den Geistlichen in aller Strenge jedwede Mitarbeit »an der nationalsozialistischen Bewegung«[69] verboten und in diesen pastoralen Anweisungen wie in einer neuen Seelsorgeinstruktion vom August 1931 den führenden Vertretern glaubensfeindlicher Parteien ankündigten, ihnen die Zulassung zu den Sakramenten zu verweigern.[70] Orsenigo hielt die Erklärungen für sehr angemessen und sprach die Hoffnung aus, daß sie die betroffenen Gläubigen »vor der Gefahr bewahren« könnten, »sich endgültig in das Heer einer Partei einzureihen, die sich immer weiter von den katholischen Prinzipien entfernt«[71].

Zu den christentums- und kirchenfeindlichen Grundsätzen zählte der bayerische Episkopat den Rassismus, »die Ablehnung jeglichen Konkordates, die Forderung der Simultanschule«, den »Radikalismus des nationalen Gedankens« und den »Widerstand gegen den Schutz des keimenden Lebens«[72]. Der Nationalsozialismus, »ursprünglich eine gegen den Marxismus gerichtete staatspolitische Bewegung«, sei zunehmend »auf das kulturpolitische Gebiet ab[ge]schwenkt [...] und dabei in eine Kulturkampfstellung gegen die Kirche und ihre Bischöfe« geraten. Den Nationalsozialisten war es ferner verboten, »in geschlossenen Kolonnen mit Uniform und Fahne«[73] an den gottesdienstlichen Veranstaltungen teilzunehmen.

Unmißverständlich formulierte der bayerische Episkopat die Gleichsetzung von Liberalismus, Sozialismus und Nationalsozialismus: »Die pastoralen Grundsätze gegenüber dem Nationalsozialismus bleiben die gleichen, die gegenüber dem Liberalismus der alten Zeit und gegenüber dem Sozialismus noch in der letzten Zeit von berufener Stelle aufgestellt wurden.«[74] Damit waren die Winke betr. Aufgaben der Seelsorger gegenüber glaubensfeindlichen Vereinigungen aus dem Jahr 1921 gemeint.[75] In der schon erwähnten Neufassung der Seelsorgeinstruktion vom August 1931 verwiesen die Bischöfe ausdrücklich auf die Enzyklika *Quadragesimo anno* Pius' XI. vom 15. Mai 1931. »In jeder Hinsicht bleibt die vom Papst Pius X. sowohl wie schon zweimal vom Papst Benedikt XV. ausdrücklich bestätigte Enzyklika ›Rerum novarum‹ des großen Papstes Leo XIII. und die Enzyklika ›Quadragesimo anno‹ von Papst Pius XI. nach Inhalt und Form, Abwägung und Ausdrucksweise stets vorbildlich.«[76]

»Gott will es!«[77]
Das Ideal des katholischen Ständestaates
und der Versuch seiner Realisierung in einigen
katholischen Staaten Europas

Es blieb also nicht bei der eindeutigen Ablehnung liberaler, marxistischer und nationalsozialistischer Staatskonzepte. Vielmehr wurde sie ergänzt durch die Skizze eines »Dritten Weges« – den Staatsaufbau auf der Grundlage der christlichen Soziallehre, wie sie Papst Leo XIII. 1891 in seiner Enzyklika *Rerum novarum* verkündet und Pius XI. 1931 in seiner Enzyklika *Quadragesimo anno* wieder aufgenommen hatte. Die erstgenannte Enzyklika empfahl die Gründung von Vereinen »zur Hebung und Förderung der leiblichen und geistigen Lage der Arbeiter«[78], um sie den sozialistischen Organisationen zu entziehen. »Die Unwissenheit in Glaubenssachen, die wachsende Unkenntnis der Pflichten gegen Gott und den Nächsten soll durch geeignete Unterweisungen bekämpft werden. Man sorge für gründliche Aufklärung über die Irrtümer der Zeit und über die Trugschlüsse der Glaubensfeinde, für Belehrung und Warnung gegen die Lockmittel der Verführung.«[79]

Pius XI. nahm den vierzigsten Jahrestag der Enzyklika Leos XIII. zum Anlaß, in einer eigenen Enzyklika einen gesellschaftlichen Ordnungsentwurf vorzustellen, der als Grundlage für die Herstellung eines katholischen Staates für eine katholische Gesellschaft dienen sollte. Im Mittelpunkt dieses Konstrukts stand die »klassenfreie«, berufsständisch organisierte Gesellschaftsordnung. Unverkennbar ist der Anspruch der Kirche, Staat und Gesellschaft auf das Naturrecht und das Sittengesetz festzulegen. Danach sollen »wohlgefügte Glieder des Gesellschaftsorganismus sich bilden, also ›Stände‹, denen man nicht nach der Zugehörigkeit zur einen oder anderen Arbeitsmarktpartei, sondern nach der verschiedenen gesellschaftlichen Funktion des einzelnen angehört.«[80]

Dieses Konzept des idealen katholischen Ständestaates als »goldener Mittelweg«[81] zwischen Demokratie und totalitärem Regime war keine bloße Utopie. Vielmehr gehörte seine mindestens ansatzweise Realisierung in den katholischen Ländern Polen[82], Portugal, Spanien und Österreich[83] zu den von der Kirche begrüßten und gestützten Entwicklungen.

Nach dem Militärputsch in Portugal vom Mai 1926 wurde der Ökonomieprofessor António de Oliveira Salazar aus Coimbra zum Finanzminister der Militärregierung berufen. Da die Militärs jedoch seinem rigiden Sparkurs zur Sanierung der Wirtschaft nicht folgen mochten, verzichtete Salazar auf die Position.[84] Erst Ende April 1928, unter einer neuen Militärregierung, übernahm er das Finanzministerium, verschaffte sich schnell die Kontrolle über die Wirtschafts- und Finanzpolitik der Regierung und dirigierte damit faktisch das Kabinett. Er setzte seine Lehre vom »Finanzausgleich« und des korporativ strukturierten, starken Staates durch. Aufgrund seiner wirtschaftlichen Erfolge wie seiner Unterstützung durch konservative Kreise wurde er schließlich Anfang Juli 1932 zum Ministerpräsidenten ernannt – eine Funktion, die er bis zu seinem Unfall 1968 innehaben sollte.

Salazar nannte sein Regime *Estado Novo* (Neuer Staat) und gab ihm im Frühjahr 1933 eine ganz auf ihn zugeschnittene Verfassung. In einer manipulierten Volksabstimmung gaben die 1,3 Millionen Wahlberechtigten dieser Verfassung ihre Zustimmung. Neben einem starken Präsidenten und der in ihren Befugnissen stark eingeschränkten Nationalversammlung sah die Verfassung eine Korporativkammer vor, in der die nach Berufszweigen gegliederten »Stände« als Konsultativorgan saßen. Die traditionellen Mittel des Arbeitskampfes, Streikrecht und Vereinigungsfreiheit, waren verboten. Diese korporativistische Staatsidee war das eigentlich Zentrale des Systems.

Dahinter stand die Idee eines »Dritten Weges« und die Absage an eine klassenkämpferische Gesellschaftskonzeption kommunistischer Provenienz ebenso wie an den Individualismus eines liberal-kapitalistischen Systems.

Bei der Umgestaltung des Staates berief sich Salazar auf den »ständischen« Gedanken der katholischen Gesellschaftslehre. Das galt auch für seine Sozialgesetzgebung – festgesetzter Lohn, Arbeitszeit und Jahresurlaub –, bei der er sich ausdrücklich auf die kirchliche Soziallehre meinte stützen zu können. Die »einheitliche und korporative Republik« wollte alle moralischen und sozialen Interessen der Bevölkerung harmonisieren. Anscheinend entsprachen seine praktischen Umsetzungen dem katholischen Selbstverständnis, denn von dieser Seite erhielt er die deutlichste Unterstützung für sein Staatskonzept. Trotz der formal nicht aufgehobenen Trennung von Staat und Kirche galt das römisch-katholische Bekenntnis als die traditionelle Konfession der portugiesischen Nation. 1940 wurden ein Konkordat und ein Missionsabkommen für die Kolonien abgeschlossen. Letzteres verpflichtete die staatlichen Schulen zum Unterricht in katholischer Religion und Sittenlehre.

Dieses Gedankengut bestimmte auch das Handeln des österreichischen Priesterpolitikers Ignaz Seipel. Er wollte ein »christliches« Regime mit einer »Führerpersönlichkeit« an der Spitze aufrichten. Zur Umsetzung dieser Vorstellungen bedurfte es nur eines Vorwandes, der es ihm erlaubte, die Mechanismen des demokratischen Verfassungsstaates außer Kraft zu setzen. Eine solche Situation – nämlich den geschlossenen Rücktritt des Nationalratspräsidiums im März 1933 – konnte erst sein Nachfolger Engelbert Dollfuß nutzen und einen klerikalen Ständestaat mit autoritärer Führung errichten. Der Weg Österreichs in den »Austrofaschismus« wurde von der römisch-katholischen Kirche wohlwollend begleitet und unterstützt.[85] Durch die positive Haltung des Vatikans »entstand für weite christlichsoziale Kreise [...] die Fiktion, daß ein radikal ständischer Umbau im Sinne der höchsten Autorität des politischen Katholizismus, nämlich des Papstes, war«[86]. Der österreichische Episkopat unterstützte diese Sicht der Dinge. In einem Hirtenbrief der österreichischen Bischöfe vom 21. Dezember 1933 heißt es:

»Wenn Wir nun in diesem Hirtenschreiben offen und unzweideutig die Grundideen und Bestrebungen unserer Regierung gebilligt haben, so darf uns daraus nicht etwa der gänzlich unberechtigte Vorwurf einer parteipolitischen Stellungnahme der Kirche gemacht werden. Wir stehen voll und ganz auf dem Boden jener Grundsätze, die Leo XIII. in seinem Rundschreiben vom 10. Jänner 1890 [...] in die Worte gekleidet hat [...] ›man muß auch in staatlichen Angelegenheiten, die vom Sittengesetz und von der Religion nicht getrennt werden können, beständig und vorzugsweise im Auge behalten, was den Interessen des Christentums förderlich ist‹ [...].«[87]

Mitte April 1933 war Dollfuß nach Rom gereist[88], die österreichische Verhandlungsdelegation unter Schuschnigg folgte kurz darauf nach, um mit den »persönlichen Vertrauensmännern« Pacellis[89], Weihbischof Kamprath und Alois Hudal[90], zu verhandeln. Pfingsten 1933 kam es zum Abschluß des Konkordats.[91] Für den schul- und kultusrechtlichen Teil hatten die Konkordate mit Bayern, Preußen, Baden und Italien als Vorbild gedient. Die eherechtlichen Bestimmungen, etwa die Anerkennung der kirchlich geschlossenen Ehen durch den Staat, standen im Zentrum der vatikanischen Interessen und folgten dem Lateranvertrag.[92] Die Kirche war nunmehr im Bundeskulturrat und in den Landtagen vertreten, der Kirchenaustritt wurde durch gesetzlichen Zwang behindert.[93] Am 1. Mai 1934, dem Tag der Auflösung des Mehrparteiensystems in Österreich, »wurde auch das Konkordat [... ratifiziert], das nicht zuletzt der Preis für die Unterstützung der Kirche für das austrofaschistische System war.«[94]

In den gegenseitigen Dankadressen von Dollfuß und Pacelli anläßlich der Ratifizierung des Vertragswerkes kam nicht nur das Einvernehmen, sondern auch die Basis dieses Einvernehmens zum Ausdruck. Dollfuß bedankte sich bei dem Kardinalstaatssekretär mit den Kernsätzen:

»In dem Augenblicke des Inkrafttretens des Konkordates, dessen Auswirkungen der Wohlfahrt unseres Landes im höchsten Maße dienen werden, bitte ich Eure Eminenz, meinen ehrfurchtsvollsten Dank für die verständnisvolle und tätige Mitarbeit an dem glücklichen Zustandekommen dieses mir so am Herzen liegenden Werkes entgegennehmen zu wollen.«[95]

Und Pacelli erwiderte:

»Die innere Hingabe und die wahrhaft staatsmännische Weisheit, mit der Euer Exzellenz sich in bedeutsamer und schwerer Zeit dem Zustandekommen dieses großen Werkes widmeten, mit dem Österreich seine staatliche Aufbauarbeit bewußt auf den Boden traditioneller Treue zu Christus und seiner Kirche stellt, ist der freudigen Zustimmung aller derer sicher, die in vertrauensvollem und harmonischem Wirken von Kirche und Staat die beste Gewähr für das wahre Wohl der Völker sehen.«[96]

Die österreichischen Kirchenhistoriker urteilen heute meist kritisch: Ernst Hanisch verweist darauf, daß der Ständestaat sowohl auf faschistischem Gedankengut als auch auf den »Traditionen des spezifisch österreichischen Autoritarismus« basiert habe.[97] Wolfgang Maderthaner sieht den Versuch einer Verknüpfung von »wesentliche[n] Elemente[n] faschistischer Ideologie mit katholischem Klerikalismus«[98]. Dieter A. Binder spricht davon, »daß hier eine Gleichsetzung von ›absolutistischem Gottesgnadentum‹ und ›staatstragender Bürokratie‹ leitmotivisch intendiert« gewesen zu sein schien.[99] Der aus Graz stammende Theologe Alois Hudal dagegen brachte damals das Konkordat in Zusammenhang mit dem christlichen Ständestaat. 1935 schrieb er: »Dieses Konkordat findet [...] in gewisser

Hinsicht seine Ergänzung und Vertiefung durch den Neuaufbau des Staates aus dem Ideal christlicher Ständeorganisationen, in dem die Schattenseiten der Demokratie und Überspitztheiten des Totalitätsstaates in kluger Weise durch einen goldenen Mittelweg vermieden werden können.«[100]

Nach dem Willen des Vatikans sollte Österreich Ausgangspunkt und Zentrum einer katholischen Restauration in Mitteleuropa werden, sollte die Rekatholisierung des Kontinents einleiten.[101] Auch wenn der berufsständische Aufbau in Wahrheit über marginale Ansätze nicht hinauskam, manifestierte er doch einen geradezu transzendentalen Anspruch: Dieser katholische Musterstaat leitete seine Verfassung aus päpstlichen Enzykliken ab. In Wirklichkeit propagierte er eine vormoderne Utopie mit faschistischen Zügen.

Die Besuche Görings
und Brünings im Vatikan

Über die harsche Verurteilung des Nationalsozialismus durch den deutschen Episkopat war das Braune Haus offenbar tief erschrocken. Hitler schickte Hermann Göring, den führenden NSDAP-Reichstagsabgeordneten und »einen der drei Generalsekretäre« des »Führers«, als »politischen Beauftragten« nach Rom[102], um die Wellen zu glätten.[103] Göring besaß seit den zwanziger Jahren gute Kontakte nach Italien, setzte sich schon frühzeitig für die damals in der NSDAP noch umstrittene politische Annäherung an das faschistische Italien ein und suchte mehrfach für sich und Hitler Reisen zu Mussolini zu organisieren.[104] Von daher schien er Hitler wohl besonders geeignet, auch mit dem »anderen« römischen Herrscher diplomatische Verbindungen aufzunehmen. In einem Handschreiben vom 30. April 1931 bat der führende deutsche Nationalsozialist Pacelli um eine Audienz. »Als Fraktionsvorstand sowie einer der verantwortlichen Führer der NSDAP und ganz besonderer Vertrauter des Chefs dieser Partei – Adolf Hitler – liegt es mir am Herzen, mich Eurer Eminenz gegenüber über die Probleme unserer Bewegung aussprechen zu können.«[105] Pius XI. entschied jedoch, daß Göring nicht zu Pacelli vorgelassen werden sollte[106], sondern sich mit einer Audienz bei Unterstaatssekretär Pizzardo begnügen mußte. Dieser fertigte für Pacelli eine Aktennotiz über das Gespräch an, das am 3. Mai 1931 stattfand.

»Er [scil. Göring] sagte, daß er im Auftrag Hitlers käme, um bei dem Heiligen Vater eine Beschwerde gegen die von den deutschen Bischöfen gegen die Nationalsozialistische Partei eingenommene Haltung einzulegen. Er beschwerte sich, daß die Bischöfe die bekannten Lehrerklärungen gegen die NSDAP gemacht hätten, um das Zentrum zu begünstigen. Er ficht diese Lehrerklärungen als unbegründet an: Er trennt die Verantwortung der Partei von jener einiger Propagandisten und Schriftsteller, besonders der Rosenbergs, da diese Ansichten überholt seien.

Er bedauert, daß das Zentrum durch das Wirken Wirths eine linksgerichtete Haltung eingenommen habe und daß es eng mit den Sozialisten verbunden sei, die Atheisten seien und die Deutschland in den Ruin trieben.

Er bedauert, daß der Heilige Stuhl es zulasse, daß viele Pfarrer dem Zentrum angehörten, die auch in außerdienstlichen Begegnungen Hitlers Partei bekämpften. Die Partei besitze 2000 Briefe von Katholiken, die sich über diese Haltung des Klerus beklagten.

Er bedauert, daß die Osterkommunion den Anhängern Hitlers usw. verwehrt werde [und] daß man zu den religiösen Begräbnissen von Parteimitgliedern die Parteifarben und -flaggen nicht mitnehmen könne.

Er erklärt feierlich:

1. Daß es nicht wahr sei, daß die Partei eine Nationalkirche gegen die katholische errichten wolle.

2. Er erklärt, daß sie nichts gegen die Dogmen unternehmen wollten.

3. Er erklärt, daß sie die Autorität des Papstes in religiösen und moralischen Angelegenheiten anerkennten.

Er erklärt, daß seine Partei die Autorität Gottes anerkenne; auch in der Verteidigung der Rasse halte sie sich in den rechten Grenzen, da die Rasse von Gott gewollt sei.

Er sagt, daß seine Partei zusehends wachsen werde und daß sie sich werde verteidigen müssen; sie werde nicht die Kirche angreifen, aber sie werde sich gegen die Haltung des Episkopats, des Klerus, des Zentrums verteidigen müssen. Die Lutherische Kirche habe ihnen nichts getan.

Er sagt, Kaas habe ihn drei Stunden lang angehört, dann aber doch eine Rede gegen die NSDAP gehalten, um das Zentrum in Vorteil zu setzen.

Er sei nach Rom gekommen, um sich zu erholen, aber Hitler habe ihm gesagt, er solle diesen Schritt im Vatikan unternehmen.«[107]

Die Aktennotiz schließt mit folgenden Bemerkungen über das Gespräch:

»Da es sich um einen Protest gegen die Bischöfe und eine Art Ultimatum handelt, hat ihm Msgr. Pizzardo nicht gesagt, er solle seine Beschwerde schriftlich fassen. Er [Pizzardo] hat nur mit wenigen Worten geantwortet, um einige Behauptungen gegen die Bischöfe zu widerlegen, und gesagt, er werde seinen Vorgesetzten berichten.

Von den drei Sekretären Hitlers ist Strasser Katholik, aber krank, Frick und er [Göring] sind nicht katholisch. Er ist Sympathisant.«[108]

Einen »Canossa-Gang«, wie der *Demokratische Zeitungsdienst*, das Organ der Deutschen Demokratischen Partei, schrieb, konnte man das Auftreten Görings nicht gerade nennen. Der selbstbewußte Parteiführer der NSDAP suchte vielmehr den Eindruck der katholischen Kirche zu korrigieren, daß seine Partei dem katholischen Christentum feindlich gegenüberstehe. Andererseits verwies er drohend auf die Dynamik seiner Bewegung und bezichtigte den katholischen Klerus und das Zentrum einer rein machtpolitischen Haltung ohne Rücksicht auf die geistlichen Bedürfnisse der Gläubigen. Was er letztlich von der Kurie einforderte, war die Trennung von Politik und Religion.

Obwohl es sich um ein Vier-Augen-Gespräch handelte, sprach sich das Auftreten Görings in den diplomatischen Vatikan-Kreisen bald herum. Der bayerische Gesandte, Ritter zu Groenesteyn, berichtete zutreffend, der NSDAP-Mann sei »sehr siegesbewußt« gewesen, wertete aber die Ausführungen Görings als die »bekannten allgemeinen Phrasen« ab.[109] Ob die Kurie den

Auftritt Görings ähnlich bewertete, steht dahin.[110] Pizzardo klebte Görings Visitenkarte auf seinen Bericht und gab ihn weiter. Sprach wirklich alles dagegen, daß sich die NSDAP noch in Richtung auf einen Faschismus nach italienischem Muster entwickeln könnte? Jedenfalls agierte der Vatikan vorsichtiger als der deutsche Episkopat und sorgte für Abschwächungen der kompromißlosen Haltung einiger Bischöfe, etwa des Mainzer Ordinariats, gegen den Nationalsozialismus.[111] Göring selbst stilisierte seinen Vatikanbesuch wie die Begegnung mit Mussolini als großen Erfolg, was wegen der breiten Resonanz in der deutschen und italienischen Presse nicht schwerfiel.[112]

Doch die Reaktionen in der Presse, soweit es sich um spöttische Kommentare handelte, ließen Göring nicht kalt. In einem Brief an Pizzardo vom 26. Mai 1931 stellte er klar, daß er die vereinbarte Diskretion gewahrt habe.

»Wie Euer Exzellenz bekannt sein wird, tauchte in der gesamten deutschen Presse die Meldung auf, ich sei bei Seiner Heiligkeit gewesen, um für meine Partei um ›Gut Wetter‹ zu bitten. Es handele sich um einen ›Canossagang‹ etc. Die Version über diese Audienz wird ganz verschieden gehalten. Man spricht von einer Privataudienz ebenso wie von einem Massenpilgerempfang, bei dem ich dabei gewesen sei. Hierzu möchte ich Euer Exzellenz gegenüber meine persönliche Stellungnahme mitteilen. Ich habe bis heute weder einer Zeitung noch sonst jemand Außenstehendem irgendeine Mitteilung hierüber gegeben, sondern mich strikt an die Vertraulichkeit unserer Besprechung gehalten. Bereits in Rom mußte ich feststellen, daß deutsche Pressevertreter über meinen Besuch irgendetwas ahnten. Ich selbst habe über unsere Unterredung nur unserem Führerkreis Nachricht gegeben und hatte lediglich Bekannten in Rom gegenüber geäußert, daß ich beabsichtige, mich beim Pabst [sic!] vorstellen zu lassen. Dies war jedoch vor unserer Unterredung. Ich habe auch bis heute absichtlich von jeder Stellungnahme in der Presse Abstand genommen und es der

Fantasie der Journalisten überlassen, sich zurecht zu finden. Auch das angeblich von mir gegebene Interview im *Völkischen Beobachter* habe ich nicht gegeben.«[113]

Pacelli sagte dem bayerischen Gesandten am Heiligen Stuhl, Ritter zu Groenesteyn, er sei »froh, Göring nicht empfangen zu haben, weil es ihm in seiner Stellung vielleicht nicht möglich gewesen wäre, zu den gegen die deutschen Bischöfe erhobenen Beschwerden zu schweigen, und sich daraus voraussichtlich eine Diskussion ergeben hätte, die zur Vermeidung von unliebsamen tendenziösen Auslegungen auf Wunsch des Papstes nicht stattfinden sollte«[114].

Von größerer Bedeutung als die Göring-Visite war für den Vatikan fraglos der Besuch des deutschen Reichskanzlers und Zentrumspolitikers Heinrich Brüning[115] Anfang August 1931. Über diese Rom-Reise geben die Memoiren Brünings detaillierte Auskunft. Allerdings besteht über den Quellenwert dieser Überlieferung kein Einvernehmen.[116] Obwohl Brüning nach dem Urteil des Stuttgarter Historikers Andreas Rödder auch »äußere Tatbestände erfunden hat« und sich die Memoiren in mancher Hinsicht »als unglaubwürdig« erwiesen haben, soll auf deren Zeugnis hier nicht verzichtet werden.[117] Danach gehörten für Brüning die »Unterhaltungen mit Mussolini und [dessen Außenminister] Grandi [...] zu den wenigen angenehmen Erinnerungen dieser schweren Zeit«[118]. Er war vollkommen eingenommen von dem politischen Urteil, der kulturellen Bildung und der menschlichen Wärme des »Duce«. Voller Sympathie folgte er der Einladung Mussolinis zum gemeinsamen Kirchenbesuch beim Minoriten-Orden, den der Deutsche als eine mögliche »Demonstration gegen den Vatikan«[119] interpretierte und sich nicht scheute, diese mitzutragen. Ihm stand der Streit Mussolinis mit der Kurie wegen der Katholischen Aktion deutlich vor Augen, und während des Kirchgangs wurde ihm »bewußt, daß ich beim Staatsbesuch im Vatikan, wenn sich irgendeine passende Möglichkeit ergab, ein Wort über den

Konflikt sagen mußte«[120]. An die Begegnung mit Mussolini, die ihn in jeder Hinsicht begeistert hatte, schloß sich tags darauf »der unumgängliche Staatsbesuch beim Vatikan«[121] an. Das Gespräch mit Pacelli bildete dann die Gegenfolie zu dem mit Mussolini. Es begann zunächst »liebenswürdig«, geriet dann aber von einer Kontroverse in die andere. Zu Brünings Überraschung ging Pacelli nicht auf die von Kaas angeblich vorbereitete Bestellung eines exemten Armeebischofs ein,[122] sondern steuerte alsbald auf die Frage des Reichskonkordats zu. Als Brüning seinerseits – wie Wirth und Marx vor ihm[123] – innenpolitische Schwierigkeiten – nämlich den »furor protestanticus« und die »Verständnislosigkeit der Linken«[124] – geltend machte, forderte ihn der Kardinalstaatssekretär auf, »mit Rücksicht auf ein Reichskonkordat eine Regierung der Rechten zu bilden und dabei die Bedingung zu machen, daß sofort ein Konkordat abzuschließen sei«[125]. Sollte Pacelli tatsächlich diese Haltung eingenommen haben, hätte sie in einer gewissen Kontinuität mit seiner Verhandlungsstrategie in den zwanziger Jahren gestanden.

Die Unterhaltung zwischen beiden nahm vollends eine unglückliche Wendung, als Brüning seine Absicht bekräftigte, mit der protestantischen Kirche Preußens einen Kirchenvertrag abschließen zu wollen. Nach Brünings Darstellung hielt Pacelli es »für unmöglich, daß ein katholischer Kanzler einen protestantischen Kirchenvertrag abschließe«[126], unterzog die Politik des deutschen Reichskanzlers einer scharfen Kritik und erklärte, er wolle Kaas bitten, sein Amt als Vorsitzender der Zentrumspartei niederzulegen.

Der ökumenisch gesinnte Brüning verwahrte sich gegen die Zumutung Pacellis, »auf die Haltung der Zentrumspartei vom Vatikan aus Einfluß [...] nehmen«[127] zu wollen, und brachte den Konflikt zwischen dem italienischen Staat und dem Vatikan zur Sprache. Wie schon zuvor bei seinen alternativen Koalitionsüberlegungen soll Pacelli dem deutschen Reichskanzler

abermals eine Einigung mit den Nationalsozialisten nahegelegt haben. Daraufhin will Brüning gegenüber ihm, wie später
auch gegenüber Papst Pius XI., die grundlegende Differenz
zwischen Nationalsozialismus und Faschismus betont haben.
Allerdings soll der Papst eine grundsätzlich andere Haltung
gegenüber der NSDAP eingenommen haben als Pacelli.»Nach
der Unterhaltung mit Pacelli traute ich meinen Ohren nicht,
als der Papst plötzlich die deutschen Bischöfe beglückwünschte
zu ihrer klaren und unerschrockenen Haltung gegenüber den
Irrlehren des Nationalsozialismus.«[128]

Dieses Kapitel seiner Memoiren diktierte Brüning bereits
1934/35 im Exil[129] – freilich nach Abschluß des Reichskonkordats und ersten frustrierenden Erfahrungen mit den Verhandlungen über die Ausführungsbestimmungen. Rudolf Morsey
und Frank Müller haben die antiklerikale Haltung Brünings
herausgearbeitet[130] sowie seine Kritik an der Katholisierung des
Zentrums aufgrund der Wahl des Zentrumsvorsitzenden Kaas.
Diese Wahl führte Brüning unmittelbar auf die guten Beziehungen zwischen Kaas und Pacelli zurück. Der Kardinalstaatssekretär, so heißt es in der ursprünglichen Fassung seiner Memoiren, habe die »Grundbedingungen der deutschen Politik
und die besondere Stellung der Z. P. [Zentrumspartei] nie richtig verstehen gelernt«, und sein »konkordatäre[s] Denken«
hätte, ebenso wie bei Kaas, »zu einer Verachtung des parlamentarischen Systems und der Demokratie«, zum Liebäugeln
mit einem »System starrer autoritärer Staatsform« geführt und
damit indirekt dem Nationalsozialismus Vorschub geleistet.[131]

Brüning wollte, daß diese deutliche Kritik an Pacelli nicht in
seine Memoiren einging – ebensowenig wie die kontroverse
Begegnung im August 1931. Im letztgenannten Fall haben sich
die Bearbeiter, Brünings ehemalige Assistentin Claire Nix[132]
und der Münchner Theologe Theoderich Kampmann, nicht
an seine Wünsche gehalten.[133] Der protestantische Außenminister Curtius (DVP), der Brüning auf der Italien-Reise be-

gleitete, bemerkte anscheinend von einer Mißstimmung zwischen Pacelli und Brüning nichts[134], was allerdings auch damit zusammenhängen könnte, daß er nicht die ganze Zeit dem Gespräch zwischen beiden beiwohnte.

Brüning erweckt in seinen Memoiren den Eindruck, als sei er selbst ein konsequenter Gegner von Koalitionen mit der NSDAP gewesen, was so nicht stimmt. So erwog er zwischen Oktober 1930 und Februar 1931 sowie im September 1931 selbst eine Regierungsbeteiligung der NSDAP[135]. Vielmehr trifft wohl zu, daß sich zu diesem Zeitpunkt – Pius XI. eingeschlossen – alle Beteiligten über den Charakter der Nationalsozialisten noch nicht völlig im klaren waren und sich immer wieder der Illusion hingaben, man könne mit ihnen vertragliche Vereinbarungen schließen.

Jedenfalls war die Furcht vor dem Kommunismus in vatikanischen Kreisen zunächst weit stärker ausgeprägt als die vor dem Nationalsozialismus. Am 11. Oktober 1931, dem Tag, an dem sich die »nationale Opposition« in Bad Harzburg zur Demonstration ihrer Geschlossenheit im Kampf gegen die Weimarer Republik traf[136], sandte Orsenigo einen deutschlandpolitischen Lagebericht an Pacelli. Darin kalkulierte der Nuntius seelenruhig die Bildung einer nationalsozialistischen Regierung ein und fügte warnend hinzu: »[...] wenn dieses Experiment ebenfalls versagt [...], dann könnte es ein Heraufkommen des Kommunismus geben [...]. Das ökonomische Verhältnis Deutschlands zu Rußland ist immer sehr eng – mit der unvermeidlichen, wenn auch bedauerlichen Folge, daß der Bolschewismus gefördert wird, besonders in jenen Seelen, in denen wegen des Mangels an katholischem Glauben der sicherste Schutz gegen diese Verirrung fehlt.«[137] Zehn Tage später berichtete Orsenigo über die religiöse Lage in Deutschland.

»Der heikelste Punkt [...] betrifft die Beziehungen zwischen Katholizismus, Protestanten und der NSDAP. Was den Protestantismus angeht, so hat sich in den letzten Monaten ein

gewisses Wiedererwachen des antikatholischen Hasses bemerkbar gemacht, der vielleicht von einer gewissen Eifersucht auf
die Hochachtung herrührt, die sich die katholische Religion –
durch gewisse glückliche Ereignisse und durch den Verdienst
von Klerikern, die sich auch im sozialen Leben hervortun – in
der öffentlichen Meinung Deutschlands erobert hat. Einige
protestantische Zeitungen und Kreise wagen es, indem sie eine
völlige Hingabe an den Nationalsozialismus zur Schau stellen,
den Katholizismus wegen der ewigen Mystifizierung seiner
Abhängigkeit von Rom, die im Widerspruch zu den Interessen
der Nation stehen soll, des Anti-Patriotismus zu zeihen [...].
Die Kommunisten [...] haben aufgrund von weit hergeholten
Behauptungen über den Reichtum der Klöster, die übertriebene
Höhe von Kirchensteuern und kolossale staatliche Subven-
tionen zu Lasten des durch die Arbeitslosigkeit so hart geprüf-
ten Proletariats einen Angriff gegen die Kirche geführt. Man
sieht deutlich die Anwendung des bekannten Systems, das
bereits in anderen Nationen Verwendung fand, um die Massen
aufzuhetzen und sie – im geeigneten Moment – zu Kirchen-
plünderungen und dem Anzünden von Klöstern zu treiben.
[...] Eine andere Quelle der Unsicherheit bildet das kräftige
Voranschreiten der Phalanx der Hitlerianer oder Nationalsozialisten. Nunmehr gehen alle davon aus, daß diese jugendlichen Massen – mit ihren politischen Gefühlen und Sehn-
süchten nach einer Wiedergeburt des nationalen Lebens, aber
ohne ordentliches Parteiprogramm – sich verbrüdern und im
kommenden Frühjahr die stärkste Partei in Preußen stellen
werden. Allerdings werden sie numerisch nicht in der Lage
sein, allein zu regieren, und darum nach einem Koalitionspartner suchen müssen. Es ist vorauszusehen, daß man mit
einer festen Haltung hinsichtlich der religiösen Prinzipien auf
seiten der Katholiken und mit wohlverstandener Höflichkeit
vielleicht erreichen kann, daß diese heute von den Protestanten so stark hofierte Partei ihre Führung von Elementen reini-

gen wird, die sich antikatholisch gebärden, um dann zu loyaler Zusammenarbeit fähig zu sein. [...] Bisher hat das Zentrum die Nationalsozialisten recht heftig bekämpft, doch immer nur aus politischen, niemals aus religiösen Gründen. Dies diente vielleicht dazu, das Zentrum von der Gesamtheit der Katholiken und die Religion von der Politik zu unterscheiden. Die Bischöfe halfen, die religiösen Gefahren der NSDAP aufzuzeigen – die einen mit deutlichen Abkündigungen [...], die anderen mit deutlichem Schweigen. [...] Und so, wie die episkopale Eintracht über die religiösen Prinzipien nützlich war, so war auch vielleicht eine gewisse Differenzierung der Kampfmittel nicht schädlich.«[138]

Orsenigo hatte nichts weniger im Sinn als eine Kultivierung der Nationalsozialisten, um aus ihnen potentielle Koalitionspartner für das Zentrum zu machen!

Pius' XI. Verständnis
von der Königsherrschaft Christi

Pius XI. sah im Nationalsozialismus wohl eine ernste Bedrohung der katholischen Glaubensautorität, konnte aber andererseits mit Weimar und anderen Demokratien auch »wenig anfangen«[139], wie Peter Godman milde formuliert. Als sich Ratti 1932 für einen »katholischen Totalitarismus« aussprach[140], eine Formulierung, die in der katholischen Geschichtsschreibung immer wieder relativiert wurde, hatte sich sein Hang zu einem ausgesprochen autokratischen Denken längst verfestigt. Der Frankfurter Historiker Patrizio Foresta weist auf die Wurzeln dieses Denkens hin, die in die erste Phase von Rattis Pontifikat zurückreichen.[141] Diese gründen in der Weiterentwicklung des Gedankens von der *Königsherrschaft Christi*, wie sie in den Enzykliken *Ubi arcano*[142] und *Quas primas*[143] ihren Niederschlag gefunden haben.[144] Das Motiv dieser theologisch verstandenen Anerkennungsoffensive liegt im beinahe schon realisierten Anspruch der Moderne auf Autonomie, die Pius XI. ihr in »heiligem Kampf« wieder streitig machen wollte. Mit der Betonung der Herrschaft Christi – übrigens ganz analog zur Entwicklung in der protestantischen Theologie der zwanziger Jahre[145] – ging die prinzipielle Bestreitung einer Anschauung einher, wonach der christliche Glaube und eine von ihm geprägte Moralität auf den Bereich des Privaten eingeschränkt bleiben müsse, da die politischen, ökonomischen, sozialen und kulturellen Lebensbereiche von Eigengesetzlichkeiten bestimmt seien.[146] Aus diesen »liturgiefremden Gründen«[147] wurde in der römisch-katholischen Kirche als Höhepunkt der Entwicklung Mitte Dezember 1925[148] das Christkönigsfest geschaffen: Als Gegenpol zu der progressiven Säkularisierung des öffentlichen Lebens sollte das Fest bekräftigen, daß die Herrschaft Christi in Familie, Gesellschaft und Institutionen anzuerkennen sei.[149] Diese in Abwehr gegen die Moderne entwickelten theokratischen Vorstellungen setzte Pius XI. mehr oder weniger begrifflich gleich mit einem »katholischen Totalitarismus«[150], wie allerdings nur aus zweiter, durchaus nicht zuverlässiger Hand überliefert ist. In Abgrenzung zum »faschistischen Totalitarismus« soll Pius XI. Anfang Februar 1932 anläßlich einer päpstlichen Audienz zu Mussolini gesagt haben, dieser Begriff sei im Blick auf den italienischen Staat völlig akzeptabel. Aber für das Seelenheil sei allein der »katholische Totalitarismus« zuständig.[151]

Bei aller Fragwürdigkeit der Anwendung des Totalitarismusbegriffs auf das theologische Konzept der Königsherrschaft Christi lassen sich auf der politischen Handlungsebene durchaus Konvergenzen zwischen Faschismus und Katholizismus feststellen, ebenso wie Divergenzen, die – etwa 1931 – aufbrachen, nachdem die Katholische Aktion als »Besatzungsheer«[152] der alles durchdringenden Königsherrschaft Christi vom faschistischen Staat zurückgedrängt werden sollte. Zu Recht weist Foresta darauf hin, daß die ideologische Kontroverse zwischen der katholischen Kirche und dem sich säkularisierenden Abendland nicht auf die historische Situation der zwanziger und dreißiger Jahre verengt werden dürfe. Dem ist freilich entgegenzuhalten, daß Pius XI. durch einschlägige Lehrschreiben wie *Quadragesimo anno* vom 15. Mai 1931[153] frühere Interpretationen ausdrücklich aufnahm und sie für die Gegenwart erneut in Kraft setzte. Insofern sind solche Vorstellungen von der »Verwirklichung einer effektiv hierokratischen Gesellschaft«[154] auch auf die konkrete historische Situation zu beziehen. In Ländern wie Polen, Italien oder Portugal standen sich, formal betrachtet, die Totalitätsansprüche politischer Diktaturen und des römischen Katholizismus gegenüber, und die katholische Kirche suchte diese Konstellation zur Restaurierung katholischer Staaten zu nutzen, wie es kurzzeitig in Österreich gelungen zu sein schien.[155]

Auch in der Beschreibung dessen, was der Königsherrschaft Christi entgegenstehe, nahm Pius XI. die negativen Erscheinungen seiner Zeit, wie er sie sah, in Gebrauch. Den Klassenkampf bezeichnet *Ubi arcano* als »die verwurzeltste und tödlichste Krankheit der Gesellschaft«, das Parteiensystem diene »eher zur Befriedigung der Interessen des einzelnen als zur Erlangung des Gemeinwohls«; schließlich werde »das sanfte und friedliche Heiligtum der Familie zerstört«.[156] Kirchen und Seminare würden besetzt, Priester getötet und die Kirche verfolgt. Einen Sieg gegen Materialismus und Säkularisierung könne nur die Kirche erringen, indem sie die Herrschaft Christi wieder aufrichte, deren Gesetz im privaten wie öffentlichen Leben Gehorsam zu leisten sei. Die katholischen Bürger und die weltliche Obrigkeit sind aufgerufen, in diesem Sinne das Königtum Christi wiederherzustellen. Indem die Vorteile der Anerkennung seines Königtums gepriesen werden, entsteht skizzenhaft das Bild eines katholischen Ständestaates:

»Würden statt dessen die Menschen privatim und in der Öffentlichkeit die souveräne Macht Christi anerkannt haben, so würden notwendigerweise unglaubliche Wohltaten, wie gerechte Freiheit, ruhige Disziplin und friedliche Eintracht die ganze bürgerliche Gesellschaft überfluten. Wie die königliche Würde Unseres Herrn gewissermaßen die menschliche Autorität der Fürsten und Staatsoberhäupter heiligt, so veredelt sie die Pflichten der Bürger und ihren Gehorsam. In diesem Sinne ermahnte der Apostel Paulus, als er die Frauen aufforderte, in ihrem Manne, in ihrem Vorgesetzten Jesus Christus zu verehren, daß sie ihnen nicht als Menschen gehorchen sollten, sondern einzig, weil sie die Statthalterschaft Christi vertreten.

Wenn die Fürsten und legitim erwählten Magistraten davon überzeugt sein werden, daß sie nicht kraft eigenen Rechts befehlen, sondern weit eher zufolge Auftrag und an Stelle des göttlichern Königs, so begreift jeder leicht, welch heiligen und weisen Gebrauch sie von ihrer Autorität machen und welches Interesse sie am allgemeinen Wohl und an der Würde ihrer Untergebenen bei der Aufstellung und der Handhabung der Gesetze haben werden. Ist derweise jede Ursache zur Auflehnung weggeschafft, werden alsbald Ordnung und Ruhe aufblühen und sich festigen.«[157]

Foresta macht darauf aufmerksam, daß auch die Wahl der Selig- und Heiligsprechungen zwischen 1923 und 1931 von dem Gesichtspunkt getragen zu sein scheint, die Übel wie die Hoffnungszeichen der Zeit symbolisch zu interpretieren. Personen, die von der Kirche zu den Abtrünnigen gesandt wurden, oder bedeutende Verteidiger des Papsttums wie der Erzbischof von Capua, Robert Bellarmin, erhielten in diesen Jahren als Zeichen der göttlichen Vorsehung das Heiligkeitsprädikat.[158]

In den historischen Rekonstruktionen und Deutungsversuchen erscheinen die Ereignisse der Reformation als die zu überwindende Initialzündung des allgegenwärtigen säkularen Aufstandes gegen die kirchliche Autorität.[159] Zu deren hierarchischer Wiederherstellung im Sinne der mittelalterlichen *christianitas* ruft *Unigenitus Dei filius* vom März 1924 die Ordensleute auf.[160] Auch der Festkalender des Kirchenjahres versinnbildlichte den heiligen Kampf, wobei der Dank an die Madonna für die christlichen Siege des 16. Jahrhunderts gegen die Türken zum Sieg der Polen über die Bolschewiki mutieren konnte.[161] Zahlreiche Rundschreiben Pius' XI. zur Würdigung großer Kirchenmänner, die Dezennien zuvor heiliggesprochen wurden oder deren Todestag sich zum vielhundertsten Male jährte, dienten ebenfalls dem Ziel, mit modernen Mitteln die mittelalterliche Weltordnung wiederherzustellen. So heißt es in dem Rundschreiben zur sechsten Jahrhundertfeier der Heiligsprechung Thomas von Aquins Ende Juni 1923:

Thomas »gibt nicht nur bestimmte Richtlinien und Lebensregeln für die Einzelmenschen, sondern auch solche für das

Zusammenleben in der Familie wie im Staat. Darauf gründet die Moralwissenschaft über das wirtschaftliche Leben und die Sittenlehre der Staatswissenschaft. Hierzu gehören jene meisterhaften Abschnitte im zweiten Teil der Summe, die handeln von der väterlichen oder häuslichen Regierung einer Familie, von der rechtmäßigen Befehlsgewalt des Staates oder der Nation, von Natur- und Völkerrecht, Krieg und Frieden, von Gerechtigkeit und Eigentum, von den Gesetzen und vom Gehorsam, von der Pflicht, für die Bedürfnisse der einzelnen und das Gedeihen der Gesamtheit zu sorgen. Und das alles wird in Beziehung gesetzt zur natürlichen und zur übernatürlichen Ordnung. Wenn diese Leitsätze im privaten und öffentlichen Leben und in den gegenseitigen Beziehungen der Nationen heilig gehalten und unverletzt bewahrt werden, dann braucht man nach anderem nicht zu suchen, um den Menschen zu jenem ›Frieden Christi im Reich Christi‹ zu führen, nach dem die ganze Welt so verlangt. Darum muß man wünschen, daß die Lehren des Aquinaten über das Völkerrecht und über die Gesetze, die für das Verhalten der Völker zueinander Geltung beanspruchen, mehr und mehr zum geistigen Eigentum werden, denn sie allein bilden die Grundlagen eines wahren Völkerbundes.«[162]

Ähnlich wie schon Leo XIII. in der Enzyklika *Annum sacrum* von 1899 geht es Pius XI. um die Aufrichtung der unbedingten Herrschaft Christi nicht nur über die Gläubigen, sondern über die ganze Menschheit.[163] Alle Völker und Regierenden sollen sich seiner »Herrschermacht« beugen und sie bezeugen.[164]

Die Enzyklika *Quas primas* forderte mit »aktiver und militanter Religiosität«[165] einerseits zum guten und heiligen Kampf gegen den »sogenannten Laizismus«, die »Pest unserer Zeit«[166], auf und zeichnete andererseits ein Idealbild vom christlichen Staat.[167] Der Sammelbegriff »Laizismus« umfaßt alle modernen Phänomene, die Gott seine Autorität über irgendeinen individuellen und gesellschaftlichen Bereich absprechen wollen. Insofern mißverstand Mussolini den Papst bei der Audienz vom 3. Februar 1932, als er meinte, ihm bliebe im Rahmen des Staates der »faschistische Totalitarismus«. Jener sollte sich im Gegenteil dem Herrschaftsanspruch der Kirche unterordnen und aktiv an der Ausbreitung des Königreiches Christi, dem »katholischen Totalitarismus«, mitwirken.

In diesem Sinne konnten zahlreiche Geistliche wie Kardinal Ildefonso Schuster, der Nachfolger Rattis auf dem Mailänder Bischofsstuhl, den grausamen Abessinienfeldzug Mussolinis als Öffnung des Landes für den katholischen Glauben und die römische Zivilisation preisen.[168] Und Nuntius Angelo Roncalli, der spätere Papst Johannes XXIII., schrieb aus Athen: »Wie dem Duce alles gelungen ist, ein Punkt nach dem anderen, eine Schlacht nach der anderen, ohne Rückschlag oder Unterbrechung, verleitet einen beinahe zu glauben, eine himmlische Kraft habe Italien geleitet und geschützt. Vielleicht war es der Lohn dafür, daß er mit der Kirche Frieden geschlossen hat.«[169] Mussolini erscheint als gehorsames Instrument Gottes und seiner Kirche, was im Verständnis des Vatikans eben dasselbe war. Ähnlich stilisierte Franco wenig später seinen Putsch als gottgewollten Kreuzzug gegen den atheistischen Sozialismus in seinem Land.[170]

Die Konkordatspolitik Pius' XI. und seines Kardinalstaatssekretärs bildete – neben der Katholischen Aktion – ein entscheidendes Instrument bei der geplanten Durchsetzung des »katholischen Totalitarismus«. Neben den schon genannten anderen Ländern besaß Deutschland als »Konkordatsstaat« die päpstliche Anwartschaft, bei der politischen und kulturellen Offensive jener konfessionsgeprägten Staaten mitzuwirken, die den göttlichen Auftrag hatten, seinem Stellvertreter auf Erden[171] das *Regnum Christi* zurückzuerobern. Eine solche »Vision« von christlichem Maximalismus beanspruchte freilich die unbedingte Superiorität der einen »Weltkirche«.

Diese Verhältnisbestimmung zwischen einigen ausgewählten europäischen Staaten und der Kirche mußte zu einer gegenseitigen Begünstigung von Papsttum und Faschismus führen, begründete aber auch die verbissenen Kämpfe im Falle des Aufeinanderstoßens der Macht- und Einflußsphären.[172] Solche Konkurrenzen traten besonders auch im Zusammenhang mit Mussolinis Sakralisierung der zeitgenössischen Politik[173] sowie den Rivalitäten im semantischen, architektonischen, sakramentalen und volkstümlichen Bereich hervor.[174] Beide Seiten nutzten kriegerisch-militärische Metaphern, arbeiteten mit der triumphalen Form kollektiver Mobilisierung, bevorzugten monumentale Bauten und spielten dabei mit ideologischen Synthesekonzepten, deren Realisierung allerdings nur im europäischen Raum möglich schien – Umstände, die das in dieser Hinsicht viel entspanntere Verhältnis zwischen Rom und Washington während der Amtszeit Pacellis erklären können.[175]

Immer wieder proklamierte der Vatikan, daß die katholische Kirche keine Staatsform ablehne. »Sie lebt in korrekten und guten Beziehungen zu Staaten der verschiedensten Regierungsformen und der unterschiedlichsten inneren Struktur. Sie hat Konkordate abgeschlossen mit Monarchien, mit demokratisch und mit autoritär geleiteten Staaten«[176], führte Pacelli Ende Januar 1934 aus. Entscheidend für das Verhältnis zu diesen Staaten war immer, ob sie der Kirche das Recht einräumten, die Königsherrschaft Christi aufzurichten und sich damit Seiner Herrschaft zu beugen – einer Herrschaft freilich, die sich nicht im vagen Raum des Spirituellen bewegte, sondern die stellvertretend und ganz konkret in dieser Welt von der Kirche ausgeübt wurde. Da die Akzeptanz dieser kirchlichen Verhandlungsgrundlage seitens der verschiedenen Staaten auf unterschiedliche Gegenliebe stieß, gelangte der Heilige Stuhl allerdings dann doch zu bestimmten Präferenzen.

»C'est mon concordat!«[177] – die Entstehung
des Reichskonkordats 1933

Trotz der vorerst gescheiterten Konkordatsverhandlungen mit dem Reich und der nicht voll befriedigenden Ergebnisse mit Preußen setzte Pacelli seine Konkordatspolitik unbeirrt fort. Wegen des Sitzes der oberrheinischen Metropolitankirche in Freiburg galt Baden als wichtiges Konkordatsgebiet. Durch das preußische Konkordat waren die Diözesen Fulda und Limburg aus dem Metropolitanbezirk Freiburg ausgegliedert worden, so daß die alte Zirkumskriptionsbulle *Provida solersque* von 1821[178] und die Bestimmungen über die Bischofswahl von 1827 schon aus diesem Grund einer Revision bedurften. Nachwirkungen des Kulturkampfes waren bis 1918 spürbar geblieben. Die neue Verfassung vom 21. März 1919 gewährte den anerkannten Religionsgemeinschaften die vom Staat unabhängige Regelung ihrer inneren Angelegenheiten – eine Grundlage, die dank des starken Zentrumseinflusses dazu führte, daß der badische Landtag wie die Regierung auf eine Einmischung in innerkirchliche Angelegenheiten verzichteten.

Als Pacelli, noch als Nuntius, die Verhandlungen aufnahm, machten er und Gasparri deutlich, daß sie aufgrund der veränderten politischen Verhältnisse eine völlige Neuregelung anstrebten. Die badische Regierung drängte dagegen auf eine Anerkennung der älteren Vereinbarungen als Verhandlungsgrundlage. Vierzehn Tage nach dem Schreiben Pacellis vom 2. Juni 1926, in dem er die Haltung des Vatikans nochmals bekräftigt hatte[179], starb der Rottenburger Bischof Paul Wilhelm von Keppler. Die damit eingetretene Sedisvakanz konnte Pacelli – wie früher in ähnlichen Fällen in Bayern und Preußen – als Druckmittel verwenden und die Mitwirkung des Staates bei

der Berufung des Nachfolgers in Frage stellen. Erst nach langen, zähen Verhandlungen erreichte Pacelli, daß das Domkapitel von Rottenburg – ähnlich wie 1920 das Freiburger Domkapitel – das Wahlrecht erhielt, ohne daß diese Entscheidung
die späteren Konkordatsverhandlungen präjudizieren sollte.

Erst nach Abschluß des preußischen Konkordats und den
badischen Landtagswahlen von Ende Oktober 1929, bei denen
das Zentrum 38,66 Prozent der abgegebenen Stimmen erhielt,
wurden die Vorgespräche über das Konkordat aufgenommen.
Bevor er der badischen Regierung am 29. November 1929 den
Eintritt in Verhandlungen vorschlug, besprach sich Pacelli zunächst mit den Zentrumspolitikern Ludwig Kaas, Josef Schofer
und Ernst Föhr.[180] Obwohl der badische Staatspräsident Josef
Schmitt schon Weihnachten 1929 seine grundsätzliche Bereitschaft zum Abschluß eines Konkordats erklärte, verzögerten
sich die Beratungen wegen Pacellis Wechsel von Berlin nach
Rom. Trotz seines neuen Amtes überließ Pacelli die Verhandlungen nicht seinem Nachfolger Orsenigo, sondern nutzte im
Oktober 1930 einen Ferienaufenthalt in der Schweiz zu Gesprächen und zog im Frühjahr 1932 schließlich die Verhand-
lungsführung ganz an sich. Wieder machte der Kardinalstaatssekretär deutlich, daß er das bayerische Konkordat als Muster
für den badischen Vertragsabschluß betrachte, und wies am
9. Februar 1932 erneut den Vorschlag des badischen Kultus-
ministers Eugen Baumgartner zurück, die früheren Vereinbarungen fortgelten zu lassen. Als im Verlauf der Verhandlungen der Freiburger Erzbischof Karl Fritz starb, erklärte sich der
Staat zum dritten Mal bereit, das Domkapitel den neuen Erzbischof wählen zu lassen. Trotz der eher wenig kompromiß-
bereiten Position der Kurie brachte man staatlicherseits, nicht
zuletzt aus Paritätsgründen, die Konkordatsverhandlungen im
Sommer 1932 zum Abschluß, weil analoge Verhandlungen mit
der badischen evangelischen Landeskirche ebenfalls schon
weit gediehen waren.

Am 12. Oktober unterzeichneten Pacelli und die badischen Minister Schmitt, Baumgartner und Wilhelm Mattes in Kloster Hegne bei Konstanz das badische Konkordat mitsamt einem Schlußprotokoll. Anfang November 1932 folgte noch ein Zusatzprotokoll. An die Stelle der staatlichen Mitwirkung bei der Besetzung des erzbischöflichen Stuhls trat jetzt die »politische Klausel«, der Kirche wurden ihre Aufsichtsrechte über die Inhalte des katholischen Religionsunterrichts bestätigt, aber keinerlei Aussagen zum Schulwesen im allgemeinen getroffen. Umgekehrt verzichtete das Konkordat auf eine Anerkennung des badischen Simultanschulwesens.[181]

Als die badische Regierung am 14. November 1932 beide Vertragswerke im Landtag einbrachte, unterstrich sie die Kontinuität der staatskirchenrechtlichen Entwicklung in Baden. Da die sozialdemokratische Fraktion mit Beginn der Beratungen aus der Regierungskoalition ausgeschieden war, erschien es äußerst fraglich, ob eine Mehrheit für die Gesetze zustande kommen würde. Bei der ersten Lesung mußte die Pattsituation im Landtag durch den Stichentscheid des Landtagspräsidenten zugunsten des Gesetzes aufgehoben werden, bei der zweiten Lesung konnte das Konkordat mit der knappen Mehrheit von 44 : 42 Stimmen verabschiedet werden, weil zwei Oppositionsabgeordnete fehlten. Am 10. März 1933, also kurz bevor die badische Regierung durch den nationalsozialistischen Reichskommissar abgesetzt wurde, kam es zur Ratifizierung des Konkordats.[182]

Ähnlich wie schon im Falle Preußens hatte Pacelli sein Verhandlungsziel, die Schulbestimmungen des bayerischen Konkordats auf die badischen Verhältnisse zu übertragen, nicht erreichen können. Mehr als dies mußte ihn schmerzen, daß er sein größtes Ziel, ein Konkordat mit dem Deutschen Reich, bisher nicht hatte erreichen können. Alle Bemühungen bis Mitte der zwanziger Jahre waren an der bayerischen und preußischen Obstruktionspolitik, vor allem aber an den Parteienkonstellationen im Reichstag gescheitert. Gelegentlich konnte sich Pacelli freilich des Eindrucks nicht erwehren, daß es die Zentrums-Kanzler auch an Courage hatten fehlen lassen.[183] Die Koalitionen des Zentrums mit der Sozialdemokratie hatten der Papst und sein Kardinalstaatssekretär höchst ungern gesehen und hätten dem eine Annäherung an die national-konservativen Parteien vorgezogen.[184] Ludwig Kaas, seit Ende 1928 Zentrumsvorsitzender, teilte die Reserve des Vatikans gegen die Sozialdemokratie.[185]

Ungeachtet der Distanzierungen des Episkopats und der Kurie von der nationalsozialistischen Ideologie 1930/31[186] kam es im Mai und Juni 1932 zwischen dem Zentrum und der NSDAP zu Verhandlungen wegen der Aufnahme von NSDAP-Mitgliedern in das preußische Kabinett. Nach dem »Preußenschlag« vom 20. Juli 1932 – der Absetzung der preußischen Regierung und der Ernennung des Reichskanzlers Franz von Papen zum Reichskommissar für Preußen – dienten die Gespräche zwischen dem Zentrum und der NSDAP dem Zweck, mit parlamentarischen Mitteln das Reichskommissariat zu beenden und eine neue preußische Regierung zustande zu bringen.[187] Der Wahlsieg der NSDAP bei den Reichstagswahlen vom 31. Juli 1932 ließ dann »das Zusammengehen zwischen Zentrum und Nationalsozialisten« als »die einzig denkbare Möglichkeit zu einer regierungsfähigen Mehrheitsbildung«[188] erscheinen.

Innerhalb des Zentrums wie in der Bayerischen Volkspartei herrschte freilich eine tiefe Unsicherheit über den zu beschreitenden Weg, um aus der Dauerkrise herauszukommen, für die nicht zuletzt der Zentrumsrenegat Papen verantwortlich zeichnete. Brüning und andere, etwa der Fraktionsvorsitzende der BVP, Johann Leicht, warnten dringend vor einer Annäherung an die NSDAP. Der im Mai 1932 gestürzte ehemalige Reichskanzler Brüning drängte seine Fraktion immer wieder, »den Rechtsgedanken und den Rechtsstaat mit allen Mitteln zu verteidigen und zu erhalten«[189]. Zur Lösung der Krise betrieb Brünings Konkurrent Ludwig Kaas, ohne Abstimmung mit diesem[190] und letztlich völlig vergeblich, eine parteiübergreifende Sammlungsbewegung der »positiven« Kräfte. Seine Strategie endete 1933 mit der Ausschaltung der beiden katholischen Parteien.

Vor den Novemberwahlen 1932 gab Orsenigo dem Kardinalstaatssekretär eine Einschätzung der politischen Lage in Deutschland. Er rechnete – zutreffend, wie sich herausstellen sollte[191] – mit einer geringen Wahlbeteiligung und einem Ergebnis, das es wiederum nicht erlauben würde, eine stabile Regierung zu bilden. Infolgedessen werde die Regierung eine Reform der Reichsverfassung durchführen, die sie bereits vorbereitet habe.

»In Anbetracht dieser Wahrscheinlichkeit ist es meines Erachtens sehr wichtig, die guten Beziehungen mit Papen – soweit möglich – zu erhalten und zu pflegen, um im Fall einer Überarbeitung der Verfassung den größtmöglichen Einfluß im Sinne der Katholischen Kirche auszuüben. Natürlich ist das wirkungsvollste Organ dafür das Zentrum, und ich hoffe, vor einer Aufgabe mit solch ernsthaften Konsequenzen für die katholische Kirche wird er [scil. Papen] über seine persönlichen Antipathien hinwegsehen können und alle jene Mitarbeit entfalten, die die Umstände für den Schutz der katholischen Interessen hergeben.«[192]

Es sollte anders kommen. Aber für die Politik des Vatikanvertreters waren diese Überlegungen charakteristisch. Und angesichts seiner wenig entwickelten Neigung zu selbständiger Reflexion muß wohl angenommen werden, daß er in vorgezeichneten Bahnen dachte. Anfang Januar 1933 – das Kabinett Schleicher schwächelte vor sich hin – wollte Papen seinen Nachfolger im Amt des Reichskanzlers stürzen und mit Hilfe der NSDAP selbst wieder an die Macht zurückkehren.[193] Es fanden mehrere Treffen zwischen Papen und Hitler statt; zum Durchbruch kam es am 22. Januar 1933.[194] Papen schien sich mit dem Posten des Vizekanzlers in einem Kabinett Hitler begnügen zu wollen, und Oskar von Hindenburg, der Sohn des Reichspräsidenten, der bei dem Gespräch ebenfalls anwesend war und hernach mit Hitler noch ein Gespräch unter vier Augen führte, gab zu erkennen, daß ihn der Führer der NSDAP stark beeindruckt habe. Tags darauf zeigte sich der Reichspräsident jedoch nicht bereit, einer Kanzlerschaft Hitlers zuzustimmen, und forderte Papen auf, sich erneut zur Verfügung zu stellen.

Unmittelbar nach dem Gespräch mit Hindenburg eilte Papen zu Orsenigo. Dieser gewann den Eindruck, daß er »die Hoffnung hegt, wieder an die Macht zu gelangen«[195]. Papen suchte den Nuntius als Vermittler zum Zentrum zu nutzen. »Er [Papen] ist [...] besorgt wegen der Feindseligkeit, die ihm das Zentrum gewiß noch entgegenbringen wird. Er scheint bereits auf vielen Wegen versucht zu haben, das Zentrum zu milderen Urteilen über ihn zu bewegen, doch ich fürchte, das ist vergebliche Liebesmüh'.«[196] Orsenigo lehnte das Ansinnen, das Papen an ihn herantrug, »entschlossen« ab und war nicht einmal bereit, seine persönliche »Meinung über die Lage« zu äußern.

Jetzt unterbreitete ihm Papen, er wolle nach Rom zu Pacelli fahren und diesen um Unterstützung bitten.

»Darauf wagte ich es – einzig in der Absicht, Euer Eminenz einen Besuch zu ersparen, der wahrscheinlich bekümmernswerte Kommentare hervorrufen würde –, ihm zu sagen: ›Ich habe nicht den Mut, Euer Exzellenz eine solche Reise zu empfehlen. Hingegen würde ich es für opportun halten, darauf ohne Weiteres zu verzichten.‹ Er fragte mich daraufhin, ob die Gefahr bestünde, nicht empfangen zu werden; ich antwortete, daß Seine Eminenz zu rein politischen Zwecken – und dann in solchen Momenten – es vorzieht, nicht angesprochen zu werden. [...] Er entschuldigte sich dafür, daß er es gewagt habe, sich mit einer solchen Nebensächlichkeit an mich gewandt zu haben, und ging mit einigen förmlichen Worten davon.«[197]

Typisch für den ängstlichen Nuntius war einerseits seine Besorgnis, daß »in der Presse durchsickern« könnte, Papen habe die Nuntiatur aufgesucht. Andererseits befürchtete er aber auch, mit seiner eindeutigen Haltung Papen »beleidigt« zu haben, »da es nicht unwahrscheinlich ist, daß er erneut zur Kanzlerschaft des Reichs zurückkehrt«[198].

Am 4. März 1933, dem Tag vor den Reichstagswahlen, äußerte Pius XI. in Gegenwart seines Kardinalstaatssekretärs: »Der Hitler ist der erste und einzige Staatsmann, der öffentlich gegen die Bolschewisten spricht. Bisher stand der Papst alleine da.«[199] Ähnliche Aussagen des Papstes bezeugt einer seiner Geheimkämmerer – Franz von Papen. Ihm zufolge zeigte sich der Papst beglückt, »in Hitler eine Persönlichkeit an der Spitze der deutschen Regierung zu sehen, die den kompromißlosen Kampf gegen den Kommunismus und Nihilismus auf ihre Fahnen geschrieben hat«[200]. Auch Faulhaber muß die Stimmung im Vatikan so wahrgenommen haben. Denn im Monat darauf meinte er vor seiner Bischofkonferenz, der Heilige Stuhl sehe »den Nationalsozialismus wie den Faschismus als die einzige Rettung vor dem Kommunismus und Bolschewismus«[201].

Aus der bereits im Zeichen von Terror und einem Übergewicht der NS-Propaganda stehenden Reichstagswahl vom 5. März 1933 ging die Regierung Hitler als eindeutige Siegerin hervor. Auf die NSDAP entfielen 43,9 % der Stimmen, gegenüber den Novemberwahlen 1932 mithin ein Zuwachs von über 10 %; die Kampffront Schwarz-Weiß-Rot, bestehend aus DNVP, Stahlhelm und konservativen Politikern wie Papen, konnte 8 % der Stimmen auf sich vereinigen. Die Sozialdemokraten mußten mit 18,3 % schwache, die KPD mit 12,3 % starke Verluste hinnehmen.[202] Das Zentrum behauptete sich knapp mit 11,2 %, die BVP erhielt 2,7 %.

Unmittelbar auf den Wahlsieg folgte die »nationale Revolution« mit der Gleichschaltung von Ländern und Kommunen. Noch im März wurden, beginnend mit Dachau, die ersten

Konzentrationslager eingerichtet und zahllose Pogrome initiiert. Am 21. März inszenierten die Sieger in der Potsdamer Garnisonkirche die feierliche Eröffnung des Reichstages als Bekenntnis der braunen Revolution zu den alten preußisch-deutschen Traditionen. Nur die Sozialdemokraten blieben dem Spektakel, an dem die Kirchen lebhaft mitwirkten, demonstrativ fern. Zwei Tage später brachten die Nationalsozialisten und die DNVP den Entwurf eines Gesetzes zur Behebung der Not von Volk und Reich im Reichstag ein. Diesem »Ermächtigungsgesetz« zufolge konnte die Regierung für eine Dauer von vier Jahren, ohne Beteiligung von Reichstag und Reichsrat, Gesetze beschließen, die von der Reichsverfassung abwichen.

Bereits vor Verabschiedung des Gesetzes beging die Regierung Verfassungsbruch, um die notwendige verfassungsändernde Mehrheit sicherzustellen: Sie erklärte die kommunistischen Mandate für nicht existent und erreichte so eine Verminderung der Reichstagssitze um 81 Mandate. Ferner wurde die Geschäftsordnung dahingehend verändert, daß unentschuldigt fehlende Abgeordnete bis zu 60 Sitzungstage von den Verhandlungen ausgeschlossen werden konnten, aber dennoch als »anwesend« galten. Auf diese Weise sollte verhindert werden, daß das Quorum von zwei Dritteln der »gesetzlichen Mitglieder« nicht erreicht würde.

Das Nein der 93 anwesenden Sozialdemokraten – der Rest befand sich in »Schutzhaft« – war von der NS-Regie einkalkuliert, das der katholischen Parteien nicht. Um 378 Stimmen für die Zweidrittelmehrheit zusammenzubekommen, benötigte Hitler noch weitere 25 bis 30 Ja-Stimmen aus dem katholischen Lager. In einer Probeabstimmung hatte eine Minderheit von 12 bis 14 Zentrums- und BVP-Abgeordneten mit Nein gestimmt. Bei der Abstimmung im Plenum beugten sich die Widerstrebenden bekanntlich der Parteidisziplin und votierten einstimmig – das Zentrum mit 72 und die BVP mit 19 Abgeordneten – für das »Ermächtigungsgesetz«. Brüning zufolge hatte sich Kaas sogar von den Landesvertretern des Zentrums ermächtigen lassen, mit Nein stimmende Abgeordnete mit Parteiausschluß bestrafen zu können.[203]

Es erscheint als durchaus glaubwürdig, daß sich Kaas, der in diesen Wochen eine recht »unrühmliche Rolle spielte«[204], von den Gewalttaten der vorangegangenen Wochen und den erneuten Drohungen Hitlers bei der Unterredung am 22. März einschüchtern ließ.[205] Der französische Botschafter André François-Poncet hat beobachtet, daß der Zentrumsführer am 23. März »demütig und ehrerbietig« sprach und sich »mit größter Vorsicht bewegte«[206]. Andererseits lag ein Ja »auf der Linie jener Entwicklung nach rechts, die die Partei seit der Wahl des Prälaten [...] im Dezember 1928 eingeschlagen hatte«[207]. Kaas fürchtete sich im Falle eines Nein einerseits vor den »unangenehme[n] Folgen für die Fraktion und Partei«[208], zeigte aber andererseits die Neigung, den autoritären Staat zu akzeptieren – was nur scheinbar ein Widerspruch sein mußte. Denn in der Vergangenheit hatte er durchaus auch vernünftige Züge in der Politik der NSDAP zu erkennen geglaubt[209], konnte Hitler und seiner Politik durchaus auch Positives abgewinnen und schätzte insbesondere Mussolini.[210] Der autoritäre Staat war für ihn gewiß keine abschreckende Vorstellung, zumal er 1932 meinte erkannt zu haben, daß es für die Kirche leichter sei, mit einem autoritären Staat als mit einem demokratischen Staat Konkordate abzuschließen.[211] Überdies glaubte er den Zusicherungen des amtierenden Regierungschefs, der einige von Kaas' Formulierungen zum Verhältnis von Staat und Kirche in seine Regierungserklärung aufnahm[212] und zusätzlich mündliche Versprechungen machte.

Ein Junktim zwischen dem Ja des Zentrums zum »Ermächtigungsgesetz« und einer Konkordatsofferte bestritten sämtliche Zentrumsabgeordnete.[213] Mehr noch: Nach den Aufzeichnungen des früheren Freiburger Reichstagsabgeordneten Prälat Ernst Föhr über die Fraktionssitzung am Nachmittag des

23. März heißt es im Blick auf den Bericht von Kaas über das am Vortag mit Hitler und Frick geführte Gespräch: »Konkordate etc. gesichert. Reichskonkordat nicht beabsichtigt.«[214]
Über die Deutung der Ereignisse um den 22./23. März 1933 sind in der deutschen Geschichtsschreibung, vor allem in den sechziger und siebziger Jahren, erhebliche Kontroversen aufgebrochen. Dabei ist kaum zu übersehen, daß die unterschiedlichen Argumentationslinien verblüffende Parallelen zur konfessionellen Bindung oder Orientierung der beteiligten Historikergruppen aufweisen. Gestützt vor allem auf die Darstellung Brünings[215] sieht die überwiegend »protestantische« Historikergruppe einen kausalen Zusammenhang zwischen der Zustimmung zum Ermächtigungsgesetz und dem Abschluß des Reichskonkordats am 20. Juli 1933.[216] Demgegenüber meinen die vorwiegend »katholischen« Historiker, daß keinerlei kirchliche Konkordatsofferten oder ein »Konkordatsplan der Regierung«[217] das Ja des Zentrums zum Ermächtigungsgesetz motiviert hätten.[218] Diejenigen, die einen Zusammenhang vermuten, belasten damit Kaas, der, beeinflußt durch Pacelli, den deutschen politischen Katholizismus preisgegeben habe, um ein Konkordat nach faschistischem Muster[219] zu erreichen.[220] Karl Otmar von Aretin hat 1988 den damaligen Stand der Kontroverse zusammengefaßt[221], Heinz Hürten den Gegenständen Zentrum und Reichskonkordat in seinem Werk »Deutsche Katholiken 1918-1945« (1992) zwei gewichtige Kapitel gewidmet.[222]

Es mutet unwahrscheinlich an, daß dem Konkordatsrechtler Kaas, immerhin ein enger Berater Pacellis, erst am 8. April 1933, bei einem zufälligen Zusammentreffen mit Papen im Schnellzug nach Rom[223], deutlich geworden sein soll, »daß die mehrfach auch in der Öffentlichkeit erörterte Absicht eines etwaigen Konkordatsabschlusses Tatsache war«[224], während der Präsident des Deutschen Evangelischen Kirchenbundes, Hermann Kapler, schon am 23. März gerüchteweise von entsprechenden Plänen der Reichsregierung erfahren haben will.[225] Jedenfalls kann Kaas' Satz kaum so gedeutet werden, daß er bei dieser Gelegenheit zum ersten Mal von den Absichten der Hitler-Regierung hörte, denn was zuvor »in der Öffentlichkeit« verlautbart worden war, mußte ihm nicht nur zu Gehör gekommen sein, sondern auch sein brennendes Interesse geweckt haben. Brüning zufolge soll Kaas bereits »nach der Machtergreifung Hitlers« von Papens Konkordatsabsichten gewußt haben[226] und war wohl auch über frühere Konkordatsüberlegungen gut informiert.[227]

Es nimmt wunder, daß sich Kaas ausgerechnet über jene Passage in Hitlers Regierungserklärung vom 23. März alarmiert zeigte[228], in der dieser versicherte, die Reichsregierung lege »den größten Wert darauf, die freundschaftlichen Beziehungen zum Heiligen Stuhle weiter zu pflegen und auszugestalten«[229]. Obwohl dieser Satz, der sogar Pacelli beeindruckt haben soll[230], nicht zu den Vereinbarungen gehörte, die er mit Hitler ausgehandelt hatte, entsprach er doch ganz dem Tenor der gewünschten De-Eskalation. Argwöhnte Kaas, daß der Vatikan an ihm, dem Berater Pacellis, vorbei mit Hitler verhandelte? Jedenfalls fuhr er tags darauf überraschend nach Rom, kehrte dann kurz noch einmal nach Berlin zurück, um am 7. April erneut in die Heilige Stadt aufzubrechen. Mit Recht konstatiert der Passauer Historiker Winfried Becker: »Durch die Abreise nach Rom ließ Kaas seine Partei im Stich.«[231]

Mit den Ereignissen des 23. März waren die letzten Brücken zwischen Kaas und Brüning, aber auch die Verbindungen zu den anderen Dissidenten abgebrochen worden. Der Konflikt innerhalb des Zentrums hatte im Tiefsten konzeptionelle Ursachen, persönliche Differenzen mochten ihn grundieren, waren aber gewiß nicht ausschlaggebend. Johannes Schauff, einer derjenigen, die bei der Probeabstimmung mit »Nein« votiert hatten, brachte rückblickend den sachlichen Gegensatz auf den Punkt:

»Er [scil. Kaas] kam mir immer vor wie ein kirchlicher Diplomat, der Berater des Nuntius, der in der Zentrumspartei das
politische Instrument der Kirchenpolitik sah und nicht mit
der Methode des Politikers, sondern des klugen und juristisch
geschulten Verhandlungsführers vorging. Für ihn war deshalb
die Zentrumspartei weniger ein Bestandteil des deutschen Volkes und mit seinem Schicksal verhaftet, auf einer reichen Tradition fußend, sondern er sah sie als Prälat. Somit konnte ihre
Aufgabe für ihn nur eine taktische Frage sein, die die Zeitlage
erforderte und die der überzeitlichen Kirche in dem schnellen
Frontwechsel nicht viel bedeutete.«[232]

Nach allem, was wir wissen, war Kaas bereit, das Zentrum
preiszugeben und die »große nationalsozialistische Bewegung«[233] zu stützen, sofern der neue autoritäre Staat sich nur
bereit zeigte, bestimmte »kulturpolitische« Garantien abzugeben. Darüber darf freilich nicht übersehen werden, daß es
sich um ein Knäuel von Gründen und Motiven handelte, das
die Zentrumsabgeordneten schließlich bewog, einstimmig für
das »Ermächtigungsgesetz« zu stimmen.[234] Faszination und
Angst mögen dabei eine gewichtige Rolle gespielt haben. Überdies dürften zu diesem Zeitpunkt kaum einem die katastrophalen Konsequenzen dieses Schrittes klar gewesen sein – mit
Ausnahme vielleicht einiger Sozialdemokraten, allen voran
ihrem Fraktionsvorsitzenden Otto Wels. Aber im Frühjahr
1933 stand für das längst der Rechten zugewandte Zentrum –
nicht nur wegen der Mandats-Arithmetik – eine Koalition mit
der Linken nicht mehr zur Diskussion. Das wird besonders
deutlich, wenn man die Berichte Orsenigos an Pacelli verfolgt.

Am 7. Februar 1933 erinnert der Nuntius an die Verurteilungen der nationalsozialistischen Ideologie durch den deutschen Episkopat und an das Verbot für Katholiken, der NSDAP
anzugehören.[235] »Leider muß ich mitteilen«, schrieb Orsenigo
weiter, »daß die Normen des Episkopats, wiewohl sie vom Klerus fügsam aufgenommen und auch mit vorsichtiger Strenge

angewandt wurden, nicht das ganze Ergebnis erzielten, das man erwartete; besonders die jungen Studenten waren unter den Widerwilligsten. Inzwischen verstärkte die NSDAP ihre Reihen immer mehr, bis sie durch die letzten politischen Manöver – mit von Papen als Förderer – an die Macht gelangte.«[236]

Seit sich das Zentrum am 1. Juni 1932 gegen das Kabinett Papen aussprach, die Übernahme der Verantwortung durch die NSDAP verlangte und Papen diese Haltung mit seinem Parteiaustritt quittierte[237], bestand ein gespanntes Verhältnis zwischen dem Reichskanzler und der katholischen Partei. Gegen den Willen des Zentrums und in Konkurrenz zu ihm suchte Papen auf dem rechten Flügel des politischen Katholizismus eine politisch-religiöse Neuformation zu schaffen, die sich an der Idee eines nationalen Reiches, an den Vorstellungen eines autoritären Staates und an einem ständisch gegliederten Gesellschaftsmodell orientierte.[238] Anfang April 1933 kam es zur förmlichen Gründung des rechtskatholischen »Bundes katholischer Deutscher ›Kreuz und Adler‹«[239], der dem angeblich viel zu liberalistischen Zentrum entgegenwirken sollte und dessen Selbstauflösung wenig später begeistert begrüßte.[240] Auch wenn sich das »Kreuz und Adler«-Projekt als wenig erfolgreich erwies, band es mit seiner katholisch-nationalen »Reichstheologie« doch intellektuelle Kräfte, die dem Zentrum fehlten. Im Blick auf das Konkordat schwebte Papen eine Reorganisation der römisch-katholischen Kirche in Deutschland vor, an deren Spitze ein *Primus Germaniae* stehen sollte.[241]

Aus diesen Gründen betrachtete man auf seiten des Zentrums wie im Vatikan das Kabinett Hitler-Papen mit dem größten Mißtrauen und verweigerte ohne Verfassungsgarantien die Zusammenarbeit. Bei dem großen Festbankett am 11. Februar 1933, das der Nuntius jährlich gab und an dem auch Hindenburg teilnahm, ließ sich Hitler entschuldigen.[242] Während des Wahlkampfes veröffentlichten die katholischen Verbände einen

Appell gegen die Diktatur, in dem sie erklärten, »im Geiste der großen päpstlichen Enzykliken gegen den unchristlichen Absolutismus des Staates« kämpfen zu wollen.[243] Die NSDAP behauptete dagegen, kein Feind der Religion zu sein, sondern nur gegen deren politischen Mißbrauch zu kämpfen. Demonstrativ nahm sie darum in prominenter Besetzung an der religiösen Feier zum Jubiläum der Krönung des Heiligen Vaters teil, »säuberte« aber gleichzeitig die öffentlichen Ämter von Demokraten und Repräsentanten des politischen Katholizismus. So wurde beispielsweise der Vorsitzende der Katholischen Aktion in Berlin, der frühere Ministerialdirektor Erich Klausener[244], aus seinem Amt entlassen. Orsenigo urteilte:

»Die neue nationalsozialistische Regierung zu unterstützen wäre naiv und auch inkonsequent, da sie keinerlei beruhigende Versicherungen im Unterschied zu jener Haltung gegeben hat, durch die sie sich seinerzeit die Verurteilung seitens des Episkopats verdiente; doch sie offen im Namen der Religion zu einem offensichtlich wahlkämpferischen Zweck zu bekämpfen, kann ebenso zur Verhärtung führen, ja einen echten ›Kulturkampf‹ auslösen. [...] Vorhersagen für den 5. März zu treffen, wäre verfrüht. Gewiß wird es hier eine rege Beteiligung an den Wahlurnen geben, und wenn es zu guten Ergebnissen kommen wird, so daß eine parlamentarische Mehrheit mit der Koalition von nur zwei der drei Parteien möglich wird, die gegen die Linke kämpfen (Nationalsozialisten, Deutsch-Nationale, Zentrum), dann wäre es nicht unwahrscheinlich, daß eine Koalition eher mit dem Zentrum als mit den Deutschnationalen abgeschlossen würde: Es liegt alles daran, nicht vorher alles zu ruinieren.«[245]

Trotz seiner Vorbehalte gegen die NSDAP spekulierte Orsenigo also auf eine mögliche Koalition mit dem Zentrum und sprach sich daher für einen eher moderaten Wahlkampf aus, um diesen Weg offen zu halten! Andererseits berichtete er kurz darauf über die wachsenden Spannungen zwischen dem Zentrum und den Nationalsozialisten. »Die Anmaßung der letzteren kennt keine Grenzen mehr.« Sie terrorisierten die Repräsentanten der Gegenparteien in einem fort.

»Wie man in einer so bewegten Atmosphäre die Wahlen erreichen und durchführen will, weiß ich nicht. [...] Die Opposition zwischen Zentrum und den Nationalsozialisten ist nunmehr so offen und so akut, daß es mir nicht mehr möglich erscheint, auf jene würdevolle, aber auch reservierte Haltung hoffen zu können, die dem Zentrum später die Möglichkeit hätte bieten können, ein Element des Ausgleichs und des Friedens zu werden. [...] Von Papen fährt leider mit seinem traurigen Dienst fort, für Verwirrung zu sorgen, indem er versucht, jene als ›gute Katholiken‹ hinzustellen, die in der Wahl die Hugenberg-Koalition unterstützen.«[246]

Nach den Wahlen gab Orsenigo dem Kardinalstaatssekretär eine Analyse der politischen Verhältnisse, die nicht ohne Bewunderung für den »bemerkenswerten Erfolg der Regierung« war.[247] Den Stimmenverlust der Kommunisten führte er hauptsächlich auf einen breiten Konsens darüber zurück, »daß der Fortschritt des Bolschewismus [...] ernstlich drohte, die Nation in den Abgrund zu reißen«[248]. Über das eigene Lager heißt es:

»Eine beklagenswerte Feststellung für den Klerus ist es, daß über die ca. 6 Millionen Katholiken hinaus, die das Zentrum und die BVP wählten, noch immer gewiß weitere 6 oder 7 Millionen Katholiken verbleiben, die an den Wahlen teilnahmen. Es gab tatsächlich 39 Millionen Wähler, weshalb – unter Berücksichtigung der Proportion von einem Drittel katholischer Bevölkerung in Deutschland – man von 13 Millionen katholischen Wählern ausgehen muß. Nun, man nimmt an, daß diese 6 oder 7 Millionen katholischer Wähler trotz der Disziplinarnormen, die der Episkopat im Blick auf diese Partei erlassen hat, großenteils für den Nationalsozialismus gestimmt haben. Diese erhebliche Zahl an Zuwiderhandelnden gibt bezüglich der praktischen Wirksamkeit der bischöflichen Gebote viel zu denken über ein Volk, das von den neuen Ideen so fanatisiert ist.«[249]

Orsenigo war also tief enttäuscht über das Wahlverhalten der katholischen Bevölkerung und sprach mehrfach von der »Faszination«, die der Nationalsozialismus auch auf Katholiken ausübe. Unter dem Eindruck des politischen Dammbruchs ließ er es dabei an einer nüchternen Analyse fehlen und nannte unrealistisch hohe Zahlen von katholischen Wählern, die angeblich für Hitler gestimmt hätten.[250] Insofern trug er mit zu einer Art Panik bei, die in diesen Wochen den Episkopat, aber teilweise eben auch die vatikanische Diplomatie erfassen sollte: Man hielt es angesichts der Massenbegeisterung in der deutschen Bevölkerung für vollkommen aussichtslos, sich der braunen Flut noch entgegenstemmen zu können, und suchte darum den Kompromiß.

Am 9. März teilte der Berliner Nuntius dem Kardinalstaatssekretär mit, daß er die Absicht habe, an der feierlichen Eröffnung des Reichstags in der Potsdamer Garnisonkirche teilzunehmen. Wahrscheinlich werde das ganze diplomatische Korps teilnehmen.

»[...] ich weiß [...] nicht, ob die Tatsache, daß die Parlamentssitzung in einer evangelischen Kirche stattfindet, Schwierigkeiten macht. Gewiß werden alle katholischen Abgeordneten einschließlich der Priester teilnehmen; meine Abwesenheit könnte daher die Bedeutung von Feindseligkeit oder wenig Ehrerbietung gegenüber der neuen Regierung annehmen, und wegen der Spannung, die zwischen den verschiedenen Parteien herrscht, könnte dies vielleicht dem guten Verhältnis zwischen Regierung und Nuntiatur schaden.«[251]

Am 22. März kabelte der Nuntius seinem Chef in Rom, daß Hitler mit Hinweis auf die Verurteilung der NSDAP durch den deutschen Episkopat dem katholischen Hochamt ferngeblieben sei. »An besagtem Hochamt nahmen 80 nationalsozialistische Abgeordnete teil.«[252] In dem ausführlichen Bericht an die Kurie schilderte Orsenigo, offensichtlich tief beeindruckt, den Festakt in Potsdam.

»Die Zeremonie [...] lief mit einer nie gesehenen Großartigkeit und Feierlichkeit ab, und besonders unter einer so breiten und enthusiastischen Beteiligung jeder Rangordnung von Bürgern, daß auch die Hoffnungen der optimistischsten Nationalsozialisten übertroffen wurden.« Bei der sich daran anschließenden religiösen Feier in der katholischen Kirche »nahmen Vizekanzler von Papen und Minister [E]ltz von Rübenach teil, mehrere Diplomaten [...], alle Abgeordneten des Zentrums und darüber hinaus eine Gruppe von ca. 80 ›katholischen‹ nationalsozialistischen Abgeordneten in Uniform. [...] Um 17 Uhr folgte eine Reichstagssitzung in Berlin im großen Saal der Kroll-Oper; aus den Stimmabgaben für das Amt des Reichstagspräsidenten ging hervor, daß es eine vorangehende Abmachung zwischen Zentrum und Nationalsozialisten gab. Es wurde ein Nationalsozialist zum Präsidenten und ein Abgeordneter des Zentrums zum Vizepräsidenten gewählt. Der bedauerlichste Aspekt des Tages war die offizielle Erklärung, die von dem Reichskanzler für seine und Minister Goebbels' Abwesenheit von der katholischen religiösen Feier abgegeben wurde. Es ist leider unleugbar, daß das katholische Volk sich mit wenigen Ausnahmen dem neuen Regime mit Enthusiasmus zugewandt und die vom Fuldaer Episkopat unter Leitung des Hochw. Kardinal Bertram herausgegebenen Disziplinarnormen vergessen hat; Normen, die in Wahrheit den ideologisch-religiösen Inhalt der nationalsozialistischen Bewegung betreffen, und gewiß nicht ihre politische Haltung. Das Volk fühlte die ganze Faszination eben dieser politischen Haltung und versuchte sie von dem ideologisch-religiösen Inhalt zu trennen. In Wahrheit hat die neue Regierung keinen Grund zu religiösen Sorgen gegeben; ja sie scheint sogar auch den Katholiken gegenüber gute Absichten zu haben: Es sollte also nicht schwierig sein, mit etwas gutem Willen zu jenen gegenseitigen Erklärungen zu gelangen, die diese unerfreuliche Streitfrage mit dem Episkopat beilegen [...]. Wenn sie nicht beigelegt wird, könnte sie sich in einem sehr gefährlichen Funken entladen, da es nicht an Broschüren und Zeitungen fehlt, die entflammbares Material mittels der alten Anspielungen sammeln, der Katholizismus habe im Ausland eine übertrieben römische Note, so daß er den Charakter jedes einzelnen Volkes ersticke, und daß es eine ebenfalls katholische slawische und orientalische Kirche gebe, die von ganz anderem Charakter sei (eigene liturgische Sprache, Abschaffung des Zölibats), weshalb man nicht verstehe, so sagen sie, warum nicht auch in Deutschland eine katholische Kirche möglich sein müsse, die den Charakter des deutschen Volkes besser bewahre.«[253]

Zwei Tage später telegraphierte Orsenigo an Pacelli, Hitler habe im Reichstag erklärt, daß seine Regierung ein freundschaftliches Verhältnis mit dem Vatikan erhalten und ausbauen und die Vereinbarungen zwischen Staat und Kirche respektieren wolle.[254] Schon 48 Stunden danach folgte dieser Bericht: »Ich nehme an, es wird Euer Hochwürdigste Eminenz freuen zu erfahren, daß der deutsche Episkopat der Fuldaer Konferenz auf Initiative des Hochw. Kardinals Bertra[m] aus Breslau dabei ist, eine kollektive Erklärung vorzubereiten, die die früheren Disziplinarnormen betreffend die Haltung der katholischen Kirche in bezug auf den Nationalsozialismus modifiziert. Die Gelegenheit für diese Revision wurde durch die beruhigende Rede geboten, die letzten Donnerstag vom Regierungschef im Reichstag gehalten wurde; doch der wahre, ausschlaggebende Grund muß, meine ich, in der Haltung wachsender Sympathie durch die jugendlichen und nicht-jugendlichen Massen der Katholiken für das neue Regime gesucht werden. Bereits heute ist es sehr schwierig, diese Masse von Sympathisanten zurückzuhalten, die drängend danach fragt, sich in die Reihen des Nationalsozialismus einschreiben zu können. Ja es besteht die

Gefahr, daß die katholischen Verbände sogar ›als Körperschaft‹ den nationalsozialistischen Mitgliedsausweis beantragen: etwas, das sich – nach meiner bescheidenen Meinung – höchst schädlich auf das soziale Gefüge der Katholiken auswirken würde, besonders in einem konfessionell gespaltenen Land wie Deutschland. Gegenwärtig erarbeitet Herr Kardinal Bertra[m] den endgültigen Text der Erklärung auf Grundlage der Bemerkungen, die alle betroffenen Bischöfe einlud, sich ihm gegenüber nach dem Muster eines von ihm verteilten Entwurfes der Erklärung zu äußern. Auch Bayern wurde davon in Kenntnis gesetzt. Besonders diese Anweisungen schienen mir mit viel Umsicht und in einem weiten, versöhnlichen Geist redigiert, der wegen der noch unbeugsamen Neigungen eines Teils des jungen Klerus notwendig war. In der Erklärung fehlt fast jeder Hinweis auf den berühmten Artikel 24 des nationalsozialistischen Programms, der seinerzeit eines der Hauptmotive für die vom Episkopat erlassene Verurteilung war. Vielleicht hätte man eine Neu-Interpretation des Artikels fordern können und – nach meiner Meinung – auch müssen, und gleichzeitig hätte man manche genaue Verpflichtung zur Freiheit der katholischen Organisationen erhalten können, doch der Episkopat hat es vorgezogen, seine Erklärung – die voll der Hoffnungen ist – auszuformulieren, ohne irgendeinen Kontakt, nicht einmal im Geheimen, mit der Regierung aufzunehmen: Da so jede Verhandlung fehlte, war es nicht möglich, an Konzessionen als Gegenleistungen zu denken. Ich denke, daß die Erklärung der Bischöfe am Donnerstagnachmittag oder Freitagvormittag abgedruckt werden wird. Ich werde es nicht versäumen, Eurer Eminenz den endgültigen und vollständigen Text zukommen zu lassen. Die Regierung fährt inzwischen fort, bei jeder Gelegenheit ihren brennenden Wunsch zu äußern, daß die von den Bischöfen ausgesprochene Verurteilung des Nationalsozialismus aufgehoben werde: Ob dieser Wunsch nur der Ausdruck von Friedensliebe ist oder aber darauf zielt, den Weg für einen

Massenbeitritt der Katholiken in die Reihen des Hitlerismus frei zu geben, ist gegenwärtig schwierig zu sagen!«[255]

Innerhalb von drei Wochen räumte also der Apostolische Nuntius unter dem Eindruck des Sieges der NSDAP die Grundsatzpositionen der katholischen Kirche und empfahl dem Heiligen Stuhl – bei aller Skepsis – die Zusammenarbeit mit Hitler sowie eine Zurücknahme der Verurteilungen durch den deutschen Episkopat. Ausschlaggebend für diese Revision scheint die – nach Wahrnehmung Orsenigos – frenetische Begeisterung auch des katholischen Bevölkerungsteils für die NS-Bewegung gewesen zu sein. Pacelli schloß sich der Einschätzung seines Berliner Nuntius an. Am 29. März wies er unter Hinweis auf die Erklärung des Reichskanzlers den Münchner Nuntius Vassallo di Torregrossa an, Faulhaber »vertraulich und mündlich« mitzuteilen, »daß es angebracht sein könnte, Klerus und Gläubigen neue Richtlinien über die Haltung der Katholiken den Nationalsozialisten gegenüber« zu formulieren –»natürlich mit der nötigen Vorsicht und Zurückhaltung für die Zukunft«[256]. Orsenigo erhielt eine ganz ähnlich lautende Order.[257]

Ende März konnte der Berliner Nuntius freilich schon nach Rom berichten: »Mein Wirken war überflüssig.«[258] Und einen Tag später telegraphierte er: »Bischöfe veröffentlichen gestern neue Direktiven [...] vom Publikum gut aufgenommen [...] auch Regierung sehr zufrieden.«[259] Zuvor hatte Orsenigo in einem vertraulichen Brief an Bertram nach der neuen Haltung des Episkopats gegenüber dem Nationalsozialismus als Reaktion auf die Erklärungen des Reichskanzlers gefragt. Aber Bertram hatte ihm bereits den Entwurf einer Erklärung und einer geheimen Anweisung zuschicken können und nach eventuellen Modifikationen gefragt. Wenige Tage nach Hitlers Regierungserklärung, am 28. März 1933, nahm der deutsche Episkopat in aller Form seine Verbote und Warnungen gegenüber dem Nationalsozialismus zurück.[260] Am Tag darauf gab die

Fuldaer Bischofskonferenz eine Instruktion für die katholischen Geistlichen heraus, aus der eindeutig hervorging, daß nunmehr alle Kirchenstrafen gegenüber Angehörigen der nationalsozialistischen Bewegung hinfällig waren und daß die Teilnahme nationalsozialistischer Formationen in Uniform am Gottesdienst ab sofort gestattet war[261] – eine Neuerung, die die nationalsozialistischen Reichstagsabgeordneten bereits eine Woche zuvor praktiziert hatten.

Mit Genugtuung registrierte Pacelli, »daß die Presse im Allgemeinen die Erklärungen des Episkopats gut aufgenommen« habe.[262] Allerdings zeigte er sich merkwürdig von einem Kommentar in der *Germania* vom 29. März berührt, der vor dem Hintergrund der Tatsache, daß der Vatikan sich offiziell herausgehalten hatte, die Alleinzuständigkeit der Bischöfe betonte. Da es sich um Fragen der Glaubenslehre und des Wesens der Kirche handele, so Pacelli, könne diese Interpretation bei den »Lesern Verwirrung und Irrtümer stiften«[263]. Der rasche Kurswechsel löste in der Tat manche Irritationen aus, zumal der Bischof von Linz (Österreich) gleichzeitig alle Verbote gegen den Nationalsozialismus noch einmal bekräftigt hatte. Mit Recht schrieb Faulhaber an Pacelli, das Volk verstünde die »verschiedenen Stellungnahmen der Bischöfe gegenüber dem Nationalsozialismus«[264] nicht.

Noch am 10. März hatte der Vorsitzende der Fuldaer Bischofskonferenz, Kardinal Bertram, in einem Schreiben an Hindenburg seinen Befürchtungen Ausdruck verliehen, daß die Regierung der »nationalen Sammlung«[265] ihre absolute Mehrheit ausnutzen könnte, um »die Sicherheit von Recht und Gerechtigkeit und von gesetzlich verbürgter Freiheit« auszuhöhlen und die Stellung der Kirchen anzugreifen. Gleichzeitig riet der Freiburger Erzbischof Gröber – das badische Konkordat war gerade ratifiziert worden[266] – Pacelli zu einer »gewissen Elastizität« gegenüber »den neuen Verhältnissen«, »ohne irgendwie katholische Anschauungen und politische

Beziehungen damit preiszugeben.«[267] Es müsse jede Provokation vermieden und ein Modus vivendi gesucht werden. Der Nationalsozialismus wolle »mit allen Mitteln eine Dauerherrschaft«[268] errichten, und viele Katholiken hätten sich der Bewegung zugewandt oder sich ängstlich von den katholischen Organisationen zurückgezogen. Im Blick auf ein mögliches Scheitern der NSDAP empfiehlt er freilich auch Distanz, »damit nicht bei einem Gegenschlag die Kirche wiederum ihre Verbrüderung mit dem Nationalsozialismus zu büßen hat«[269]. Als entscheidende Differenz zum italienischen Faschismus sieht er die radikalen »kulturkämpferischen« Kräfte im Nationalsozialismus und verbindet diese Beobachtung mit dem bikonfessionellen Charakter Deutschlands. »Italien ist gottlob noch ein im Glauben geeintes Land, während der Protestantismus jede politische Gelegenheit benützt, um seinen Haß und Vernichtungswillen gegen die katholische Kirche zu äußern.«[270]

Pacelli hatte auch nach dem Gespräch mit Brüning im August 1931[271] seine Konkordatspläne nicht aufgegeben. Zwar war die Verknüpfung der Frage der Militärseelsorge mit dem Projekt Reichskonkordat gescheitert, nachdem Reichswehrminister Kurt von Schleicher gegenüber den deutschen Bischöfen Mitte Juli 1932 auf einer exemten Militärseelsorge bestanden und die interimistische Neubesetzung des Amtes des katholischen Feldpropstes verhindert hatte. Die Bischöfe hatten daraufhin ihren Widerstand gegen die exemte katholische Militärseelsorge aufgegeben, so daß einer Regelung nun nichts mehr im Wege stand. Pacelli stimmte Ende Oktober 1932 dieser Lösung ebenfalls zu, verband damit aber die Erinnerung an weitere Fragen, die »gleichzeitig einer befriedigenden Regelung zugeführt werden« müßten.[272] Angesichts der eskalierenden, krisenhaften Entwicklung in den letzten Monaten der Weimarer Republik kam sein Verhandlungsvorschlag über eine Prüfung in den beteiligten Ministerien jedoch nicht mehr hinaus.

Ende März/Anfang April 1933 stand er wieder auf der politischen Agenda. Trotz der immer »noch unabgeschlossenen Diskussion«[273], ob das Reichskonkordat bereits seit dem 23. März oder erst seit dem 8. April Gegenstand von Verhandlungen war, kann jedenfalls an der Entschlossenheit von Kaas und Pacelli nicht gezweifelt werden, daß sie – auch gegen skeptische Stimmen in vatikanischen Kreisen[274] – durch ein solches Vertragswerk die kirchlichen Rechte sichern wollten. Es dürfte auch als sicher gelten, daß Kaas schon vor seiner Romreise am 24. März mit Papen in der Absicht des Konkordatsabschlusses übereinstimmte.[275] Eine Garantie zugunsten der kirchlichen Handlungsmöglichkeiten wurde von dem Zentrumsführer wie von dem Kardinalstaatssekretär höher bewertet als das Fortbestehen eines gespaltenen politischen Katholizismus, der seine Schwäche in den gerade beendeten Wahlkampfauseinandersetzungen überdeutlich gezeigt hatte. Beiden Seiten stand das Vorbild der Lateranverträge von 1929 vor Augen – deren Vor- und Nachgeschichte eingeschlossen.[276] Das hieß für die staatliche Seite eine Entpolitisierung des Klerus und der katholischen Organisationen. Luigi Sturzos Emigration, die Selbstauflösung des *Partito Popolare Italiano* (PPI) 1927, 1922 ebenfalls an der Bewilligung von Ausnahmevollmachten für die Regierung Mussolini beteiligt und 1925 faktisch am Ende[277], die Unterdrückung und Verfolgung der Opposition sowie der Kampf um die *Azione Cattolica* bildeten auf staatlicher wie kirchlicher Seite das Muster hinsichtlich der Erwartungen wie der Befürchtungen. Sogar zwischen dem PPI-Führer Alcide De Gasperi und Kaas, bis 6. Mai 1933 Zentrumsvorsitzender, läßt sich die verblüffende Parallele ziehen, daß der eine wie der andere in den Schutz des Vatikans floh.[278]

Bereits Anfang April 1933 begannen Verhandlungen über das Reichskonkordat, schon am 20. April konnte Kaas einen ersten durchformulierten Entwurf vorlegen.[279] Darin hatte er sich bemüht, die vom Staat geforderte Entpolitisierung des

Klerus abzuschwächen.[280] Der Widerstand des kirchlichen Verhandlungspartners gegen die Entpolitisierungs-Zumutung des Staates ließ freilich in dem Maße nach, in dem das parlamentarische System liquidiert wurde.[281] Gleichzeitig setzten aber auch Verfolgungsmaßnahmen und Amtsenthebungen gegen Staatsbeamte ein, die dem Zentrum angehörten, und laufend erreichten den Vatikan Eingaben von jüdischen Staatsbürgern und von Staatsbeamten, die den Heiligen Stuhl um Hilfe baten. Der Vorsitzende der Fuldaer Bischofskonferenz, Bertram, reagierte rasch. Bereits in der ersten Aprilhälfte richtete er Schreiben an den Reichspräsidenten und den Reichskanzler, in denen er sich für katholische Beamte und katholische Verbände einsetzte.[282] In diesem ersten Briefwechsel zwischen dem Episkopat und Hitler firmierte der beiden gemeinsame »Antibolschewismus« als Beschwörungsformel für eine mögliche Kooperation. Die Entlassung von Staatsbediensteten begründete Hitler mit dem aufgeblähten Verwaltungsapparat und versicherte dem Breslauer Kardinal, daß keine Absicht bestehe, gegen die katholischen Verbände vorzugehen, falls diese »keine parteipolitisch dem jetzigen Regime feindliche Tendenzen pfleg[t]en«[283]. Im übrigen verwies er auf die schwierige Übergangsphase der »nationalen Erhebung« und auf sein Bestreben, so schnell wie möglich »die vollständige Ruhe und Ordnung in Deutschland [...] wieder herzustellen«.

All dies klang nicht unglaubwürdig, und ein Teil des Episkopats hatte bereits bei einer Begegnung mit Hitler am 25. April in Berlin Beruhigendes gehört.[284] Gleichwohl blieb der Vorsitzende der Fuldaer Bischofskonferenz wachsam und trug dem Reichskanzler in weiteren Schreiben von Anfang Mai, Ende Juni und Anfang Juli 1933 seine Sorgen um den Fortbestand der Konfessionsschulen, um den ungehinderten Einfluß der katholischen Kirche auf die Erziehung der Jugend sowie um die Weiterexistenz der katholischen Arbeitervereine und der katholischen Jugendverbände vor.[285]

In einem gemeinsamen Hirtenbrief vom 3. Juni 1933 begrüßten die Bischöfe den »neuen Staat« und die »nationale Erhebung«, hießen den rückhaltlosen Kampf gegen den Bolschewismus gut und verlangten auf dieser Basis Freiheitszusagen für die kirchliche Betätigung sowie für den Fortbestand der katholischen Verbände und der katholischen Presse.[286] Diese bischöflichen Verlautbarungen noch vor Abschluß des Konkordats belegen, daß der Episkopat sich einerseits zur Abwehr gegen beginnende Gleichschaltungsmaßnahmen gedrängt fühlte, andererseits aber dem Regime auch eine gemeinsame politische Plattform anbot, um doch noch den angestrebten Modus vivendi zu erreichen.

Der Kölner Kardinal Schulte hielt diesen Modus vivendi allerdings nicht für möglich. »Die Regierung ist eine Revolutionsregierung«, bemerkte er Ende Mai 1933. »Gesetz und Recht existieren zur Zeit nicht. Mit einer solchen Regierung« könne man »kein Konkordat schließen«[287]. Aus der Sicht der Vatikandiplomatie verschlechterten die alarmierenden Nachrichten aus Deutschland die Verhandlungsposition des Heiligen Stuhls, zumal auch Orsenigo von verschiedenen Plänen zur Errichtung einer deutschen »Nationalkirche«[288] und zur Ernennung eines Kommissars für die katholische Kirche durch die preußische Regierung berichtete.[289]

Vor diesem Hintergrund drängte Pacelli zu größter Eile.[290] Neben der Schulproblematik machte den Unterhändlern der Entpolitisierungsartikel zu schaffen. Nach dem Ende der Gewerkschaften, der Sozialdemokratie und schließlich der DNVP war es nur noch eine Frage der Zeit, wann das Zentrum folgen würde. Dann aber, so meinte Pacellis Sekretär Robert Leiber, »wäre Artikel 31 [des Konkordatsentwurfs], wegen dessen die Regierung allein das Konkordat macht, keine kirchliche Konzession mehr«[291]. Die katholische Partei gehörte zu diesem Zeitpunkt nur noch zur Verhandlungsmasse. Darum erschien es besonders wichtig, den Fortbestand der katholischen Verbände und eine Garantie für deren freie Entfaltung auszuhandeln. Um so problematischer war es, daß es der Kurie nicht gelingen sollte, eine Liste der geschützten Verbände in den Konkordatstext zu integrieren.[292]

Einen Versuch, das Zentrum zu retten, unternahm der Heilige Stuhl nicht, obwohl unter den katholischen Politikern die Ansicht vorherrschte, im gemischtkonfessionellen Deutschland würden, anders als in Italien, katholische Parteien weiter gebraucht.[293] Ein Motiv für diese gleichgültige Haltung den katholischen Parteien gegenüber[294] mochten der Wunsch nach einer Verkirchlichung der katholischen Verbandsarbeit und wenig gute Erfahrungen mit dem Zentrum sein, dessen letzter Vorsitzender Brüning bis zum Schluß für eine Reorganisation seiner Partei kämpfte und – ebenso wie Alois Dempf[295] und Hermann Joseph Schmidt – vor dem Abschluß des Konkordats warnte.[296]

Ende April hatte Orsenigo an Pacelli geschrieben: »Unglücklicherweise stehen den blühendsten und wichtigsten katholischen Verbänden nur herausragende politische Persönlichkeiten des Zentrums vor, was die Eintritte der Katholiken immer, wenn nicht unerwünscht, doch sehr verdächtig macht.«[297] Die breite Abwanderungsbewegung von Teilen des Zentrums ins »nationale Lager« seit März 1933 erfolgte nicht selten unter der populären Parole, man wolle der Vermengung von kirchlichen und parteipolitischen Interessen ein Ende setzen. Das Ganze wurde auch noch garniert mit dem Vorwurf finanzieller Unregelmäßigkeiten und der Verschwendung öffentlicher Gelder durch Kölner Zentrumspolitiker. »Diese ganze Lawine an Unglücken bringt natürlich eine Art Desorganisation in den Reihen der Katholiken und besonders des Zentrums mit sich«, berichtete Orsenigo in diesem Zusammenhang an Pacelli.[298] Das Zentrum müsse zusehen, »wie seine Anhänger – besonders die Jungen – weglaufen, um sich bei anderen Parteien einzuschreiben«[299].

Eine mögliche Komponente im vatikanischen Entscheidungsprozeß dieser Wochen bildete eine Notiz Gasparris vom 30. Juni 1933. Darin empfahl Pacellis immer noch sehr einflußreicher Vorgänger im Amt des Kardinalstaatssekretärs, jede Auseinandersetzung mit dem nationalsozialistischen Regime zu meiden. Weder der Vatikan noch die deutschen Bischöfe sollten die NSDAP verurteilen. Wenn Hitler das Zentrum auflösen wolle, möge man dem »ohne Aufhebens Folge leisten«[300]. Wie bei den Katholiken in Italien, so hob er mehrfach hervor, sollten auch die deutschen Katholiken der NSDAP beitreten können. Das Motiv für den rundum defensiven Politikstil lag in seiner Einschätzung der deutschen Mentalität und schien das zu bestätigen, was auch Orsenigo berichtet hatte. Gasparris Schlüsselsatz lautet:

»Ich bin der Meinung, daß Hitlers Partei mit dem nationalistischen Fühlen in Deutschland im Einklang steht. Deshalb muß ein politisch-religiöses Ringen mit dem Hitlerismus [...] in Deutschland um jeden Preis vermieden werden, besonders während [...] Pacelli Staatssekretär ist.«[301]

Bei dieser Notiz handelt es sich freilich um eine unverbindliche Meinungsäußerung Gasparris, deren Adressat überdies dunkel bleibt. Wir wissen aus dem handschriftlichen Datumsvermerk mit dem Zusatz »Emo. Card. Gasparri« nur, daß er in Pacellis Hände gelangte. Inhaltlich zeigte die Notiz lediglich, daß Gasparri in naiver Weise die italienischen Verhältnisse auf Deutschland übertrug. Wenn seine Position repräsentativ für die Stimmung im Vatikan gewesen sein sollte, erscheint es freilich mehr als zufällig, daß sich die Reichsregierung bei den Verhandlungen im Blick auf den Ausschluß katholischer Geistlicher von parteipolitischer Tätigkeit voll durchsetzen konnte.[302]

In der Schlußphase zog die Kurie Gröber als Vertreter des deutschen Episkopats hinzu, auf staatlicher Seite wurde der Leiter der kulturpolitischen Abteilung im Reichsinnenministerium, Ministerialdirektor Rudolf Buttmann, hinzugezogen, um den Forderungen der jeweiligen Seite mehr Nachdruck zu verleihen. Trotz mancher Skepsis konnte der Vertragstext am 8. Juli paraphiert werden. Allerdings mußte der staatliche Verhandlungsführer Papen zuvor eine Erklärung abgeben, wonach die Auflösungsverfügungen gegen katholische Organisationen und Zwangsmaßnahmen gegen katholische Geistliche aufgehoben wurden.[303] Diese Erklärung wurde von Pacelli ausdrücklich notifiziert.[304] Überdies bekräftigte Hitler die Zusicherungen seines Vizekanzlers mit einer eigenen Verfügung.[305]

Die bestehenden Länderkonkordate blieben vollständig erhalten und erfuhren durch das Reichskonkordat nur dort einige Ergänzungen, wo entsprechende Einzelbestimmungen fehlten. Für das übrige Reichsgebiet trat der neue Vertrag uneingeschränkt in Geltung. In einem geheimen Anhang war ferner festgelegt worden, daß im Falle der Einführung einer allgemeinen Wehrpflicht Geistliche davon ausgeschlossen blieben, im Kriegsfalle eine Gruppe von Geistlichen vom Militärdienst befreit würde und andere als Militärgeistliche oder Sanitäter eingezogen werden würden.[306] Am 5. Juli 1933, also drei Tage vor Paraphierung des Konkordats, löste sich das Zentrum selbst auf. Pacelli soll nach dem Zeugnis seines engsten Mitarbeiters Leiber über diesen Zeitpunkt recht unglücklich gewesen sein, weil er sich von einer Weiterexistenz der katholischen Partei »Rückhalt« für das Konkordat versprochen habe.[307]

Mitte Juli 1933 nahm Pacelli in einem Schreiben an Schioppa Stellung zur Selbstauflösung des Zentrums und der Bayerischen Volkspartei. Anlaß war ein Bericht des *Uditore* über das Unverständnis der niederländischen Katholiken in bezug auf den Konkordatsabschluß, der dort als eine Art Allianz zwischen Kirche und NS-Staat angesehen wurde. Schon zu diesem Zeitpunkt argwöhnten auch Kritiker im katholischen Lager einen Zusammenhang zwischen dem Vertragsabschluß und dem Ende der christlichen Parteien. Dem widersprach der Kardinalstaatssekretär:

»Vor allem muß man daran denken, daß das Zentrum und die Bayerische Volkspartei sich aus eigener Initiative aufgrund einer vom Heiligen Stuhl völlig unabhängigen Entscheidung aufgelöst haben. Dieser [scil. der Hl. Stuhl] nahm hingegen an, daß sie, bevor sie sich auflösen, wenigstens die Ratifizierung des Konkordats abwarten würden. Statt dessen haben sie sich, wie ich schon sagte, spontan aufgelöst – ohne den Heiligen Stuhl zu informieren, der es erst aus den Zeitungen erfuhr. Er trägt also keine Verantwortung für die Auflösung dieser Parteien.

Aber wegen der neuen politischen Lage, die sich in Deutschland herausgebildet hat, ohne daß der Heilige Stuhl den geringsten Anteil daran gehabt hätte, blieb kein anderer Weg – um die Rechte und das Vorrecht der katholischen Kirche in einer so wichtigen Nation wie Deutschland zu sichern – als der eines Konkordats. Vor dessen Abschluß bat der Heilige Stuhl den gesamten deutschen Episkopat, einschließlich des bayerischen, sich in Fulda zu versammeln, um die eigenen Wünsche diesbezüglich zu äußern, und der Monsignor Erzbischof von Freiburg [Gröber], der an jener Versammlung teilnahm, kam eigens nach Rom, um an den Konkordatsverhandlungen teilzunehmen. Er berichtete, daß der Episkopat darin einig war, es [das Konkordat] als ›die letzte Hoffnung‹ anzusehen, um in Deutschland einen weit schlimmeren Kulturkampf als jenen aus Bismarks [sic!] Zeiten zu vermeiden.

Andererseits verhilft das Konkordat der Kirche zu großen Vorteilen, da darin die Schulfrage enthalten ist, mit der katholischen Konfessionsschule, wie alle werden sehen können, sobald das Konkordat in der Öffentlichkeit bekannt sein wird.

[...] Wollen Sie auch bedenken, daß um das in Rede stehende Konkordat zu erreichen, das für die Kirche gewiß nicht weniger günstig ist als die bereits mit den deutschen Ländern geschlossenen drei Konkordate, man lange und scharfe Diskussionen hatte führen und größte Schwierigkeiten überwinden müssen.«[308]

Am 17. September 1933, zwei Tage vor Ratifizierung des Reichskonkordats in Rom, feierte Orsenigo ein Dankhochamt in der Berliner Hedwigskathedrale, an dem zahlreiche nationalsozialistische Verbände teilnahmen. Dankbar für diesen Ausgang der Verhandlungen waren auch Faulhaber[309] und Bertram, der am 2. September 1933 Pacelli gedrängt hatte, das Konkordat zu ratifizieren, weil die Position des deutschen Episkopats zusehends schwächer werde.[310] Nach dem Eindruck vieler Katholiken hatte der nationalsozialistische Staat, ähnlich wie 1929 der faschistische Italiens, seinen Totalitätsanspruch eingeschränkt; er hörte da auf, wo die Kirche ihren autoritären Anspruch auf das religiöse Denken, Fühlen und Handeln der Menschen geltend machte. So meinte man jedenfalls kurzfristig, sollte aber schnell eines Besseren belehrt werden.

Am 2. Juni 1945, in einer Ansprache an das Kardinalskollegium, äußerte sich Pacelli, trotz aller Einschränkungen, insgesamt doch positiv über die Auswirkungen »seines« Konkordats: »Immerhin muß man zugeben, daß das Konkordat in den folgenden Jahren verschiedene Vorteile brachte oder wenigstens größeres Unheil verhütete. Trotz aller Verletzungen, denen es ausgesetzt war, ließ das Konkordat den Katholiken doch eine rechtliche Verteidigungsgrundlage, eine Stellung, in der sie sich verschanzen konnten, um von da aus, solange es ihnen möglich war, sich der ständig steigenden Flut der religiösen Verfolgung zu erwehren.«[311]

Einen wichtigen, wenn sicher auch nicht den zentralen Aspekt der Konkordatsverhandlungen bildete die bikonfessionelle Situation in Deutschland und der innere Zustand des deutschen Protestantismus. Schon Anfang April 1933 hatte Orsenigo seinem Kardinalstaatssekretär über die Pläne zur Errichtung einer »Nationalkirche« berichtet.[312] Was er Ende August 1933 über die Entwicklung der »neuen Deutschen

Evangelischen Kirche« nach Rom zu vermelden hatte, schien den kirchenpolitischen Absicherungskurs der Kurie vollauf zu bestätigen.

»[...] Diese ganze Reform hat den Zweck [...], fast das ganze Kirchenpersonal durch neue Elemente zu ersetzen«, schrieb Orsenigo. »[...] überall folgten die Jungen nach oder die Sympathisanten der Jungen – an der Spitze, als Reichsbischof, Dr. [sic!] Müller, Vertrauensmann des Kanzlers. Es ist offensichtlich, daß dies alles ausreicht, um dieser riesigen Masse von etwa 40 Millionen Protestanten (heute ist es nicht mehr möglich, offiziell atheistisch zu sein) eine gewisse, beeindruckende Vereinheitlichung der äußeren Bewegung aufzudrücken; um die wahre innere Einheit, das heißt um die Einheit des Glaubens, kümmert sich niemand: Die wenigen Dissidenten, die dem alten, individualistischen Prinzip des Protestantismus treu geblieben sind, schweigen und leiden im Abseits«[313].

Verfolgung von Juden und Katholiken

Mitten in den Auflösungsprozeß des Zentrums und das verzweifelte Bemühen um einen günstigen Konkordatsabschluß fiel die erste Verfolgungswelle gegen die deutschen Juden.[314] Sie begann mit dem von den Nazis propagandistisch provozierten, reichsweiten Boykott jüdischer Geschäfte in den Tagen um den 1. April 1933. Der um sich greifende Antisemitismus, Terrormaßnahmen und die Ausgrenzung jüdischer Bürger wurden durch ein legislatives Maßnahmenbündel unterstützt.[315] Schon am 31. März hatte auf Vorschlag des Berliner Geistlichen Bernhard Lichtenberg der Direktor der Deutschen Bank in Berlin und Präsident der Arbeitsgemeinschaft der Konfessionen für den Frieden, Oskar Wassermann, den Vorsitzenden der Fuldaer Bischofskonferenz gebeten, gegen den Boykott Einspruch zu erheben.[316] Bertram zögerte und suchte Rat bei seinen Bischofs-Kollegen. Es handele sich um einen »wirtschaftlichen Kampf in einem uns in kirchlicher Hinsicht nicht nahestehenden Interessenkreise«, gab er dem Episkopat zu bedenken.[317] Faulhaber hielt einen Protest für »aussichtslos«, ja kontraproduktiv und meinte auch schon, einen Rückgang der Gewaltmaßnahmen feststellen zu können.[318] Gröber formulierte, was forthin eine zentrale Sorge der katholischen Kirche bleiben sollte: daß auch die zum Katholizismus konvertierten Juden von den Boykottmaßnahmen mitbetroffen seien.[319]

Am 7. April 1933 wurde der im Volksmund so genannte »Arierparagraph«, das »Gesetz zur Wiederherstellung des Berufsbeamtentums«, erlassen. Dieses Gesetz erlaubte es, politische Gegner des Regimes und Beamte jüdischer Herkunft aus dem öffentlichen Dienst zu entlassen. Vor diesem Hintergrund argumentierte Faulhaber in einem Brief an Pacelli vom 10. April 1933 ganz ähnlich wie zuvor Gröber: Er halte es für »ungerecht« und »schmerzlich«, daß auch jene »ihre Stelle verlieren« sollten, die schon seit Jahrzehnten oder sogar Generationen katholische Christen seien.[320]

Am 4. April 1933 teilte Pacelli Orsenigo mit, daß sich hohe israelitische Würdenträger an den Papst gewandt hätten, »um sein Eingreifen gegen die Gefahr antisemitischer Exzesse in Deutschland zu erbitten«. Es liege in der Tradition des Heiligen Stuhls, »seine universale Friedens- und Liebesmission unter allen Menschen auszuüben, gleichgültig unter welchen sozialen Umständen sie lebten und welcher Religion« sie angehörten. Darum beauftrage Pius XI. den Nuntius, »zu sehen, ob und wie es möglich ist, sich in dem gewünschten Sinn der Sache anzunehmen«[321].

Orsenigo erwiderte fünf Tage später, also nach Verabschiedung des »Arierparagraphen«[322], der antisemitische Kampf habe »Regierungscharakter angenommen«; daher käme ein »Eingreifen des Vertreters des Heiligen Stuhls« einem Protest gegen eine Regierungsmaßnahme gleich.[323] Ohne auf die vatikanische Anregung hinzuweisen, habe er den Episkopat an die Aufgabe der universalen Nächstenliebe erinnert. Die »Lage [sei] um so schwieriger, als [der] Episkopat – außer dem Erzbischof von Paderborn[324] – nicht früher gegen [die] antideutsche Propaganda des Auslands protestiert«[325] habe. Zwei Tage später ergänzte der Nuntius seine Informationen durch die Versendung einer in der katholischen Presse erschienenen Kundgebung der Erzbischöfe Schulte (Köln), Klein (Paderborn) und Bischof Berning von Osnabrück. Darin hatten die Oberhirten geschrieben:

»Erfüllt von heißester Liebe zu ihrem Vaterlande, dessen nationalen Aufstieg sie stets mit allen ihren Kräften fördern, sehen die Bischöfe mit tiefster Kümmernis und Sorge, wie die

Tage der nationalen Erhebung zugleich für viele treue Staatsbürger und darunter auch gewissenhafte Beamte unverdienter-
maßen Tage des schwersten und bittersten Leidens geworden
sind.«[326]

Erleichtert kommentierte Orsenigo in seinem Begleitschreiben: »In dem Ausdruck ›treue Bürger‹ meine ich auch eine
Anspielung auf die Juden lesen zu können.«[327] Beruhigend
fügte er hinzu, man mache mittels besonderer Verfügungen
viele Ausnahmen, »um das Gesetz zu mildern. Doch leider
wurde das antisemitische Prinzip von der gesamten Regierung
akzeptiert und sanktioniert, und diese Tatsache wird leider als
unwürdiger Fleck gerade auf den ersten Seiten der Geschichte,
die der deutsche Nationalsozialismus schreibt und die nicht
ohne Verdienste ist, haften bleiben.«[328] Daraus geht eindeutig
hervor, wie Orsenigo den Judenboykott wertete: als Schand-
fleck. Aber es wird auch deutlich, daß dieser Vorgang für ihn
eine häßliche Episode, etwas Akzidentielles war, das in seinen
Augen den Nationalsozialismus keinesfalls charakterisierte.

Überdies konnte der Nuntius seinem Kardinalstaatssekretär
einen chiffrierten Text zukommen lassen, der Pacelli vollends
beruhigen mußte: Der »Duce« hatte sich der Angelegenheit
angenommen und Hitler »zuerst eine mündliche Ermahnung
und dann eine geheime Mitteilung zukommen lassen, in der
er ihn beschwört, sich nicht zu einer antisemitischen Kampagne hinreißen zu lassen«[329]. Das Kabinett hatte zwar den
»Arierparagraphen« dennoch verabschiedet. Aber zu diesem
Zeitpunkt herrschte noch weithin die Überzeugung, Hitler sei
der »Juniorpartner« Mussolinis, bewundere ihn und lasse sich
von seinem »Mentor« zügeln. Immerhin hatte Hitler nach der
Machtübernahme Mussolinis Bewegung in den höchsten Tönen
gepriesen: »Mit Sicherheit verdanke ich es dem Faschismus,
daß ich bis zu diesem Punkt gekommen bin.«[330] Trotz dieser
frühen Bewunderung für den italienischen Staatschef schlug
Hitler in Sachen Antisemitismus alle gut gemeinten Ratschläge

Mussolinis in den Wind und ließ ihm über den italienischen Botschafter Vittorio Cerruti mitteilen, von dieser Frage verstünde er nichts. »Ich weiß nicht, ob in zwei- oder dreihundert Jahren mein Name in Deutschland noch in hohem Ansehen steht, so große Dinge ich auch für mein Volk zu leisten hoffe«, schwadronierte er gegenüber dem Diplomaten, »aber darüber besitze ich absolute Gewißheit, daß in fünf- oder sechshundert Jahren der Name Hitler überall als der Name dessen verherrlicht wird, der ein für allemal die Weltpest des Judentums ausgerottet hat.«[331]

Dennoch beabsichtigte Pacelli, auf eine Anregung Faulhabers hin[332], bei Gelegenheit eines Essens, das Botschafter von Bergen gab, mit Papen über die »konvertierten Juden«[333] zu reden, mußte aber wegen einer Grippe auf das Treffen verzichten und gab den Auftrag an Pizzardo weiter. »Monsignor Pacelli hat dem entsprochen und bei Herr[n] von Papen Entgegenkommen gefunden.« Er hoffe, schrieb er weiter an Faulhaber, »daß entsprechende Maßnahmen baldigst folgen werden«[334]. Aber es geschah nichts. Auch die neu zugänglichen Akten geben keinen Anlaß zur Relativierung der grundsätzlichen Feststellung von Saul Friedländer, daß von katholischer Seite »nichts [...] unternommen«[335] wurde.

Unter jenen Katholiken jüdischer Herkunft, die sich in diesen Tagen mit verzweifelten Briefen an den Papst wandten, war auch die damals zweiundvierzigjährige Philosophiedozentin Edith Stein.[336] Sie hatte wegen des »Arierparagraphen« vom 7. April 1933 ihre Dozentur am Deutschen Institut für wissenschaftliche Pädagogik aufgeben müssen und war dabei, in den Kölner Karmelitenorden einzutreten.[337] In ihrem Brief an den Heiligen Vater vom 12. April 1933 schilderte sie knapp die Verfolgungsmaßnahmen des Regimes und formulierte dann, was sie und viele anderen Katholiken vom Heiligen Stuhl erwarteten:

»Seit Wochen warten und hoffen nicht nur die Juden, sondern Tausende treuer Katholiken in Deutschland – und ich denke, in der ganzen Welt – darauf, daß die Kirche Christi ihre Stimme erhebe, um diesem Mißbrauch des Namens Christi Einhalt zu tun. [...] Wir alle, die wir treue Kinder der Kirche sind und die Verhältnisse in Deutschland mit offenen Augen betrachten, fürchten das Schlimmste für das Ansehen der Kirche, wenn das Schweigen noch länger anhält. Wir sind auch der Überzeugung, daß dieses Schweigen nicht imstande sein wird, auf die Dauer den Frieden mit der gegenwärtigen deutschen Regierung zu erkaufen.«[338]

Am 20. April 1933 antwortete Pacelli dem Erzabt Raphael Walzer OSB von Kloster Beuron, wo Edith Stein zur Passionszeit ihre Exerzitien absolvierte:

»Mit besonderem Dank bestätige ich Euer Gnaden den Eingang des gütigen Schreibens vom 12. d. M. und der ihm angefügten Beilage. Ich stelle anheim, die Einsenderin in geeigneter Weise wissen zu lassen, daß ihre Zuschrift pflichtmäßig Sr. Heiligkeit vorgelegt worden ist. Mit Ihnen bete ich zu Gott, daß er in diesen schwierigen Zeiten Seine hl. Kirche in Seinen besonderen Schutz nehme und allen Kindern der Kirche die Gnade des Starkmuts und großartiger Gesinnung verleihe, welche die Voraussetzungen des endlichen Sieges sind.«[339]

Konrad Repgen vertritt die Auffassung, daß Steins Schreiben im Vatikan sehr ernst genommen worden und als ein wichtiger Impuls für entsprechende Gegenmaßnahmen des Heiligen Offiziums zu bewerten sei.[340]

Drei Tage vor Steins Schreiben wandte sich der Wiener Rabbiner Dr. Arthur Zacharias Schwarz mit einem Brief an Papst Pius XI., den er aus dessen Zeit als Präfekten der Bibliotheca Ambrosiana in Mailand gut kannte. Darin bittet er Ratti um ein persönliches Wort.

»Gegen die Judenverfolgung in Deutschland ist auch von hohen Würdenträgern der Kirche protestiert worden. Eure Heiligkeit werden jedoch kaum die Wirkung kennen, die ein von Ihrer Allerhöchsten Persönlichkeit selbst ausgehendes

Wort auf die gläubigen Juden haben würde, die gleich mir jeden Radikalismus ablehnen. Wenn es Eurer Heiligkeit möglich wäre auszusprechen, daß auch das gegen die Juden geübte Unrecht ein Unrecht bleibt, so würde ein solches Wort den Mut und die Moral von Millionen meiner jüdischen Brüder erhöhen. Es würde besonders dort Beruhigung bewirken, wo, wie hier in Österreich, die Sorgen trotz der Bemühungen der Regierung nicht geschwunden sind.«[341]

Unter dem 26. April 1933 findet sich dazu die Notiz eines Mitarbeiters aus dem Staatssekretariat: »Dr. Arthur Zacharias Schwarz (*Rabbiner*) bittet den Heiligen Vater, gegen die Verfolgung der Juden in Deutschland zu intervenieren. Es scheint mir sehr delikat zu antworten. Wäre es nicht besser, wenn zuerst die Bischöfe Deutschlands diesen Schritt unternähmen? Vielleicht dann auf indirektem Wege über die Nuntiatur??«[342] Eine Antwort ist ebensowenig erfolgt wie auf das Telegramm des New Yorker Rabbi William Margolis vom 22. April 1933: »Im Namen all dessen, was der Christenheit heilig ist! Ich flehe Sie an, Ihre Stimme zu erheben, um die Hitlerschen Verfolgungen uneingeschränkt zu verurteilen. Ihre Mißbilligung wird weitreichenden Einfluß auf die deutsche Regierung [...] besonders bei katholischen Amtsträgern [...] haben und die Umkehr der Politik bewirken.«[343]

Der deutsche Episkopat kannte spätestens seit dem 26. April 1933 Hitlers Haltung zur »Judenfrage« aus dessen eigenem Munde.[344] Unter Leitung von Bischof Berning suchten einige führende Geistliche an diesem und dem vorangegangenen Tag Papen, Göring[345] und Hitler sowie den preußischen Kultusminister Rust auf, um mit ihnen über die anstehenden Probleme zu sprechen. Bei der Begegnung Bernings und Prälat Steinmanns mit Hitler führte der Diktator nach dem Bericht Orsenigos aus, »er sei davon überzeugt, daß man ohne Christentum weder ein Privat- noch ein Staatsleben aufbauen könne. [...] Über die Judenfrage betonte er, daß er die Juden für schädlich hält; er erinnerte an die Haltung der katholischen Kirche bis ins 15. Jahrhundert und bedauerte, daß der Liberalismus diese Gefahr nicht gesehen habe; er schloß, daß er in den Vertretern dieser Rasse eine Gefahr für den Staat und die Kirche sieht und deshalb meint, wenn er so handelt, daß er der Kirche einen sehr großen Dienst erweise.«[346]

Rosenbergs »Mythus des 20. Jahrhunderts« bezeichnete er als dessen Privatarbeit; es sei nicht »als Parteibuch geschrieben worden«. Raffiniert nutzte er den konfessionellen Gegensatz, indem er sich als Katholik bezeichnete, »der niemals Verständnis für die evangelische Kirche und ihre Struktur«[347] gewinnen werde. Ferner sprach er sich gegen die »laizistische« Schule und für Konfessionsschulen aus. »Wenn ich die Sache als Staatsmann ansehe, brauche ich Männer von Glauben. Schwarze Wolken nähern sich aus Polen. Wir brauchen gläubige Soldaten, weil das ausgezeichnete Soldaten sind [...] und deshalb werden wir die Konfessionsschule erhalten. [...] aber natürlich ist es wichtig, daß dort auch *gläubige* Lehrer sind.«[348] Orsenigos Report stimmt im wesentlichen mit dem des offiziellen Protokolls überein[349], was kein Wunder ist, da der Nuntius an dem Gespräch selbst nicht teilgenommen hat.[350] Mithin muß seine Darstellung auf dem beruhen, was ihm Berning und Steinmann hernach berichtet hatten.

Am 28. April 1933 erhielt Orsenigo Besuch von einer jüdischen Persönlichkeit. Die Begegnung hatte Pacelli vermittelt und dem Berliner Nuntius avisiert. Im Bericht Orsenigos an Pacelli heißt es zum Inhalt dieses Gesprächs:

»Auf die Frage, bei Gelegenheit etwas zu unternehmen, um eine Milderung der semitischen Verfolgung zu erreichen, versicherte ich dem Gesprächspartner, daß alles Mögliche bereits getan worden sei, und daß man – entsprechend den Prinzipien christlicher und universeller Nächstenliebe, deren Lehrmeisterin die katholische Kirche immer war – nicht vergessen würde, auch in Zukunft diese unsere Friedensgefühle zur Geltung zu bringen. Auf eine zweite Anfrage, nämlich veranlassen zu wollen, daß die jüdischen Schüler, die heute von den öffentlichen Schulen ausgestoßen werden, in den privaten katholischen Schulen aufgenommen werden, antwortete ich, daß sich dem das Erziehungsprinzip entgegenstellt, das immer auch heute noch von der Konfessionsschule vertreten wird. Die Kirche – fügte ich hinzu – behält diesen Standpunkt bei und ist sich ganz sicher, daß niemand in dieser Weigerung eine antisemitische Schwäche sehen wird.«[351]

Daß der erste Grundsatz der Nächstenliebe und der zweite – die Verweigerung der Aufnahme von jüdischen Kindern in katholischen Privatschulen, um die christkatholische Identität zu bewahren – in einer gewissen Spannung zueinander standen, schien dem Reichsnuntius nicht aufzufallen. Allein bei dem dritten Gesprächskomplex, der Liebesarbeit, sah Orsenigo Kooperationsmöglichkeiten:

»Auf die Anfrage, ob die jüdischen Krankenhäuser, die heute in Gefahr stehen, geschlossen zu werden, weil ihnen die staatliche Unterstützung entzogen wird, unter katholische Leitung genommen werden könnten, antwortete ich, daß ich zwei Dinge in dieser Angelegenheit für opportun halte: 1. daß die Übergabe, wenn überhaupt, unter vorhergehender Zustimmung der Regierung vor sich ginge, um sich den Zuschuß zu sichern, der heute hingegen verweigert wird; 2. daß ich es für richtig halte, daß er sich, was die Umsetzung einer solchen Übergabe betrifft, an den Malteser Orden oder den Caritasverband wende. Der Herr ging zufrieden weg, und ich nehme an, daß er – soweit es ihm möglich ist – versuchen wird, in dem oben angegebenen Sinn zu handeln.«[352]

Warum Orsenigos Gast über das Gespräch »zufrieden« gewesen sein soll, geht aus dem Bericht des Nuntius nicht hervor. Der Schlußsatz spiegelt vielmehr eine gewisse Resignation Orsenigos, aber auch die schwache Hoffnung, daß auswärtige Besucher auf die deutsche Regierung einwirken könnten. »Hier

geht die soziale Liquidation des semitischen Elements in großem Stil weiter; dabei fehlte es gewiß nicht an Zureden an die
Adresse der Regierung, Milde walten zu lassen – auch von
höchsten Persönlichkeiten. Dieser Tage kam auch der König
von Schweden nach Berlin.«[353]

Neben Persönlichkeiten aus dem Ausland, die in Berlin
intervenierten, erhielten auch deutsche Politiker anläßlich
von Staatsbesuchen entsprechende Vorhaltungen zur Rassenpolitik der Hitler-Regierung. Im April 1933 sollten gleich zwei
Nazi-Größen die Ewige Stadt besuchen: Hermann Göring und
Joseph Goebbels. Göring, der Italien für sein »Spezialgebiet«
hielt[354], weilte vom 10. bis 20. April in Rom – zeitgleich mit
Papen, der zusammen mit Kaas den Abschluß des Reichskonkordats vorbereitete.[355] Am 12. April wurde Göring, zusammen mit Papen, von Pius XI. und Pacelli empfangen, zuvor
hatte er mit Mussolini gesprochen; am 13. traf er sich mit dem
italienischen Luftfahrtminister Italo Balbo und am 18. April
empfing ihn König Viktor Emanuel III. zu einer Audienz. Über
die Hintergründe und Ziele der Göring-Reise gab es nur Ver-
mutungen. Britische Diplomaten nahmen jedenfalls an, die
italienische Regierung werde die Gelegenheit nutzen, um
Göring den guten Rat zu geben, seine Regierung möge die
Exzesse gegen die Juden wie gegen Regimegegner mäßigen.[356]

Mit Sicherheit waren Österreich und, in diesem Zusammenhang, noch vage »Anschluß«-Überlegungen ein Thema, was
deshalb besonders unglücklich war, weil sich auch Dollfuß in
der Stadt aufhielt. Mussolini unterrichtete den österreichischen
Bundeskanzler noch am selben Abend über das Gespräch mit
Göring. Daraufhin traf sich Dollfuß schon am nächsten Tag
mit Papen, wich aber einer Begegnung mit Göring aus.[357] Von
Mussolini nahm Dollfuß die Versicherung mit, »daß eine autoritäre Regierung in Österreich, die die Erhaltung eines selb-
ständigen Österreich sich zum Ziel setzt«, auf seine Freundschaft und Hilfe »immer wird rechnen können«[358]. Noch stan-

den das faschistische und »austrofaschistische« System – beide von der katholischen Kirche wohlwollend begleitet – gegen den Nationalsozialismus zusammen. Doch Mussolini konnte nicht verhindern, daß die Hitlerregierung – als Antwort auf die Ausweisung von Reichsminister Hans Frank, der in einer Rundfunkrede offen mit der Okkupation Österreichs gedroht hatte – mit wirtschaftlichen Maßnahmen den Tourismus der Alpenrepublik schädigte. Ab Mai 1933 mußte jeder Reichsdeutsche bei der Einreise nach Österreich 1000 Mark bezahlen – ein Betrag, den kaum ein Deutscher für diesen Zweck aufbringen konnte.[359]

Um Pacelli auf Goebbels vorzubereiten, sandte Orsenigo jenem eine Kurzcharakteristik des Propagandaministers:

»Goebbels ist unter den Ministern einer der gebildetsten sowie aktivsten. Von der Religion her ist er Katholik, und seine Vergangenheit, besonders seine Jugend, verlief in einer katholischen Atmosphäre. Er absolvierte seine Studien mit Hilfe eines Studienstipendiums der Albertus-Magnus-Gesellschaft, und seine Frömmigkeit in jungen Jahren war nicht nur beachtlich, sondern sogar ausgeprägt. Er schloß sich schon vor längerem der nationalsozialistischen Bewegung an und nahm gleich eine höhere Stellung ein. Letztes Jahr heiratete er eine Protestantin – ohne irgendeinen Versuch zu unternehmen, die Normen des Kanonischen Rechts zu befolgen, die Mischehen regeln. Im Gegenteil: Zum großen Schmerz der Katholiken zelebrierte er den Ritus in Berlin vor einem evangelischen Pastor. Mit diesem Vorleben nehme ich nicht an, daß er, auch im Falle einer Reise nach Rom, irgendwelche Besuche im Vatikan plant.«[360]

Goebbels' Besuch in der Heiligen Stadt fand nicht Ende April statt, wie Orsenigo zunächst vermutete, sondern erst Ende Mai.[361] Es war das erste Mal, daß er sich, zusammen mit seiner Frau Magda, nach Rom aufmachte. Seine Reise galt »vor allem der Aufnahme von persönlichen Beziehungen zu den italienischen Regierungs- und Parteistellen und einer engeren Knüpfung der freundschaftlichen Verbindungen.«[362] Im Unterschied zu Göring und Papen wollte Goebbels aber einen Besuch im Vatikan vermeiden. Deshalb suchte das Auswärtige Amt nach Möglichkeiten, wie eine solche protokollarisch übliche Visite vermieden werden konnte.[363] Tatsächlich mußte der Propagandaminister dem ihm verhaßten Kirchenoberhaupt seine Aufwartung nicht machen, konnte sich aber auch der kirchlich geprägten Ausstrahlung Roms nicht ganz entziehen. »Fahrt durch Rom. Das ewige Rom. Forum Romanum. Von fern Peterskirche. Via Appia. Mir wird ganz heiß beim Sehen.«[364]

Über die Audienz beim König äußerte sich Goebbels sehr angetan, sein Urteil über Mussolini und den Faschismus spiegelt emphatische Begeisterung. »Der Faschismus ist am Werk. Seine Schöpferkraft ist unbegrenzt. Mussolini ist sein Motor. [...] Der Faschismus ist modern und volksverbunden. Da sollen wir lernen.«[365] Beim Frühstück mit dem deutschen Vatikan-Botschafter von Bergen traf er »mit Patriarchen und anderen hohen Tieren« zusammen. »Ich spreche scharf gegen Kardinal Bertram. Die Soutanenträger sind sehr klein und kriechen.«[366] Erstaunlicherweise scheint Mussolini den deutschen Gast auf die Verfolgungen in Deutschland nicht angesprochen zu haben.

Die Gewaltmaßnahmen gegen Juden und Regimegegner hatten den Vatikan eher zu einer Beschleunigung des Konkordatsabschlusses gedrängt. Doch auch nach Vertragsabschluß ließen die Klagen von Christen jüdischer Herkunft und anderen Verfolgten aus der katholischen Kirche nicht nach. Verständlicherweise erwarteten die Betroffenen nun erst recht, daß sich der vermeintlich durch das Konkordat gestärkte Vatikan für sie einsetzen werde. Am 23. Juli hatte Kardinal Bertram den Heiligen Stuhl um eine Intervention zugunsten der katholischen Staatsbediensteten gebeten, die von der Hitlerregierung entlassen wurden.[367] Daraufhin bat Pacelli den Berliner Nun-

tius, »sich in dem [...] gewünschten Sinne verwenden zu wollen«, und um »eine freundliche [...] Mitteilung über das Ergebnis dieser Vorgänge«[368]. Am 23. August 1933 antwortete Orsenigo:
»Leider sind alle Regierungschefs in Urlaub; da ich jedoch nicht zu lange warten wollte, habe ich mit denjenigen gesprochen, die sie im Außenministerium vertreten. Ich wurde sehr wohlwollend angehört, bekam auch manches Versprechen, daß sie sich für die beklagte Schwierigkeit interessieren werden, doch gleichzeitig legten sie mir nahe, daß ein Wort von mir an die Regierungschefs viel wirksamer sein würde. Wenn ich, wie ich hoffe, bald Gelegenheit haben werde, eine Unterredung mit den Chefs zu haben, werde ich gewiß diese Sache nochmals vertreten: Ich glaube aber nicht, viel erreichen zu können, da ich die Rechtfertigung bereits kenne, die sie anführen, nämlich die übermäßige Zahl katholischer Angestellter, die – dank der langen Zentrumsregierung – sich in den Staatsbüros eingenistet hätten, oder die schwache Leistung von einigen wegen der politischen Mentalität, die von den Direktiven der neuen Regierung zu weit entfernt sei. Vielleicht könnte meine Position gestärkt werden, wenn mir die Bischöfe einige Dokumente zukommen ließen, die in unbestreitbarer Weise manche irreguläre Entlassung beweisen würden, oder wenn sie selbst diese auf die beste Weise der Regierung meldeten: Ich nehme an, daß einige Fälle ausschließlich das Werk von Untergebenen sind, ohne daß die Regierung davon Kenntnis hatte, und man müßte annehmen, daß sie, wenn sie sie kennt, diese Entlassungen nicht gutheißen würde. Wenn Euer Eminenz es für opportun halten, daß ich hierüber den Hochwürdigsten Kardinal von Breslau informiere, haben Sie bitte die Güte, es mir gleich mitzuteilen, damit ich es möglichst vor der Fuldaer Bischofskonferenz tun kann.«[369]
Orsenigo wirkte deutlich resignativ, zeigte die Tendenz, den Episkopat in der Angelegenheit vorzuschicken und das Hitlerregime zu entschuldigen, indem er die Unrechtsakte im Verant-

wortungsbereich niederer Chargen vermutete. Pacelli erteilte ihm die Genehmigung, seine Sicht der Dinge an den Episkopat weiterzugeben, merkte aber an, »daß die Zahl der katholischen Angestellten, die vom Zentrum in die Staatsministerien eingeführt wurden, immer geringer war als jene, die selbst die sogenannte Parität erfordert hätte«[370].

Anfang September 1933 fragte der Herausgeber des in London erscheinenden *Jewish Chronicle*, ob es zutreffe, daß der Papst sich öffentlich gegen die anhaltenden antisemitischen Verfolgungen in Deutschland ausgesprochen habe.[371] Eine Antwort des Vatikans ist den Akten nicht zu entnehmen.

Mitte November 1933 richtete Maria Pfannenstiel aus Speyer eine Bittschrift nach Rom, die den Vatikan über die Müchner Nuntiatur erreichte. Der »Arierparagraph« bedrohte die rundum katholische Familie. Weil der Vater der Petentin jüdischer Abstammung war, verlor ihr Sohn seine Anstellung als Bibliothekarassessor an der Universität Freiburg, ihre Tochter konnte ihren Bräutigam nicht heiraten, da dieser ansonsten den Staatsdienst hätte quittieren müssen. »Nun soll ein Gesetz in Deutschland herauskommen, das die Ehen zwischen Ariern und Nichtariern verbietet; wen sollen unsere katholischen Kinder dann heiraten?«[372] Im ersten und letzten Absatz formulierte Maria Pfannenstiel ihr Verständnis von katholischer Kirche und ihr darauf gründendes Anliegen: Sie wandte sich »mit dem Vertrauen« an ihre Kirche, »daß, wenn alles mich im Stiche läßt, sich unsere heilige Mutter, die katholische Kirche, unserer erbarmt. [...] Wäre es nicht möglich, daß von seiten der Kirche bald eine Milderung in dieser furchtbaren Härte erwirkt werden kann?«[373]

Pizzardo wies den Münchner Nuntius Vassallo di Torregrossa an, »den Fall zu untersuchen und, sofern dem nichts im Wege steht, werden Sie gebeten, sich für den Fall einzusetzen.«[374] Vassallo bestätigte in einem Schreiben an Pizzardo vom 7. Februar 1934 alle Angaben von Maria Pfannenstiel, meinte, an einen Dispens in der Heiratsangelegenheit sei »in der gegenwärtigen Schärfe der arischen Frage [...] gar nicht zu denken«[375], und teilte dem Unterstaatssekretär mit, daß er ein Empfehlungsschreiben für den Sohn an Erzbischof Gröber von Freiburg geschickt habe. »Doch ich zweifle, daß es helfen wird.«[376] Aus dem Schreiben Pizzardos an Vassallo vom 18. Februar 1934 geht hervor, daß die Interventionen »bedauerlicherweise nicht das gewünschte Ergebnis gebracht haben«[377]. Er bat den Münchner Nuntius, Maria Pfannenstiel durch Bischof Sebastian von Speyer »wissen zu lassen, was der Heilige Stuhl unternommen hat«[378], und sie über die negative Antwort in Kenntnis zu setzen. Solche Fälle gingen der Kirche ins Mark, denn ein zum Katholizismus konvertierter Jude unterschied sich nach katholischem Verständnis in nichts mehr von den anderen Gläubigen. Darum überreichte Pacelli im September 1933 der Deutschen Botschaft beim Heiligen Stuhl ein Memorandum der deutschen Bischöfe, in dem gegen die Verfolgung von Katholiken jüdischer Herkunft Verwahrung eingelegt wurde.[379]

Eine zeitgenössische Schlüsselszene für das Engagement der zum »richtigen Glauben« konvertierten Juden einerseits und für die klare Distanz zum »Volk Israel« andererseits hat der Münsteraner Kirchenhistoriker Hubert Wolf vorgestellt.[380] Anfang 1928, also fünf Jahre vor der Machtübernahme Hitlers, schlug die Gebetsbruderschaft *Amici Israel,* ein weltweit tätiges katholisches Priesterwerk zur Beförderung der Mission unter den Juden, der vatikanischen Ritenkongregation vor, die Große Fürbitte der Karfreitagsliturgie abzuändern. In dieser Fürbitte hieß es: »Lasset uns auch beten für die treulosen Juden« und an anderer Stelle: »Allmächtiger, ewiger Gott, der du sogar die treulosen Juden von deiner Erbarmung nicht ausschließest, erhöre unser Flehen, das wir ob jenes Volkes Verblendung dir darbringen: auf daß es das Licht deiner Wahrheit, welche Christus ist, erkenne und seinen Finsternissen entrissen werde.«[381] Das Motiv des *Amici Israel*-Präsidenten, Abt Benedikt Gariador OSB, für eine Streichung des Begriffs »treulos« und eine Veränderung anderer judenfeindlich klingender Wendungen sollte dem eigentlichen Heilsanliegen des ursprünglichen christlichen Fürbittengebets wieder mehr Raum geben und bekehrungswilligen Juden den Übertritt zur katholischen Kirche erleichtern. Abt Ildefons Schuster OSB, von der Ritenkongregation um ein Gutachten gebeten, unterstützte das Anliegen von *Amici Israel*.

Doch im Heiligen Offizium, an das die Ritenkongregation ihre Empfehlung verwiesen hatte, konnte man dem Reformvorschlag nichts Positives abgewinnen. Der päpstliche Theologe Marco Sales OP bekräftigte vielmehr unter Hinweis auf Matthäus 27,25 (»Sein Blut komme über uns und unsere Kinder«), daß die Juden selbst die Verantwortung für die Kreuzigung Christi übernommen hätten. Gleichzeitig verurteilte das Heilige Offizium die von *Amici Israel* herausgegebene Schrift »Pax super Israel« (1927/28); die Konsultoren sahen in der Priestervereinigung gefährliche Tendenzen um sich greifen, sprachen sich für eine Aufhebung des Vereins aus und forderten eine Ermahnung für den Gutachter Schuster.

Kardinalsekretär Rafael Merry del Val, unter Pius X. ein führender Antimodernist, dann unter Benedikt XV. kaltgestellt, gewann als führender Kardinal des Heiligen Offiziums unter dem konservativen Pius XI. wieder größeren Einfluß. Im Kardinalskollegium wies er den Reformvorschlag als »völlig inakzeptabel, ja unsinnig« zurück, unterstrich den Sinn der Formulierungen in der Gebetsliturgie – nämlich »den Abscheu über die Rebellion und den Verrat des auserwählten Volkes« zum Ausdruck zu bringen – und betonte gleichzeitig, daß diese Wendungen selbstverständlich nicht den bekehrungswilligen, einzelnen Juden beträfen, sondern das jüdische Volk als solches, das sich stets »treulos« gegenüber dem Christentum verhalten habe. Gleichzeitig verurteilte er auch die zionistische

Bewegung, die in Opposition zu Christus und seiner Kirche das Reich Israel wieder errichten wolle.

Die Kardinäle folgten den Voten Marco Sales' und Merry del Vals. Als sich Anfang März 1928 auch Pius XI. mit dem Fall beschäftigte, bestätigte er nicht nur den Kardinalsbeschluß, sondern verschärfte ihn noch. Das Ansinnen von *Amici Israel* sollte ausdrücklich verworfen und jede Veränderung der liturgischen Praxis ausdrücklich abgelehnt werden. Ratti teilte auch die Überzeugung der *Amici*-Kritiker, daß die Vereinigung sich schwere Irrtümer habe zuschulden kommen lassen, und verfügte ihre Aufhebung. In dem entsprechenden Dekret, das am 25. März 1928 erschien[382], werden zwar die Ideale der Gebetsbruderschaft gewürdigt, aber ihr Abweichen von der Heiligen Liturgie verurteilt. Gleichzeitig wird jede Form von Antisemitismus als Haß gegen das einstmals erwählte Volk Gottes verurteilt und – ganz ähnlich wie fünf Jahre später von Orsenigo – noch einmal zum Ausdruck gebracht, daß Israel ausdrücklich in das allgemeine kirchliche Liebesgebot eingeschlossen sei. Gariador, *Amici*-Sekretär Anton van Asseldonk und Schuster mußten sich in Unterwerfungsschreiben von ihren irrigen Auffassungen distanzieren. Im Jahr darauf wurde Schuster allerdings zum Erzbischof von Mailand ernannt, persönlich von dem Vorgänger und nunmehrigen Papst Pius XI. geweiht und zum Kardinal erhoben.

Ob Pius XI., wie Hubert Wolf meint, eine besonders sorgfältige Arbeit des Dekrets zu *Amici Israel* wünschte, weil er negative Reaktionen in der Öffentlichkeit fürchtete, erscheint angesichts des in Europa weit verbreiteten Antijudaismus eher fraglich. Saul Friedländer hat auf einige europäische Zentren der Judenfeindschaft hingewiesen.[383] Die bei ihm genannten Orte könnten ohne weiteres ergänzt werden.[384] In Europa jedenfalls mußte Pius XI., der in Warschau das antisemitische Klima kennen gelernt hatte, machtvolle philosemitische Proteste nicht befürchten.[385] Die eigentliche Schwierigkeit bestand für katholische Geistliche darin, den von ihnen intendierten, religiös motivierten Antijudaismus von einem rassisch begründeten Antisemitismus zu unterscheiden. Als Seelenhirten mußten sie freilich wissen, daß in der breiten Bevölkerung mit solchen Differenzierungspotentialen kaum zu rechnen war. Wenn der polnische Primas Augustyn Kardinal Hlond einerseits auf eine »jüdische Frage« hinwies und die Juden als »Avantgarde der Gottlosigkeit, des Bolschewismus und aller umstürzlerischen Bewegungen« stigmatisierte[386], konnte er andererseits kaum erwarten, daß die Gläubigen ihm folgten, wenn er dazu aufrief, Juden nicht zu hassen, zu schlagen oder zu verleumden. Seine Empfehlung, Juden durch soziale Ausgrenzung »unschädlich« zu machen, könnte als Musterbeispiel für die Entstehung von Vorurteilen und Feindbildern dienen: »Es ist notwendig, Schutz vor dem schädlichen moralischen Einfluß der Juden zu finden, sich von ihrer antichristlichen Kultur fernzuhalten und insbesondere die jüdische Presse sowie die demoralisierenden jüdischen Publikationen zu boykottieren«[387].

Allerdings gab es im Unterschied zu dem nationalsozialistischen Antisemitismus ein Mittel, in den christlichen Kulturkreis aufgenommen zu werden: die Bekehrung. Auch in dieser Hinsicht formulierte der von Pius XI. protegierte Hlond kristallklar: »Wenn Gottes Gnade den Juden erleuchten wird und wenn er sich aufrichtig den Reihen seines und unseres Messias anschließt, dann wollen wir ihn freudig in der Schar der Christen begrüßen.«[388] Genau diesen Grundsatz unterlief das Hitlerregime – zunächst in Deutschland, dann in dem von ihm beherrschten Europa.[389] Allerdings ist mit Recht zu fragen, ob eine klare Trennung von traditionell religiösem Antijudaismus und modernem, rassistisch grundiertem und politisch motiviertem Antisemitismus in der katholischen Kirche selbst immer aufrecht erhalten werden konnte. Die katholischen Gesellschaften Europas vermochten sich den Modernisierungsprozessen auch auf diesem Feld kaum vollständig zu entziehen. Im Interesse einer gegen die Moderne gerichteten Ideologie konnten durchaus moderne rassistische Argumentationsmuster – etwa im Zusammenhang mit dem Stereotyp des moralischen »Verderber«-Motivs – in die überkommene apologetische Polemik einsickern.[390]

Es gab freilich andere Stimmen. Neben den Bischöfen, dem Nuntius und den Betroffenen schrieben auch katholische Laien und Theologen an den Vatikan, baten um eine eindeutige Botschaft gegen den Hitlerschen Rassismus oder versorgten den diplomatischen Dienst der Kurie mit Informationen. Zu diesem Personenkreis gehörte der in die Niederlande geflüchtete Jesuit Friedrich Muckermann – wohl einer der schärfsten Kritiker des Nationalsozialismus.[391] In seiner Exilzeitung *Der deutsche Weg* attackierte er die Nazis und wagte sich Mitte November 1934 gar inkognito in die bayerische Nuntiatur, um dort seinen Bericht abzugeben.[392] Darin nannte er als Stützpfeiler der neuen Religion Blut und Rasse, übte Kritik an der zögerlichen Haltung des deutschen Episkopats und forderte eine ähnliche Entschlossenheit der Kirche gegenüber dem Nationalsozialismus wie gegenüber dem Bolschewismus. Aber Muckermann war den päpstlichen Diplomaten zu radikal, als daß sie ihre Analysen und Entscheidungen auf seine Erkenntnisse gestützt oder ihn gar um ein offizielles Gutachten gebeten hätten.[393] Die Deutsche Botschaft beim Heiligen Stuhl bezeichnete Muckermann Mitte Juni 1937 als einen der »gefährlichsten und rührigsten Widersacher des Nationalsozialismus«[394].

Seit 1935 bemühte sich die römisch-katholische Kirche auf verschiedenen Wegen, katholischen Christen jüdischer Herkunft die Emigration aus Deutschland zu ermöglichen.[395] Der Heilige Stuhl war über diese Aktivitäten genau informiert, wie die Akten belegen.[396] Besonders gut war die Kurie anscheinend über die Tätigkeit des *American Christian Committee for Ger-*

man Refugees (Catholic Group) im Bilde. In dessen Auftrag überbrachte Reverend H. A. Reinhold, ehemaliger Generalsekretär
der Deutschen Katholischen Seemannsmission in Hamburg
und selbst Flüchtling, Anfang Juni 1936 dem Heiligen Stuhl
ein Memorandum. Darin wurden Vorschläge unterbreitet,
»wie man solchen Katholiken, die wegen ihres Glaubens, ihrer
früheren politischen Tätigkeit oder ihrer Zugehörigkeit zur
jüdischen Rasse (Nicht-Arier) Deutschland verlassen mußten,
von katholischer Seite helfen könnte«[397]. Helene E. Froelicher,
Abgesandte des *American Christian Committee for German Refugees,* unternahm eine Erkundungsreise durch Deutschland,
die sie u. a. auch zu den Erzbischöfen Gröber und Faulhaber
führte. »Dr. Gröber meinte [...], um das Werk recht international kräftig zu gestalten, eine Zentrale in Rom zu wählen. Er
schlug Bischof Hudal in Rom dazu vor,[398] was nachher auch
von Kardinal Faulhaber[399] bekräftigt wurde.«[400]

Über den schweizerischen Chargé d'Affaires des Vatikans,
Aldo Laghi, erhielt der Heilige Stuhl auch detaillierte Informationen über die Flüchtlingskonferenz von Evian im Sommer 1938.[401] Laghi betonte in seinem Bericht die Kritik von
jüdischer Seite an den Konferenzergebnissen. Diese hätten »es
gerne gesehen [...], daß die Konferenz sich deutlicher mit
ihnen befaßt hätte und [...] beklag[t]en, daß die europäischen
Nationen sich nicht geneigt gezeigt hätten, sie in ihren Gebieten
aufzunehmen.«[402] Sehr positiv berichtete Laghi über Myron C.
Taylor, den Vorsitzenden des *Inter-Governmental Committee on
Political Refugees.* Der 66jährige Protestant war ein enger Freund
Präsident Roosevelts, der ihn im Jahr darauf zu seinem persönlichen Repräsentanten beim Vatikan berufen sollte.[403]

Pacelli selbst zeigte sich an der Emigrationsfrage sehr interessiert. Der Pariser Rechtsanwalt Jacques N. Politis dankte ihm
Anfang August 1938 für »die wohlwollende Aufnahme«, die
er ihm im März des Jahres habe zuteil werden lassen, »als ich
kam, um Ihnen die Projekte unseres jüdischen Verbandes vor-

zustellen«[404], und schickte ihm einige Artikel zur Konferenz in Evian. Im Rahmen der Flüchtlingskonferenz hatte Brasilien 3.000 Visen für Verfolgte zugesagt, dann aber im nachhinein immer neue Hürden aufgebaut. Max Joseph Grösser vom Sonderhilfswerk des St. Raphaelvereins[405] schrieb daraufhin an Faulhaber, beide Länder – nämlich Brasilien und Argentinien – wollten »eine mosaische Überflutung ihrer Länder vermeiden«[406]. Doch der Erzbischof von München und Freising ließ nicht locker.[407] Er sorgte dafür, daß Pacelli alle diplomatischen und binnenkirchlichen Hebel in Bewegung setzte, um den brasilianischen Präsidenten Getulio Vargas zur Einlösung seines Versprechens zu bewegen. Der Vorgang illustriert, daß die angebliche Macht des Vatikans ein bloßer Mythos war. Denn weder Pacellis Briefe an Vargas noch seine Schreiben an alle Bischöfe der Erde, die Interventionen seiner Nuntien oder die des brasilianischen Episkopats führten zu einem positiven Ergebnis. Der Heilige Stuhl mußte die engen Grenzen seines Einflusses erkennen und sich in Zukunft darauf einrichten.

Das Ende der Münchner Nuntiatur

Mit dem Gesetz über den Neuaufbau des Reiches vom 30. Januar 1934 entfielen die diplomatischen Vertretungen und die Akkreditierung ausländischer Gesandter bei den jeweiligen Landesregierungen, weil deren Hoheitsrechte auf das Reich übertragen wurden.[408] Damit war auch das Ende der Münchner Nuntiatur gekommen, für deren Fortbestand sich Pacelli Mitte der zwanziger Jahre so zäh eingesetzt hatte. Damals hatte er sich sogar dafür ausgesprochen, die Münchner Nuntiatur auch für den Fall bestehen zu lassen, daß die bayerische Gesandtschaft beim Heiligen Stuhl auf Druck der Reichsregierung aufgelöst werden sollte.

Als Nachfolger Pacellis in München hatte Kardinalsstaatssekretär Gasparri Mitte November 1920 Alberto Vassallo di Torregrossa präsentiert, der bereits von 1898 bis 1902 und von 1903 bis 1905 in München als Auditor bzw. Geschäftsträger fungiert hatte und seit 1915 als Nuntius in Buenos Aires tätig war. Mitte Dezember 1920 erklärte die bayerische Regierung ihr Einverständnis mit dem Kandidaten – freilich unter dem Vorbehalt, daß der Wechsel erst nach Abschluß der Konkordatsverhandlungen erfolgen sollte. Pacelli und andere hätten lieber Pizzardo als Nuntius gesehen und suchten ihren Personalwunsch vor und nach der Nominierung Vassallos durchzusetzen. Doch es blieb bei der einmal getroffenen Entscheidung zugunsten Vassallos, der 1925 wie geplant nach dem Abschluß des bayerischen Konkordats und dem endgültigen Umzug Pacellis nach Berlin die Münchner Nuntiatur übernahm.

Bald schon schien sich herauszustellen, daß Vassallos Kritiker, die ihn für temperament- und rückgratlos hielten, recht behielten.[409] Die Münchner Nuntiatur versank zunehmend in Bedeutungslosigkeit, und die Kurie klagte darüber, daß der neue Nuntius »sich um nichts kümmere«[410]. Doch nicht diese wenig erfreuliche Entwicklung, sondern erst die nationalsozialistische Gesetzgebung führte zum Ende der Nuntiatur. Zur Bestürzung Pacellis bedeutete die neue Gesetzeslage auch das Aus für die bayerische Gesandtschaft am Heiligen Stuhl – eine Nachricht, die der Kardinalstaatssekretär durch den bayerischen Gesandten Ritter zu Groenesteyn im Dezember 1933 erhielt. Der Gesandte sah auch voraus, daß die Einziehung der beiden diplomatischen Vertretungen »die Beilegung von Meinungsverschiedenheiten zwischen Staat und Kirche über die Ausführung und Auslegung von Konkordatsbestimmungen erst recht erschweren« werde.[411]

Auf Reichsebene hatte man für derlei Überlegungen kein Verständnis und schlug als äußersten Termin für die Aufhebung der bayerischen Gesandtschaft den 30. April 1934 vor. Ritter zu Groenesteyn empfahl, mit der Abberufung bis zum Abschluß des Heiligsprechungsverfahrens des bayerischen Kapuziners Konrad von Parzheim zu warten – ein Vorschlag, den Außenminister von Neurath akzeptierte und als neuen Termin für die Aufhebung der diplomatischen Vertretung den 31. Mai 1934 nannte. Pacellis Überlegung, nach Auflösung der Münchner Nuntiatur wenigstens einen Apostolischen Delegaten ohne diplomatischen Status in München zu belassen, stieß in Berlin auf Befremden. Denn die junge Einrichtung von Apostolischen Delegaturen gab es ansonsten nur in Ländern, mit denen der Heilige Stuhl keine diplomatischen Vertretungen unterhielt.

Auch das Argument, die bayerische Gesandtschaft in Rom und die päpstliche Nuntiatur in München so lange bestehen zu lassen, wie das bayerische Konkordat gültig sei, verfing nicht. Neurath entgegnete auf einen entsprechenden Vorstoß Orsenigos, das Insistieren des Heiligen Stuhls auf einer solchen Regelung könne die Reichsregierung nur veranlassen, »das

Bayerische Konkordat schon jetzt zu kündigen«[412]. Ende Mai 1934 wurden die Gesandtschaft wie die Nuntiatur aufgehoben, am 20. Juni 1934 empfing Papst Pius XI. den bayerischen Gesandten zu einer Abschiedsaudienz, fünf Tage später verließ Ritter zu Groenesteyn Rom. Der päpstliche Nuntius blieb dagegen als Privatmann in Rom, ohne daß sein Status – etwa die Frage der Weitergeltung von exterritorialen Rechten – eindeutig geklärt war.

Im September 1936 geriet Vassallo in den Sog der vom NS-Staat inszenierten Devisenprozesse gegen katholische Ordensleute und Geistliche.[413] Als die Reichsstelle für Devisenbeschaffung in der ehemaligen Nuntiatur in der Kaulbachstraße 13 eine Durchsuchung anordnete, widersetzte sich Vassallo einer Hausdurchsuchung und benachrichtigte einen Mitarbeiter im bayerischen Staatsministerium. Dieses informierte das Auswärtige Amt darüber, daß Vassallo zwar nicht mehr das Recht der Exterritorialität besitze, aber die Akten der ehemaligen Münchner Nuntiatur nun der Reichsnuntiatur in Berlin gehörten. Gegen die Bedenken des Auswärtigen Amtes setzte das Reichsjustizministerium eine Hausdurchsuchung durch, die von der Sonderstaatsanwaltschaft Berlin unter Mitwirkung der Gestapo durchgeführt wurde. Nach Erkenntnissen der Justizbehörden sollte Vassallo während seiner Zeit als aktiver Nuntius widerrechtlich 44.000,- Reichsmark nach Rom transferiert haben, und es bestand der Verdacht weiterer Devisenvergehen bis in die jüngste Zeit. Tatsächlich fand man im Haus italienische Lire, die den Verdacht eines Devisenvergehens bestätigten. Außerdem wurden ein Ziffernkodex zur Chiffrierung und Dechiffrierung beschlagnahmt sowie einige Akten in italienischer Sprache. Eine im Haus tätige Ordensschwester, die versucht hatte, Dokumente im offenen Herdfeuer zu verbrennen, wurde verhaftet.

Am 5. Oktober 1936 protestierte Orsenigo wegen des Vorfalls bei Legationsrat Karl Dumont[414] im Auswärtigen Amt und stufte das Vorgehen der deutschen Behörden als ernsten Zwischenfall auf diplomatischer Ebene ein. Gleichzeitig beschwerte sich Pizzardo bei dem deutschen Botschafter von Bergen über die »schroffe Art des Vorgehens«[415]. Auf deutscher Seite einigte man sich auf die Sprachregelung, es handele sich »um eine Ermittlung in Devisenangelegenheiten«[416]. Pius XI. zeigte sich äußerst verstimmt über das Vorgehen der Strafverfolgungsbehörden und erwog sogar den Abbruch der diplomatischen Beziehungen mit dem Deutschen Reich. In einer fieberhaften diplomatischen Aktion, an der Orsenigo und der Leiter der Politischen Abteilung im Auswärtigen Amt, Gesandter Ernst Freiherr von Weizsäcker[417], maßgeblich beteiligt waren, durfte Vassallo schließlich am 23. Oktober 1936 nach Rom ausreisen. Die Presse wurde über den Vorgang nicht informiert.

Nach den Erkenntnissen der Strafverfolgungsbehörde soll Vassallo während seiner Zeit als Exnuntius noch weitere 100.000,- Reichsmark außer Landes gebracht haben. Außerdem mußte er mit einer Anklage wegen Landesverrats rechnen, weil sich in den beschlagnahmten Nuntiaturakten auch fünf Aktenbände aus Beständen des Auswärtigen Amtes und des ehemaligen bayerischen Außenministeriums befanden. Wenn Vassallo nicht Gefahr laufen wollte, verhaftet zu werden, konnte er nicht wieder nach Deutschland zurückkehren. Botschafter von Bergen ließ dem ehemaligen Münchner Nuntius die Anklageschrift der Zollbehörde zustellen, die Vassallo mit einer ausführlichen Denkschrift beantwortete.[418] Diese reichte der Botschafter nicht an die Berliner Regierung weiter. Orsenigo teilte am 5. November 1936 dem Auswärtigen Amt mit, daß das Münchner Nuntiaturarchiv nach Berlin geschafft werde.

Kampf um die Ausführungsbestimmungen des Vereinsartikels 31 im Reichskonkordat

Wie bald deutlich werden sollte, hatte es die Kurie versäumt, sich vor Unterzeichnung des Reichskonkordats mit dem Staat über eine Liste der konkordatsmäßigen Organisationen zu einigen. Anstatt sofort eine solche Liste zu präsentieren, ließen sich die Bischöfe auf die Forderung Ministerialdirektor Buttmanns ein, »Auslegungsgrundsätze« zum Artikel 31 des Reichskonkordats zu erarbeiten. Auf kirchlicher Seite war der Osnabrücker Bischof Wilhelm Berning mit der Leitung der Gespräche beauftragt. Während einer Audienz beim Reichskanzler am 26. April 1933 hatte er die kirchenpolitischen Forderungen des Episkopats vorgetragen und sich Hitlers Tiraden gegen die Juden als den Feinden von Staat und Kirche angehört, ohne zu widersprechen.[419] Hitlers Darstellung, wonach das katholische Christentum – vom Protestantismus setzte sich der Reichskanzler ausdrücklich ab – eine wichtige Grundlage für den neuen Staat bilden sollte, imponierte dem Bischof.[420] Er revidierte seine ursprünglich ablehnende Haltung gegenüber der NSDAP und wollte im Vertrauen auf Hitlers Worte den Brückenbau zwischen NS-Regime und Kirche wagen.

Mitte Juli 1933 war Berning vom preußischen Ministerpräsidenten Göring zum preußischen Staatsrat ernannt worden – ein politisch einflußloses Ehrenamt, das aber doch eine gewisse Nähe zwischen Staat und Kirche signalisierte und von Göring als »Kanal« in den deutschen Episkopat hinein gedacht war.[421] Bertram wie Orsenigo stimmten der Übernahme des Amtes zu. Anläßlich einer Audienz bei Pius XI. am 3. September 1933 bat Berning außerdem den Papst um eine Entscheidung, ob er das Ehrenamt weiterführen solle, und erhielt keine negative

Antwort.[422] Es ist durchaus plausibel anzunehmen, daß man sich auch kirchlicherseits von diesem direkten Draht zu den Zentren der politischen Macht Vorteile erhoffte. Im Laufe des Jahres 1933 forderte Berning mehrfach zur Staatstreue und zur Bejahung des neuen Staates auf – darunter die üblichen Formulierungen, gewiß, aber doch auch mehr, als andere Bischöfe zu sagen bereit waren. Trotz ernüchternder Erfahrungen waren alle diese Äußerungen von der Zuversicht getragen, daß dieser neue Staat die christliche Kirche fördern und mit ihr Unglaube und Unsittlichkeit bekämpfen werde.

Solche Motive mochten Berning bestimmt haben, als er anläßlich der Ratifizierung des Reichskonkordats einen Dankgottesdienst abhalten ließ. Beim Bremer Katholikentag am 24. September 1933 zog der Osnabrücker Bischof gar Parallelen zwischen dem nationalsozialistischen und dem kirchlichen »Führerprinzip«: »In unserem neuen deutschen Reich haben wir das Führerprinzip. Einer ist der Führer, und das ganze Volk muß und will Gefolgschaft leisten. In unserer heiligen katholischen Kirche haben wir das Führerprinzip bereits von dem Stifter unserer Kirche Jesus Christus erhalten.«[423]

In seiner Euphorie meinte Berning Hitler im Dienst der berufsständischen Ordnung katholischer Provenienz zu sehen. »Führer hier auf Erden haben keine anderen Aufgaben, als euch und eure Seelen hinzuführen zu dem obersten Bischof und Hirten eurer Seelen, zu Jesus Christus.«[424] Diese Perspektive hielt er aufrecht, als er seine gläubigen Zuhörer aufforderte, in den Ruf mit einzustimmen: »Unser Heiliger Vater, Papst Pius XI., der Führer unserer Kirche, und die Führer unserer Regierung, Reichspräsident von Hindenburg und Reichskanzler Hitler, sie leben hoch! hoch! hoch!« Danach erhoben sich die Versammelten und sangen mit »erhobenem rechten Arm«[425] die Papsthymne und das Deutschlandlied.

Immer wieder erinnerte Berning an den Führergedanken in Staat und Kirche, empfahl Anfang August 1933 seinen

Geistlichen »im amtlichen Verkehr mit den Behörden den Hitlergruß«[426] und legitimierte den Kampf des neuen Staates gegen »die Gottlosigkeit des Bolschewismus« und die öffentliche Unsittlichkeit. Wer die Kirche und ihre Doktrin bekämpfte, verdiente den Schutz des Staates nicht. Dagegen durfte die NSDAP ihre Fahnen und Abzeichen in den Kirchen seines Bistums tragen und im Kirchenschiff aufstellen. In der Öffentlichkeit nahm er diese Haltung bis Ende Januar 1934 ein.

Unter dem Eindruck gravierender Verletzungen der von Hitler gegebenen Zusagen übte Berning im nichtöffentlichen Raum freilich immer häufiger Kritik und markierte so die »Grenzen der Anpassung«[427] an das NS-Regime. Vor dem Hintergrund der Versuche des Regimes, alles Katholische aus der deutschen Gesellschaft hinauszudrängen, sprach der Bischof von einer »zweiten Säkularisation«[428]. Ausgerechnet dieser Bischof, der vielleicht wie kein zweiter zur Kooperation mit dem NS-Staat bereit war, mußte im Zusammenhang mit den Ausführungsbestimmungen zum Artikel 31 des Reichskonkordats eine Enttäuschung nach der anderen und manche schwere Demütigung hinnehmen.[429] Zug um Zug mußte er sich von der Illusion eines Staat-Kirche-Verhältnisses verabschieden, zu dem die katholische Kirche Ja sagen konnte. Nicht nur die wachsende Distanz des kooperationsbereiten Klerus zum NS-Regime läßt sich am Beispiel dieses Bischofs verfolgen, sondern auch die Notwendigkeit, die kleinschrittigen Entwicklungsphasen im Staat-Kirche-Verhältnis ernst zu nehmen. Von Jahr zu Jahr, manchmal von Monat zu Monat oder gar von Woche zu Woche veränderte sich das Verhältnis zwischen Staat und Kirche.

Die Ende August 1933 von der Bischofskonferenz verabschiedete Verbändeliste stieß auf Länderebene auf massive Kritik. Auch die im Herbst 1934 beginnenden Verhandlungen zwischen Buttmann und Pacelli führten nicht zum Erfolg. Alle katholischen Vereine sollten entweder konsequent »klerikalisiert« oder, soweit sie auch kulturellen, karitativen oder sportlichen Zwecken dienten, den entsprechenden Formationen der Staatspartei »eingegliedert« werden. Eine tiefe Zäsur stellte der »Röhm-Putsch« Ende Juni 1934 dar, bei dem auch eine Reihe katholischer Regimegegner wie der Vorsitzende der Katholischen Aktion in Berlin, Erich Klausener, ermordet wurde.[430]

Im weiteren Verlauf der Verhandlungen kam es zwischen Kurie und deutschem Episkopat zu Koordinationsfehlern und dadurch bedingten Widersprüchlichkeiten, die von nationalsozialistischer Seite erkannt und ausgenutzt wurden. Mitte August 1934 fiel der Osnabrücker Bischof auf, weil der *Hannoversche Kurier* eine Erklärung Bernings zur Volksabstimmung über die Vereinigung der Ämter des Reichskanzlers und des Reichspräsidenten abgedruckt hatte. Danach soll er es für die »selbstverständliche Pflicht eines jeden Deutschen« gehalten haben, zur Frage des Führers freudig »Ja« zu sagen. In einem Brief an seine Bischofskollegen und den Berliner Nuntius suchte Berning klarzustellen, daß er durch die Zeitung getäuscht worden sei und eine solche Erklärung jedenfalls nicht direkt abgegeben habe. Das Schreiben schließt mit dem lebhaften Bedauern darüber, daß mit der Veröffentlichung Unruhe in katholischen Kreisen entstanden sei und sie bei manchen Katholiken Gewissensbedrängung ausgelöst habe.[431]

Auch ausführliche Gespräche zwischen Berning und Orsenigo Ende August/Anfang September 1934 konnten auf seiten des Vatikans das frühere Vertrauensverhältnis in den deutschen Verhandlungsführer Berning nicht vollständig wiederherstellen.

Im Vergleich zu der Volksabstimmung vom 12. November 1933 zeigte die Akklamation vom 19. August 1934 sehr deutlich, daß die Zahl der Zustimmenden von 89,9 auf 84,3 Prozent gesunken war[432] – ein Umstand, den der Berliner wie der Münchner Nuntius sogleich nach Rom meldeten.[433] Orsenigo teilte Pacelli mit, in den katholischen Wahlbezirken sei der Prozentsatz an Gegenstimmen nicht höher als der in den anderen, und bestärkte damit den Vatikan in seiner Befürchtung, die Widerstandskräfte auch des katholischen Bevölkerungsteils seien erlahmt.

An der Beisetzung Hindenburgs am 7. August 1934 hatte Orsenigo nicht teilgenommen, weil ihn drei Tage zuvor folgendes Telegramm aus Rom erreichte:

»Heiliger Vater meint, daß Sie, wenn Sie wollen, an Zivilzeremonien im Beisein des Diplomatischen Korps teilnehmen können – bis zu jenem Augenblick, in dem der Ritus oder das Gebet seitens des Reichsbischofs oder eines anderen Pastors beginnt. Sie müssen sich von dem Moment an entfernen, der konfuse zivile oder religiöse Zeremonien vorsieht. Wenn es schwierig sein sollte, sich in jenem Augenblick zu absentieren, ziehen Sie es vor, nicht hinzugehen, und beschränken Sie sich auf die Präsenz bei der Gedächtnisfeier im Reichstag.«[434]

Immer wieder schöpfte Orsenigo aus vagen Andeutungen und Versprechungen Hitlers Hoffnung. So berichtete er Pacelli von einem Empfang des Diplomatischen Korps am 12. September 1934 beim Reichskanzler. Hitler habe »auf seinen lebhaften Wunsch« hingewiesen, »zu einem völligen Frieden mit den beiden Konfessionen zu gelangen«[435]. Doch gleichzeitig ließ der Diktator die Kirche weiter verfolgen.

Eine neue Eskalation im Verhältnis von Staat und Kirche trat mit der Ankündigung von Reichsinnenminister Wilhelm Frick vom 7. Juli 1935 ein, das öffentliche Leben »entkonfessionalisieren« zu wollen.[436] Aufgrund entsprechender Verordnungen sollten die katholischen Jugendverbände strikt auf den kultischen Bereich beschränkt und des weiteren die Jugendlichen zum Beitritt in die Hitlerjugend veranlaßt werden. Als daraufhin Reichskirchenminister Hanns Kerrl Anfang September 1935 das katholische Vereinswesen über Verzeichnisse auf Diözesanebene überprüfen wollte, kamen die Bischöfe überein, dem Minister eine einheitliche Liste vorzulegen, um zu verhindern, daß sie gegeneinander ausgespielt würden.

Ergebnislos schleppten sich die Verhandlungen dahin, wobei der NS-Staat sich nicht scheute, Episkopat wie Vatikan immer wieder schwer zu düpieren. Memoranden blieben monatelang unbeantwortet liegen, Telefonanrufe Bernings im Reichskirchenministerium wurden rüde abgeblockt.[437] Der Abdruck von übersetzten Artikeln aus dem *Osservatore Romano* in den deutschen Diözesanblättern wurde verboten.[438] In dem Zeitraum zwischen der Ratifizierung des Reichskonkordats (September 1933) und dem Erlaß der Enzyklika *Mit brennender Sorge* (März 1937) richtete der Heilige Stuhl über siebzig Noten und Memoranden an die Deutsche Reichsregierung.[439] Rund 12.000 Welt- und Ordenspriester aus allen deutschen Diözesen waren von den Verfolgungsmaßnahmen betroffen, die nach der Machtübernahme Hitlers einsetzten und ein immer größeres Ausmaß annahmen.[440]

Auf der anderen Seite berichtete Orsenigo immer wieder nach Rom, wie beliebt Hitler in der deutschen Bevölkerung sei. Im Zusammenhang mit den Feierlichkeiten anläßlich des 47. Geburtstages des »Führers« heißt es etwa: »Die Diplomaten sind sich darin einig, anzuerkennen, daß das deutsche Volk – trotz der Unterschiede in den Urteilen und in den Einschätzungen hinsichtlich der Partei – sich in der Anhänglichkeit und der Wertschätzung für den Führer völlig einig ist.«[441]

Mit den im Mai 1936 aufgenommenen Sittlichkeitsprozessen gegen katholische Ordensleute und Priester traten die Auseinandersetzungen in ein neues Stadium.[442] Aufgrund der nunmehr hoffnungslos gewordenen Verhandlungssituation reifte in der zweiten Jahreshälfte beim Heiligen Stuhl allmählich der Entschluß, mit Hilfe einer Enzyklika auf die verzweifelte Lage der römisch-katholischen Kirche in Deutschland aufmerksam zu machen. Aber auch dieser Entscheidungsprozeß wurde von einer Episode unterbrochen, die zu neuen Spekulationen über

eine Kooperation von Staat und Kirche Anlaß gab: die drei-
stündige Unterredung zwischen Hitler und Faulhaber auf dem
Obersalzberg am 4. November 1936.[443] Für wenige Wochen sah
es noch einmal so aus, als könne der beiden gemeinsame Antikommunismus zum Ferment für eine Allianz werden.[444] Nach
diesem Gespräch nannte Faulhaber als Basis für eine Verständigung das Konzept des aus der Südsteiermark stammenden
Weihbischofs Alois Hudal, Rektor der *Santa Maria dell'Anima*
in Rom.[445] Anlaß bot dessen gerade im Oktober 1936 erschie-
nenes Buch »Die Grundlagen des Nationalsozialismus«, das
ihm Hudal zugeschickt hatte[446] und dessen erstes Exemplar
Hitler gewidmet war.[447] Einen Abschnitt daraus über »Das
Rasseproblem« hatte Hudal zuvor schon als Broschüre publiziert.[448]

Pius XI. war von den »Grundlagen« jedoch gar nicht angetan
und wollte das Pamphlet des Konsultors des Heiligen Offiziums sogar auf den Index setzen[449], was zu einem ungeheuren
Eklat geführt hätte. Pacelli ließ statt dessen im *Osservatore
Romano* vom 13. November 1936 eine diskrete Distanzierung
veröffentlichen.[450] Drei Tage später teilte er Faulhaber mit, daß
der Heilige Stuhl »gewissen Publikationen« Hudals »durchaus
fernsteht«[451]. Obwohl sich der Innsbrucker Kardinal Theodor
Innitzer nicht an diese Sicht der Dinge hielt und dem Buch
schließlich doch das kirchliche Imprimatur erteilte, brachte
das keine Wende mehr.[452]

Katholisierung des Nationalsozialismus?
Alois Hudals Versuch eines Brückenschlags

Neben Hitlers »Mein Kampf« gehörte Alfred Rosenbergs »Mythus des 20. Jahrhunderts. Eine Wertung der seelisch-geistigen Gestaltungskämpfe unserer Zeit« zur ideologischen Basisliteratur des Nationalsozialismus.[453] Das schwer verständliche, erstmals 1930 erschienene Buch fand zunächst kaum Leser. Erst nachdem Hitler dem alten, stets ein wenig stiefmütterlich behandelten Parteigenossen am 24. Januar 1934 das Amt zur »Überwachung der gesamten geistigen und weltanschaulichen Schulung und Erziehung der NSDAP« übertragen hatte, stieg das Interesse an dem programmatischen Werk des weltanschaulichen Nationalsozialismus sprunghaft an. Darin vertrat sein Verfasser die Überzeugung, daß das nordische Blut jenes Mysterium darstelle, welches das Wesen des Menschen ausmache und die »alten« Sakramente ersetzt und überwunden habe.

Am 7. Februar 1934, unmittelbar nach seiner offiziellen Beförderung zum Chefideologen der Partei, setzte das Heilige Offizium Rosenbergs »Mythus« und Ernst Bergmanns »Deutsche Nationalkirche« auf den *Index librorum prohibitorum*. Damit war den praktizierenden Katholiken Erwerb, Besitz und Lektüre der eindeutig christentumfeindlichen Bücher verboten. Mit ihrer Entscheidung stürzte die Kirche ihre Gläubigen in schwere Gewissenskonflikte, denn bei Schulungen, im Unterricht oder zu Prüfungen galt das Rosenbergsche Machwerk als Pflichtlektüre.[454]

Alois Hudal, seit 1923 Rektor der deutschen Nationalstiftung *Santa Maria dell'Anima* und von 1930 an außerdem Konsultor des *Sanctum Officium,* behauptete in seinen 1976 postum veröffentlichten »Römischen Tagebüchern«, auch zum »Mythus« ein Gutachten beigesteuert zu haben.[455] Finden ließ sich in der vatikanischen Indizierungsakte nur ein Gutachten Hudals zu Bergmanns Buch.[456] Der Theologe warnte darin vor der deutschkirchlichen Bewegung Bergmanns und Rosenbergs, die den biologisch-rassistischen Gedanken betone und alle religiösen Irrtümer seit Nietzsche zusammenfasse. Im Ergebnis sprachen sich die Konsultoren der Kongregation bei ihrer Versammlung am 29. Januar 1934 dafür aus, auch andere Bücher der nationalsozialistischen Bewegung zu untersuchen, insonderheit Rosenbergs Mythus.

Am 7. Februar 1934, dem Tag der Verurteilung des »Mythus«, erschien im *Osservatore Romano* ein ausführlicher Artikel mit dem Titel: »Ein Buch mit gehässigen Falschheiten für die deutsche Jugend«[457]. Es sei »fanatisch« und »gewalttätig«, »bildungsfeindlich, christenfeindlich [...] und menschenfeindlich«[458]. Aber das offiziöse Vatikan-Blatt unterstrich auch, daß es sich bei dem »Mythus« um eine Privatarbeit Rosenbergs handele. Obwohl der Kurie die offizielle Förderung des Buches durch den NS-Staat nicht entgangen sein konnte, griff es damit die stets wiederholte Lesart Hitlers und seiner Getreuen auf. Auf diese Weise konnte man Rom nicht den Vorwurf machen, die Staatspartei und ihre Ideologie selbst anzugreifen. Außerdem ermöglichte diese Strategie weiterhin die Unterscheidung zwischen den gemäßigten und den radikalen Kräften in der NS-Bewegung. Allerdings machte es diese Sicht der Dinge dem Vatikan unmöglich, auch Hitlers »Mein Kampf« zu untersuchen und gegebenenfalls zu indizieren.

Die Indizierung des »Mythus« hatte dem »Kirchenkampf« jedenfalls neue Nahrung gegeben. Partei und Regierungsapparat setzten zu einer groß angelegten Diffamierungskampagne des Katholizismus an; Gegenschriften zum »Mythus« wie die »Studien zum Mythus des 20. Jahrhunderts«[459] wurden behindert. Die Gläubigen gerieten zwischen die Mühlsteine der gesellschaftlichen Benachteiligung und Ausgrenzung einerseits und der religiös-sakramentalen Strafen andererseits.

Auf Hudals Drängen und den Rat der anderen Konsultoren hin wollte Pius XI. einen »Syllabus« der nationalsozialistischen Häresien ausarbeiten lassen. In seinen 1962 abgeschlossenen »Römischen Tagebüchern« erinnert sich der Rektor von *S. Maria dell'Anima:*

»Ich benutzte [... die] Audienz im Oktober 1934 [...], um dem Papst das folgende Gesuch zu unterbreiten, in dem ich die feierliche Verurteilung in der Form einer Enzyklika oder eines neuen Syllabus der drei folgenden Zeitirrtümer vorschlug: [...] 1. Der totalitäre Staatsbegriff, der den Persönlichkeitswert des einzelnen Menschen unterdrückt, 2. der radikale Rassenbegriff, der die Einheit des Menschengeschlechts auflöst, 3. der radikale Nationalismus mit der Preisgabe des Naturrechts infolge der ausschließlichen Geltung des positiven von Nation und Staat dekretierten Rechtes.«[460]

Hudal begnügte sich nun nicht mehr mit den Predigern in der zweiten Reihe. Er wollte die »Erzväter der großen neuzeitlichen Ideologien, Lenin, Stalin, Mussolini und vor allem Hitler [...] vor das Tribunal der römischen Inquisition« bringen.[461] Papst Pius XI. soll von seinen Anregungen »stark beeindruckt« und bereit gewesen sein, »diese Fragen durch die genannte höchste Kongregation überprüfen zu lassen«[462]. »Vielleicht wäre manches dem deutschen Volk und Österreich erspart geblieben«, fährt Hudal fort, »wenn 1934 rechtzeitig der Bannstrahl gegen diese Irrtümer geschleudert worden wäre, die so viel Unglück über Europa bringen sollten.«[463]

Am 7. Oktober 1934 schrieb Hudal an den Kardinalssekretär des Heiligen Offiziums, Donato Sbarretti, und ersuchte das kirchliche Lehramt, sich mit den Gefahren der modernen Rasselehre in Deutschland zu befassen. Insbesondere die Jugend sei durch die von den Nationalsozialisten vertretene Blut- und Rasse-Ideologie aufs höchste gefährdet. Die Grundlagen der christlichen Religion würden durch diese neue »arisch-nordische« Religion, die mehr sei als eine politische Partei, aufgelöst.[464] Der »nationale Mystizismus« des Nationalsozialismus erschien Hudal so häretisch, daß er meinte, es genüge nicht, die entsprechenden Bücher auf den Index zu setzen. Vielmehr forderte er eine Enzyklika oder einen Syllabus errorum. Am 25. Oktober 1934 gaben die Kardinäle des Heiligen Offiziums unter Vorsitz von Pius XI. seinem Ersuchen statt. Nach Rücksprache mit dem Jesuitengeneral Ledóchowski beauftragte der Papst die beiden Professoren an der Päpstlichen Universität Gregoriana, Franz Hürth SJ und Johannes Baptista Rabeneck SJ, mit der Anfertigung von entsprechenden Gutachten.[465]

War Hudal wirklich eine Schlüsselfigur – jener weise Priester, der rechtzeitig warnte, aber dessen folgerichtige Analysen und Handlungsempfehlungen aufgrund der widersprüchlichen vatikanischen Verhältnisse tragisch scheitern mußten? Peter Godman betont bei seiner Darstellung Hudals stark die psychologische Seite im Verhalten des aus Graz stammenden Schuhmachersohns und bezeichnet ihn als »karrieregierigen Außenseiter«[466], der beinahe um jeden Preis eine herausgehobene Rolle habe spielen wollen. »Alle seine Aktivitäten [...] zielten darauf ab, ihm selbst Einfluß zu sichern.«[467] Hudals Doppelspiel gegenüber dem Nationalsozialismus – die öffentliche Betonung seiner politischen Nähe zu der Bewegung bei gleichzeitiger Bekämpfung der NS-Ideologie in den geheimen Gemächern des Vatikans – findet Godman anscheinend so abscheulich, daß er gar von »Denunziation« spricht.[468]

Dem ist entgegenzuhalten, daß Hudal in vielen seiner Schriften aus seiner Ablehnung der weltanschaulichen Seite des Nationalsozialismus nie einen Hehl gemacht hatte. Auch der Tatsache, daß Hudal im Oktober 1943 eine entscheidende Rolle im Zusammenhang mit dem Abbruch der Deportationen von Juden aus Rom spielte, trägt das einseitige Bild, das Godman von dem Rektor der *Anima* zeichnet, zu wenig Rechnung.[469]

Bereits Ende 1927 hatte Hudal ein Memorandum an den Papst geschickt, in dem er auf die negativen Auswirkungen der deutschen »Kulturkrise« unter den angehenden Priestern hinwies und als probates Gegenmittel Einführungskurse in die Glaubenslehre empfahl. Diese sollten natürlich am besten in der *Anima* in Rom stattfinden.[470]

1935 trat Hudal gleich mit zwei Arbeiten hervor: »Deutsches Volk und christliches Abendland«[471] und »Der Vatikan und die modernen Staaten«[472]. In der ersten Schrift wollte er die bedrohte Einheit des Abendlandes retten, indem er – nach dem Modell Italiens – für ein harmonisches Zusammengehen von Führer und Papst plädierte. Dabei sollte Hitler, gestützt auf das Papsttum, die Extreme im eigenen Lager ausscheiden. Was Deutschland fehle, sei der geistige Führer Christus; er und kein anderer müsse über das ganze Kulturleben herrschen. Sollte Hitler sich mäßigen und die geistige Führungsrolle der Kirche anerkennen, dann könne daraus eine starke Allianz werden. Rom, so argumentierte er in seinem zweiten Traktat, sei bereit, mit dem rechten, mehr konservativ eingestellten Flügel der Diktatur zusammenzuarbeiten und auf dieser Basis zu »modernen Verhältnissen« zu gelangen.

Als gemeinsamen Feind stellte er immer wieder den Bolschewismus heraus; dem Protestantismus gab Hudal keine Zukunft mehr. Mit seinem Antibolschewismus verband er einen klar rassisch akzentuierten Antijudaismus, wenn er von dem »religiöse[n] und sittliche[n] Auswurf des Judentums« sprach, »der heute von Moskau aus die christlichen Völker Europas in ständiger Unruhe hält, um der Weltherrschaft einer Rasse die Wege zu bereiten, die der Menschheit wertvolle Kulturgüter und hervorragende Persönlichkeiten geschenkt hat, die aber, sobald sie religiös entwurzelt ist, jeden anderen Kulturkreis zersetzen muß«[473]. Solche Thesen verrieten, wie weit sich Hudal den Nazis angenähert hatte, um seine Allianz schmieden zu können.

Zu Hudals Förderern in Rom gehörte der erzkonservative Ultramontanist Rafael Merry Del Val, der ihn 1930 auch zum Konsultor des Heiligen Offiziums berufen hatte. Franz von Papen, seit 1934 Sonderbotschafter in Wien, sorgte dafür, daß Hudals Buch »Die Grundlagen des Nationalsozialismus« in die Hände von Hitler gelangte und trotz des geltenden Einfuhrverbots für österreichische Literatur 2000 Exemplare der Arbeit in Deutschland verkauft werden konnten.[474] Papen hielt die Hand über Hudal, weil es, wie er Hitler schrieb, gerade nach dem Verständigungsabkommen des Reiches mit Österreich vom 11. Juli 1936[475] für die weitere Entwicklung wichtig sei, »diesen Mann für uns kampffähig zu halten«[476]. Fast ähnlich im Wortlaut empfahl auch Botschafter von Bergen, daß Hudals Fähigkeiten »zu gegebener Zeit nutzbar gemacht« werden müßten, und berichtete über die umlaufenden Gerüchte in Rom, wonach der Bischof gute Beziehungen zu Göring, General von Fritsch und Papen unterhalte, während Goebbels wie Faulhaber ihm gegenüber eine eher reservierte Stellung einnähmen.[477]

In seinem oben erwähnten, von Pius XI. abgelehnten Buch[478] »Die Grundlagen des Nationalsozialismus« vom Oktober 1936 ging Hudal noch einmal grundsätzlich auf die NS-Ideologie ein und benannte drei seiner Weltanschauung innewohnende Häresien: die Vergötterung von Blut und Rasse, die zu einem »pseudoreligiösen, anthropologischen Materialismus« führe sowie antijüdische und antichristliche Selbstüberschätzungen erzeuge; die Totalität der nationalsozialistischen Weltanschauung, die den Staat zur Kirche und den Führer zum Heiligen stilisiere, sowie das völlig überzogene Verständnis von Nation und Volksgemeinschaft, das in der Sphäre des Religiösen münde.

Hudal wollte den Nationalsozialismus als politische Bewegung erhalten und stärken, indem er ihn von seinem weltanschaulichen Flügel trennte. Als Vorbild galt ihm die faschistische Bewegung, die sich ebenfalls von ihrem gleichfalls indizierten Philosophen Giovanni Gentile gelöst hatte.[479] Er vertrat die These, daß innerhalb des Nationalsozialismus zwei Richtungen miteinander rivalisierten – ein linkssozialistisch-christentumsfeindlicher und ein rechtskonservativ-reformierbarer Flügel. Daraus ergab sich für ihn die Konsequenz, letzteren zu stärken, ja sich mit ihm gegen den bedrohlich wachsenden Bolschewismus in Europa zu verbünden.[480]

Meist ging Hudal so vor, daß er bei der NS-Ideologie »Überspitzungen« wahrnahm und – in Auseinandersetzung mit Rosenberg – Abschwächungen vornahm. Zur »modernen Rassenfrage« heißt es bei ihm beispielsweise:

»Niemand kann leugnen, daß seit der französischen Revolution mit ihren Grundsätzen über Völker- und Menschenrecht in Europa ein Völker- und Rassengemisch heranwächst, in dem das Bewußtsein von Volkstum, Rasse und ihren hohen Kulturwerten oft jede Bedeutung verloren hat. [...] Rassenfrage und Christentum müssen [...] keine Gegensätze sein. Nur dort, wo Radikalismen beginnen, ergeben sich auch ganz von selbst Kämpfe, Gegensätze und Schwierigkeiten, weil das Christentum wesentlich Harmonisierung, Ausgleich und Zusammenfassung von Natur und Übernatur ist.«[481]

Rosenberg wollte Papens Aufforderung, daß von seiten »der Partei jede Polemik [gegen das Buch zu] unterbleiben« habe, nur Folge leisten, wenn Hudal den Titel ändere.[482] Einen entsprechenden Antrag auf Verbot dieser Titelführung richtete er an das Reichspropagandaministerium.[483] Nach Erscheinen der Schrift in Österreich legte der Reichsleiter »für die gesamte geistige und weltanschauliche Erziehung der NSDAP« Hitler ein vernichtendes Gutachten vor. Hudal habe eine »Wesenskritik der NS-Weltanschauung« vorgelegt, deren »einmalige Leistung« durch falsche historische Einordnungen eingeebnet, mit Ausnahme des Politischen ein »vollständiges Abtreten des weltanschaulichen Gebiets an die Kirche« verlangt und das rassische Denken des NS als seiner weltanschaulichen Grundlage abgelehnt.[484]

Mit dieser Einschätzung traf Rosenberg ins Schwarze, denn tatsächlich beabsichtigte Hudal nichts weniger als eine Katholisierung des Nationalsozialismus. Dabei kam der Rektor der *Anima* seinem Objekt der Vereinnahmung freilich weit entgegen – so etwa, wenn er die »semitische Rasse« als Förderer von Demokratie und Weltbürgertum anprangerte und dem Judentum Absonderung und Herrschsucht vorwarf.[485] Ähnlich wie sein Osnabrücker Kollege Berning meinte Hudal, Rom repräsentiere das wahre »Führerprinzip«[486], und sah auch von daher zahlreiche Vermittlungsmöglichkeiten zwischen römischem Katholizismus und Nationalsozialismus.

Hudal war vielleicht der populärste, nicht aber der einzige Katholik, der nach Synthesen zwischen römischem Katholizismus und Nationalsozialismus suchte. Die meisten gehörten in das gedankliche Umfeld der nationalkatholischen Initiative Franz von Papens[487], mit dem Hudal in enger Verbindung stand. Auch der weniger bekannte Pfarrer Wilhelm Maria Senn aus Sickingen versuchte beispielsweise in seiner Schrift »Katholizismus und Nationalsozialismus«, die Vereinbarkeit beider Größen zu erweisen. Der Verfasser verlangte die »Aussöhnung des Katholizismus mit dem Nationalsozialismus« und ließ keinen Zweifel daran, daß er eine Art Bringschuld auf seiten seiner Kirche erwartete. Erzbischof Fritz von Freiburg verbot die Broschüre und erhielt dafür die volle Unterstützung des Heiligen Stuhls.[488]

Entwürfe des Heiligen Offiziums gegen
die totalitären Systeme (1935/36)

Am 14. März 1935 stellte Jesuitengeneral Ledóchowski im Heiligen Offizium die Arbeit seiner beiden Wissenschaftler Hürth und Rabeneck vor.[489] Wie Hudal kam auch Hürth zu dem Ergebnis, daß die nationalsozialistische Rassentheorie dem christlichen Menschenbild fundamental widersprach. Als eine Hauptquelle für die Analyse der nationalsozialistischen Rassenlehre zogen die Jesuiten Hitlers »Mein Kampf« heran. Systematisch zeichneten sie die politische Religion des Nationalsozialismus nach. Die »Rassenmischung« sei für Hitler »die Erbsünde der Welt«; er dämonisiere die Juden, um sich selbst zum Erlöser des »arischen Blutes« zu stilisieren. Aus dem Kult des guten Blutes ergebe sich die Idee der Sterilisation. Die Erziehung zu Herrschermenschen widerspreche allem, was die christliche Religion lehre; die absolute Stellung der rassenreinen Volksgemeinschaft lasse einerseits das Individuum mit seinen Wünschen verschwinden und zerstöre andererseits die Einheit der Menschheit.

Nach ausführlicher Erörterung entstand aus den Gutachten sowie den daraus entnommenen Thesen eine Liste von 47 *Propositiones* – Aussagen, die nach alter Tradition verurteilt werden sollten. Verfaßt waren sie von Hürth und dem kanadischen Soziologen Louis Chagnon. Diese Propositiones gingen zur Kommentierung an drei Konsultoren. Die Sätze sind klar und eindeutig, es fehlen ihnen alle diplomatischen Schnörkel. Zum Verhältnis »Kirche und totalitärer Staat« wurden beispielsweise folgende verurteilenswürdige Sätze formuliert:

»37. Die Kirche unterliegt sowohl de facto als auch de iure der Totalität des Staates.

38. Weder steht der Kirche nach natürlichem oder göttlichem Recht vollständige Unabhängigkeit von der zivilen Gesellschaft zu, noch hat sie volle Hoheit über ihre eigene Bestimmung. Die Kirche hat in der zivilen Gesellschaft nur die ihr vom totalen Staat erteilte Erlaubnis zu Lehre, Weisung und Gottesdienst, und dies nur so lange, wie er es zuläßt.

39. Insbesondere hat die Kirche weder die Pflicht noch das Recht, moralische Prinzipien zu lehren und durchzusetzen, auf denen das zivile Leben, vor allem aber auch das der Politik und der Wirtschaft beruhen. Indem sie solches tut, überschreitet die Kirche die Grenzen ihrer Zuständigkeit und mischt sich in die des Staates ein. Denn aufgrund der Fülle seiner Macht obliegt es (auch in Gewissensangelegenheiten) allein dem Staat, eine politische Ethik festzulegen und über sie zu entscheiden.«[490]

Das war eindeutig. Dennoch sind solche Sätze so verwunderlich nicht, wenn man aufmerksam liest, was der Vatikan dem Auswärtigen Amt ins Stammbuch schrieb. In dem kontroversen Notenwechsel zwischen dem Heiligen Stuhl und dem nationalsozialistischen Staat spielte immer wieder das Selbstverständnis des totalen Staates eine Rolle. Man darf sich von dem analytischen Duktus und der diplomatischen Sprache, die Pacelli meist gebrauchte, nicht täuschen lassen. In der Sache war er ganz klar. So heißt es schon in seinem Promemoria vom 14. Mai 1934, Pius XI. halte

»hinsichtlich des Begriffs der ›Totalität‹ des Staates eine wesentliche Unterscheidung zwischen richtig und falsch verstandener Totalität vonnöten, wenn nicht verhängnisvolle Begriffsverwirrungen eintreten sollen. Wird die Totalität so verstanden, daß in all dem, was gemäß dem eigentlichen Daseinszweck des Staates der staatlichen Zuständigkeit angehört, die Gesamtheit aller Staatsbürger ohne Ausnahme dem Staat und der ihn lenkenden rechtmäßigen Regierung untertan sei (subjektive Totalität = Totalität des staatsunterworfenen Personen-

kreises), so ist das zweifellos zu bejahen. Gleiches läßt sich
jedoch keineswegs sagen, wenn man darunter eine sogenannte objektive Totalität (Totalität der Sachgebiete) verstehen will
und behauptet, die Gesamtheit der Staatsbürger unterstehe
auch in der Gesamtheit dessen, was ihr persönliches, familien-
mäßiges, geistliches und übernatürliches Leben beinhalte,
dem Staate oder – was noch falscher wäre – dem Staate gar
allein oder vornehmlich. [... Es kann] nur nachdrücklich darauf hingewiesen werden, daß ›eine Totalität des Regimes und
des Staates, die auch das übernatürliche Lebensgebiet umfassen wollte, schon in der Vorstellung eine offenbare Sinnlosig-
keit [...] sein würde und – in die Tat übersetzt – eine wirkliche
Ungeheuerlichkeit [...]‹. Der erzieherische Totalitätsanspruch
des Staates ist demnach nicht nur in thesi falsch, sondern
auch in praxi auf die Dauer selbstmörderisch. Die Geister, die
er auf den Wegen einer konfessionsfreien und konfessions-
feindlichen Staatserziehung heranzieht, werden in ihrer religiösen Entbundenheit seine Feinde von Morgen sein. Es gibt
keine wahre Volks- und Staatswohlfahrt ohne Religion. [...]
Menschliche Norm ist undenkbar ohne Verankerung im Göttlichen. Diese letzte Verankerung kann nicht liegen in einem
gewillkürten ›Göttlichen‹ der Rasse. [...] Ein solcher ›Gott‹ des
Blutes und der Rasse wäre weiter nichts als das selbstgeschaf-
fene Weltbild eigener Beschränktheit und Enge. [...] Die von
manchen Kreisen gepredigte Rückkehr zu einer ›Nationalreli-
gion‹ wäre nicht nur ein ›Sündenfall‹ im übernatürlichen, sondern auch ein Rückfall im natürlich-kulturellen Sinne. Die
Kirche als Hüterin des Glaubenserbes Christi kann nicht
widerstandslos zusehen, wenn der Jugend, der Trägerin der
kommenden Generationen, statt die Frohbotschaft der Lehre
Christi die Trutz- und Trugbotschaft eines neuen Materialismus der Rasse gepredigt wird und staatliche Institutionen hierzu mißbraucht werden.«[491]

Obwohl er über Orsenigos Berichte bis ins Einzelne über die

Konkordatsbrüche informiert war[492], lehnte Pacelli eine fortgesetzte demonstrative Zurückweisung des weltanschaulichen Nationalsozialismus ab – vermutlich, weil er die Auswirkungen einer solchen Konfrontation auf die deutschen Katholiken fürchtete. Von Anfang an zweifelte der Realpolitiker an deren Resistenzkraft.[493] Er mußte berücksichtigen, daß die Deutschen beinahe geschlossen hinter Hitler standen. Das galt auch hinsichtlich der »Judenfrage«, wie Orsenigo im Zusammenhang mit der Verabschiedung der »Nürnberger Gesetze« Mitte September 1935[494] zu berichten wußte. Nach seinem Eindruck gab es kaum deutsche Nichtjuden, die die Maßnahmen mißbilligten. »Ich weiß nicht«, schrieb der Nuntius, »ob es sich beim Bolschewismus um das ausschließliche Werk der Juden handelt, doch hier hat man Mittel gefunden, diese Ansicht durchzusetzen und entsprechend gegen das Judentum vorzugehen. Wenn, wie es den Anschein hat, die Naziregierung von langer Dauer sein wird, dann ist es den Juden bestimmt, aus dieser Nation zu verschwinden.«[495] Aber die Kirche hatte einen noch längeren Atem und eine zweitausendjährige Erfahrung, wie Pacelli immer wieder zum Ausdruck brachte.[496]

In einer solchen Situation machte es politisch keinen Sinn, auf Konfrontationskurs zu gehen. Die Zeit war dafür eben nicht passend. Man mußte warten können. Aber sobald sich die Gelegenheit ergab – etwa Ende April 1935 in Lourdes –, erhob Pacelli seine Stimme gegen den »Aberglauben der Rasse und des Blutes«. Die so dächten, lebten nach Grundsätzen, »die denen des christlichen Glaubens von Grund auf entgegengesetzt sind, und die Kirche wird niemals, um keinen Preis, mit ihnen Umgang pflegen«[497].

Während seiner Zeit als Kardinalstaatssekretär hielt sich Pacelli an diese Strategie und versuchte immer wieder, beim NS-»Partner« Vertragstreue gegenüber dem Konkordat einzuklagen. Dabei sah er sich bis 1939 in erster Linie als loyaler

Erfüllungsgehilfe seines Papstes und entwickelte daher keine eigenständigen Initiativen.

Solche Rücksichten mußten die Konsultoren des Heiligen Offiziums nicht nehmen. Ihre Forschungsergebnisse waren auf der Höhe der Zeit. Ohne sich auf deren Arbeiten zu beziehen, attestierten sie dem Nationalsozialismus – mit Eric Voegelin, Raymond Aron und vielen anderen[498] –, daß er eine »Politische Religion« kreiert habe. Der in Deutschland von Staats wegen geförderte religiöse Nationalismus, führten sie aus, sei ein häretischer Staatskult, der in direkter Konkurrenz zum Christentum stehe.[499] Sie verurteilten die aggressive Lebensraumpolitik ebenso wie den friedensgefährdenden Militarismus und sprachen sich für die »Einheit der Menschheit« aus – eine Formulierung, die jeder rassischen Diskriminierung entgegenstand. Der »Rasseinstinkt« als höchstes Gut und entscheidender Maßstab zur Beurteilung universaler Prinzipien wie geoffenbarter Wahrheiten wird strikt zurückgewiesen.

Zwischen Pacelli und den Jesuiten, die für das Heilige Offizium tätig geworden waren, gab es keine inhaltlichen Differenzen bei der Beurteilung des Nationalsozialismus. Wohl aber arbeiteten sie in verschiedenen Funktionen – ein Umstand, der sich in den Äußerungsformen niederschlug. Wie Pacelli dachte, geht unter anderem auch daraus hervor, daß Alfredo Ottaviani, als Unterstaatssekretär einer seiner engsten Mitarbeiter, 1935 ein Lehrbuch zum kanonischen Recht herausbrachte, in dem er – allerdings in lateinischer Sprache – die Irrtümer der faschistischen und nationalsozialistischen Theoretiker beim Namen nannte.[500]

Die drei Konsultoren, denen die Propositionen zur Kommentierung übergeben worden waren, gehörten nicht zur Societas Jesu. Martin-Stanislaus Gillet, Generalmeister der Dominikaner, kam in seinem Gutachten vom 20. April 1936 zu dem Ergebnis, daß Nationalismus, Kommunismus, Totalitarismus und Rassismus gemeinsame Auswüchse *eines* »neuen

Götzenbildes« seien, das er als »sozialen Modernismus« bezeichnete. Damit knüpfte er an die »Häresie des Modernismus« an, gegen die schon Pius X. gekämpft hatte. Für Ernesto Ruffini, Sekretär der Kongregation für Universitäten und Fakultäten und zugleich Konsultor der Kongregation für Außerordentliche Kirchliche Angelegenheiten, bildete der »Hyper-Nationalismus« die »Ketzerei unserer Zeit«. Domenico Tardini[501], seit 1936 Ottavianis Nachfolger als Unterstaatssekretär, plädierte ebenfalls für eine Enzyklika sowie für ein Dekret des Heiligen Offiziums zur feierlichen Verurteilung der schwerwiegenden Irrtümer des Zeitalters. Aber er sprach sich dafür aus, Kommunismus und Nationalismus gleichermaßen als »höchst schädliche Irrlehren« zu verurteilen. Indem die Kirche aus pastoraler Perspektive gegen beide Extreme Stellung beziehe, könne sie »wieder einmal beweisen, daß sie dem goldenen Mittelweg von Wahrheit und Tugend folgt«[502].

Alle drei waren der Überzeugung, daß die Propositionen zu akademisch und differenziert seien und darum verkürzt und vereinfacht werden müßten. Sein Vorschlag machte es erforderlich, am 29. April 1936 eine neue Kommission einzusetzen, die entsprechende Ermittlungen zum Kommunismus anstellen sollte. Obwohl Friedrich Muckermann inzwischen als Professor für russische Literatur am Orientalischen Institut in Rom arbeitete, wurde er wieder nicht gebeten, sondern Joseph Ledit SJ, der die »Briefe aus Rom« herausgab – eine Publikation, die das Wesen des Kommunismus dokumentieren sollte.[503] Godman hält diese Personalentscheidung für keinen Zufall. Rom habe das Scheinwerferlicht gescheut und sich darum für Personen entschieden, die den vatikanischen »Angriff in einer Atmosphäre der Verschwiegenheit« planten.[504]

Die neue Kommission suchte nach Gemeinsamkeiten zwischen Nazismus und Kommunismus. Sie fand, besonders beim Totalitarismus-Gedanken, Entsprechungen, die sie zu ähnlichen Formulierungen führte, wie sie Hürth und Chagnon in bezug auf den nationalsozialistischen Rassismus gebraucht hatten.[505] Ledit akzentuierte insbesondere den Materialismus als das den Kommunismus bestimmende Prinzip und stellte praktische Bezüge zum veränderten Lebensstil der betroffenen Menschen her. Dazu zählte er auch die Emanzipation der Frauen von ihren traditionellen Funktionen in Ehe und Familie sowie die Erziehung der Jugend in kommunistischen Kollektiven.

Jetzt fehlte nur noch der faschistische Totalitarismus.[506] Ihn zu untersuchen wurde Angelo Perugini beauftragt, der ansonsten lateinische Briefe für das Staatssekretariat verfaßte. Perugini analysierte vornehmlich die Schriften und Reden Mussolinis, die 1934/35 in Mailand erschienen waren.[507] Dabei konnte er sich auf das Buch des Journalisten Mario Missiroli stützen[508], der in positiver Absicht Passagen aus Mussolinis Äußerungen zitiert hatte, die von der Kirche als Häresien verurteilt worden waren. Darum hatte man am 30. Juni 1930 das Buch auf den Index gesetzt.[509]

Viele der von Mussolini herangezogenen Verlautbarungen stammten aus seiner frühen »sozialistischen« Zeit, in der er sich oft despektierlich bis ketzerisch über die katholische Kirche geäußert hatte. Die Hauptanklagepunkte betrafen den Anspruch des Staates auf das Macht- und Erziehungsmonopol, das die Rechte der Kirche verletze, die Verherrlichung von militärischer sowie anderer Gewalt, den Totenkult um die gefallenen Helden sowie das Streben nach einem Imperium. Anders als für Schuster[510] diente für Perugini auch der Abessinienkrieg[511] als Beleg für den Totalitarismus des faschistischen Systems.

Am 12. Juli 1936 ging ein dreiteiliger Entwurf in Druck, der alle drei totalitären Systeme verurteilte. Der erste Teil umriß als positiven Maßstab die christliche Anthropologie, der zweite legte die daraus abgeleiteten angemessenen Positionen zu Rasse, Nation und Proletariat dar, und der dritte Teil setzte sich mit den »Irrlehren von Rassismus, Hypernationalismus, Kom-

munismus und Totalitarismus« auseinander.[512] Im Blick auf
den dritten Teil stellte sich freilich alsbald die Überlegung ein,
daß er zu Schwierigkeiten mit den betroffenen Regierungen
führen könne und daher vielleicht besser entfallen sollte.[513]

Solchen taktischen Bedenken widersprach allerdings das
eigene Kirchenverständnis, dessen Reichweite die Autoren
denkbar umfassend formuliert hatten. »Die Kirche ist nicht
nur eine perfekte, sondern auch eine universale und totale
Gesellschaft in dem Sinne, daß sie den gesamten Menschen
und jede erdenkliche seiner Handlungen insofern umschließt,
als sie einen letzten Zweck betreffen und den Gesetzen von
Glauben und Moral unterliegen«[514].

Die katholische Kirche beschränkte sich nicht auf partiku-
lare, nur ihre Mitglieder betreffende Ansprüche. Sie sah sich
vielmehr von Gott beauftragt, ihre universale Moral als Maßstab für alle Völker aufzurichten und für sie gewiß nicht die
modernen, aber die katholisch getauften Menschenrechte einzuklagen. So heißt es bezogen auf den Rassismus, daß die ge-
offenbarte Einheit der Menschheit »unter keinen Umständen«
den Ausschluß der »semitischen Rasse« erlaube.[515] Gegen alle
Sentiments in der katholischen Kirche selbst war damit der
universale Stellvertretungsanspruch auch auf die »Ungläubigen« ausgedehnt worden – eine Form menschlicher Selbst-
überwindung durch die Macht des Wortes Gottes, könnte man
theologisch formulieren.

Indes, dieses Zeugnis theologischer Unbestechlichkeit wurde
nie veröffentlicht. Dafür waren aber die nun mehrfach über-
arbeiteten und reduzierten Kommissionsthesen zu Rassismus,
Nationalismus, Kommunismus und Totalitarismus soweit gediehen, daß sie am 13. Oktober 1936 dem Heiligen Offizium
vorgelegt werden konnten.[516] Darin werden unmißverständlich Rassismus, Hypernationalismus und Kommunismus verurteilt. Als häretisch zurückzuweisen sei folgendes Verständnis
von »Totalitarismus«:

»22. Der Staat hat das absolute, direkte und unmittelbare Recht über alle und alles, das in irgendeiner Weise die bürgerliche Gesellschaft betrifft. [...] 24. Erziehung ist ganz ausschließlich dem Staat vorbehalten. 25. Auch die katholische Kirche ist dem Staat unterstellt; sie verfügt über keinerlei Rechte als jene, die ihr der Staat gewährt. Deshalb besitzt die Kirche kein natürliches Recht auf Lehre und Durchsetzung der ethischen Prinzipien, nach denen das öffentliche Leben sowie die Wirtschaft der bürgerlichen Gesellschaft regiert wird.«[517]

Aber auch dieses Papier sollte nicht ans Licht der Öffentlichkeit treten. Unter dem Eindruck des Spanischen Bürgerkriegs verschoben sich die Gewichte. Der atheistische Sozialismus und Kommunismus und dessen kirchenfeindliche Maßnahmen, über die tagaus, tagein Greuelmeldungen eintrafen[518], traten in den Vordergrund. Rassismus und Totalitarismus erschienen demgegenüber vernachlässigbar. Überdies setzten sich am 18. November 1936 einige Kardinäle des Heiligen Offiziums aus politischer Opportunität dafür ein, ganz zu schweigen. Die anderen stimmten für eine »kurze Instruktion, um die Gläubigen vor solch irrigen Theorien und insbesondere vor den Irrlehren des Kommunismus zu warnen«[519]. Tags darauf erklärte Pius XI., daß man die Entscheidung über die Verurteilung auf unbestimmte Zeit vertagt habe.

Wenige Tage darauf, nämlich am 25./26. November 1936, mithin drei Wochen nach der Begegnung zwischen Hitler und Faulhaber, verurteilten die bayerischen Bischöfe den Bolschewismus und bekräftigten ihre »loyale und positive Haltung gegenüber der heutigen Staatsform und gegenüber dem Führer«[520]. Aber auch dieses Hirtenwort enthielt für den NS-Staat immer noch so viel Anstößiges, daß Reichskirchenminister Kerrl es beschlagnahmen und verbieten ließ.[521]

Der Spanische Bürgerkrieg

Am 13. September 1923 putschte sich Miguel Primo de Rivera, der Generalkapitän von Katalonien, an die Macht.[522] Wie der italienische König Viktor Emanuel III. im Falle Mussolinis, legitimierte auch König Alphons XIII. die Revolte, indem er Primo de Rivera zum Präsidenten eines Militärdirektoriums ernannte. Damit war das konstitutionelle System von 1876 zu Ende gegangen, und eine Diktatur begann, die von 1923 bis 1930 andauern sollte. Kardinalstaatssekretär Gasparri zeigte sich zuversichtlich, daß die Militärregierung Primo de Riveras »ganz gut eine gesündere Atmosphäre herbeiführen könnte«[523].

Ähnlich wie die Regierungen zu Beginn der Restaurationszeit konnte sich der Diktator auf die Agraroligarchie im Zentrum des Landes einerseits und auf die Industriebourgeoisie an der Peripherie andererseits stützen. Als dritte Säule fungierte die römisch-katholische Kirche, die auf dem Erziehungs- und Bildungssektor zahlreiche Privilegien erhielt.

Es war die Zeit der Entstehung von *Opus Dei* im Jahr 1928. Dessen Gründer, der spanische Priester Josemaría Escrivá de Balaguer, verfolgte mit diesem »Werk Gottes« das Ziel, daß Männer und Frauen aus einer fest geformten Gemeinschaft heraus die traditionellen, in der Kirche seit Jahrhunderten bewährten Leitlinien des Glaubens und der Moral persönlich, beruflich und gesellschaftlich leben konnten. Von diesen Ausgangsbedingungen her und aufgrund der bedingungslosen Gehorsamsstrukturen im Inneren entwickelte sich *Opus Dei* zu einem Stützpfeiler der spanischen Diktaturen.[524]

Die vierte Stütze der Rivera-Diktatur waren die Sozialisten. Auf der Grundlage der katholische Soziallehre gelang Primo de

Rivera, ähnlich wie im Polen Piłsudskis, die Integration von Nationalismus und Sozialismus. Im Zentrum dieser Bemühungen stand eine paternalistische Interessenharmonisierung zwischen Kapital und Arbeit. Ein im Juli 1929 der Öffentlichkeit präsentierter Verfassungsentwurf stieß wegen seiner absolutistischen Züge auf herbe Kritik seitens der Liberalen und Republikaner. Unter dem Einfluß Mussolinis wurden auch königliche Prärogative beschnitten, was Alphons XIII. bewog, den Entwurf zurückzuziehen.

Nach einer kurzen Phase wirtschaftlicher Erholung verursachten kostspielige Projekte erhebliche Finanzprobleme, die durch eine Erhöhung der Steuern nicht aufgefangen werden konnten. Der Plan einer höheren Besteuerung der Reichen über Einkommens-, Luxus- und Gewinnsteuer mußte wegen der Opposition der Betroffenen fallen gelassen werden. Jetzt versagten die Konservativen und die katholischen Gewerkschaften der Diktatur ihre Unterstützung. Als ihm auch das Militär und der König das Vertrauen entzogen, trat Primo de Rivera im Januar 1930 zurück und ging nach Frankreich ins Exil, wo er kurz darauf starb.

Sein Nachfolger, General Dámaso Berenguer, wollte zur Verfassung von 1875 zurückkehren. Doch Republikaner, Sozialisten und die Katalanische Linke schlossen sich im »Pakt von San Sebastián« zusammen und forderten Reformen sowie die Einführung der Republik. Die Gemeindewahlen am 12. April 1931 brachten in den Städten den verbündeten Republikanern und Sozialisten einen überwältigenden Wahlsieg, auf dem Lande konnten sich die Monarchisten behaupten. Es drohten blutige Auseinandersetzungen, die Alphons XIII. dadurch verhinderte, daß er dem Ultimatum des Revolutionskomitees folgte und Spanien verließ. Am 14. April 1931 wurde unter dem Jubel der Bevölkerung die Zweite Republik ausgerufen. Damit war das System der Restaurationsmonarchie beendet, das Projekt der autoritären Modernisierung durch eine Diktatur vorerst gescheitert und der Weg frei, die überkommenen sozioökonomischen und politischen Strukturen aufzubrechen.

Das neue republikanische Modernisierungsregime bemühte sich um eine Modifikation der Agrarstrukturen und eine Demokratisierung der Gesellschaft. In diesem Prozeß kämpften drei Richtungen miteinander um die politische Vorherrschaft: die katholisch-konservative Rechte, die bürgerlich-liberale Mitte und die anarchistisch-sozialistische Linke. Den Reformvorstellungen der bürgerlich-liberalen Kräfte, die bei dieser unblutigen »bürgerlichen Revolution« das Heft in der Hand hielten, entsprach ein laizistisch-liberaler Staat mit einer demokratischen Verfassung und Reformen auf dem Bildungs- und Agrarsektor. Außerdem waren sie entschlossen, die Interessen der arbeitenden und mittellosen Bevölkerung zu vertreten. Den Unternehmern und Grundbesitzern gingen diese Reformvorstellungen deutlich zu weit. Erstmals in der spanischen Geschichte waren nicht sie die Begünstigten. Innerhalb der republikanisch-sozialistischen Koalitionsregierung kam es schon bald zu erheblichen Differenzen, was zu Flügelbildungen und entsprechenden Auseinandersetzungen führte.

Bei den Wahlen zur Verfassunggebenden Versammlung im Juni 1931 erhielten Sozialisten und Republikaner eine überwältigende Mehrheit und bestimmten die Cortes. Waren die Rechten 1931 noch wie gelähmt, so gelang ihnen zwei Jahre später die Bildung eines ansehnlichen Wahlbündnisses, mit dessen Hilfe sie den Wahlsieg erringen konnten, während sich Sozialisten und Republikaner zersplitterten. Die Rechte vertrat die Interessen der alten Oligarchie, wobei sie sich auf die Soziallehre der katholischen Kirche berief. Ihr Kampf galt der sozialistischen und laizistischen Gesetzgebung.

Zwischen 1931 und 1933, in der ersten Phase der Republik, hatten die verbündeten Sozialisten und Republikaner notwendige Reformen in Angriff genommen. In der zweiten Phase machten die Konservativen viele dieser Reformen, vor allem die auf dem Agrarsektor, wieder rückgängig, und in der dritten Phase, zwischen Februar 1936 und dem Beginn des Bürgerkriegs im Juli, nahm die Entwicklung im Agrarbereich revolutionäre Züge an.

Der erste Schritt in der Reformphase war die Ausarbeitung einer Verfassung, die sich in ihrer Endgestalt stark von der Weimarer Reichsverfassung beeinflußt zeigte. 1931, als in Deutschland der Weimarer Verfassungsstaat durch Notverordnungen längst außer Kraft gesetzt wurde, erschienen in Spanien seine Grundlagen noch so überzeugend, daß sie rezipiert wurden. Zu den zuvörderst lösungsbedürftigen Komplexen in dem Verfassungstext gehörten das Verhältnis zwischen den einzelnen Provinzen und dem Gesamtstaat, das Verhältnis von Staat und Kirche sowie – damit verbunden – gesellschaftspolitische Fragen wie Ehescheidung und Bildungspolitik. In der Eigentumsfrage und der Möglichkeit einer Enteignung prallten bürgerlich-liberale und sozialistische Vorstellungen aufeinander und mußten im konstruktiven Kompromiß gelöst werden.

Die Verfassung von 1931 garantierte Gewissens- und Kultusfreiheit und stellte alle Religionen einander gleich. Auch die römisch-katholische Kirche wurde als Verein eingestuft. Damit verlor sie alle Privilegien. Den religiösen Orden war es verboten, sich auf dem kommerziellen und dem Bildungssektor zu betätigen. Der Kirche wurde die Lehrbefugnis entzogen und der Jesuitenorden verboten. Die Durchsetzung der Trennung von Staat und Kirche mit einem deutlich laizistischen Akzent führte dazu, daß die Kirche sich als Gegnerin der Republik profilierte und zum Sammelbecken oppositioneller Kräfte wurde. Auf dem rechten Flügel des konservativen Wahlbündnisses besaß die Kirche einen starken Rückhalt. Pius XI. erhob in dem Rundschreiben *Dilectissima nobis* vom 3. Juni 1933[525] Einspruch gegen die Trennungsgesetzgebung und alle weiteren, als kirchenfeindlich empfundenen Maßnahmen. Die Frage der

Stellung der Kirche in Spanien war von so hoher Bedeutung, daß der 1936 beginnende Bürgerkrieg oftmals als Religionskrieg bezeichnet wurde und ganz gewiß den Charakter einer kulturellen Auseinandersetzung trug.[526]

Der Regierungsantritt der konservativen *Confederación Española de Derechas Autónomas* im Oktober 1934 wurde von den Sozialisten als Machtergreifung des Faschismus interpretiert. Der ausgerufene Generalstreik weitete sich in einigen Regionen zu einem sozialen Aufstand aus. Die Zentralregierung schlug unter Einsatz der Armee die Revolten nieder und verhinderte so auch die Sezession Kataloniens. Die Oktober-Ereignisse führten zu einer Rechts-Links-Polarisierung. Die Rechte verstand sich als Bollwerk gegen Separatismus, atheistischen Liberalismus und sozialrevolutionäre Bestrebungen; die Linke befürchtete – die Entwicklung in Italien, Deutschland und Österreich vor Augen – auch in Spanien den faschistischen Umsturz.

Korruption und Mißwirtschaft nötigten schließlich das konservative Wahlbündnis im Januar 1936 zur Auflösung der Cortes und zur Ausschreibung von Neuwahlen. Jetzt erhielt die Linke wieder eine überwältigende Mehrheit. Angesichts der weltweiten Depression war die Wirtschaftslage angespannt. Landarbeiterstreiks und wilde Enteignungen setzten die neue Volksfrontregierung unter Druck. Mit hoher Geschwindigkeit betrieb sie zwischen März und Juli 1936 die Landumverteilung, um eine Beruhigung des Agrarproletariats zu bewirken. Doch ihre Bemühungen wurden durch den Militäraufstand vom 18. Juli 1936 jäh unterbrochen. Die fehlende Reformbereitschaft auf seiten der alten Oligarchie, die an den Machtverhältnissen und der archaischen Gesellschaftsstruktur des 19. Jahrhunderts festhalten wollte, stürzte das Land in einen Bürgerkrieg. Die Volksfront und die Nationale Front standen sich als zwei große politische Blöcke unversöhnlich gegenüber.

Die Aufständischen konnten sich nicht in allen Landesteilen

durchsetzen. Der gesamte Osten und Norden des Landes sowie große Teile des Südens blieben in republikanischer Hand. Vor allem die größeren Städte und Wirtschaftszentren Spaniens standen auf seiten der legalen Regierung. Insgesamt lehnte der überwiegende Teil der Bevölkerung den Putsch ab und stellte sich hinter die Regierung, der auch die industriellen Ressourcen zur Verfügung standen. Von vornherein besaßen die Aufständischen aber die numerisch stärkere Armee. Bis Frühjahr 1937 konnten sie – mit Hilfe deutscher Flugzeuge, die die Fremdenlegion und marokkanische Truppen auf das Festland brachten – etwa ein Drittel des Landes erobern. Zwischen Frühjahr 1937 und Frühjahr 1938 eroberten sie die Nordprovinzen. Dabei wurden sie aufgrund eines Hilfeersuchens Francos aus der Luft durch die deutsche Legion Condor unterstützt. Mitte April 1938 wurde Katalonien vom übrigen republikanischen Territorium abgeschnitten. Barcelona fiel Ende Januar 1939, Madrid Ende März 1939.

Auf seiten der Republikaner kämpften die sogenannten »Internationalen Brigaden« – 40- bis 60.000 Mann, darunter etwa 5.000 Deutsche. Im November 1938 wurden sie aufgelöst. Großbritannien, Frankreich und die USA hielten sich offiziell an das Prinzip der Nichteinmischung (»Nichtinterventionskomitee«); die USA und Finanzkreise aus anderen westlichen Staaten unterstützten freilich indirekt Franco[527], weil sie ihre ökonomischen Interessen bei ihm besser aufgehoben wußten als bei einer zunehmend kommunistisch beeinflußten Volksfrontregierung. Der Präsident der französischen Volksfrontregierung, Léon Blum, zeigte sich am 20. Juli 1936 zwar bereit, einem Hilfeersuchen der legalen spanischen Regierung zu entsprechen; sein Kabinett beschloß jedoch die Nichtintervention. Allein die Sowjetunion unterstützte offen die Republikaner. Exakte Daten über das Ausmaß der Hilfe gibt es bis heute nicht. Die Regierung bezahlte die russische Militärhilfe mit den Goldreserven der Bank von Spanien.

Kurz nach Kriegsbeginn richteten die Aufständischen in der nationalistischen Hauptstadt Burgos eine provisorische Junta ein, die in den besetzten Gebieten die Gewerkschaften verbot, Parteien auflöste und jeglichen Widerstand brutal unterdrückte. Die Agrarreform wurde rückgängig gemacht, der Boden den früheren Eigentümern zurückgegeben. Ende September 1936 ernannte die *Junta de defensa nacional* General Franco zum *Generalísimo* und Staatschef. Dieser achtete darauf, daß die heterogene Staatspartei mit ihrer falangistischen Ideologie nicht den Staatsapparat beherrschte. Außerdem suchte er sich eine gewisse Unabhängigkeit von den Bürgerkriegsverbündeten Italien und Deutschland zu bewahren. Mussolini hatte schon seit 1934 zur Destabilisierung der Republik beigetragen, indem er Faschisten und andere Rechtskräfte unterstützte. Ohne die massive militärische Intervention Deutschlands in den Bürgerkrieg wäre der Putsch nach kurzer Zeit niedergeschlagen worden. Über die Motive des deutschen Eingreifens besteht keine Einigung. Strategische Bündnisüberlegungen im Sinne antikommunistischer Frontbildungen spielten gewiß eine wichtige Rolle. Der gemeinsame Einsatz in Spanien bildete schließlich das Fundament für die »Achse Berlin-Rom«.

Die faschistische Falange war eine Partei, zu der Franco ursprünglich keine Beziehungen unterhielt. Ihr Gründer war der Sohn des ehemaligen Diktators Miguel Primo de Rivera, José Antonio Primo de Rivera, ein von Hitlers Aufstieg begeisterter Intellektueller, der in den ersten Kriegsmonaten in Alicante durch ein Erschießungskommando der Republikaner hingerichtet worden war. Sein Kult lebt bis heute.[528] Franco übernahm die Partei und verschmolz sie mit den traditionalistischen Karlisten, einer ursprünglich klerikalabsolutistischen Partei, die ihren Ursprung in den dreißiger Jahren des 19. Jahrhunderts hatte. Das Programm der neuen Falange war von konservativem und monarchistischem Gedankengut geprägt. Der *Caudillo* nutzte sie beim Aufbau des »Neuen Staates«.

Neben der Partei ruhte dieser auf zwei anderen Säulen: der Kirche und der Armee. Mit zwei Ausnahmen stellten sich die spanischen Bischöfe im Juli 1937 auf die Seite der Aufständischen.[529] Die Kirche war in allen öffentlichkeitsrelevanten Bereichen präsent. Im Mai 1938 konnte der Jesuitenorden nach Spanien zurückkehren.

Auf seiten der Republikaner wechselten bis Mai 1937 ständig die Regierungen. Dabei wurden bürgerliche wie sozialistische Kabinette verschlissen und gegeneinander getrieben. Im Mai 1937 wurde schließlich unter dem sozialistischen Ministerpräsidenten Juan Negrin eine kommunistisch-sozialistische Regierung gebildet, die bis zum Ende des Kriegs im Amt blieb. Aus den internen Machtkämpfen innerhalb des republikanischen Blocks gingen die von Moskau abhängigen Kommunisten (*Partido Comunista de España*, PCE) als Sieger hervor. Das lag zum Teil daran, daß sie die Internationalen Brigaden organisierten und – mit Hilfe sowjetischer Waffenlieferungen seit Spätherbst 1936 (bis März 1938) – die republikanische Armee aufbauten. Während die Putschisten nahezu alle Reformen rückgängig machten, rückten die Republikaner immer entschiedener nach links. Ihr Ziel war die Schaffung eines sozialistischen Wirtschaftssystems in einer herrschaftsfreien Gesellschaft mit räteähnlichen Organen. Mit großer Schnelligkeit betrieb man die Kollektivierung der Landwirtschaft, der Industrie und anderer Sektoren. Gegen die oft ausgesprochen anarchistisch-libertären revolutionären Bewegungen opponierten die Kommunisten wie die anderen Parteien der Volksfront.

Der Bürgerkrieg kostete Hunderttausende das Leben. Etwa 200.000 starben an den Fronten, ebenso viele wurden ohne ein ordentliches Verfahren umgebracht. Zahlreiche Republikaner, die vor Franco nach Frankreich flohen, wurden später von der Vichy-Regierung oder den deutschen Besatzungstruppen an Franco ausgeliefert.

Franco verfolgte von Beginn an einen spanischen »Sonderweg«, der alle modernen Ideologien, die Säkularisierung und westliche Demokratisierung (Verfassung, Gewaltenteilung etc.) als dem »urspanischen Wesen« fremd verdammte (»Demoliberalismus«). Sein »Neuer Staat« wollte zu den alten spanischen Werten und Traditionen zurückkehren. Damit meinte er konservativ-katholische und militärische Traditionen sowie die Ideologie der Falange. Die höchste Legitimation für sein System zog er aus den Lehren der katholischen Kirche. Sein Konzept des Nationalkatholizismus erinnert an das analoge polnische Denken in den dreißiger Jahren.[530] Statt einer Verfassung kam der Franquismus mit ideologisch-dogmatischen »Grundgesetzen« aus – dem Grundgesetz der Arbeit etwa, das eine Proklamation des Rechts auf Arbeit, des Privateigentums wie des Schutzes der Familie beinhaltete. Typisch für diese Grundgesetze war ihr paternalistisch-staatsfamiliärer Charakter, der schichtenspezifische Interessenkollisionen innerhalb einer Gesellschaft schlichtweg leugnete.

Daneben fungierten die Falangisten als Modernisierungselite, die einen revolutionären »Dritten Weg« mit sozialistischen Elementen zwischen »liberalem Kapitalismus« und »marxistischem Materialismus« propagierte. In der Praxis obsiegten freilich die traditionellen Machteliten – Kirche, Großgrundbesitz und Finanzbourgeoisie. Sie konnten unter Franco ihr Ziel – die angestrebten vorrepublikanischen Verhältnisse – erreichen und mußten keine wirtschaftlichen Einbußen hinnehmen. Eine Agrarreform etwa hat es während der gesamten Franco-Diktatur nicht gegeben. »In diesem Sinne kann der Franquismus in seiner Frühphase eine konterrevolutionäre Diktatur mit faschistoiden Elementen genannt werden.«[531]

Wer in Spanien das Sagen hatte, wurde auch im Zweiten Weltkrieg deutlich. Die Latifundisten, die Finanzoligarchie und die Militärs waren gegen einen Kriegseintritt, die Falangisten dafür. Franco lavierte erfolgreich zwischen den kriegführenden Parteien, unterstützte zunächst die deutsche Seite mit Rohstofflieferungen und der »Blauen Division« – dann, als der Kriegsausgang absehbar war, die Alliierten, die spanische Flughäfen benutzen durften.

Zwischen 1936 und 1939 wurden die politischen Gegner Francos in Konzentrationslager eingesperrt, in religiös-ideologischer Hinsicht »umerzogen« und zum Arbeitsdienst gezwungen. Es gab mindestens 104 KZs auf spanischem Boden, in denen etwa 367.000 Menschen interniert waren.[532] Diese oft völlig überfüllten Lager bestanden nach dem Bürgerkrieg fort – etwa bis 1942. Auch deutsche Gestapo-Agenten hatten dort Zutritt.

Die Haltung des spanischen Episkopats in dem Konflikt war vollkommen klar: Man begriff den Bürgerkrieg als »Cruzada«, als Kreuzzug gegen die Roten, und versprach sich nach dem Sieg Francos die vollkommene Wiederherstellung der früheren Machtposition der katholischen Kirche.[533] Obwohl Pius XI. schon im Juni 1933 in der Enzyklika *Dilectissima nobis* die antiklerikale Gesetzgebung der Zweiten Republik verurteilt und unter dem Einfluß des spanischen Primas, Kardinal Pedro Segura, die Anerkennung der neuen Regierung hinausgeschoben hatte, stimmte er in diese Tonlage zunächst nicht ein. Unter dem Eindruck der Greuelmeldungen, die Seguras Nachfolger, Kardinal Isidro Gomá y Tomás, Erzbischof von Toledo, nach Rom sandte, schwenkte der *Osservatore Romano* im Herbst 1936 dann kurzfristig auf die These vom »Religionskrieg« ein, um hernach wieder zurückhaltender zu berichten. Im widerstrebenden Einvernehmen mit dem Heiligen Stuhl ließ der spanische Episkopat dann am 1. Juli 1937 einen Hirtenbrief herausgehen, in dem es heißt:

»Der weiße Kampf der Februarwahl von 1936 wurde als Folge des zivil-militärischen Kampfgeschehens zur blutigen Schlacht eines Volkes, das in zwei Richtungen gespalten ist: in die geistige, auf seiten der Aufständischen, die zur Verteidigung der Ordnung, des sozialen Friedens, der überkommenen Zivilisation und des Vaterlandes sowie [...] zur Verteidigung der Religion aufbrach; und in die andere Richtung, die materialistische – heiße sie nun marxistisch, kommunistisch oder anarchistisch –, die die alte Zivilisation Spaniens mit all ihren Aspekten durch die radikal neue ›Zivilisation‹ der russischen Sowjets ersetzten wollte«[534].

Eine Woche nach dem gemeinsamen Hirtenbrief des spanischen Episkopats versicherte Pacelli allerdings während des Eucharistischen Kongresses von Lisieux – in dem Land, das von der Volksfrontregierung Léon Blums regiert wurde und das die Republikanische Regierung in Spanien ideell stützte –, die Kirche beabsichtige nicht, irgendeine politische Gruppe zu begünstigen oder zu bekämpfen, da sie außerhalb und über der Politik stehe.[535]

Dennoch kann es keinem Zweifel unterliegen, daß im Vatikan der Ausgang des spanischen Bürgerkrieges mit erheblicher Erleichterung und auch mit großer Zustimmung aufgenommen wurde. Zu den katholischen Ländern, die das restaurative Ständestaatsmodell favorisierten, war Spanien hinzugekommen – seit Jahrhunderten einer der papsttreuesten Staaten. Die Gefahr eines weiteren laizistischen Staates sozialistischer Prägung war damit gebannt, Francos Sieg mithin auch der des Heiligen Stuhls.

Die drei päpstlichen Enzykliken
vom März 1937

Im Herbst und Winter 1936 stand der Papst vor einer Situation, die dem Vatikan seit den zwanziger Jahren aus dem deutsch-polnischen Komplex wohlvertraut war: Die nationalen Episkopate bedrängten den Heiligen Stuhl, er möge im jeweiligen nationalen Interesse mit der sozialistischen, der faschistischen oder nationalsozialistischen Regierung Kompromisse eingehen. Lediglich im Falle der USA engagierte sich Pacelli auch politisch, indem er sich – gemeinsam mit dem damaligen Bostoner Weihbischof Francis Spellman – im Herbst 1936 für die Wiederwahl Franklin D. Roosevelts einsetzte.[536] Unter anderem erhoffte er sich von diesem USA-Aufenthalt, daß er die Aufnahme diplomatischer Beziehungen befördern werde.[537] Schließlich wurde in diplomatischen Kreisen vermutet, daß bei der Pacelli-Visite auch die Lage der katholischen Kirche in Mexiko ein wichtiges Thema darstelle.[538]

Während Pacelli sich nichts mehr von Verhandlungen mit dem Deutschen Reich versprach und seit Sommer 1936 auf eine Enzyklika zur Verurteilung des Nationalsozialismus zusteuerte, hegten viele deutsche Bischöfe nach dem Gespräch zwischen Faulhaber und Hitler noch einmal die Hoffnung, daß sich auf der gemeinsamen Grundlage des Antikommunismus eine Allianz schmieden lasse, die dem deutschen Katholizismus zur Anerkennung durch den NS-Staat verhelfe. Für die aus tiefster Überzeugung dezidiert kirchenfeindlichen Kräfte in der NSDAP bildete diese Perspektive eine Schreckensvision. Allerlei Störmanöver und Aktionen auf untergeordneter Ebene, aber auch aus SD-Kreisen und aus dem Braunen Haus, die anscheinend tatsächlich nicht mit Hitler und Goebbels abge-

stimmt waren, bestärkten die Bischöfe nur in ihrer Lieblings-
vorstellung von den beiden auseinanderstrebenden Partei-
flügeln.[539]

Am 30. Dezember 1936 sandte Faulhaber den auf den 24. Dezember datierten, neuen Hirtenbrief an Hitler.[540] In seinem
Begleitschreiben berief er sich auf die Begegnung Anfang
November und sprach von »unserer Vereinbarung«[541]. Wie das
gemeint war, ging ebenfalls aus dem Brief hervor: »Nun wird
der neue Hirtenbrief in das neue Jahr wie eine Posaune klin-
gen, und auch im Ausland wird man dieses einmütige Bekenntnis der deutschen Bischöfe zum Führer und seinem welt-
geschichtlichen Werk, seiner Abwehr des Bolschewismus, nicht
überhören können.«[542] Allerdings konnte Faulhaber nicht darüber hinweggehen, daß die Bischöfe vor dem Hintergrund
neuer kirchenfeindlicher Vorkommnisse auch ihre Sorgen hätten erwähnen müssen, »um wahrhaftig zu bleiben und nicht
in die undeutsche Rolle byzantinischer Jasager zu verfallen«.
Das Hirtenwort redete in apokalyptischen Dimensionen vom
Bolschewismus; dieser sei »eine Pforte der Hölle, ein Vortrupp
des Antichrist«. Gegen ihn richteten sich die Waffen der
Kirche – der Glaube, das Wort und das Gebet. Die katholische
Emigrantenpresse, allen voran Friedrich Muckermann in seinem *Deutschen Weg*, reagierte entsetzt.[543] Aber auch die Nazis
waren mit dem Hirtenwort nicht zufrieden und betrachteten
die loyale Kritik als Frontalangriff seitens der katholischen
Kirche.

Während die Bischöfe in fieberhafter Eile ihr Hirtenwort auf
den Weg brachten, erreichte sie am 26. Dezember über Orsenigo ein Schreiben Pacellis vom 21. Dezember, in dem er die
drei deutschen Kardinäle sowie die Bischöfe Preysing (Berlin)
und Galen (Münster) »baldigst nach Jahresbeginn« zu einer
Besprechung nach Rom bat.[544] Bertram sagte den Besuch im
Vatikan für die Zeit nach der Fuldaer Bischofskonferenz Mitte
Januar 1937 zu.[545]

Am 15. Januar 1937, bereits zwei Tage nach Abschluß der Bischofskonferenz, empfing der Kardinalstaatssekretär die Kardinäle Bertram und Faulhaber zu einer ersten Vorbesprechung.[546] Das Gespräch drehte sich um den schwerkranken Papst, den Bolschewismus und den Berliner Nuntius, über dessen schwache Rolle die Bischöfe ausgesprochen unglücklich waren.[547] Über das Folgetreffen am 16. Januar, an dem alle fünf Mitglieder des deutschen Episkopats teilnahmen, liegt jetzt – neben Faulhabers Aufzeichnungen[548] – auch Pacellis Bericht vor.[549]

Der Kardinalstaatssekretär notierte die Einschätzung der Bischöfe, wonach die Partei das Reichskonkordat völlig ignoriere und sich in offener Feindschaft gegenüber der Kirche verhalte. »Für die Kirche geht es zur Zeit um Leben und Tod: Man will direkt ihre Vernichtung.«[550] Selbst wenn Hitler etwas anderes wollte, käme er heute gegen die Parteidiktatur kaum mehr an. Eine »Gegenoffensive« trauten weder der Römer noch die Deutschen dem Katholizismus im Reich mehr zu. Statt dessen appellierten die Gäste an den Vatikan, der Nuntius möge im Falle von Konkordatsverletzungen energischer intervenieren.

Während Bertrams Vorschlag, der Heilige Vater solle ein Schreiben an Hitler richten, auf die Ablehnung Pacellis stieß[551], suchte der Breslauer Kardinal eher zu bremsen, als Pacelli auf eine öffentliche Stellungnahme in Gestalt einer päpstlichen Enzyklika zusteuerte.[552] Galen und Preysing unterstützten dagegen das Projekt. Als Kern des Lehrschreibens nahm man die Situation der Kirche in Deutschland und die Irrtümer des Nationalsozialismus in den Blick.[553] »[...] die außenpolitische Gesamtlage muß der Regierung nahelegen, die Dinge nicht zu überspitzen«, meinte Pacelli und hielt darum den Zeitpunkt, ein päpstliches Lehrschreiben zu verabschieden, für genau richtig.[554] Außerdem stand den Beteiligten vor Augen, daß die Enzyklika über die kirchliche Lage in Deutschland eine Ergänzung zu den beiden bereits in Arbeit befindlichen Enzykliken gegen den Kommunismus und die Lage der Kirche in Mexiko darstellen sollte.[555] Pacelli bat den Münchner Kardinal zunächst um eine schriftliche Skizze, dann um einen förmlichen Entwurf, den Faulhaber am 21. Januar ablieferte.

Am 17. Januar 1937 gab der Kardinalstaatssekretär den deutschen Bischöfen seine Aufzeichnungen vom Vortag zur Kenntnis. Hernach machten sich die Geistlichen zur päpstlichen Audienz auf. Pacelli überreichte dem Papst eingangs seinen Bericht. Über die Unterhaltung fertigte er ein genaues Protokoll.[556] Danach redete ein Bischof nach dem anderen und stellte – zum Teil mit einem regionalen Schwerpunkt – die Unterdrückung der Kirche durch den NS-Staat dar.

Pius XI. antwortete den ersten Rednern zunächst einzeln, dann wartete er, wohl aus Schwäche, mehrere Voten ab, bevor er das Wort nahm. Trotz der Konkordatsverletzungen verteidigte er das Vertragswerk. »Schon gleich bei seinem, aus sachlichen Gründen erfolgten Abschluß wußten Wir, mit was für Leuten Wir [es] zu tun hatten. Aber ein solches Maß von Untreue gegenüber dem gegebenen Wort hätten Wir nicht geglaubt und erwartet. Aber das Konkordat ist auch unter den gegenwärtigen Umständen immer noch von Wert, wenigstens wenn man sich auf den Boden des Rechtes stellt.«[557]

Zu den schmerzhaften Erfahrungen der Zeit zählte der Papst nicht nur Deutschland, Rußland und Mexiko, sondern auch Spanien. Zu diesem Zeitpunkt erschien ihm also die Lage dort so ungewiß, daß er auch noch mit einer möglichen Niederlage der Franquisten rechnete. »Unsere Leidensintention ist: pro Germania, pro Russia, pro Hispania, pro Mexico, für alle diejenigen Teile des mystischen Leibes Christi, die mehr leiden als die anderen.« Auffällig ist das besondere Lob, das der Papst allein Bischof von Galen spendete: »Wir hören viel Glorreiches über Sie.« Nachdem Galen gesprochen hatte, fuhr Pius XI. im selben Tenor fort: »Unser ganz besonderer Segen gilt allen

Unseren tapferen Kämpfern. Unsere Sache wird gewiß siegen. [...] Unsere Sache ist in den Händen Gottes.«

Vor dem Hintergrund der Syllabus-Entwürfe des Heiligen Offiziums erscheint die Enzyklika *Mit brennender Sorge* als ein diplomatischer Kompromiß. »Diese Enzyklika«, meint Godman, »die nach wie vor als mutigster Angriff des Papsttums auf Hitler und seine Gefolgsleute gefeiert wird, markiert in Wirklichkeit einen Rückzug.«[558] Nach der übereinstimmenden Meinung im deutschen Episkopat wie im Vatikan sollte mit dem Lehrschreiben keinesfalls eine Kündigung des Konkordats durch den NS-Staat provoziert werden.[559] Um alle Schärfen zu vermeiden, wählte Faulhaber in seinem Entwurf vom 21. Januar einen seelsorgerlichen, gelegentlich auch belehrenden Ton, nahm das Papst-Motiv des Leidens auf und unterließ alle harschen Verurteilungen.[560] Vielmehr plädierte er im Blick auf Rasse, Staat und Nationalismus für das rechte Maß, ließ es also durchaus an den scharfen theologischen Distinktionen fehlen, die die ihm freilich unbekannten Entwürfe des Heiligen Offiziums aufwiesen. Einzig den Glauben an einen »nationalen Gott« verwarf er als »Irrlehre«.

Bei der Überarbeitung des Entwurfs ging es Pacelli auch um eine Rechtfertigung seiner Konkordatspolitik.[561] Er mußte befürchten, wie aus einem Bericht des italienischen Botschafters beim Heiligen Stuhl, Pignatti Morano di Custoza, hervorgeht, daß ihm die Entwicklung persönlich zum Nachteil gereichte. »Es ist so, daß heute, wo man, wenn auch im Flüsterton, von Konklave spricht, ihm [Pacelli] vorgeworfen wird, daß er das Konkordat gewollt habe und daß er vom Nazismus über den Tisch gezogen wurde.«[562] Wenn sich diese Interpretation festsetzte, das wußte Pacelli, war seine Karriere mit dem Tod Pius' XI. beendet. Darum machte er gleich eingangs in seiner Überarbeitung deutlich, daß die Verhandlungen auf Initiative der Reichsregierung aufgenommen wurden und der Vatikan dieser Anregung lediglich »zugestimmt« hatte.[563] Die Hitler-

Regierung hatte das Konkordat gewollt; wenn sie es jetzt brach, fiel die Verantwortung dafür auf sie.

In der Sache wie in der Sprache nahm Pacelli die Noten an die deutsche Regierung wieder auf und klagte über die eklatanten Rechtsbrüche. Auch im Bereich der Lehre fiel die Enzyklika weit zurückhaltender aus als die Entwürfe des Heiligen Offiziums. Lediglich im Zusammenhang mit der Vorstellung von einem »nationalen Gott« und einer »nationalen Religion« fällt der Begriff »Irrlehre«. Der Nationalsozialismus wird an keiner Stelle beim Namen genannt, und der Abwehr einer Vergöttlichung von Rasse und Staat fehlt der lehrmäßige Rückgriff auf all das, was in den Dokumenten des Höchsten Tribunals theologisch und anthropologisch dazu gesagt wurde. Immerhin wurde vom Staatssekretariat der folgende Satz eingefügt:

»Wer die Rasse oder das Volk oder den Staat oder die Staatsform, die Träger der Staatsgewalt oder andere Grundwerte menschlicher Gemeinschaftsgestaltung – die innerhalb der irdischen Ordnung einen wesentlichen und ehrgebietenden Platz behaupten – aus dieser irdischen Wertskala herauslöst, sie zur höchsten Norm aller, auch der religiösen Werte macht und sie mit Götzenkult vergöttert, der verkehrt und fälscht die gottgeschaffene und gottbefohlene Ordnung der Dinge. [...] Aus der Totalität Seiner Schöpfung fließt seinsmäßig die Totalität Seines Gehorsamsanspruchs an die einzelnen und an alle Arten von Gemeinschaften.«

Die Enzyklika weist zwar den Gebrauch der religiösen Sprache in bezug auf Blut, Rasse und Volk zurück, geht aber auch hier im Blick auf die Analyse wie auf die Reichweite des kirchlichen Anspruchs – etwa hinsichtlich der Menschenrechte – längst nicht so weit wie das Heilige Offizium. Durch den Ordensgeneral der Jesuiten, Ledóchowski, wurden die ohnedies vorsichtigen Formulierungen noch einmal abgeschwächt.[564] Nach den gravierenden Rechtsverletzungen der vergangenen drei Jahre konnte der Vatikan nicht mehr schweigen, aber er wollte auch nicht so rückhaltlos reden, wie er es angesichts der sorgfältigen Vorarbeiten zweifellos gekonnt hätte. »Der Papst«, notierte Pacelli, »will die Hoffnung, so gering sie auch sein mag, nicht ausschließen, daß die Situation sich bessern könnte.«[565]

Solche Überlegungen stellte Pius XI. im Zusammenhang mit dem Kommunismus nicht an. Am 17. März 1937 berieten die Kardinäle des Heiligen Offiziums über den Entwurf für eine Verurteilung des Kommunismus.[566] Als man erfuhr, daß der Papst selbst eine Enzyklika zu dem Komplex plane, entschloß sich das Höchste Tribunal, seine Entscheidung zurückzustellen – ein Beschluß, den der Papst billigte. Schon am 19. März 1937 erschien *Divini redemptoris*. Der Text des Lehrschreibens, in dem scharfe Kritik am »atheistischen Sowjetkommunismus«[567] geübt wird, unterschied sich nur stilistisch von dem Entwurf des Heiligen Offiziums.[568] Im Unterschied zur Enzyklika *Mit brennender Sorge* werden beispielhaft die Länder genannt, in denen aufgrund der kommunistischen Ideologie Verfolgungen stattfanden – nämlich Rußland, Mexiko und Spanien.

Anstatt die integrierte Verurteilungs-Vorlage des Heiligen Offiziums zu wählen, riß man den Text auseinander und nahm eine deutliche Abstufung vor. Fraglos erhielt der Nationalsozialismus des Jahres 1937 mildere Zensuren als der Kommunismus, dessen Gewaltregime zu diesem Zeitpunkt aller Welt ungleich grausamer schien.[569] Diesen Sachverhalt schien der Vatikan nach außen hin dadurch erklären zu wollen, daß er auf die zahlreichen vorangegangenen Verurteilungen des Kommunismus verwies.[570] Doch »ungeachtet dieser wiederholten väterlichen Mahnungen [...] wächst die Gefahr dennoch bei der unermüdlichen Wühlarbeit geschickter und skrupelloser Agitatoren von Tag zu Tag«[571]. Während im Falle des Kommunismus eine Eskalation nicht mehr denkbar erschien, redete *Mit brennender Sorge* immerhin noch von »steigendem

Befremden«[572]. Auch die *Catholic Times* nahm diese Abstufung wohl wahr und überschrieb ihren Artikel: »Der Heilige Vater gibt innerhalb von vier Tagen zwei päpstliche Enzykliken heraus. Er verdammt den Kommunismus und die sozialen Ungerechtigkeiten, und er warnt die Nazis.«[573]

Ähnlich wie im Blick auf Rußland dauerte auch die Kirchenverfolgung in Mexiko seit vielen Jahren an[574] – ein möglicher Grund dafür, warum die dritte Enzyklika dieses Monats – *Firmissimam constantiam* vom 28. März 1937 – ähnlich scharf ausfiel wie *Divini redemptoris*. In Kenntnis der vatikanischen Interna konnte diese Erklärung freilich kaum verfangen. Denn den Einsichten des Heiligen Offiziums zufolge gab es aus theologischer Perspektive keinen Grund, solche Abstufungen vorzunehmen – es sei denn, aus politischer Rücksichtnahme gegenüber Hitler, Mussolini und Franco. Tatsächlich gibt es Hinweise darauf, daß mindestens Franco *Mit brennender Sorge* auch auf sich bezog, die Enzyklika für absolut inopportun hielt und sie daher zu unterdrücken trachtete.[575]

Trotz der noch vergleichsweise verhaltenen Kritik war die Aufregung über die Enzyklika *Mit brennender Sorge* sehr groß, zumal die Nazis von dem Lehrschreiben völlig überrascht wurden.[576] Orsenigo befürchtete nunmehr eine völlig offene Kirchenverfolgung in Gestalt einer »wirklich anti-religiösen Politik«, weil die Enzyklika die wahren Absichten des Regimes entlarvt habe und dieses nun keine Rücksichten mehr nehmen müsse.[577] Aus italienischen Diplomatenkreisen verlautete dagegen, daß die deutsche Reichsregierung keinen Bruch mit dem Heiligen Stuhl wolle.[578] Als der Wiener Nuntius Gaetano Cicognani berichtete, daß nicht nur der revolutionäre Flügel der NSDAP, sondern auch Hitler selbst die Kirche mit Haß verfolge, auf die Erwähnung der Enzyklika hin »explodiert« sei und Kaas als »Verräter Deutschlands« bezeichnet habe[579], antwortete der Kardinalstaatssekretär: »Um die Wahrheit zu sagen: Die starken Feindschaftsgefühle gegenüber der Kirche seitens des gegenwärtigen Kanzlers des Deutschen Reichs sind hier seit langem bekannt.«[580]

Zehn Tage später berichtete Cicognani über ein Gespräch mit dem österreichischen Bundeskanzler Schuschnigg und dem Staatssekretär für Auswärtige Angelegenheiten, Guido Schmidt. Darin äußerte der österreichische Regierungschef, Hitlers Haß gegen die Kirche habe durch die Enzyklika »eine Form von Exaltiertheit angenommen«, die Schmidt auf Lateinisch kommentierte: »Wen Gott verdammen will, den macht er zuerst verrückt«[581]. Als kurz darauf der Chicagoer Kardinal George Mundelein Hitler in einer Rede als schlechten österreichischen Tapezierer lächerlich machte[582], rechnete der Botschafter Italiens beim Reich, Attolico, mit dem Schlimmsten. Bezeichnend für das gute Verhältnis zwischen der italienischen Regierung und dem Heiligen Stuhl war, daß Pignatti, der Botschafter Italiens am Heiligen Stuhl, die Zusammenfassung des Berichts seines Berliner Kollegen an Pacelli weitergab. Attolico meinte, daß eine Kündigung des Konkordats in der Bevölkerung »nicht nur nicht unpopulär wäre, sondern sogar fast mit Triumph aufgenommen werden würde«[583] – so sehr fühlten sich die Deutschen durch die Beleidigung ihres »Führers« verletzt. Besonders empört sei man in Deutschland darüber, daß Pacelli keinerlei Anstalten gemacht habe, auf diplomatischem Wege sein Bedauern über die Entgleisung des Kardinals auszusprechen.

Dessenungeachtet gab es immer wieder unbestimmte Signale der Gesprächsbereitschaft. So empfing Hitler am 6. Dezember 1937 den Augsburger Weihbischof Franz Xaver Eberle, der über die Begegnung sogleich Faulhaber berichtete, der »Führer« habe seine Bereitschaft zum Frieden bekundet.[584] Doch als der Erzbischof und Pacelli genauere Auskünfte erbaten, zeigte sich schnell, daß sich aus dem Gespräch keine ernsthaften Anknüpfungspunkte für eine Friedensinitiative gewinnen ließen.

Der »Anschluß« Österreichs

Während sich die deutschen Bischöfe Mitte Januar 1937 im Vatikan aufhielten, verhandelte Göring in Rom mit der faschistischen Regierung über die Spanienfrage und die Zukunft Österreichs.[585] Um die spanischen Angelegenheiten kümmerte er sich freilich kaum; ihn interessierte seit jeher die Vereinigung Deutschösterreichs mit dem Reich.[586] Zwischen 1934 und 1937 hatte sich die europapolitische Lage derart verschoben, daß Göring nunmehr realistische Chancen sah, sein außenpolitisches Ziel zu erreichen. Gegenüber Graf Ciano führte er aus, man dürfe nicht vergessen, daß die österreichische Regierung weder einen faschistischen noch einen nationalsozialistischen Charakter trage, sondern einen klerikalen. Das Land betrachte den Nationalsozialismus als Feind Nr. 1 und bilde einen gefährlichen Störfaktor im deutsch-italienischen Verhältnis.[587]

Der klerikale Ständestaat hatte zwar die Linke vernichten können,[588] nicht aber die Nationalsozialisten, die – unterstützt vom Deutschen Reich – immer aggressiver agierten.[589] Am 25. Juli 1934 verschafften sich Mitglieder der illegalen SS-Standarte 89, bekleidet mit Uniformen der österreichischen Armee, Zutritt ins Wiener Bundeskanzleramt und nahmen die anwesenden Regierungsmitglieder fest. Bundeskanzler Dollfuß wurde bei einem Fluchtversuch erschossen. Der Putsch wurde rasch niedergeschlagen; aus Deutschland war keine Hilfe zu erwarten, da das faschistische Italien Truppen am Brenner zusammenzog und damit verdeutlichte, daß es die staatliche Integrität Österreichs zu schützen gedachte. Engelbert Dollfuß aber ging in die Geschichte der Konservativen Österreichs als erstes Opfer des Nationalsozialismus ein. Um ihn entstand geradezu ein Kult.

Vier Wochen zuvor hatte in Deutschland der »Röhm-Putsch« stattgefunden. Hitler fühlte sich von den dauerrevolutionären Nationalsozialisten um den SA-Führer Röhm wie von den katholisch-monarchistischen »Reichs«-Reaktionären im Umfeld seines Vizekanzlers Franz von Papen in die Zange genommen und entledigte sich in einem Akt ungeheurer Brutalität beider Opponenten. Gestützt auf die Reichswehr und die SS, ließ er am 30. Juni 1934 50 hohe SA-Führer verhaften und erschießen, weil sie angeblich einen »Putsch« geplant hätten. Gleichzeitig nutzte er die Gelegenheit zur Liquidation von 35 politischen Gegnern aus dem konservativen Lager, darunter Gustav Ritter von Kahr, Erich Klausener, Herbert von Bose und Edgar Jung.[590] Papen selbst erhielt zunächst Hausarrest, schied am 7. August aus dem Amt des Vizekanzlers und ging als Sonderbotschafter nach Wien, um dort für das Reich – nach dem NS-Umsturzversuch vom 25. Juli und der Ermordung von Bundeskanzler Dollfuß[591] – wieder diplomatische Bodengewinne zu erzielen.[592]

Allerdings hielt ihn der Wiener Nuntius Sibilia für einen »Wolf im Schafspelz«; der Wiener Kardinal Innitzer weigerte sich gar zwei Jahre lang, ihn offiziell zu empfangen[593], war aber bereit, sich mit ihm »zweimal an drittem Ort« zu treffen.[594] Mit Hilfe von Hudal[595], dessen er sich bediente, suchte Papen lange vergeblich, den österreichischen Episkopat für seine Idee einer Katholisierung des Nationalsozialismus zu gewinnen. Aber nach und nach gelang es ihm doch, mit jenen »Brückenbauern« Verbindung aufzunehmen, die, wie Martin Spahn bei der Reichsgründungsfeier der Kölner Universität 1934, auf die enge ideologische Verwandtschaft zwischen der österreichischen christlich-sozialen Bewegung und dem Nationalsozialismus hinwiesen. Auf der anderen Seite bekämpfte der Kreis um die von Dietrich von Hildebrandt herausgegebene

Zeitschrift *Der christliche Ständestaat* den Nationalsozialismus und Antisemitismus mit allen ihnen zu Gebote stehenden Mitteln.[596] Ähnlich wie das Heilige Offizium sahen sie im Nationalsozialismus die deutsche Erscheinungsform des Bolschewismus und wandten sich darum entschieden gegen die »Reichsmystiker« und »Brückenbauer«, die Papen um sich scharte.

Mitte März 1934 hatte Österreich mit Italien und dem ebenfalls autoritär regierten Ungarn die »Römischen Protokolle« abgeschlossen.[597] Sie und das Gipfeltreffen in Stresa vom April 1935 mit Großbritannien, Frankreich und Italien garantierten die staatliche Selbständigkeit Österreichs.[598] Doch mit dem deutsch-englischen Flottenvertrag vom Juni 1935[599] und besonders mit dem Abessinien-Krieg[600] kam es 1935 zu einer Lockerung der Stresa-Front bzw. zu tiefgreifenden Interessenkonflikten zwischen den Westmächten und Italien und als Folge davon seit 1936 zu einer allmählichen Annäherung des nunmehr außenpolitisch isolierten Italien an Deutschland.[601] Die Unterstützung Italiens mit deutschen Waffen und schließlich der Spanische Bürgerkrieg bereiteten die »Achse Berlin-Rom« vor. Am 25. Oktober 1936 unterzeichneten Galeazzo Ciano, seit 9. Juni 1936 italienischer Außenminister, und der deutsche Außenminister von Neurath in Berlin die grundlegende Übereinkunft.[602] Der Krieg mit Äthiopien und der Sieg Italiens hatten zu einer weiteren Ideologisierung der italienischen Politik und zu einer Verschiebung der Haupt-Interessenzone Italiens auf den Mittelmeerraum geführt.[603]

Diese Veränderungen bekam Österreich bald zu spüren.[604] Im deutsch-österreichischen Versöhnungsabkommen vom 11. Juli 1936[605] garantierte Deutschland zwar die Souveränität Österreichs und hob auch die Tausend-Mark-Sperre auf[606], aber Österreich mußte sich als »deutscher Staat« bekennen und durfte sich nicht mehr gegen die Nationalsozialisten betätigen. Der Duce nahm zunächst keine grundsätzlich veränderte

Position gegenüber Österreich und Deutschland ein, verstand sich indes nun mehr als Vermittler zwischen Hitler und dem österreichischen Bundeskanzler Schuschnigg, festigte die Zusammenarbeit mit Österreich sogar noch durch ein damals neuartiges Kulturabkommen und erneuerte im März 1936 die »Römischen Protokolle«[607]. Als Preis für den italienischen Schutz mußte Schuschnigg zur Südtirol-Frage schweigen und die antiitalienischen Aktivitäten von Südtiroler Emigranten in Österreich unterbinden.

Aber nicht nur die Stimmung im Ausland war einem Anschluß günstig, auch die Österreicher selbst schauten auf das vermeintlich prosperierende Nachbarland und hatten immer weniger Vorbehalte gegenüber einer Integration ins »Reich«. In der Wochenschrift *Schönere Zukunft*[608] propagierten die katholisch-nationalen Kräfte mit einigem Erfolg die Verständigung zwischen den beiden Ländern. Bei seinem Deutschland-Besuch im September 1937 ließ der Duce bereits durchblicken, daß er bei einer Stärkung der Achse sogar den Anschluß Österreichs hinnehmen würde.[609]

Eine entscheidende Zäsur in der italienischen Österreich-Politik bildete das Gespräch zwischen Mussolini und dem neuen deutschen Außenminister Joachim von Ribbentrop im November 1937. Darin brachte der Duce zum Ausdruck, er sei es leid, die von den Österreichern gar nicht gewünschte Unabhängigkeit vom Reich zu schützen. Italien werde sich künftig stärker auf das Mittelmeer und seine Kolonien konzentrieren.[610] Cianos Tagebüchern zufolge gab Mussolini dann um die Jahreswende 1937/38 Österreich endgültig auf.[611]

Mitte Februar 1938 drohte Hitler während eines von Papen arrangierten Treffens in Berchtesgaden Schuschnigg mit einer militärischen Intervention und zwang so den österreichischen Bundeskanzler, den Führer der österreichischen Nationalsozialisten und gläubigen Katholiken, Arthur Seyß-Inquart[612], in sein Kabinett aufzunehmen, der NSDAP eine freie Betätigung innerhalb der »Vaterländischen Front« zu gewährleisten, eine Amnestie für Nationalsozialisten zu erlassen und das Juli-Abkommen von 1936 strikt einzuhalten.[613] Zwölf Tage später hielt Schuschnigg im Scheinparlament des österreichischen Bundestages eine Rede, die immer wieder von »Heil-Schuschnigg«-Rufen unterbrochen wurde. Er schloß mit dem pathetischen Ausruf: »Bis in den Tod Rot-Weiß-Rot! Österreich!«[614]

Hitler war über die Rede empört. Berlin und auch Seyß-Inquart erhoben neue Forderungen. Um sich aus der bedrängten Lage zu befreien, entschloß sich Schuschnigg, gegen den ausdrücklichen Rat Italiens, zu einer Volksbefragung über ein »freies und deutsches, unabhängiges und soziales, für ein christliches und einiges Österreich«[615]. In enger Kooperation mit Berlin suchten die »nationalen« Minister im Kabinett Schuschnigg, Seyß-Inquart und Glaise-Horstenau, einen Aufschub der Volksbefragung zu erwirken. Da alle Hilfersuchen in Rom, London und Paris ergebnislos blieben, gab Schuschnigg schließlich nach, erklärte am 11. März, auf die Volksbefragung verzichten zu wollen, und trat wenige Stunden später zurück.

Zunächst weigerte sich Bundespräsident Miklas, Seyß-Inquart zum Bundeskanzler zu ernennen, gab schließlich aber dem Druck der Straße nach. Auf diese Weise wurde in der Nacht vom 11. auf den 12. März 1938 eine legale Machtübernahme inszeniert, die freilich vom Einmarsch deutscher Truppen flankiert wurde.[616] Schon am 13. März konnte der deutsche Diktator in Linz das Gesetz über die Wiedervereinigung Österreichs mit dem Deutschen Reich unterzeichnen. Als Hitler am 15. März von Schönbrunn zum Hotel Imperial fuhr, läuteten die Glocken aller Wiener Kirchen. Im Einvernehmen mit Berlin liquidierte Seyß-Inquart umgehend seinen Staat und amtierte weiter als Reichsstatthalter, bis ihn der Reichskommissar für die Wiedervereinigung, Gauleiter Joseph Bürckel, ablöste.

Es kann keinem Zweifel unterliegen, daß weite Teile der österreichischen Bevölkerung, die das deutsche Militär mit Heil-Rufen empfingen, den Anschluß wirklich begrüßten. Die Protestnoten der Westmächte fielen ausgesprochen matt aus.[617] Aber die Regierungen der Sowjetunion und Mexikos, ein Jahr zuvor vom Heiligen Stuhl in Enzykliken verurteilt, protestierten mit aller Macht gegen den Bruch völkerrechtlich verbindlicher Verträge durch Deutschland.[618]

Kurz nach der Annexion Österreichs sprach Magistrati, Chargé d'Affaires der italienischen Botschaft in Berlin, mit Göring über das künftige Verhältnis zwischen Staat und Kirche im Reich. Über den italienischen Botschafter am Heiligen Stuhl, Pignatti, gelangte das Gesprächsprotokoll in die Hände Pacellis. Der Reichsmarschall, so Magistrati, habe zum Ausdruck gebracht, daß man sich dessen bewußt sei, daß es nun fünfeinhalb Millionen Katholiken mehr im Reich gebe. »Kanzler Hitler sieht dies alles sehr genau und ist wirklich geneigt, sich auf einen Weg zu begeben, der zu einer religiösen Befriedung des Reiches führt – immer natürlich unter der klaren und genauen Voraussetzung, daß Religion und Politik zwei deutlich verschiedene Dinge seien.«[619]

Göring habe von der »großen Chance für den Vatikan« gesprochen, das Verhältnis zum Reich jetzt zu bereinigen. Anstatt über das Schicksal Österreichs zu weinen, solle der Vatikan dafür sorgen, daß sich der österreichische Klerus loyal verhalte. Hitler habe befohlen, keinerlei Aktionen mehr gegen die katholische Kirche zu unternehmen. Dann kam das Gespräch auf Pius XI., über den Göring »mit einer gewissen Sympathie und Hochachtung« gesprochen habe. Aber, so Pignatti, Göring »habe den vagen Eindruck gehabt, daß der Pontifex keinen großen Unterschied zwischen Kommunismus und Nationalsozialismus zu machen scheine!« Offenbar hatte Pius XI. seine Einschätzung der beiden Diktaturen so deutlich gemacht, daß auch Göring sie verstanden haben mußte.

Die reichsweite Volksabstimmung vom 10. April 1938 über den Anschluß Österreichs endete mit überwältigender Zustimmung.[620] Auch der Sozialdemokrat Renner und die österreichischen Bischöfe, allen voran Kardinal Innitzer, unterstützten das Ja zum Anschluß.[621] Die römisch-katholische Kirche hatte einen ihrer ständestaatlichen Musterstaaten verloren und sah mit Sorge auf die forcierte ideologische Annäherung Italiens an das Reich: Anfang 1938 setzte in Italien die Propagierung des Antisemitismus ein.[622]

Papen war es zwar gelungen, zu dem neuen, seit 1936 in Wien akkreditierten Nuntius Gaetano Cicognani ein gewisses Vertrauensverhältnis aufzubauen. Aber auch dieser Kontakt konnte es nicht verhindern, daß die österreichische Bischofskonferenz im November 1937 – als Reaktion auf die Enzyklika *Mit brennender Sorge* – eine öffentliche Sympathiekundgebung für Deutschlands Kardinäle und Bischöfe abgab und keinen Zweifel an ihrer Ablehnung des Nationalsozialismus ließ: Wir wissen, daß »viele bemüht sind, solche Verhältnisse, wie sie bei euch sich herausgebildet haben, auch in unserem Staat erstehen zu lassen und der Gottlosigkeit zum Siege zu verhelfen«[623]. Papen telegraphierte darauf an das Auswärtige Amt: »Habe keinen Zweifel gelassen, daß bei uns bekannten engen Beziehungen zwischen Episkopat und Regierung solche Veröffentlichungen nicht ohne Folgen für deutsch-österreichisches Verhältnis bleiben können.«[624]

Trotz ihrer Erklärung vom November 1937 und trotz der engen Verbindung des christlichen Ständestaates mit der katholischen Kirche, die sich in zahlreichen offiziösen Zusammenkünften führender Politiker mit der hohen Geistlichkeit niederschlug[625], kapitulierten die Bischöfe dann aber schon zwei Tage nach dem »Anschluß«[626]. Vermittelt durch Seyß-Inquart und Papen, stattete der Wiener Kardinal-Erzbischof Theodor Innitzer am 15. März 1938 Hitler einen Besuch im Hotel Imperial ab. Auf die dort abgegebene Loyalitätserklärung, verbunden mit der Bitte, die im österreichischen Konkordat garantierten Freiheiten für die Kirche zu bewahren, sicherte ihm der »Führer« eine gute Zusammenarbeit zu und meinte gar, »dieser religiöse Frühling [könne] sich auch auf das Altreich auswirken«[627].

Die erste Enttäuschung ließ freilich nicht lange auf sich warten: Als der Kardinal den Inhalt der Unterredung in einem kurzen Hirtenwort veröffentlichen wollte, mußte er feststellen, daß die österreichischen Zeitungen und der Rundfunk sie nicht brachten. Am 18. März trafen die österreichischen Bischöfe zu einer außerordentlichen Konferenz in Wien zusammen. Bürckel, der den Versammelten seinen Besuch zwecks einer Aussprache angekündigt hatte, schickte stattdessen drei »Sonderbeauftragte«, darunter Josef Himmelreich. Diese nahmen verständnisvoll die Beschwerden der Geistlichen entgegen und präsentierten dann den Entwurf einer Erklärung, die Innitzer schon seit zwei Tagen bekannt war und die sie unterschreiben sollten.

Der Salzburger Fürst-Erzbischof Sigismund Waitz[628], den Innitzer zuvor informiert hatte, machte gegen den offiziellen Entwurf eine Reihe von Bedenken geltend und informierte Nuntius Cicognani. Dieser verlangte insbesondere, daß in der Einleitung des Schriftstücks ein Satz aufgenommen werde, wonach der Kirche die Wahrung ihrer Rechte zugesichert würde. Doch Bürckel bat stattdessen um »Vertrauen« und setzte nach einigem Hin und Her seine Version durch. Die von Innitzer und Waitz unterzeichneten Erklärungen vom 18. bzw. 21. März 1938 lauteten schließlich:

»Vorwort zur feierlichen Erklärung der österreichischen Bischöfe in Sachen der Volksabstimmung. Nach eingehenden Beratungen haben die Bischöfe von Österreich angesichts der großen geschichtlichen Stunden, die Österreichs Volk erlebt, und im Bewußtsein, daß in unseren Tagen die tausendjährige Sehnsucht unseres Volkes nach Einigung in einem großen

Reich der Deutschen ihre Erfüllung findet, uns entschlossen, nachfolgenden Aufruf an alle unsere Gläubigen zu richten. Wir können das umso unbesorgter tun, als uns der Beauftragte des Führers für die Volksabstimmung in Österreich, Gauleiter Bürckel, die aufrichtige Linie seiner Politik bekanntgab, die unter dem Motto stehen soll: ›Gebet Gott, was Gottes ist, und dem Kaiser, was des Kaisers ist.‹

Feierliche Erklärung! Aus innerster Überzeugung und mit freiem Willen erklären wir unterzeichneten Bischöfe der österreichischen Kirchenprovinz anläßlich der großen geschichtlichen Geschehnisse in Deutsch-Österreich:

Wir erkennen freudig an, daß die nationalsozialistische Bewegung auf dem Gebiet des völkischen und wirtschaftlichen Aufbaues sowie der Sozial-Politik für das Deutsche Reich und Volk und namentlich für die ärmsten Schichten des Volkes Hervorragendes geleistet hat und leistet. Wir sind auch der Überzeugung, daß durch das Wirken der nationalsozialistischen Bewegung die Gefahr des alles zerstörenden gottlosen Bolschewismus abgewehrt wurde. Die Bischöfe begleiten dieses Wirken für die Zukunft mit ihren besten Segenswünschen und werden auch die Gläubigen in diesem Sinne ermahnen. Am Tage der Volksabstimmung ist es für uns Bischöfe selbstverständliche nationale Pflicht, uns als Deutsche zum Deutschen Reich zu bekennen, und wir erwarten auch von allen gläubigen Christen, daß sie wissen, was sie ihrem Volke schuldig sind.«[629]

In dem Begleitschreiben an Bürckel bekräftigte Innitzer noch einmal, daß »wir Bischöfe freiwillig und ohne Zwang unsere nationale Pflicht erfüllt haben«, und setzte, nachdem ihn Himmelreich darüber belehrt hatte, daß dies im Altreich allgemeiner Brauch sei, unter die bürgerliche Grußformel, oberhalb der Unterschrift, sein handschriftliches »Heil Hitler«. Ohne Zustimmung der Bischöfe wurden die Dokumente vor der Volksabstimmung in millionenfacher Auflage faksimiliert und auf die Plakatsäulen geklebt.

Waitz hatte indes so große Bedenken gegenüber den von ihm mitverantworteten Dokumenten, daß er der Kurie ein Promemoria über die Vorgänge zuschickte. Nach dem Willen des Heiligen Stuhls sollte der Vorsitzende der Österreichischen Bischofskonferenz, Innitzer, in Rom Rede und Antwort stehen. Bürckel und der Adjutant des Führers, Fritz Wiedemann, versuchten beinahe alles, den Kardinal in Wien zu halten, und versprachen ihm sogar eine Unterredung mit Hitler. Aber die Nuntien Cicognani und Orsenigo, der sich ebenfalls in der Stadt aufhielt, machten ihm deutlich, daß er seine Reise nicht aufschieben könne. Am 5. April wurde er von Pacelli empfangen und arbeitete mit diesem eine Verlautbarung aus, die die Erklärung der österreichischen Bischöfe »richtigstellen und ergänzen« sollte.[630] Trotz der »größte[n] Bedenken« Innitzers wurde der Text am 6. April im *Osservatore Romano* veröffentlicht und auch über Radio Vatikan verbreitetet. Bereits zuvor hatte das offiziöse Blatt gemeldet, daß die österreichischen Bischöfe ohne Wissen und Zustimmung des Vatikans gehandelt hätten. Die Audienz bei Pius XI., ebenfalls am 6. April, fiel entsprechend frostig aus.

Im Berliner diplomatischen Korps war bestens bekannt, was es mit Innitzers Reise nach Rom auf sich hatte. Am 6. April erzählte Weizsäcker seinem amerikanischen Kollegen Wilson, »daß es das eigentliche Ziel von Innitzers Besuch war, die Situation zu bereinigen, die durch die Kommentare des *Osservatore Romano* und die jüngste Radiosendung aus dem Vatikan zur Erklärung der österreichischen Bischöfe entstanden war, und somit zu verhindern, daß durch diese Vorfälle ein offener Bruch heraufbeschworen wird«[631].

Zurück in Wien, wurde Innitzer mit der schweren Enttäuschung Bürckels konfrontiert. Am Vorabend der Volksabstimmung sagte ihm Hitler selbst: »Ich wollte eine bindende Erklärung bezüglich der katholischen Kirche in Österreich abgeben. Nach dieser Ihrer Erklärung in Rom muß ich aber davon

Abstand nehmen.«[632] Dennoch versprach er dem Kardinal für die Zeit nach den Wahlen eine Musterabmachung zwischen Kirche und nationalsozialistischem Staat. Seit Mai 1938 stand dann fest, daß Hitler das österreichische Konkordat nicht anerkennen werde und auch das Reichskonkordat nicht auf die »Ostmark« ausgedehnt würde.

Derweil hatten sich die »Brückenbauer« – im Hintergrund wirkte auch wieder Hudal mit[633] – unter Führung von Karl Rudolf Pischtiak zu einer »Arbeitsgemeinschaft für den religiösen Frieden« zusammengeschlossen und entwarfen gemeinsam mit Bürckel und dessen Leuten ein Nichteinmischungsabkommen. Das Anfang Juli 1938 vorgelegte Schriftstück trug den Titel »Feierliche gemeinsame Erklärung von Partei und katholischer Kirche in Österreich zum kulturellen Frieden«. Der Episkopat zeigte sich im Prinzip einverstanden, wollte aber die Erklärung nur nach Genehmigung durch den Vatikan unterzeichnen.

Erzbischof Waitz und der Außenminister des kurzlebigen Kabinetts Seyß-Inquart, Wilhelm Wolf, wurden von Pacelli empfangen, der darauf hinwies, daß sein Anschreiben zur Frage des österreichischen Konkordats noch immer nicht beantwortet sei. Im Blick auf die mitgebrachte Erklärung formulierte der Kardinalstaatssekretär einen Alternativentwurf, der präziser und detaillierter die Rechte der Kirche herausarbeitete und als eine Art neues Vorkonkordat für Österreich gedacht war. Doch Bürckel zeigte sich nicht bereit, auf der Grundlage des Rom-Entwurfes weiterzuverhandeln. Durch eine Reihe antikirchlicher Maßnahmen sollte Druck auf den österreichischen Episkopat ausgeübt werden, sich den Wünschen Bürckels zu fügen.

Nach verschiedenen Modifikationen des Vertragstextes, die dem Vatikan nicht als annehmbar erschienen, brach die Bischofskonferenz auf Weisung des Heiligen Stuhls die Verhandlungen Ende August 1938 schließlich ab. Drei Monate später verfaßte Hudal wieder Denkschriften, in denen er personelle Revirements im österreichischen Episkopat und die Anpassung an das »historische Phänomen« des Nationalsozialismus empfahl.[634] Er sprach sich für eine kirchliche Anspruchsminderung als Basis für einen Modus vivendi und für die Disziplinierung politisierender Geistlicher durch die Kirche selbst aus. Der Kölner Kardinal Schulte und der Trierer Bischof Franz Rudolf Bornewasser, die zu den Ausführungen Hudals befragt wurden, wiesen seine Ansichten als völlig verfehlt zurück.[635]

In der Berliner SD-Zentrale hieß es im Jahreslagebericht 1938 triumphierend, die römisch-katholische Kirche stehe vor einem »Umbruch«. Sie habe eines ihrer wichtigsten Territorien verloren. »Durch die Begründung des Dollfuß-Schuschnigg-Regimes erreichte die Kirche seit 1933 eine derartige gesetzlich verankerte Macht, daß man Österreich als einen Kirchenstaat bezeichnen konnte. Dollfuß und Bundespräsident Miklas huldigten bei einem Besuch im Vatikan im Jahre 1933 dem Papst als Lehnsherrn.«[636] Damit sei es jetzt vorbei.

Vor dem Hintergrund des »Anschlusses« meinte die Amerikanische Botschaft in Berlin im Frühjahr 1938, Hitler werde sich um ein Arrangement mit der katholischen Kirche bemühen, um die Integration des katholischen Österreich ins Reich nicht zu gefährden. Allerdings bezweifelte Botschafter Hugh R. Wilson, daß das je möglich sein werde: »Theoretisch betrachtet läuft die Frage letztlich darauf hinaus, ob eine endgültige Versöhnung zwischen zwei solch rivalisierenden, totalitären Anschauungen wie dem Katholizismus und dem Nationalsozialismus tatsächlich möglich ist.«[637] Auch Orsenigo sehe wenig Möglichkeiten einer Veränderung der Situation. »Er sagte, daß die Beziehungen der Kirche zum Staat mehr oder weniger dieselben geblieben wären wie in etwa während des letzten Jahres, und daß er wenig Grund zur Hoffnung für eine unmittelbare Verbesserung sähe.«[638]

Während der Nuntius wenig besorgt über die Glaubens-
festigkeit der erwachsenen Katholiken sei, bereite ihm der
Einfluß der Nazis auf die Jugend große Sorgen. Mit Hitler
selbst, so Orsenigo, habe er niemals persönlich Kirchenfragen
diskutiert, sondern immer nur mit dem Auswärtigen Amt und
dem Reichskirchenministerium.»Obwohl Hitler nominell immer noch ein bekennender Katholik sei, so sei er dennoch kein
aktives Kirchenmitglied und scheine sich – so der Päpstliche
Nuntius – herzlich wenig für die Angelegenheiten der deutschen Kirche zu interessieren, denn er überlasse es seinen
Statthaltern, diese abzuwickeln.«[639]

Zu welchen fatalen Folgen Innitzers unabgestimmtes Vorgehen führte, geht aus einem Bericht der amerikanischen
Botschaft in Warschau vom 14. April 1938 über die Haltung
der Church of England hervor. In dem für Washington D.C.
bestimmten Report heißt es,»daß der Erzbischof von Canterbury und Lord Halifax, ein führender Kopf der britischen
›Anglo-Katholiken‹, angesichts der Päpstlichen Haltung sehr
aufgebracht waren. Beide waren eifrig darauf bedacht gewesen,
auf einer Linie mit dem Vatikan zu bleiben, und hatten geglaubt, Innitzers Erklärung sei vom Papst genehmigt worden.
Diese Überzeugung hatte sie dazu ermuntert, den Anschluß
stillschweigend zu dulden«[640]. Überall in der katholischen
Welt herrsche große Aufregung.

Wohl nicht zuletzt deshalb verfaßte Pacelli zur Erklärung der
katholischen Haltung gegenüber dem »Anschluß« Österreichs
ein Memorandum, das er dem katholischen Diplomaten Joseph
P. Kennedy, von 1938 bis 1940 amerikanischer Botschafter in
Großbritannien[641], bei dessen Rom-Besuch im April 1938 überreichte.[642] Obwohl der Kardinalstaatssekretär die in dem Text
getroffenen Aussagen als seine »persönlichen, privaten Ansichten« bezeichnete, »zu Ihrer vertraulichen Nutzung überlassen«, ermächtigte er Kennedy ausdrücklich, sie dem amerikanischen Präsidenten zur Kenntnis zu geben. Seit ihrer

Begegnung in Washington Anfang November 1936, die Kennedy vermittelt hatte, verband Pacelli ein herzliches Verhältnis mit Franklin D. Roosevelt.[643]

Kennedy sandte das Memorandum am 19. April 1938 an das Weiße Haus. In dem Papier erklärte Pacelli, daß die »unerwartete Erklärung [des österreichischen Episkopats] unmittelbar nach der Invasion des Landes weder vorher noch nachher die Zustimmung des Heiligen Stuhls« gefunden habe.[644] Die Bischöfe hätten offenbar unter ungeheurem politischen Druck gestanden und es darum unterlassen »sich in dem Text der Erklärung auf die grundlegenden Prinzipien der Kirchenfreiheit und der Abschaffung der anti-christlichen Propaganda zu berufen«[645]. Der Heilige Stuhl habe nicht gezögert, sich mit großem Takt, aber ebensolcher Festigkeit von der Erklärung zu distanzieren. Aus dem Vorgang sei ersichtlich, »daß der Heilige Stuhl niemals bereit sein wird, zu irgendeinem Abkommen irgendeines Bischofs oder zu irgendeiner Regierungsunternehmung seine Zustimmung zu geben, die in Gegensatz zum Göttlichen Gebot sowie zur Freiheit und zu den Rechten der Kirche stehen könnten«[646].

Zum deutsch-vatikanischen Verhältnis stellte Pacelli fest, daß es wohl diplomatische Beziehungen gebe. Aber dessen ungeachtet bestünden im Blick auf das Reichskonkordat schwere Differenzen. »[...] Tatsache ist, daß kurz nachdem das Konkordat unterzeichnet worden war, die deutsche Regierung eine mehr oder weniger offene Abwehrhaltung gegen alle Klauseln einnahm, die im Konkordat Anerkennung gefunden hatten. Der Heilige Stuhl hat alle zur Verfügung stehenden Maßnahmen genutzt, um die Freiheit der Kirche und der Katholiken zu bewahren, war ständig bereit, das Bestmögliche zu vollbringen, damit jeder weitere, bittere Konflikt vermieden werden möge und wurde immer getrieben von dem Wunsch, eine zusätzliche Erschwernis der Situation zu verhindern.«[647]

Nach dieser Klarstellung des denkbar schlechten Verhältnisses zwischen Vatikan und »Drittem Reich« erinnerte Pacelli den amerikanischen Diplomaten an die Überlegungen, die sie zwei Jahre zuvor in den Vereinigten Staaten angestellt hatten. Diese Pläne »zur Sicherung des Friedens für alle Völker« müßten jetzt vorangetrieben werden. Dabei ließ er keinen Zweifel daran, daß er bei diesem Unternehmen die USA in einer Führungsrolle sah – eine Position, die sie in seiner Vorstellung schon seit dem Ersten Weltkrieg besaßen.[648] »Es würde die Welt dazu veranlassen, angesichts der gegenwärtigen Schwierigkeiten die immer größer werdende Notwendigkeit zu überdenken, mit den höchsten moralischen Mächten der Welt verbunden zu bleiben, die sich in ihrem täglichen Kampf gegen allerlei politische Exzesse seitens der Bolschewiken und der neuen Heiden, die dem Kreis der jungen ›arianischen‹ [sic!] Generationen entstammen, zuweilen ohnmächtig und isoliert vorkommen.«[649]

Charles R. Gallagher, Historiker in Boston, der dieses Dokument aufgefunden hat, verbindet mit seiner Interpretation Überlegungen zu einer allmählichen Veränderung des Diplomatiestils während der Pacelli-Ära. Erzogen in den diplomatischen Gepflogenheiten des späten 19. Jahrhunderts, schwankte der Kardinalstaatssekretär zwischen den Maximen einer ebenso diskreten wie geheimen Diplomatie und dem Beginn einer modernen Diplomatie, die durch offene Konferenzen, ausführliche Debatten und persönliche Beziehungen zwischen den führenden Politikern gekennzeichnet war. Darum zog es Pacelli vor, in persönlichen Gesprächen mit hochrangigen Diplomaten und Kirchenleuten harsche Kritik an dem NS-Regime zu üben und solche Einschätzungen nicht in aller Öffentlichkeit zu äußern. »Wie viele Diplomaten seiner Zeit war er noch nicht fähig, vollkommen mit den alten Regeln diplomatischen Verhaltens zu brechen.«[650]

Der Münchner Zeithistoriker Thomas Brechenmacher hat

darauf aufmerksam gemacht, daß dieses Dokument einer klaren Ablehnung des Bolschewismus wie des neuheidnischen Nationalsozialismus kein Solitär ist.[651] Im Mai 1938, also wenige Wochen nach Joseph Kennedy, besuchte Mosche Waldmann, Delegierter der vorstaatlichen jüdischen Gemeinschaft in Palästina, die Heilige Stadt, um dort für seine Sache zu werben. Pacelli empfing ihn zwar nicht, aber über den römischen Oberrabbiner Prato, der eine ständige Gesprächsverbindung zu dem Kardinalstaatssekretär unterhielt, brachte er die Haltung des Heiligen Stuhls zum Nationalsozialismus in Erfahrung.

Nach dem Eindruck Pratos war die »Gegnerschaft des Vatikans gegen das Neuheidentum des Nationalsozialismus [...] fundamental. Durch diese Tatsache«, so David Prato, »hat sich ein psychologisch eigentümlicher Zustand entwickelt, nämlich eine größere Aufgeschlossenheit im Bezug auf jüdische Forderungen.« Pacelli wie Pius XI. seien nunmehr bereit, sich für jüdische Belange einzusetzen, und hätten versucht, dämpfend auf den Antisemitismus im polnischen Katholizismus wie auf die antisemitische Gesetzgebung in Ungarn einzuwirken. Zwar war die Kurie nicht bereit, sich für Waldmanns Projekt, die Gründung eines jüdischen Staates in Palästina, stark zu machen, aber er konnte immerhin nach Jerusalem berichten, daß der Heilige Stuhl nicht mehr nur für Katholiken jüdischer Herkunft eintrat, sondern auch für Juden.

In einem dritten Dokument aus dem Jahr 1939 gibt der ehemalige Berliner Generalkonsul der USA, Alfred Will Klieforth, den Eindruck eines dreistündigen Gesprächs mit Pacelli wieder. »Er [scil. Pacelli] widersetzte sich von seiner Seite aus jedem Kompromiß mit dem Nationalsozialismus. Er sah in Hitler nicht nur einen unzuverlässigen Halunken, sondern eine von Grund auf bösartige Person. Des äußeren Scheins ungeachtet, glaubte er ihn nicht zur Mäßigung imstande und unterstützte die deutschen Bischöfe voll und ganz in ihrer anti-nazistischen Gesinnung.«[652]

Der Enzykliken-Entwurf zum Rassismus

Nach der Annexion des katholischen Ständestaates durch das »Dritte Reich« nahm Pius XI. die Frage der Verurteilung des Rassismus erneut auf.[653] Am 22. Juni 1938 beauftragte er den amerikanischen Jesuiten John LaFarge, eine Enzyklika über die Fragen des Nationalismus und Rassismus abzufassen.[654] LaFarge bat den Ordensgeneral Ledóchowski um Unterstützung durch zwei Wissenschaftler, die den eigentlichen Textentwurf fertigen sollten. Die Wahl fiel auf seine Ordensbrüder Gustav Gundlach und Gustave Desbuquois. Nicht ein Syllabus war geplant, sondern eine lehramtliche Auseinandersetzung nach dem Vorbild der Enzyklika *Divini redemptoris*. Warum der Papst nicht das Heilige Offizium beauftragte und aus welchen Gründen man nicht auf die entsprechenden Vorlagen der Jahre 1935/36 zurückgriff, liegt im Dunkeln.

Die Entwürfe von Gundlach und Desbuquois weichen nicht unerheblich voneinander ab. Deshalb wohl wurden alle Fassungen – eine französische, eine deutsche und eine englische – Ende September 1938 von LaFarge dem Jesuitengeneral übergeben. Ob Pius XI. sie jemals in Händen hielt, ist ungewiß. Warum der Pacelli-Papst sie nicht aufnahm, läßt sich aus den bisher zugänglichen Quellen nicht beantworten. Vor dem Hintergrund der im Vatikan üblichen langwierigen Prozeduren und Begutachtungsverfahren sind viele Varianten denkbar. Gundlach, wohl der eigentliche Autor des Textes, schlug vor, die Enzyklika *Societatis unio* (Die Einheit der Gesellschaft) beginnen zu lassen. Trotz des etwas »schweren, akademischen Stils«[655] von Gundlach enthält sein Entwurf Sätze, die alle Vorarbeiten seit Mitte der dreißiger Jahre überboten: »[...] die sogenannte Judenfrage ist in ihrem Wesen weder eine Frage der Rasse, noch der Nation, noch des Volkstums, noch der Staatlichkeit, sondern sie ist eine Frage der Religion und seit Christus eine Frage des Christentums. [...] Nur mit Entrüstung und mit Schmerz sieht die Kirche heute eine Behandlung der Juden auf Grund von Anordnungen, die dem Naturrecht widersprechen und also niemals den Ehrennamen von Gesetzen verdienen. Ganz grundlegende Ansprüche von Gerechtigkeit und Liebe werden ohne Scheu und Hemmung verletzt.«[656] Am Schluß schlägt Gundlach einen Bogen zur Verurteilung des Heiligen Offiziums vom 25. März 1928, in der »ganz besonders jener Haß, den man heutzutage mit dem Namen Antisemitismus zu bezeichnen pflegt«[657], angeprangert wird. Die römisch-katholische Kirche, so heißt das, hat in den vergangenen zehn Jahren ihre Meinung nicht geändert.

Anfang Oktober 1938, einen Monat nach Abgabe des Entwurfs, wurde in den Beschlüssen des *Gran Consiglio del Fascismo* Italien der Antisemitismus verordnet und Mitte November als Gesetzesdekret verabschiedet – und zwar nicht mit einer rassistischen, sondern einer national-kulturellen Begründung.[658] Mit diesen Maßnahmen schloß man die Juden aus der nationalen Gemeinschaft aus und schickte sie ins Ghetto zurück. Sie konnten keine öffentlichen Schulen mehr besuchen, keine öffentlichen Stellen antreten und keine Nichtjuden heiraten.[659] Um welchen ideologischen Erdrutsch es sich bei dieser Umorientierung handelte, wird deutlich, wenn man sich vor Augen hält, daß Mussolini noch vier Jahre zuvor Hitlers Rassentheorien als blanken Unsinn verspottet hatte.[660] Ende Mai 1934 schrieb er noch: »Rassenkult zu hundert Prozent. Gegen alles und gegen jeden: gestern gegen die christliche Zivilisation, heute gegen die lateinische Zivilisation, morgen vielleicht gegen die Zivilisation der ganzen Welt!«[661]

Papst Pius XI., der schon am 28. Juli 1938, anläßlich einer öffentlichen Audienz, den neuen italienischen Rassismus heftig zurückwies, führte wegen der geplanten Ehebestimmungen Beschwerde über die Verletzung des Konkordats. In Geheimgesprächen konnte tatsächlich erreicht werden, daß der betreffende Artikel in dem geplanten Dekret modifiziert wurde.[662] Diese Veränderung schloß aber nicht ein, daß die kirchlich eingesegneten Ehen konvertierter Juden staatlich anerkannt wurden. Der Streit eskalierte bis zum Tod Pius XI. am 10. Februar 1939 und wurde dann beigelegt, weil Pacelli jeder direkten Konfrontation mit Italien aus dem Weg ging, um Mussolini als Vermittler gegenüber Deutschland und den Westmächten nutzen zu können.

Trotz der wachsenden Annäherung des faschistischen Italien an die Ideologie des Nationalsozialismus blieben markante Differenzen. Das wird aus einer Rede deutlich, die Roberto Farinacci, der führende Kopf des Antisemitismus innerhalb der faschistischen Bewegung, am 7. November 1938 anläßlich der Eröffnungsfeier des Faschistischen Kulturinstituts in Mailand hielt. In seinem »Das Judenproblem in der Geschichte der Kirche« überschriebenen Vortrag suchte Farinacci eine eigenständige, von Deutschland unabhängige Judenpolitik zu proklamieren, die nach seiner Überzeugung auf einer antisemitischen christlichen Tradition basierte. »[...] stellen wir ruhig zum Trost unserer eigenen Seelen fest, daß, wenn wir als Katholiken Antisemiten geworden sind, wir dies ausschließlich den Lehren verdanken, die uns die Kirche seit 2000 Jahren vermittelt hat. [...] Rom ist und wird immer Anti-Jerusalem sein.«[663]

Farinacci zitiert seitenweise aus den antijüdischen Schriften der Kirchenväter und stellt die Behauptung auf, das »arische Rassenprinzip« werde »bei den Jesuiten [...] noch erheblich strenger angewandt als in Deutschland«[664]. Unter dem Einfluß der Ideale der Französischen Revolution habe die römisch-katholische Kirche dann an Wachsamkeit verloren, so daß viele getaufte Juden tief in den Klerus hätten eindringen können. Doch nun habe der faschistische Staat es unternommen, die »Judenfrage« zu lösen.

»Wir wissen, daß der Geist des Christentums die größte Energiequelle ist, die die Menschen und die europäischen Völker aufrecht erhält und sie in den Kampf für den Dienst Gottes führt. Wir wollen nicht, daß die Kirche ihre erzieherische Hauptaufgabe aus den Augen verliert und sich mit politischen Dingen befaßt, die ausschließlich dem Faschismus zustehen. Denn der Faschismus gehorcht der Geschichte und bewahrt und vergrößert für die, die nach uns kommen, das Erbe Roms.«[665]

Mit Recht kommentierten die NS-Ideologen im SD, in ihren Augen habe der deutschfreundliche Farinacci das Problem »völlig falsch aufgerollt«. Denn der Kirche sei es stets nur darum gegangen, mit ihren Maßnahmen »die Juden zur Taufe zu zwingen«[666]. Das im Rassischen liegende »Kernproblem« habe die katholische Kirche nicht verstanden, sondern nur einen »internationalen katholischen Kulturanspruch« durchsetzen wollen.

Auf der anderen Seite gab es innerhalb des italienischen Faschismus durchaus eine linientreue antisemitisch-pronationalsozialistische Bewegung um die halboffiziöse Tageszeitung *Il Tevere* und ihren Herausgeber Telesio Interlandi.[667] Dieser besaß das Ohr Mussolinis und verteidigte in seinem Organ – mit der stillschweigenden Zustimmung des »Duce« – schon vor 1933 die antisemitische Politik Hitlers. Graf Ciano notierte Mitte September 1939, das ultradeutsche Blatt *Il Tevere* werde in Rom nur »Rheingold« genannt.[668] Da ein genereller Antisemitismus in Italien nicht akzeptiert wurde, bezichtigte Interlandi alle italienischen Juden des Zionismus.

Mussolinis Position zum Rassismus veränderte sich seit dem Abessinienkrieg. Galt er zuvor sogar als »prosemitisch«, so meinte er Mitte Mai 1936, die »schreckliche Gefahr« der Rassenvermischung zwischen Italienern und Afrikanern bekämpfen zu müssen. Diese Haltung betraf freilich noch nicht die Juden, war aber so etwas wie ein »Einstieg« in rassistisches Denken.[669] Das im Herbst 1936 von Giulio Cogni, einem Freund Interlandis, publizierte Buch »Il Razzismo« verneinte sogar noch ein »Judenproblem« in Italien. Wegen seines heidnischen Inhalts setzte die Kirche das Buch im Juni 1937 dennoch auf den Index. Ende Mai 1937 schwenkte Mussolini dann in mehreren Verlautbarungen auf den antisemitischen Kurs Interlandis ein.[670] In Übereinstimmung mit Mussolinis Direktiven formulierte schließlich der Anthropologe Guido Landra, ebenfalls ein Förderer Interlandis, das »Manifesto della razza«. Nach dem Besuch Hitlers in Rom ließ Mussolini alle Zweideutigkeiten, die er bis dahin im Blick auf die »Rassenfrage« gepflegt hatte, fallen: Am 14. Juli 1938 wurde das »Manifesto della razza« in *Il Giornale d'Italia* publiziert.

Hitler in Rom,
die Instruktion gegen den Rassismus
und die Reichspogromnacht 1938

In der Zeit vom 3. bis 9. Mai 1938 besuchte Hitler erstmals Rom.[671] Die erste Begegnung der beiden Diktatoren in Venedig lag vier Jahre zurück, Ende September 1937 hatte der Duce Hitler in Berlin besucht.[672] Es war üblich, daß Staatsoberhäupter, die gleichzeitig auch diplomatische Beziehungen zum Heiligen Stuhl unterhielten, ihren Aufenthalt zu einer Audienz beim Papst nutzten. Auch Reichskanzler Brüning hatte sich 1931 dieser ungeliebten Pflichtübung unterziehen müssen.[673]

Pius XI. wünschte einen solchen Besuch[674], da er sich von der Begegnung eine Klärung der kirchlichen Angelegenheiten in Deutschland erhoffte.[675] Doch die deutschen Diplomaten rieten von einer solchen Visite dringend ab[676] und deklarierten die Begegnung zwischen dem »Führer« und dem Duce vor dem Hintergrund der ideologischen Allianz als einen Besuch, dem »Sondercharakter«[677] zukomme und der darum mit den üblichen Staatsbesuchen nicht vergleichbar sei. Dennoch unternahm das päpstliche Staatssekretariat über Botschafter von Bergen noch während des Aufenthalts von Hitler in Rom einen letzten Versuch, den »sehr peinlichen Präzedenzfall« zu verhindern und den Reichskanzler zu einem Besuch im Vatikan zu bewegen.[678]

Auch Hitlers Gastgeber war der Affront anscheinend peinlich. Darum sprach sich der italienische Geschäftsträger in Berlin, Massimo Magistrati, für eine Audienz aus, um den Eindruck zu vermeiden, der deutsche Reichskanzler beträte Rom »in einer antikatholischen Einstellung«[679]. In einem Vermerk des Vatikans vom 3. Mai 1938 heißt es, daß weder von seiten der Apostolischen Nuntiatur in Berlin noch von der

Deutschen Vatikanbotschaft in Rom irgendeine Mitteilung über die Möglichkeit eines Besuchs des Kanzlers beim Heiligen Vater eingetroffen sei.[680]

Im Vorfeld des Hitler-Besuchs, den Mussolini mit allem Pomp vorbereiten ließ, protestierte der Vatikan gegen Pläne, auch kirchliche Gebäude zu Ehren des deutschen Gastes festlich zu schmücken.[681] Die italienische Regierung bemühte sich, bei der Fahrt Hitlers und Mussolinis durch Rom die sparsamer illuminierte Vatikanstadt möglichst zu meiden, was freilich in einem Fall aus verkehrstechnischen Gründen nicht möglich war.[682]

Vor dem Hintergrund des eben erfolgten »Anschlusses« zog die Angelegenheit in diplomatischen Kreisen die Aufmerksamkeit auf sich. Schon im Vorfeld hatte die amerikanische Botschaft in Warschau über die Auswirkungen des Konflikts auf die Achsenmächte spekuliert:

»Mussolini wurde von dem Berlin-Vatikan-Disput kaum weniger peinlich berührt. Es würde für ihn sehr schwierig werden, den Führer in der Ewigen Stadt willkommen zu heißen, es sei denn, seiner Diplomatie (die in diesem Sinne keine Mühe scheuen würde) gelänge es von nun an [14. April] bis Anfang Mai, einige der wesentlichen Differenzen zwischen dem Nazi-Reich und dem Heiligen Stuhl zu glätten. So veranlaßte Ciano einmal in der Presse die Veröffentlichung eines Berichts, der nahelegte, daß der Papst Herrn Hitler bei dessen Ankunft in Rom empfangen würde. Jedoch ließ Pacelli sofort eine Absage verlautbaren, wonach der Papst keineswegs derartige Absichten hege«[683].

Die dann zum Besten gegebene Version, der Papst werde sich diskret in seinen Sommerpalast zurückziehen und Hitlers Rombesuch schlicht ignorieren, hält sich in manchen Darstellungen bis heute.[684]

In Wirklichkeit wartete Pius XI. bis zum vorletzten Tag des Aufenthaltes von Hitler auf ein Zeichen des Reichskanzlers.

Dann reiste Ratti nach Castelgandolfo ab, ließ aber erklären, daß er jederzeit zurückkehren werde, um den »Führer« zu empfangen. Doch dazu kam es nicht. Denn Hitler war nicht bereit, eine Erklärung abzugeben, die einen Kurswechsel seiner Religionspolitik in Aussicht gestellt hätte.[685]

Die amerikanische Botschaft in Rom berichtete am 18. Mai 1938 nach Washington, D.C., daß man im Vatikan nicht einmal wisse, ob und welche Anstrengungen Mussolini unternommen habe, um eine Verbesserung der Beziehungen zwischen der Deutschen Reichsregierung und dem Vatikan zu erreichen.[686] Immerhin rechnete man in diplomatischen Kreisen mit einer solchen Intervention!

Trotz aller Differenzen beruhten die Beziehungen zwischen dem faschistischen Staat Italiens und der Kurie auf Voraussetzungen, die einmalig waren. Nur vor diesem Hintergrund ist es verständlich, daß der Duce kurz vor dem Besuch Hitlers in Rom gegenüber dem Jesuiten und Mittelsmann zum Vatikan, Tacchi Venturi, sogar den Gedanken einer Exkommunikation des »Führers« ansprach, um die dezidiert antireligiöse Haltung Hitlers zu brechen.[687] In Krisensituationen pflegten sich die »Kollaborateure« gegenseitig ins Gedächtnis zu rufen, was der eine schon für den anderen getan habe. So erinnerte Ratti im September 1936 etwa den Duce an die Unterstützung der Katholiken, die er im Abessinien-Feldzug erhalten habe.[688] Mussolini war darüber erzürnt, daß es ihm nicht gelungen war, die Kirche zu instrumentalisieren, und den Papst bekümmerte es, daß eine Katholisierung des Faschismus fehlgeschlagen war. Auf der Großratssitzung am 6. Oktober 1938 machte Mussolini seinem Ärger Luft: »Ich erkläre, daß dieser Papst eine unheilvolle Wirkung auf das Schicksal der katholischen Kirche ausübt«[689]. Kurz darauf sprach er vom Vatikan als von einem »Ghetto«[690]. Mitte Dezember ließ er sich gegenüber Ciano in einem »Zornesausbruch gegen den Papst« sogar zu der Bemerkung hinreißen, er hoffe, »daß er möglichst bald stirbt«[691]. Dennoch blieben beide Seiten an einem Modus vivendi interessiert, der die Möglichkeit einschloß, daß Mussolini sich in Religionsangelegenheiten vermittelnd an die deutsche Reichsregierung wandte.[692] Darum ist das Verhältnis zwischen dem Heiligen Stuhl und dem faschistischen Italien nicht mit dem zwischen Hitlerdeutschland und dem Vatikan zu vergleichen.[693] Natürlich war es für Pius XI. schwer zu ertragen, daß Mussolini den ihm verhaßten Gottesleugner Hitler in der Heiligen Stadt mit allem Pomp empfing. Verstieß der Duce damit nicht gegen den Geist der Lateranverträge?[694] Mussolini erschien es andererseits außenpolitisch undenkbar, wegen des Vatikans die guten Beziehungen zu Berlin aufs Spiel zu setzen. Darum rieten Ciano und andere italienische Diplomaten der Kurie immer wieder zu Geduld und Mäßigung. Keine »extremen Sanktionen« wie eine Exkommunikation solle der Papst ins Auge fassen[695], sondern im Gegenteil mehr Elastizität und Kompromißbereitschaft an den Tag legen.[696]

Den unmittelbar bevorstehenden Besuch Hitlers vor Augen, entschloß sich Pius XI. zu einer Instruktion der Kongregation für Universitäten und Fakultäten, deren Leitung er übernommen hatte, da der Posten des Präfekten vakant war. Seit 13. April 1938 lag diese Instruktion, die eine eindeutige Verurteilung der nationalsozialistischen Blut- und Rasseideologie vornahm, fertig vor.[697] Am 1. Mai 1938 erschien der Text in *La Croix* und am 3. Mai 1938, am Tag der Ankunft Hitlers in Rom, im *Osservatore Romano*.[698] Pius XI. hatte auf das Material des Heiligen Offiziums von 1935/36 zurückgegriffen, formulierte aber zurückhaltender, präsentierte auch nur eine kleine Auswahl daraus und vermied den ausdrücklichen Bezug auf Deutschland. Die Leiter der katholischen Universitäten und Fakultäten sollten die »lächerlichen« Lehren zurückweisen, wonach »Rasse und Reinheit des Blutes [...] bewahrt und gepflegt werden« müßten, heißt es in der Instruktion.

Am 5. Mai 1938 klagte Pius XI. darüber, daß am Tag des Heili-

gen Kreuzes in Rom ein Kreuz zur Schau gestellt werde, das
»nicht das Kreuz Chisti« sei – das Hakenkreuz. Es gibt eine
Reihe von Hinweisen, daß Pius in seinen letzten Lebensmona-
ten eine andere Haltung gegenüber den Juden einnahm.[699] So
äußerte er am 6. September 1938 vor belgischen Pilgern: »Man
kann den Antisemitismus nicht dulden. In spirituellem Sinne
sind wir Semiten.«[700]

Peter Godman hat das Ressortgerangel zwischen den Dika-
sterien, den Organen der Römischen Kurie im Vatikan, be-
schrieben[701] und vor diesem Hintergrund verdeutlicht, daß
man in der Kongregation für Außerordentliche Kirchliche
Angelegenheiten etwas pikiert auf die Instruktion der Kongregation für Universitäten und Fakultäten reagierte, weil sie
inhaltlich in den Zuständigkeitsbereich der ersteren fiel.[702]
Polykratische Strukturen gab es also nicht nur in den europäischen Diktaturen, sondern auch im Vatikan.

Über die Reichspogromnacht vom 9./10. November 1938
war der Vatikan durch einen Bericht Orsenigos detailliert
informiert.[703] Der Reichsnuntius sprach von »antisemitischem
Vandalismus«. Es ließe sich »erahnen, daß der Befehl oder die
Erlaubnis zu handeln von weit oben stammte«, schätzte er die
Ursache für den Pogrom richtig ein. Die Diplomaten hätten
sich sehr für »diese Vandalismen interessiert« und die Vertreter
Großbritanniens und der Niederlande seien »energisch zur
Verteidigung der Güter der Juden eingetreten«, soweit es sich
um Bürger ihrer Länder gehandelt habe. Kurz darauf berichtete Orsenigo über mögliche Konsequenzen einer antijüdischen
Ehegesetzgebung im Blick auf konvertierte Juden.[704] Trotz dieser alarmierenden Nachrichten schwieg der Vatikan und brach
auch die diplomatischen Beziehungen zum »Dritten Reich«
nicht ab. Vielmehr wollte man die Initiative für diesen Schritt
den Nationalsozialisten überlassen, um dann die Situation
moralisch für den Heiligen Stuhl nutzen zu können: »Die Welt
soll sehen, daß wir alles versucht haben, um in Frieden mit

Deutschland zu leben«[705], meinte Pacelli bei einem Treffen mit deutschen Kardinälen am 9. März 1939.

Auf der anderen Seite läßt sich eine behutsame politische Entwicklung beobachten, in deren Verlauf der Vatikan allmählich von der politischen Anlehnung an die autoritären und totalitären Diktaturen abrückte und einen vorsichtigen Anschluß an westliche Demokratien suchte. Unzweifelhaft spielen in diesem Zusammenhang die Kontakte Pacellis zu den USA eine Schlüsselrolle. Dabei darf freilich nicht übersehen werden, daß sich die USA, trotz der hohen Zahl katholischer Bürger – immerhin 21.403.000 Gläubige –, Ende der dreißiger Jahre als »protestantische« Nation begriffen und protestantische Kreise mit Empörung auf die sich anbahnenden diplomatischen Kontakte zum Vatikan reagierten.[706]

Ende 1938 schlug sich in der diplomatischen Korrespondenz der Vereinigten Staaten diese Umorientierung des Vatikans nieder. So berichtete der polnische Außenminister Józef Beck dem in Warschau akkreditierten amerikanischen Diplomaten A.J.Drexel Biddle: »Der Minister [scil. Beck] teilte mit, er habe aus glaubwürdiger Quelle erfahren, daß eine einflußreiche Riege in den höchsten katholischen Kreisen Roms den Vatikan nun dazu dränge, sich in seiner Verfahrensweise stärker nach den politischen Haltungen der Demokratien auszurichten; das tatsächliche Ergebnis der Bemühungen dieser Riege bleibe abzuwarten. Jedoch gebe es Anzeichen dafür, daß diese Kampagne an Boden gewinne.«[707]

Der Tod Pius' XI.,
die Wahl Pacellis zum Papst und
der drohende Krieg

Seit Beginn seines 80. Lebensjahres im Sommer 1936 setzten bei Pius XI. Altersbeschwerden und Krankheiten ein. Die Ereignisse in Österreich, der Staatsbesuch Hitlers in Rom und der anwachsende Rassismus belasteten die schwache Gesundheit des alten Mannes zusätzlich. Ende November 1938 verdichteten sich in diplomatischen Kreisen die Spekulationen über einen möglichen Nachfolger des schwerkranken Pius XI. In dieser Zeit erlitt Pius XI. zwei schwere Herzanfälle, von denen er sich nicht mehr erholte. Aufgrund des schlechten gesundheitlichen Zustandes des Papstes war die Handlungsfähigkeit des Vatikans stark eingeschränkt.

Als der Papst am 10. Februar 1939 schließlich starb, herrschte in der diplomatischen wie in der katholischen Welt eine Atmosphäre gespanntester Aufmerksamkeit. Allerlei wilde Gerüchte über letztwillige Äußerungen Rattis machten die Runde[708]; mit höchster Spannung sah man der Wahl des neuen Papstes entgegen.

Am 18. Februar berichtete die amerikanische Botschaft in Berlin nach Washington:

»Die Wahl des neuen Papstes wird in Deutschland sowohl von offizieller Seite als auch von katholischen Kreisen mit brennendem Interesse erwartet. Man ahnt dort, daß dies eine Angelegenheit von möglicherweise gewaltigen Folgen für die zukünftige Lage der Kirche in Deutschland sein wird – je nachdem, ob die Wahl auf einen Papst fällt, der wie sein Vorgänger dem Nationalsozialismus die Stirn bieten wird, oder auf einen sogenannten unpolitischen Papst. Überdies glaubt man hier, daß die Frage der zukünftigen Beziehungen des Vatikans zu autoritären Regierungen eine Rolle bei der Wahl selbst spielen könnte.«[709]

Über die Stimmung in katholischen Kreisen Deutschlands heißt es:

»[...] es ist interessant festzustellen, daß in hiesigen katholischen Kreisen die Vorstellung die Runde macht, wonach für den Fall, daß ein unpolitischer Papst gewählt wird und es möglich sein sollte, alle Gruppierungen der deutschen Kirche in Einklang zu bringen, schließlich die Gelegenheit ergriffen werden könnte, um Frieden mit dem Staat zu schließen. Wie groß die fundamentalen Differenzen zwischen Katholizismus und Nationalsozialismus auch sein mögen, so spürt man doch, daß es noch nicht zu spät sein könnte, um ein Abkommen über etwas Geringeres als die Bedingungen des gegenwärtigen Konkordats auszuhandeln, das auch für die Kirche akzeptabel sein könnte. Es wird bemerkt, daß hier bestimmte Katholiken von der Notwendigkeit dieses Unterfangens gerade deswegen überzeugt sind, weil sie befürchten, daß – sollte der augenblickliche Konflikt weiter andauern – der Staat dazu übergehen könnte, das Eigentum der Kirche zu konfiszieren.«[710]

Unter dem Eindruck der bevorstehenden Papstwahl trafen sich am 18. Februar der italienische Botschafter am Heiligen Stuhl, Pignatti, und sein deutscher Amtskollege Bergen zu einem Meinungsaustausch. Man war sich einig, daß die Haltung der deutschen Kardinäle eine »ausschlaggebend[e], ja geradezu entscheidend[e]«[711] Rolle spielen werde. Pignatti machte noch einmal den Wunsch seiner Regierung nach einer Verbesserung des Verhältnisses zwischen dem Vatikan und dem Reich deutlich und bat seinen deutschen Kollegen, darauf hinzuwirken, daß der verstorbene Papst und die Kurienmitglieder in der deutschen Presse vor persönlichen Angriffen bewahrt würden.

Im Blick auf die Nachfolgefrage löste sich die römisch-katholische Kirche von einer jahrhundertealten Tradition: In einem nur eintägigen Konklave wurde Pacelli gewählt, obwohl er als Kardinalstaatssekretär unter Pius XI. jahrelang Macht ausgeübt hatte, seit 1935 die Funktion des Kämmerers der Heiligen Römischen Kirche innehatte[712] und darum eigentlich nicht mehr in Frage kam.[713] Schon Pius XI. soll ihn freilich als seinen Wunschkandidaten betrachtet[714] und seinen Kardinalstaatssekretär darum wiederholt als Legaten ins Ausland geschickt haben.[715] Neben den überragenden Fähigkeiten Pacellis zeigte die Wahl freilich auch an, daß man in der Kurie die politische Lage als so bedrohlich einschätzte, daß man meinte, einen diplomatisch erfahrenen, bereits weltweit bekannten Mann an die Spitze der Kirche wählen zu sollen.

Am 2. März 1939, zufällig seinem 63. Geburtstag, entschied sich das Konklave im dritten Wahlgang für Pacelli. Nach mehr als zwei Jahrhunderten repräsentierte wieder ein geborener Römer die Kirche, und mehr als das: Die Ernennung des wenig bekannten Diplomaten Luigi Maglione[716] aus Neapel zum neuen Kardinalstaatssekretär signalisierte aller Welt, daß dieser Römer entschlossen war, »alle wesentlichen Entscheidungen in dieser gefährdeten Zeit persönlich zu treffen«[717]. Die Bearbeitung der »deutschen Fragen« hatte er sich ohnehin »ausdrücklich vorbehalten«[718].

Der Polnischen Katholischen Presseagentur *KAP* zufolge wurde die Wahl Pacellis in Polen mit großer Freude aufgenommen.[719] In einem Artikel »Von Pius XI. zu Pius XII. kommentierte die Monatsschrift *Das XX. Jahrhundert* die Papstwahl so:

»Ein politisches Pontfikat! Die Fortsetzung jener gewagten Politik der Konkordate, der freundschaftlichen Annäherungen an willige Regierungen der großen Kombinationen. Der umkämpfteste und stärkste Mann der Kurie hat ihre Führung übernommen. Das ist eine der merkwürdigsten Anpassungen an den Geist und die politischen Formen des 20. Jahrhunderts. Will Pius XII. diese Epoche mit ihren eigenen Mitteln schlagen?«[720]

Das nationalsozialistische Deutschland beobachtete die Reaktionen der demokratischen Staaten auf den Tod Pius' XI. und die Wahl seines Nachfolgers mit großem Argwohn.[721] Insbesondere die amerikanische, britische und französische Presse machte den Ratti-Papst zu einem »Freund der demokratischen Welt«, zu einem »Roosevelt in der Tiara«, wie *Il Giornale d'Italia* spöttisch schrieb[722], und zu einem erklärten Gegner des Nationalsozialismus. In den Augen der demokratischen Staaten hatte sich der autokratische Papst auf dem Totenbett zu einem Liberalen gewandelt.[723]

Während diese Sicht der Dinge kaum nachvollziehbar war[724], erscheint die Hervorhebung der antirassistischen Haltung des Papstes, dokumentiert auch durch Beileidstelegramme führender jüdischer Persönlichkeiten aus aller Welt[725], sehr interessant. Diese Perspektive unterstreicht, daß Rattis Initiativen gegen den Rassismus eine weite Publizität erreicht hatten. Seine Einlassung vom 6. September 1938 »Im geistlichen Sinne sind wir alle Semiten« und andere Äußerungen[726] wie auch die Instruktion gegen die nationalsozialistische Blut- und Rasseideologie vom Frühjahr 1938 waren offenbar gut in der kollektiven Erinnerung haften geblieben.

In den Kommentaren der westlichen Staatsmänner und in den Medien kam deutlich zum Ausdruck, daß man im Blick auf Rattis Nachfolger Kontinuität wünschte. Folglich wurde die Wahl Pacellis in den demokratischen Staaten mit großem Jubel bedacht. In der *New York Times* vom 3. März 1939 heißt es: »Wieder einmal steht die katholische Kirche Seite an Seite mit den demokratischen Völkern, um die Unabhängigkeit des menschlichen Geistes und die Brüderlichkeit der Menschheit gegen die ungeistigen Methoden neuzeitlicher Barbarei zu verteidigen.«[727] Und die kommunistische französische *l'Humanité* schrieb einen Tag später:

»[...] es ist Pius XII. Wird er nicht auch mit dem Namen die Arbeit jenes Mannes wieder aufnehmen, dessen Mitarbeiter er

als Staatssekretär während der letzten Jahre war? Denn wenn
es sich um den Wahnsinn der Rassenlehre, die nationalsozialistische Verfolgung und die Attentate des Faschismus auf die
Gewissensfreiheit und menschliche Würde handelte, waren
Kardinal Pacelli und der Papst nicht zu trennen.«[728]

Auch im katholischen Volksteil Deutschlands löste die Wahl
Pacellis einmütig große Freude aus. Nach den Analysen des SS-
Sicherheitsdienstes förderten insbesondere die französischen,
amerikanischen, italienischen und lateinamerikanischen Kardinäle die Wahl Pacellis. Die deutschen Kardinäle hätten
anfangs wenig Neigung gezeigt, für den ehemaligen Reichsnuntius zu optieren. Aber da ein zugkräftiger Gegenkandidat
gefehlt habe, seien auch sie schließlich umgeschwenkt. Pacelli
stamme aus der Schule der Kardinäle Rampolla und della
Chiesa.

»Wir in Deutschland haben von diesem Papst nichts zu
erwarten! Er wird versuchen, [...] zu Vereinbarungen zu kommen; er wird nach außen hin auch konziliant sein – aber
Vorsicht! [...] Als Österreich ins Reich heimkehrte, da hatte
er die erste große Schlappe erlitten. Wie hatte er auf diesen
›christlichen Staat‹ gebaut, [...] wie hatte er auf Prag gebaut,
daß die Ernennung des Prager Erzbischofs Kaspar zum Kardinal nur auf ihn zurückzuführen war! [...] Und nun ist alles
hin in seinem Schachspiel. [...] Die Kirche unter Pius XII. wird
mehr als sonst Politik machen, aber nicht so roh und polternd
wie unter Pius XI., feiner, diskreter und steiler. Vielleicht auch
wortreicher.«[729]

Fast die gesamte Welt schickte zur Inthronisierung Pius' XII.
am 12. März 1939 besondere Abordnungen. An der Spitze der
italienischen Gruppe standen die Vertreter des italienischen
Königshauses und für das faschistische Italien Außenminister
Graf Ciano. Die nationalsozialistische Regierung gehörte zu
den ganz wenigen, die keine Delegation aus Anlaß der Amtseinführung Pius XII. entsandte.[730] Dennoch trat nach der Wahl

Pacellis eine neue Entspannungsphase im Verhältnis von NS-Staat und katholischer Kirche ein, die in diplomatischen Kreisen sofort registriert wurde.[731] Am 8. Mai 1939 führte Hitler mit Orsenigo ein langes Gespräch über die Lage der katholischen Kirche in Deutschland. Darüber berichtete der Nuntius nicht nur dem Vatikan, sondern auch seinem amerikanischen Kollegen Geist:

»Jener Quelle zufolge legte Hitler bei dieser Gelegenheit eine freundliche und verständnisvolle Einstellung an den Tag und ließ Grund zur Hoffnung, daß er dem Problem der Kirche Aufmerksamkeit zukommen lassen würde. Während es bisher keine positiven Anzeichen dafür gibt, daß entscheidende Schritte in diese Richtung unternommen worden sind, und während von extremistischen Zirkeln innerhalb der Partei mit Widerstand gegen ein kirchenfreundliches Abkommen zu rechnen ist, wird das Gespräch doch als bezeichnend angesehen für die Verbesserung der Atmosphäre in den Beziehungen zwischen Partei und Kirche, die seit der Thronbesteigung des neuen Papstes eingetreten ist und sich außerdem in dem Waffenstillstand manifestiert, der den Kirche-Staat-Konflikt während der letzten Wochen charakterisierte.«[732]

Wenige Tage später heißt es aus der amerikanischen Botschaft in Berlin:

»Laut Informationen, die die amerikanischen Konsule in München und Köln, wo deutsche Kardinäle eingesetzt sind, erhalten haben, kam es in diesen Städten zu einem deutlichen Nachlassen des von der nationalsozialistischen Amtsgewalt ausgeübten Drucks auf die katholische Kirche, und es herrschte der Eindruck vor, daß auch im Rest des Landes – wie ebenfalls von Beobachtern in Berlin bekräftigt wird – die Interferenzen zu einem Halt gekommen sind. Es ist durchaus möglich, daß die freundliche Art und Weise, mit der der Vatikan im Hinblick auf die internationale Situation an Hitler herangetreten ist, teilweise zur Verbesserung der Lage der Kirche in Deutschland beigetragen hat, obgleich es derzeit keine Hinweise dafür gibt, daß die Reichsregierung beabsichtigt, zugunsten der diplomatischen Initiative des Papstes zu handeln. In diesem Zusammenhang erzählte mir der hiesige Päpstliche Nuntius im Laufe eines kurzen Gesprächs, wie Hitler mit großer Höflichkeit die Nachricht des Papstes empfangen habe, die von ihm [scil. Orsenigo] nach Berchtesgaden überbracht worden war, wobei er die Repräsentationen nicht zurückgewiesen habe, die damals zur Darstellung kamen. Der Nuntius fügte allerdings hinzu, daß die Wirkung der päpstlichen Schritte sich nur an dem von Hitler in Zukunft eingeschlagen Kurs werde ablesen lassen. Noch ist es nicht möglich zu bestimmen, ob die Reichsbehörden einen Teil ihrer Politik aus Respekt vor der Kirche geändert haben, sozusagen als Auftakt für das Bemühen um ein neues Abkommen durch Revision des Konkordats, oder ob sie andererseits nicht bloß deswegen einen Waffenstillstand herbeizwingen, weil sie während dieses international kritischen Augenblicks die katholische Unzufriedenheit aus dem Wege räumen wollen. Berichten journalistischer Kreise in Berlin zufolge, ist der Papst erpicht auf eine Verbesserung der Beziehungen zu Deutschland«[733].

Tatsächlich nutze Pacelli jede sich bietende Gelegenheit zur Deeskalation. Nachdem von Bergen am 3. März »die Glückwünsche des Führers und Reichskanzlers sowie der Reichsregierung«[734] übermittelt hatte, bat der Papst den Botschafter zu einer Privataudienz, um ihm »seinen heißen Wunsch für den Frieden zwischen Kirche und Staat«[735] zu erklären. In diesem Zusammenhang machte Pacelli noch einmal deutlich, daß die Regierungsform der Diktatur das Verhältnis zwischen dem Vatikan und dem Reich nicht stören werde. »Die Kirche ist nicht dazu berufen, in rein irdischen Dingen und Zweckmäßigkeiten Partei zu ergreifen zwischen den verschiedenen Systemen und Methoden, die für die Meisterung der Notprobleme der Gegenwart in Frage kommen können.«[736] Zur Beruhigung der Lage verordneten beide Seiten den Presseorganen Zurückhaltung und Sachlichkeit.[737]

Offenbar ermutigt durch diese Entwicklung, regte Alois Hudal Ende März 1939 eine Initiative zum »Frieden zwischen Kirche und Staat in Deutschland«[738] an. Als symbolträchtiges Datum für einen solchen Schritt hatte er das Jubiläum der *Anima* oder Hitlers 50. Geburtstag ins Auge gefaßt.[739] Besorgt äußerte er sich über die drohende Bildung einer deutschen Nationalkirche und schlug die Wiederaufnahme von Verhandlungen seitens des deutschen Episkopats vor. Voraussetzung für das Gelingen solcher Bemühungen sei freilich der Rücktritt Faulhabers, der dazu wohl bereit sei. »Irgendein Opfer wird die Partei fordern. Ich bin bereit, der Jonas zu sein, wenn dann der Sturm sich wirklich beruhigt.«[740] Wieder fand er für seinen Vorschlag kein positives Echo.

Der Papst begann sein Pontifikat, wie er 22 Jahre zuvor seine Münchner Nuntiatur begonnen hatte: mit einer Friedensoffensive. Nach der Auflösung des deutsch-polnischen Abkommens[741] und des deutsch-britischen Flottenabkommens im April 1939 ergriff er Ende April 1939 die Initiative und regte bei den Regierungen von Frankreich, Deutschland, Großbritannien, Italien und Polen eine Fünfmächtekonferenz zur Beilegung der europäischen Spannungen an.[742] Das Ganze sollte für ihn zu einem Déjà-vu-Erlebnis werden. Denn Mitte Mai 1939 war deutlich geworden, daß keine der angesprochenen Regierungen ein wirkliches Interesse an einer solchen Konferenz hatte. Dessen ungeachtet ließ der Papst die päpstlichen Nuntien ununterbrochen Gespräche führen und Nachrichten übermitteln.[743] So erhielt Berlin über die italienische Regierung auch die eindeutige Botschaft, Großbritannien werde in der Danzigfrage zu seinen Bündnisverpflichtungen stehen.

Neben den intensiven diplomatischen Aktivitäten wandte sich der Papst in mehreren Ansprachen an die Kontrahenten und mahnte zum Frieden. In einer Rundfunkansprache vom

24. August 1939 erinnerte er die Regierungen daran, daß mit »dem Frieden [...] nichts verloren« sei. »Alles aber kann mit dem Krieg verloren werden.«[744] Noch am 31. August erwog Pius XII., nach Berlin und Warschau zu reisen, gab diesen Plan dann aber auf und flehte in einem Schreiben an die Regierungen Polens und Deutschlands, »alles zu vermeiden, was zu irgendwelchen Zwischenfällen führen könnte, und keine Maßnahmen zu ergreifen, welche die gegenwärtig so ernsten Spannungen verschlimmern könnten«[745]. Die Regierungen Großbritanniens, Frankreichs und Italiens bat er, sein Gesuch zu unterstützen. Doch beide Seiten hatten längst die Mobilmachung angeordnet. Am 1. September 1939 rückten die Armeen Hitlers in Polen ein.

Die Friedensaktivitäten Pius' XII. litten – in den Augen der demokratischen Staaten sowie deren Kirchen – an ihrer diplomatischen Äquidistanz. Nach Hitlers Einmarsch in die »Resttschechei« am 15. März 1939 hatte der Erzbischof von Canterbury, Cosmo Gordon Lang, anläßlich einer Rede im Oberhaus den Papst aufgefordert, sich namens aller christlichen Kirchen an die Spitze einer internationalen Protestbewegung gegen die europäischen Diktaturen zu stellen.[746] Seit Ende Juni hatte Paris vergeblich auf eine Politik der Verdammung des Aggressors durch den neuen Papst gewartet.[747] Auf dessen weiterhin geübte Neutralität reagierte man in Frankreich schließlich mit offener Polemik gegen die Kirche.[748]

Am 24. August wurde der französische Botschafter in Rom, François-Poncet, im Kardinalstaatssekretariat vorstellig und verlangte eine Verdammung der bevorstehenden deutschen Aggression gegen ein katholisches Land durch den Vatikan.[749] Kurz darauf forderte der polnische Botschafter Papée eine ähnliche öffentliche Stellungnahme. Zwei Tage später bat Papée erneut darum, daß der Heilige Stuhl im Falle eines deutschen Angriffs erklären möge, auf wessen Seite Gerechtigkeit und Moral stünden.[750] Am 28. August schlug der französische Botschafter dem Papst vor, eine öffentliche Erklärung zugunsten Polens abzugeben.[751] Doch der Vatikan lehnte wieder ab, weil er nicht parteiisch erscheinen wollte. Über dem permanenten Drängen des Heiligen Stuhls gegenüber der italienischen Regierung, auf Berlin einzuwirken, verschlechterten sich schließlich auch die Beziehungen zur Regierung Mussolini.

Am 11. Juni 1940, kurz nachdem Hitlers Armeen auch in Frankreich einmarschiert waren, schrieb der französische Kurienkardinal Tisserant an Kardinal Suhard: »Ich fürchte, die Geschichte wird dem Heiligen Stuhl vorzuwerfen haben, er habe eine Politik der Bequemlichkeit für sich selbst verfolgt und nicht viel mehr. Das ist äußerst traurig, vor allem wenn man unter Pius XI. gelebt hat.«[752]

Wenn man den Kriegsbeginn mit einbezieht, dann hatten die päpstlichen Aspirationen auf katholisch gefestigte Gesellschaften im Herzen Europas eine herbe Niederlage erlitten. Fast alle politischen Bemühungen der letzten zwanzig Jahre schienen dahin. Mit der atheistischen Sowjetunion waren Arrangements nicht möglich, das nationalsozialistische Deutschland hatte sich als Bolschewismus in anderer Gestalt decouvriert, Italien näherte sich ideologisch zunehmend dem Partner im Norden an, und Hitlers Wehrmacht hatte das durch und durch katholische Polen erobert, das Land wurde zerschlagen und dem deutschen bzw. sowjetischen Machtbereich einverleibt. Wie hoffnungslos die Lage war, konnte man daraus ersehen, daß der Primas von Polen, Kardinal Hlond, gegen den Willen des Vatikans eilends nach Rom emigrierte. Verblieben waren nur Portugal und Spanien – beides schwache Staaten an der Peripherie, von denen der eine zudem wirtschaftlich wie militärisch von Italien und Deutschland abhängig war.

Die »Totalität des göttlichen Gehorsamsanspruchs«, das autoritäre katholische Staatsideal und die totalitären Staaten

Wenn Peter Godman schreibt: »Ob autoritär oder demokratisch: Für die Kirche spielte die Staatsform keine Rolle«[753], so trifft diese These nur teilweise zu. Einmal davon abgesehen, daß der Vatikanstaat selbst ein absolut geführtes Staatsgebilde ist, machte Ratti, eine autoritäre Persönlichkeit *par excellence*, von seiner Sympathie für straff geführte »katholische Staaten« keinen Hehl. Demokratische Ideale wie Freiheit, Unabhängigkeit und Eigeninitiative hielt er dagegen für »Geschwüre [...] am leidenden Körper der Christenheit«[754]. Als Heilmittel gegen solche Erscheinungen empfahl er katholische Einrichtungen – Schulen, Krankenhäuser, Banken und Zeitungen – und den Zusammenschluß von Katholiken in der Katholischen Aktion. Sein Ziel war eine Katholisierung der Gesellschaften und die Indienstnahme der jeweiligen Staaten zugunsten einer Durchsetzung der katholischen Ideale. Er wollte die Macht Christi aufrichten – eine Macht, die von einzelnen wie von der Gesellschaft bedingungslos anerkannt werden sollte.[755]

Darin wußte er sich mit seinem Kardinalstaatssekretär völlig einig. Mitte Juli 1937 sagte Pacelli in einem Interview mit dem *Osservatore Romano*:

»Je früher und je vollständiger alle anerkennen, daß zwischen der Heilssendung der Kirche Christi und dem Fortschritt und der Größe – auch der irdischen, der Nationen – eine geheiligte, unwandelbare Wechselbeziehung besteht, um so mehr wird der Weg frei sein zu jener gottgewollten Harmonie in der einträchtigen Einheit jedes einzelnen Volkes und der Völker untereinander, um die sich heute die Welt unablässig, aber vergebens bemüht und die doch, je schwerer sie erreicht zu

werden scheint, um so mehr das innigste Sehnen und das glü-
hendste Streben aller Menschen, die guten Willens sind, darstellt.«[756]

Natürlich übte Pius XI. sein geistliches Regiment nicht aus
eigener Machtvollkommenheit, sondern auf Geheiß Gottes
aus. Diesen Anspruch reklamierten die Diktatoren freilich
auch für sich. Auf den Willen der »Vorsehung« beriefen sich
die Diktatoren ebenso wie die Kirche.[757] Aber wer repräsentierte den Willen Gottes besser als die Kirche? Sie und nur sie vertrat Christi Macht auf Erden.[758] Insofern blieb die Herrschaft
fest an das Heil gebunden, saß der Papst mit im weltlichen
Regiment.

Eine Auseinandersetzung zwischen der nationalistischen
katholischen flämischen Volkspartei und dem belgischen Episkopat Anfang 1930 illustriert das Kirchenverständnis des
katholischen Klerus. Auf den Einspruch der Bischöfe gegen
ihren politischen Kurs machte die Volkspartei Front gegen die
Bischöfe und bezweifelte deren kirchliche Autorität in politischen Angelegenheiten. Daraufhin erließ der Episkopat eine
Kundgebung, in der er auf »die der Kirche schuldige Achtung
[...] von Führern einer sich katholisch nennenden Partei« verweist.[759]

»Die kirchliche Autorität nicht achten, heißt gegen Christus
und seine Kirche Stellung nehmen. Ihr kennt das Wort des
Erlösers: ›Wer Euch hört, der hört mich; wer Euch verachtet,
der verachtet mich; wer aber mich verachtet, der verachtet
denjenigen, der mich gesandt hat‹ (Luk. X, 16). [...] Wenn sie
zu behaupten wagen, daß, wenn auch die Bischöfe gegen sie
sind, die höchste kirchliche Autorität den flämischen Nationalismus billigt und der gemeinsame Vater der Christenheit
mit ihnen ist, so sagen wir ohne Zögern – und wir wissen, was
wir sagen – daß sie gelogen haben. [...] So beginnt allgemein
die traurige Geschichte aller Apostaten. Wenn der Papst sie
öffentlich verurteilen mußte, so behaupten sie noch, daß Gott

dennoch mit ihnen ist! [...] Erfüllt auch Ihr, unsere vielgelieb-
ten Brüder, Eure Christenpflicht: Wendet Euch ab von denjenigen, die Euch irre machen wollen und die Eure Anhänglichkeit an die Kirche in Gefahr bringen! Vermeidet es, die nationalistischen Tages- und Wochenzeitungen zu lesen und zu
unterstützen [...].«

Auf herrschaftspraktischer Ebene gab es allerdings einen
Unterschied zwischen dem Vatikan und den totalitären Staaten, auf den Godman verweist: »Der Papst mochte ein auto-
kratischer Herrscher sein, ein absoluter Herrscher war er nicht.
Mehr als die totalitären Diktaturen verließ er sich auf seine
Experten.«[760] Auch das war allerdings ein Prozeß. In seinen
ersten Amtsjahren regierte Pius XI. selbstherrlich wie ein absoluter Monarch, zeigte sich dann dem Rat seiner Umgebung
zugänglicher und mußte schließlich in seinen letzten Jahren
aus Gesundheitsgründen viele Entscheidungen faktisch Pacelli
überlassen. Die Zeit zwischen 1937 und 1939 bildete eine Art
»Sedisvakanz«.

Der Faschismus-Forscher Roger Eatwell weist darauf hin, daß
der ständestaatliche Korporatismus mit seinen kooperativen
sozialen Einrichtungen, wie er in der Enzyklika *Rerum novarum*
Leos XIII. 1891 entwickelt und von Pius XI. in der Enzyklika
Quadragesimo anno bekräftigt wurde[761], auf Teile des italienischen Faschismus seit 1922 eine große Faszination ausübte.
»Wenngleich die Motive sehr unterschiedlich waren, so wurde
hierdurch doch ein direkter Berührungspunkt mit der wichtigen Gruppe der frühen Faschisten geschaffen, die Konvertiten
des Syndikalismus waren.«[762] Mehr als das schmiedeten sie die
gemeinsamen Gegner von Katholizismus und Faschismus zusammen: den schwachen liberalen Staat und die antinationali-
stische Linke mit ihrer vorbolschewistischen Gewalttradition.[763]
Viele Katholiken sahen in den Faschisten jene, die den Linken
erfolgreich Paroli geboten und eine stabile konservative Regierung in Rom etabliert hatten. Dabei gelang Mussolini die

Integrationsleistung, aufrührerische Gruppierungen und rechtsorientierte Parteien in der regierenden Koalition aufgehen zu lassen.

Erst der Faschismus schien es zu ermöglichen, gegen alle Verfallsprozesse der Zeit im Inneren wie nach außen zu obsiegen und wieder eine einheitliche, nämlich die vorreformatorische, mittelalterliche Christlichkeit aufzurichten. Die Grundsätze der Französischen Revolution, der Liberalismus, die Volkssouveränität, der Sozialismus, der aufklärerische Rationalismus, der Parlamentarismus mit seinen Parteien, der Materialismus und der Egalitarismus – all das schien schon gesiegt zu haben und wurde nun doch durch den Faschismus gleichsam hinweggefegt. Nach einer katastrophalen Verfallsgeschichte schien das Gottesrecht doch noch über das Menschenrecht zu siegen.[764] Autorität, Hierarchie und Ordnung kehrten zurück und verschafften auch der Kirche, Alleininhaberin der christlichen Wahrheit, wieder den ihr angestammten Platz in der Gesellschaft, ja bestimmten das Gemeinwesen wieder als christliches.[765]

An dem Konzept einer pluralen Gesellschaft lag dem Vatikan nichts – im Gegenteil. Der antiliberale und monopolisierende Autoritarismus Mussolinis störte den Papst so lange nicht, wie das Regime der Katholischen Aktion alle Freiheiten einräumte und der Kirche ihre Rechte über Familie und Erziehung garantierte. Der Heilige Stuhl trug sich mit der Hoffnung, daß er in dem autoritären, hierarchisch gegliederten faschistischen Staat seine eigenen gesellschaftspolitischen Ideale würde durchsetzen, den Faschismus würde katholisieren können. Zur katholischen Durchdringung des Volkskörpers gehörte auch die religiöse Okkupation faschistischer Feiertage wie der Jahrestage des Marsches auf Rom.[766] Die jährliche Erinnerung an dieses Ereignis wurde in den Kirchen feierlich begangen.

Im Gegensatz zu jenen Katholiken – unter ihnen der konservative Bischof von Mailand, Achille Ratti –, die die junge faschistische Bewegung offen unterstützt hatten, verurteilten andere den Faschismus, weil er nach ihrer Überzeugung auf einer gefährlichen, radikalen Ideologie basierte. Deren prominentester Exponent war Don Luigi Sturzo, der Gründer des *Partito Popolare Italiano* von 1919. Er war es auch, der den Begriff *clerico-fascismo* prägte. Sturzo kontrastierte die faschistische Gewaltszene mit den zentralen Werten des christlichen Glaubens und fürchtete, daß der Faschismus das Ziel habe, jegliche Opposition auszulöschen.

Unter Berufung auf die Enzyklika *Immortali Dei* (1885)[767] Leos XIII. sprach er sich 1932 für eine »Diarchie«, ein gegenseitiges Zusammenwirken von Staat und Kirche, aus. Indem die katholischen Parteien »auf das konstitutionelle System und auf die Methode der Freiheit« eingegangen seien, hätten sie »zur sittlichen und politischen Reform der verschiedenen Länder« beigetragen und das System der »christlichen Demokratie« ins Leben gerufen.[768] In einem »hyperzentralistischen« Staat gehe hingegen jegliche Freiheit verloren, weil diese Regimes »alle sozialen Aktivitäten« für sich beanspruchten und ein »gefährliches Monopol der Moral« aufrichteten.[769] Es waren diese Ideale von Demokratie und Freiheit einerseits sowie die Bereitschaft zu konzertierten Aktionen mit den Sozialisten andererseits, die den Gegensatz zwischen Sturzo und Pius XI. begründeten.

Ratti dagegen, nachdem er im Februar 1922 Papst geworden war, »unterstützte aktiv eine politisch geeinte Front gegen die Linken, wobei er die Popolari scharf rügte, die gewillt waren, sich mit den Sozialisten und anderen gegen die rasant aufsteigende faschistische Partei zu verbünden«[770]. Bei der Zerstörung des *Partito Popolare* arbeiteten der faschistische Staat und der Vatikan »Hand in Hand«[771]. Pacelli und später Orsenigo betrieben – wenn auch mit sehr viel weniger Erfolg – eine analoge Politik in Deutschland.[772] Auch sie versuchten immer wieder, das Zentrum zu bewegen, die Koalitionen mit den Sozialdemokraten aufzugeben und durch solche mit den »nationalen« Parteien, unter Einschluß der NSDAP, zu ersetzen. In Italien gab es im Umfeld von *La Civiltà Cattolica* sogar Priester-Kreise, die meinten, die Faschisten hätten die Werte des *Partito Popolare Italiano* erfolgreich rezipiert und damit die christliche Partei überflüssig gemacht.[773]

Als die Faschistische Partei 1926 eine Diktatur etablierte, gab, Eatwell zufolge, die katholische Hierarchie auch hierzu ihre Zustimmung. Schon vorher sei sie dankbar für Konzessionen seitens des faschistischen Staates gewesen – etwa für die Einführung des Religionsunterrichts und das Aufhängen von Kruzifixen in Klassenräumen. Miccoli erwähnt ergänzend weitere Hilfen von seiten des faschistischen Staates: die Bereitstellung von drei Millionen Lire zur Wiederherstellung von im Krieg beschädigten Kirchen, die Aufstockung der Priestergehälter, Schenkungen an den Vatikan und die Rettung der Banco di Roma im Januar 1923.[774] Die atmosphärischen Störungen zwei Jahre nach Abschluß der Lateranverträge wurden durch den subversiven, squadristischen und antiklerikalen Flügel der faschistischen Partei verursacht.

Vor diesem Hintergrund nimmt es nicht wunder, daß man auch im Blick auf die NSDAP zäh an der Flügel-Hypothese festhielt, wonach man die Ursachen für den kirchenfeindlichen Parteikurs radikalen Kräften zuschrieb, die Hitler, Göring und andere »Gemäßigte« nicht zu bändigen vermochten. Trotz unbestreitbarer Detailkenntnisse über Deutschland und den Nationalsozialismus, die ein Mann wie Pacelli zweifellos besaß, blieb die italienische Handschrift des Vatikans unverkennbar. Die römischen Verhältnisse, insbesondere die Erfahrungen mit dem italienischen Faschismus, prägten die politischen Leitlinien des Heiligen Stuhls – auch im Blick auf Deutschland.

Während des Abessinienkrieges wie während des Spanischen Bürgerkrieges fuhr die Kirche fort, dem faschistischen Regime bedeutende ideelle Hilfestellungen zu geben. »Jedoch ist unter Historikern strittig, welches Ausmaß und welche Beschaffenheit dieser ›Konsens‹ hatte, der im allgemeinen mehr auf passiver Akzeptanz als auf fanatischer und aktiver Unterstützung des Duce, ganz zu schweigen des zunehmend korrupten PNF, zu beruhen schien.«[775] Trotz der ideologischen Annäherung des italienischen Faschismus an den NS-Staat nach 1936 kam es zu keinem Bruch mit dem Vatikan – eine Entwicklung, die sich die Radikalen in der faschistischen Partei möglicherweise erhofft hatten.[776] Pius XI. bekämpfte zwischen 1936 und 1939 allerdings die »Achse Berlin-Rom«, weil er durch die Allianz zwischen Faschismus und Nationalsozialismus den religiösen Frieden in Italien und damit einen wichtigen Teil seines Lebenswerkes – die Lateranverträge – gefährdet sah.[777]

Für Eatwell steht fest, »daß Pacelli die Zentrumspartei ermutigte, sich aufzulösen und die Nazi-Diktatur zu akzeptieren«[778]. Er sieht den nachmaligen Papst als repräsentativ für die Hauptlinie des deutschen Katholizismus: Weder unterstützte er die katholische Opposition noch jene Kräfte in der katholischen Kirche, die eine Synthese mit den Nationalsozialisten anstrebten.

Während die westlichen Verfassungsstaaten es dem Staat versagten, die religiöse Frage zu stellen und zu beantworten, übernahmen in den Weltanschauungsdiktaturen die Staaten selbst die Beantwortung der religiösen Frage, indem sie – oder die dafür zuständige Abteilung der Weltanschauungspartei – eine »Politische Religion« entwickelten.[779] Der ständestaatliche Herrschaftstyp beanspruchte ebenfalls das Recht für sich, die religiöse Frage zu beantworten und reklamierte für sich eine naturrechtlich fundierte, katholische Ethik des Politischen. Der Vatikan selbst unterstützte ihn in diesem Anliegen, denn damit war sichergestellt, daß diese Staaten auf einer »katholischen Ideologie« gründeten und der Kirche praktisch das gesamte Werte- und Erziehungssystem überließen. Genau darin unterschieden sich die autoritären »katholischen« Staaten von den faschistischen. Selbst dort, wo man die Kirche als wichtige kulturelle Größe akzeptierte, wie in Italien, wollte man eine eigene Kulturpolitik betreiben, die auf anderen Idealen basierte als den kirchlichen.

Antonio Canepa, einer der führenden Philosophen des Faschismus[780], betonte 1937 den universalen Anspruch seiner Bewegung.[781] Den Duce zitierend, unterschied er zwischen dem Faschismus als universaler Idee und seiner nationalen Realisierung. Nicht allen Prinzipien des Faschismus eigne ein universaler Charakter, sondern nur den »spirituellen, geistigen Werten, wie z. B. das Gefühl für das Vaterland, das Pflicht-gefühl, das Gefühl des heldenhaften Lebens [...], weil sie einen Augenblick in der Geschichte des menschlichen Geistes dar-stellen«[782]. Canepa unterschied zwischen Universalität und Totalität:

»Wenn man sagt, daß die faschistische Doktrin totalitär oder integral sei, meint man damit, daß sich ihre Prinzipien auf alle Aktivitäten der Menschen beziehen. [...] die faschistischen Prinzipien sind insofern totalitär, als sie in ihrer Gesamtheit alle Gebiete umfassen, alle Probleme, die dem menschlichen Geist zusetzen. [...] Die Werte-Verständnisse des Faschismus sind durchaus selbst totalitär, doch in einer Bedeutung, die sich nicht mit jener deckt, deretwegen sie universal sind. Man beachte [...], daß der totalitäre Charakter nicht einzig den Werte-Prinzipien eignet, sondern allen doktrinären Prinzipien in ihrer Gesamtheit: Es handelt sich um ein eigenes Attribut der Doktrin anstelle ihrer einzelnen Prinzipien, aus denen sie besteht«[783].

Genauso hätten auch die Dogmatiker des Vatikans reden können. Giulio Ulderigo Bruni suchte 1939 die positive »Essenz des totalitären Staates« herauszuarbeiten, indem er auf einen alles umfassenden Politikbegriff abstellte. »Der totalitäre Staat ist das Reich der integralen Politik«; er »enthält in sich die Totalität der Manifestationen des sozialen Lebens, das ganz im

Hinblick auf politische Ziele ausgerichtet, gelenkt und beherrscht wird. [...] Die Gemeinschaft des Blutes, die Gemeinschaft der Arbeit, die Gemeinschaft des Ideals stellen die organischen und natürlichen Grundlagen dar, auf denen allein sich der totale Staat erheben kann.«[784]

Insofern war es ein Mißverständnis auf Gegenseitigkeit, wenn Vatikan und faschistischer Staat tatsächlich gemeint haben sollten, es gäbe die Möglichkeit einer Abgrenzung des einen Machtbereichs von dem anderen. Der Historiker Lutz Klinkhammer (Deutsches Historisches Institut in Rom) zeigt im einzelnen, daß es »im Verlauf der dreißiger Jahre zweifellos zu einer Christianisierung des Faschismus [...], aber ebenso zu einer Faschisierung des italienischen Katholizismus«[785] gekommen ist. Der politische Totalitätsanspruch des faschistischen Staates reichte tief in die Sphäre des Religiösen, wie die faschistische »Liturgie«, der Totenkult, die sonstigen Rituale, die religiöse Verehrung Mussolinis sowie der »Märtyrer« der Bewegung und die Überhöhung der faschistischen Ideologie zur Dogmatik hinreichend belegen.[786] Auch darin eiferte der Nationalsozialismus ihm nach.[787]

Umgekehrt drang der religiöse Totalitätsanspruch des Heiligen Stuhls weit in den Bereich des Gesellschaftspolitischen ein, indem er – unter Berufung auf göttliches und Naturrecht – umfassende Gestaltungsansprüche für das Gemeinwesen insgesamt geltend machte. Im Rahmen dieses spannungsvollen Nebeneinanders kam es – etwa im Zusammenhang mit dem Äthiopienkrieg – zeitweise zu Allianzen, wegen des faktischen Konkurrenzverhältnisses aber auch zu Konflikten – wie 1931 wegen der Katholischen Aktion. Die einseitige Betonung der Konflikte »entstand schon 1944, um das katholische Italien vom Vorwurf der Kollaboration mit dem Faschismus freizusprechen«[788]. Warum sich der Vatikan so intensiv auf den Faschismus einließ, erklärt Klinkhammer mit den mittel- bis langfristigen Vorteilen für die römisch-katholische Kirche.

»À *la longue* bedeutete das *ventennio fascista* eine Abwehr des Laizismus und eine Rekatholisierung des Landes, die erst in der Exkommunizierung der Kommunisten 1949 und der Moralisierungskampagne Pius' XII. der ersten Nachkriegsjahre ihren Höhepunkt fand.«[789]

Obwohl der Vatikan sich aus politischen Gründen seit 1936 auch um eine Annäherung an die demokratischen Verfassungsstaaten bemühte, blieb seine innere Distanz zum modernen Staat und zur modernen Gesellschaft erhalten. Auf theologisch-ideologischer Ebene trat er weiterhin für die autoritäre Überwindung des modernen Individualismus und der demokratisch-parlamentarischen Systeme ein. Nach wie vor blieb der christliche Ständestaat mit einer einzigen, konkordatär garantierten Staatsreligion – wie in Österreich und Spanien – das politische Ideal des Heiligen Stuhls, auch wenn er immer wieder proklamierte, sich mit allen Regierungsformen ins Benehmen setzen zu können. Hudals Wort vom »goldenen Mittelweg« zwischen Demokratien und Diktaturen traf nicht zu, denn die christlichen Ständestaaten waren autoritäre Regime. Deren faktische Unterstützung durch die Kirche ließ den Schluß zu, daß es eine eindeutige Präferenz des Katholizismus für diesen Typus autoritärer Herrschaftsformen gab.

Diese immer wieder bekundete Nähe war keine beliebige Entscheidung der Päpste, sondern dem katholischen Kirchenbegriff inhärent.[790] Eine Kirche, die sich auf die sakramentale Vermittlung des Heils konzentriert, muß darauf bedacht sein, diese Funktion unter allen Umständen aufrecht zu erhalten. Um die Menschen zum Heil zu führen, waren bestimmte, vom Staat zu gewährleistende Sozialisationsfaktoren und deren dogmatische Grundierung – die christliche Schule, die christliche Familie, die christliche Individual- und Gesellschaftsethik sowie das christliche Staatsverständnis – notwendig. Andererseits mußte von den Gläubigen alles ferngehalten werden, was ihren Weg zum Heil gefährden konnte – wenn es nicht anders ging, auch mit Gewalt. Den Maßstab des ewigen Heils und dessen Gefährdung vor Augen, schrumpften alle irdischen Freiheiten zu marginalen Größen oder schwollen gar zu höchst problematischen und daher auszuschließenden Gefährdungspotentialen an.

Ein plurales Gesellschaftsmodell, das selbst weltanschauliche Abstinenz übte und gar mehrere Sinndeutungen von Mensch, Welt und Leben nebeneinander bestehen ließ, konnte dem Wahrheitsanspruch der Kirche nicht genügen. Pius XI. stand in einer klaren antimodernistischen Traditionslinie, die Zweifel an dieser Sicht der Dinge kaum aufkommen ließ. Aber auch ein totalitäres Regime wie Sowjetrußland, das sich als eindeutig kirchenfeindlich erwiesen hatte und damit die Heilsfunktion der Kirche praktisch unmöglich machte, mußte auf die entschiedene Ablehnung des Vatikans stoßen. Wenn die Motive auch unterschiedlich gewesen sein mögen, so gab es auf diesen politisch-ethischen Feldern große Übereinstimmungen und gemeinsame Frontstellungen mit den »nationalen Bewegungen«. Die wahrgenommenen Gemeinsamkeiten ließen in den krisengeschüttelten Verhältnissen der zwanziger und dreißiger Jahre die ebenfalls offenkundigen Differenzen zwischen dem italienischen Faschismus, dem deutschen Nationalsozialismus und der Kirche als eher klein erscheinen.

Vor diesem Hintergrund ist die Zustimmung des Vatikans zum italienischen Faschismus wie zur Machtübernahme Hitlers im Jahr 1933 zu verstehen. Gegen alle Wahrscheinlichkeit schien sich das Rad der Geschichte kulturell noch einmal zurückzudrehen und sich unverhofft die Chance zu bieten, alle Fehlentwicklungen von der Reformation über die Aufklärung bis hin zum weltanschaulich indifferenten, liberalen Staat zu korrigieren. Dabei nahm der Vatikan durchaus keine »extreme« Position ein, sondern sah sich innerhalb des Katholizismus zwischen den vom demokratischen Zeitgeist »angekränkelten« Kräften des politischen und Teilen des sozialen

Katholizismus einerseits und den energischen »Brückenbauern« hin zur Diktatur andererseits. Beide mußten durch »Verkirchlichung« bzw. »Entpolitisierung« domestiziert und, wenn das nicht gelang, notfalls auch unschädlich gemacht werden. Aus dieser Perspektive wog das Ende katholischer Parteien nicht allzu schwer.

Auf der anderen Seite drohte die rechtskatholische Reichsideologie letzte Vorbehalte des Vatikans gegenüber der Diktatur zu unterlaufen und zu einer Identifikation mit den »Neuen Reichen« zu führen, die das Katholische braun einfärben mußte. Antidemokratische und antipluralistische Sentiments waren hier zu Hause, das Christentum wurde geradezu als Antipode zur Demokratie und als Garant für den Autoritätsstaat gesehen. Die Vorstellung von einem *sacrum imperium* »leistete als politische Theologie ungewollte Zubringerdienste für das Dritte Reich«, resümierte Klaus Breuning schon 1969.[791]

Auf seiten des Vatikans läßt sich – anders als bei den nationalen Katholizismen – eine religiöse Überlegitimation im Sinne einer »Politischen Theologie« meist nicht feststellen.[792] Im Gegenteil: Nüchterne Analysen und eine prinzipiell emotionale Distanz gegenüber den Diktaturen bestimmen das Bild. Anders als etwa im deutschen Protestantismus ist von einem nationalistischen »Rausch«, von Teilkonversionen hin zur »Politischen Religion« des Nationalsozialismus oder des Faschismus kaum etwas zu spüren.[793] Vielmehr standen kühle Nützlichkeitsüberlegungen bei den jeweils zu treffenden politischen Entscheidungen im Vordergrund.

Angesichts des Analysepotentials, das durch die Studien des Heiligen Offiziums freigesetzt wurde, fällt allerdings die Diskrepanz zwischen diesem Fundus an Wissen über Rassismus, Totalitarismus und Nationalismus einerseits und den davon anscheinend weitgehend unberührten politischen Entscheidungen des Staatssekretariats andererseits auf. Man kann sich des Eindrucks nicht erwehren, daß das zur Verfügung stehende, reiche Hintergrundwissen für das politische Handeln des Heiligen Stuhls praktisch ungenutzt blieb. Eine innere Verbindung zwischen theologischer Reflexion und politischer Aktion ist jedenfalls nicht feststellbar. Dieser Befund verstärkt den Eindruck der Doppelgesichtigkeit der römisch-katholischen Kirche: Glaube und Macht, in einer Institution gebündelt, fallen im praktischen Handlungsvollzug auseinander.

Eine Ursache für dieses merkwürdig unverbundene Nebeneinander könnte in der Selbstbeschränkung der theoretischen Überlegungen auf das Feld des Verhältnisses von Staat und Kirche liegen. Anderes schien das »göttliche oder natürliche Recht« auch in bezug auf das »Gemeinwohl« nicht zu fordern.[794] Über verschiedene Regierungsformen und deren gesellschaftspolitische Implikationen wurde nicht nachgedacht, obwohl die erwähnte Annäherung an die demokratischen Verfassungsstaaten des Westens solche Denkbewegungen nahegelegt hätte.

»Die katholische Kirche hat ihr Schicksal mit der faschistischen Politik verbunden«[795], schrieb der protestantische Theologe Reinhold Niebuhr 1937 im *Christian Century*, und brachte damit das Unbehagen einer Mehrheit der amerikanischen Bürger über die Politik des Vatikans zum Ausdruck. Viele Liberale in den USA sympathisierten mit dem mexikanischen Präsidenten Plutarcho Calles und verstanden dessen laizistische Politik als gerechten Lohn für die fanatische Bigotterie der mexikanischen katholischen Kirche. Umgekehrt haderte der Heilige Stuhl mit der Passivität der USA. Schon Anfang Januar 1927 sagte Kardinalstaatssekretär Gasparri, es sei ihm »unbegreiflich, daß sie [scil. die Regierung der Vereinigten Staaten] in ihrer nächsten Nähe solche Auswüchse fanatischen Hasses gegen die Kirche [...] dulde, während es doch nur eines Winkes ihrerseits bedürfen würde, um dem Übel Einhalt zu gebieten«[796]. Die antikirchliche Politik Mexikos bereite »dem Bolschewismus den Boden«.

Ein durch Gasparri veranlaßtes Ersuchen Pacellis an die
Deutsche Reichsregierung, bei der mexikanischen Regierung
zu intervenieren, lehnte man in Berlin ab.[797] Die vom deutschen Laienkatholizismus wie vom Episkopat in verschiedenen Großstädten organisierten Protestversammlungen gegen
die mexikanische Religionspolitik[798] hatten bereits zu diplomatischen Reaktionen der Regierung Mexikos geführt.[799] Auch
der katholische Klerus in den Vereinigten Staaten gab Erklärungen über die Kirchenverfolgung in Mexiko ab.[800]

Gegen den katholischen Präsidentschaftskandidaten Al
Smith[801] sprach unter anderem die Befürchtung vieler Wähler,
er wolle die amerikanische Mexiko-Politik im Sinne des Vatikans beeinflussen. Die katholische Minderheit in den USA
hatte bei ihrer Verteidigung des Vatikans auch darum einen
schweren Stand, weil Pius XI. und sein Kardinalstaatssekretär
»jene zur demokratischen Politikform gehörenden Kompro-
mißfindungs- und Verhandlungsprozesse mit Argwohn betrachteten und Konkordate, die sich dem Schutz katholischer
Interessen verschrieben haben, gegenüber der Unterstützung
unabhängiger katholischer Gruppen vorzogen«[802].

Ähnliche Vorbehalte machten liberale Demokraten in den
USA gegen die vatikanische Deutschland- und Italienpolitik
sowie gegen die Haltung der katholischen Kirche im Spanischen Bürgerkrieg geltend. In einem 1937 in New York veröffentlichten Manifest mit dem Titel »Amerikanische Demokratie gegen spanische Hierarchie« heißt es: »Wir kommen
nicht umhin, beunruhigt zu sein angesichts der Tatsache, daß
keine Führer der katholischen Kirche in Amerika ihre Stimmen
in Ablehnung der Haltung erhoben haben, die die spanische
Hierarchie angenommen hat.«

Alle diese Beobachtungen zusammengenommen führten
zu dem kumulativen Effekt, daß es in der Wahrnehmung des
demokratischen Amerika offenkundige »Verbindungen zwischen Katholizismus und Faschismus«[803] gab. Die »Kirche hat

sich als ihren Alliierten den Hauptfeind der Demokratie, den Faschismus ausgewählt«[804], schrieb Lewis Mumford Mitte Mai 1938 und brachte damit die Haltung einer breiten Mehrheit in den Vereinigten Staaten zum Ausdruck. Die Widerspenstigkeit der Katholiken gegenüber den bürgerlichen Freiheitsrechten schien den Amerikanern wie eine Bestätigung ihrer These, daß sie eine gewisse Affinität zum Faschismus hätten. Der Soziologe John Mecklin führte 1938 aus, die Katholische Kirche hege nur geringe Sympathien für den demokratischen Gedanken der freien Rede und favorisiere ein »mittelalterliches Konzept von Freiheit«[805]. Verschiedene Wissenschaftler, darunter der Soziologe Talcott Parsons, warfen der katholischen Kirche vor, sie wolle auch die akademische Freiheit einschränken.[806] Seit 1937/38 kam erschwerend hinzu, daß sich die USA vor nationalsozialistischen bzw. faschistischen Staatsstreichen in den katholisch geprägten Staaten Lateinamerikas fürchteten.[807] Der Faschismus rückte dem demokratischen Amerika immer näher, war kein fernes europäisches Problem mehr.

Daß es auf seiten der europäischen Diktaturen tatsächlich die Absicht gab, den Vatikan und die katholische Bevölkerung der USA gegen das liberale Amerika zu instrumentalisieren, geht aus einem Informationsaustausch zwischen Ciano und Franco hervor. Danach schlug der Caudillo dem Schwiegersohn des Duce im Sommer 1939 vor, die Katholiken Amerikas gegen eine Wiederwahl Roosevelts zu mobilisieren.[808] Das Auswärtige Amt griff diese Überlegungen auf[809] und richtete an von Bergen die Anfrage, »ob wir nicht durch unseren Botschafter in Madrid und beim Quirinal an die spanische bzw. italienische Regierung mit dem Ersuchen herantreten sollten, durch ihre Vertreter beim Vatikan eine geeignete Aktion zur Beeinflussung der amerikanischen Katholiken anzuregen«[810].

Ähnliche Vorbehalte gegen den Vatikan wie in den USA gab es auch in Großbritannien, vor allem in der dortigen Church of England. So schrieb beispielsweise der Vizekanzler der Universität Birmingham, Sir Charles Grant Robertson, an den Bischof von Chichester, George Bell: »Für die Politik des Vatikans sind letztlich immer die hohen politischen Erwägungen maßgebend, und, offen gesagt, habe ich weder die Zuversicht noch irgendeinen vernünftigen Grund zu erwarten, daß der Vatikan das rein religiöse Problem von seiner Politik trennen wird, weder in Italien, wo er sich in der Tat Mussolini ergeben hat, noch in Spanien oder sonst wo.«[811]

Vielen Briten schien das Verhältnis von Politik und Religion im Römischen Katholizismus unklar. Man hielt die Politik des Vatikans für »überaus opportunistisch und auf allgemeinen weltpolitischen Überlegungen beruhend, in die der Vatikan ständig vertieft ist«[812]. Den Papst treibe eine tiefe Furcht vor dem Kommunismus. »[...] was die rein politische Seite anbelangt, so liegen seine persönlichen Sympathien bei faschistischen Staaten«[813]. Aus diesen Gründen könne man ganz sicher annehmen, daß er eine extrem zurückhaltende Position einnehme, wenn es um die Beurteilung einer Diktatur gehe, die sich als Bollwerk gegen den Bolschewismus begreife. In den angloamerikanischen Ländern galt Pius XI. also mehr oder weniger als Parteigänger der autoritären bzw. totalitären Staaten und nicht als Freund der demokratischen Verfassungsstaaten. Eine solche Einschätzung mußte das Vertrauen dieser Staaten zum Heiligen Stuhl und seiner Politik entscheidend einschränken.

Tatsächlich bildete das Verhältnis von katholischer Kirche und freiheitlicher Demokratie das Kernproblem im Blick auf das Verhältnis von Kirche und Ständestaat, Faschismus und Nationalsozialismus. Selbst die Herausbildung einer christlichen Demokratie mit einer entsprechenden Parteienbildung stieß beim Heiligen Stuhl auf Widerstand und mündete immer wieder in Abwehrbewegungen.[814] Sogar nach der mühsamen Anerkennung der Demokratie 1944 durch Pius XII.[815] suchte dieser noch eine exklusive Bindung dieser Staatsform an das

Christentum zu konstruieren. Solche Verklammerungsstrategien bergen die Gefahr in sich, »die real existierenden pluralistischen Demokratien durch die Konfrontation mit normativ-naturrechtlichen oder speziell kirchlich-katholischen Postulaten abzuwerten und dadurch wieder dazu zu verleiten, unter diesen speziellen Gesichtspunkten bessere Verhältnisse von autoritären Regimen zu erwarten«[816].

Es ist – trotz aller christlich-demokratischen und liberal-katholischen Ansätze im 19. und frühen 20. Jahrhundert – nicht zu übersehen, daß es sich bei der Annäherung von katholischer Kirche und Demokratie nach 1945 um eine nachholende, den veränderten politischen Kräfteverhältnissen geschuldete Bewegung handelte, nicht um eine Neuorientierung aus eigener Kraft und Einsicht.[817]

Abkürzungsverzeichnis

AA	Auswärtiges Amt
AA.EE.SS.	Affari Ecclesiastici Straordinari
AaO.	Am angegebenen Ort
AAS	Acta Apostolicae Sedis
Abt.	Abteilung
ACDF	Archivio della Congregazione della Fede
ADAP	Akten zur deutschen Auswärtigen Politik
ADSS	Actes et documents du Saint Siège relatifs à la seconde guerre mondiale
AHP	Archivum Historiae Pontificiae
Anm.	Anmerkung
ANM	Archivio della Nunziatura Apostolica in Monaco
APuZ	*Aus Politik und Zeitgeschichte* (Beilage zu *Das Parlament*)
Arb.	Arbeit
ASI	Archivio Storico Italiano
ASMAE	Archivio Storico-Diplomatico del Ministero degli Affari Esteri italiano
ASS	Acta Sanctae Sedis
ASV	Archivio Segreto Vaticano
BA	Bundesarchiv
BayHStA	Bayerisches Hauptstaatsarchiv München
Bearb.	Bearbeiter
bes.	besonders
Best.	Bestand
Bl.	Blatt
BVP	Bayerische Volkspartei
bzw./bezw.	beziehungsweise
CC	*La Civiltà Cattolica*
ChC	*Christian Century*
CIC	Codex Iuris Canonici
CRST	Cristianesimo nella Storia
CŠR	Tschechoslowakische Republik
DDI	I Documenti diplomatici italiani
DDP	Deutsche Demokratische Partei
Ders.	Derselbe
Dies.	Dieselbe(n)
DHI	Deutsches Historisches Institut
Dipl.	Diplom
Diss. phil.	Dissertatio philosophiae
DNVP	Deutschnationale Volkspartei

Abkürzungsverzeichnis

DÖV	*Die öffentliche Verwaltung. Zeitschrift für öffentliches Recht und Verwaltungswissenschaft*
Dok.	Dokument
DVP	Deutsche Volkspartei
EAM	Erzbischöfliches Archiv München und Freising
Ebd.	Ebenda
EDG	Enzyklopädie deutscher Geschichte
Emo.	Eminentissimo (Hochwürdigster)
Ew. H. E.	Euere(r) Hochwürdigste(n) Eminenz
f.	folgende Seite
fasc.	fascicolo (Faszikel)
ff.	folgende Seiten oder Jahre
FAZ	*Frankfurter Allgemeine Zeitung*
GuG	*Geschichte und Gesellschaft*
Hg.	Herausgeber
Hgg.	Herausgebergemeinschaft
HJ	*Historisches Jahrbuch der Görresgesellschaft*
HKG	*Handbuch der Kirchengeschichte*
Hl.	Heilig
HPM	*Historisch-Politische Mitteilungen*
hs.	handschriftlich
HZ	*Historische Zeitschrift*
i. E.	im Erscheinen
JCH	*Journal of Contemporary History*
Jg.	Jahrgang
JHK	*Jahrbuch des Historischen Kollegs München*
JMIS	*Journal of Modern Italian Studies*
KAP	Katolickie Archiwum Państwowe (Katholische Presseagentur Polens; existierte bis 1948)
KPD	Kommunistische Partei Deutschlands
KZ	Konzentrationslager
KZG	*Kirchliche Zeitgeschichte*
Lfd. Nr.	Laufende Nummer
LPL	Lambeth Palace Library London
LThK	*Lexikon für Theologie und Kirche*
Ms.	Maschinenschrift/Manuskript
Msgr.	Monsignore (Titel für hohe katholische Geistliche)
MSPD	Mehrheits-SPD

Abkürzungsverzeichnis

NA	National Archives at College Park, MD (Archives II) Washington, D.C.
NDH	*Neue deutsche Hefte*
NL	Nachlaß
NS	Nationalsozialismus, nationalsozialistisch
NSDAP	Nationalsozialistische Deutsche Arbeiterpartei
NZZ	*Neue Zürcher Zeitung*
o. D.	ohne Datum
o. J.	ohne Jahresangabe
o. O.	ohne Ort
OP	Ordo Predicatorum (Dominikanerorden)
OSB	Ordo Sancti Benedicti
PA/AA	Politisches Archiv des Auswärtigen Amtes
PCE	Partido Comunista de España
PNF	Partito Nazionale Fascista
Pos.	Position
PPI	Partito Popolare Italiano
r	recto (Vorderseite eines Blattes)
Rev.	Reverend
RGBl.	Reichsgesetzblatt
RPM	Reichspropagandaministerium
RQ	*Römische Quartalsschrift*
R.V.	Rerum Variarum
SA	Sturmabteilung
SCont	*Storia contemporanea*
SD	Sicherheitsdienst des Reichsführers SS
SdZ	*Stimmen der Zeit*
SJ	Societas Jesu
S.O.	Sant'Offizio
SPD	Sozialdemokratische Partei Deutschlands
St.	Sankt
StSt	*Studi Storici*
TMPR	*Totalitarian Movements and Political Religions*
TRE	Theologische Realenzyklopädie
UdSSR	Union der sozialistischen Sowjetrepubliken
USA	United States of America
USPD	Unabhängige SPD
v	verso (Rückseite eines Blattes)
VB	*Völkischer Beobachter*
VfZ	*Vierteljahrshefte für Zeitgeschichte*
Vgl.	Vergleiche

Abkürzungsverzeichnis

VKZG.F	Veröffentlichungen der Kommission für Zeitgeschichte, Reihe B: Forschungen
VKZG.Q	Veröffentlichungen der Kommission für Zeitgeschichte. Reihe A: Quellen
Vol.	Volumen (Band)
WRV	Weimarer Reichsverfassung
WuW	*Wissenschaft und Weisheit*
ZevKR	*Zeitschrift für evangelisches Kirchenrecht*
zit.	zitiert
ZfO	*Zeitschrift für Ostmitteleuropa-Forschung*
ZfP	*Zeitschrift für Politik*
ZaÖRV	*Zeitschrift für ausländisches öffentliches Recht und Völkerrecht*
ZKG	*Zeitschrift für Kirchengeschichte*
ZRG KA	*Zeitschrift der Savigny-Stiftung für Rechtsgeschichte. Kanonistische Abteilung*

Anmerkungen

Vorbemerkung

1 Vgl. J. Cornwell, Pius XII.; G. Miccoli, Dilemmi; M. Phayer, Pius XII; S. Zuccotti, Vaticano.
2 Vgl. S. Friedländer, Pius XII.; G. Lewy, Katholische Kirche.
3 Vgl. D. Goldhagen, Katholische Kirche. Siehe dazu G. Besier, Pacelli.
4 Siehe beispielsweise D. Kertzer, Päpste; J. Carroll, Constantine's Sword.
5 Vgl. G. Grössel, Papst Pius XII.; R. Rychlak, Hitler; J. Sánchez, Pius XII.
6 Vgl. dazu R. Morsey, Ende.
7 Karl Jaspers an Hannah Arendt vom 29. 10. 1963, in: L. Köhler/H. Saner (Hgg.), Hannah Arendt/Karl Jaspers. Briefwechsel, 562-564.
8 H. Arendt, Stellvertreter, 111.
9 K. Jaspers, Stellvertreter, 472.
10 Vgl. W. Brandmüller, Streit, 371-381.
11 Mit Schreiben vom 25. 6. 2004 teilte Walter Brandmüller, Präsident des Päpstlichen Komitees für Geschichtswissenschaft in Rom, den Verfassern mit, daß sich die »Kommission, die über den Zugang zum Archiv des *Anima* Kollegs zu befinden hat [...] nicht in der Lage« sehe, dem Antrag zu entsprechen, »da die Voraussetzungen für eine Akteneinsicht noch nicht gegeben sind«.
12 In deutscher Sprache: P. Blet, Papst Pius XII.
13 H. Tittmann Jr., Inside.
14 Vgl. J. Bottum/D. G. Dalin (Hgg.), Pius War; M. Napolitano/A. Tornielli, Papa; A. Tornielli, Ebrei; M. Napolitano, Pio XII; J. Lawler, Popes.
15 J. Bottum, End, 25.

Die Deutschland- und Europapolitik des Vatikans 1904-1920

1 Vgl. hierzu und zum Folgenden Ph. Chenaux, Pie XII, 21ff.; M. Feldkamp, Pius XII., 8ff.; H. Hoberg, Papst Pius XII., 9-28; M. Marchione, Consensus and Controversy, 18ff.
2 Vgl. St. Samerski, Primat, 6.
3 Vgl. W. Sandfuchs, Außenminister, 94ff.
4 Vgl. H. Tüchle, Pietro Kardinal Gasparri.
5 Gasparri galt nach dem Tod Pius' X. als aussichtsreicher Kandidat der »fortschrittlichen« Kardinäle für dessen Nachfolge. Vgl. G. Schwaiger, Papsttum und Päpste, 162.
6 Vgl. E. Pacelli, Personalità.
7 Vgl. G. Schwaiger, Papsttum und Päpste, 187f.
8 Vgl. aaO., 161ff.; A. Melloni, Konklave, 82ff.
9 Vgl. Livre blanc du S. Siège. Siehe auch K. Rothenbücher, Trennung.
10 Vgl. R. Astorri, Diritto comune.

11 Vgl. hierzu E. Nolte, Faschismus, 102ff.; J. Prévotat, Catholiques, 280ff.

12 Vgl. unten, 90.

13 Vgl. A. Melloni, Konklave, 73ff. Siehe auch L. Wahrmund, Exklusive.

14 Zu dem spannungsreichen Verhältnis zwischen Italien einerseits und dem Deutschen Reich und Österreich-Ungarn andererseits wegen der fortdauernden Zugehörigkeit norditalienischer Gebiete zum österreichisch-ungarischen Staatsgebiet vgl. DDI 4,Vf.

15 Vgl. zum *Osservatore Romano* F. Rossi, Vatikan, 85f.; F. Sandmann, Haltung.

16 Vgl. A. Melloni, Konklave, 79ff.

17 Vgl. Ph. Chenaux, Pie XII, 56f.

18 Ph. Chenaux, Pie XII, 49f.

19 Vgl. auch Ph. Chenaux, Pie XII, 52f.

20 So G. Schwaiger, Papsttum und Päpste, 155.

21 Ebd.

22 Vgl. J. Cornwell, Pius XII., 70ff.

23 H. Batowski, Bestimmungen.

24 Vgl. hierzu und zum Folgenden Ph. Chenaux, 76ff.; H.-J. Härtel/R. Schönfeld, Bulgarien, 170ff.

25 Vgl. hierzu und zum Folgenden A. Rigoni, Concordato.

26 Vgl. R. Astorri, Diritto comune, 687, Anm. 9.

27 Vgl. M. Feldkamp, Pius XII., 19.

28 Vgl. Th. Grentrup, Rechtslage, 144-147.

29 Vgl. J. Schmidlin, Papstgeschichte, Bd. 3/I, 19-195.

30 Vgl. AAS 6 (1914), 565-581.

31 Vgl. M. Jürgs, Frieden, 68; 294-296.

32 Siehe auch das von Ludendorffs Frau herausgegebene Pamphlet (M. Ludendorff [Hg.], General und Kardinal). Zum Begräbnis Ludendorffs am 22. 12. 1937 hatte das Innenministerium angeordnet, daß alle Körperschaften des öffentlichen Rechts Halbmast-Beflaggung vornehmen sollten. Die römisch-katholische Kirche weigerte sich. Vgl. Orsenigo an Pacelli vom 24. 12. 1937, AA.EE.SS., Germania, Pos. 604 P.O., fasc. 115, Bl. 47r-48r. Druck bei G. Sale, Hitler, 505f. (Der Autor war bei seinen Abschriften insgesamt unaufmerksam: Eine Reihe von Dokumenten ist fehlerhaft wiedergegeben; auf grobe Fehler wird jeweils hingewiesen.)

33 Vgl. G. Ritter, Staatskunst und Kriegshandwerk, Bd. 4, 27; W. Steglich, Friedenspolitik, 117.

34 Vgl. O. Chadwick, Britain, 2; St. Stehlin, Weimar, 21.

35 Bericht Mons. Buccarini an Pacelli vom 26. 3. 1918, ANM, Pos. 307, fasc. 4, Bl. 277r.

36 Benedikt XV. versuchte zunächst, Italien aus den Kriegshandlungen herauszuhalten, und dann, einen Separatfrieden mit Österreich zu fördern. Vgl. hierzu auch R. Lill, Papato, 385f.

37 Vgl. Fr. Engel-Janosi, Österreich, Bd. 2, 190ff.

38 Frühwirth war von 1908 bis 1915 Nuntius in München. Vgl. A. Walz, Andreas Kardinal Frühwirth.

39 Vgl. M. Feldkamp, Aufhebung, 221.

40 Vgl. L. von Pastor, Tagebücher, 689 (6. 7. 1920).

41 Vgl. Ritter zu Groenensteyn an den Vorsitzenden im bayerischen

Ministerrat, Staatsminister von Hertling, am 16. 4. 1916 und 18. 3. 1917, BayHStA, Bayerische Gesandtschaft. Päpstlicher Stuhl 949, Bl. 3; 20f.

42 G. Ritter, Staatskunst und Kriegshandwerk, Bd. 4, 24.

43 Groenesteyn an Hertling vom 23. 4. 1917, BayHStA, Bayerische Gesandtschaft. Päpstlicher Stuhl 949, Bl. 55f. Vgl. auch K. Scholder, Kirchen, Bd. 1, 84f.

44 Vgl. H. Hürten, Faulhaber; P. Pfister (Hg.), Faulhaber.

45 Vgl. can. 329, 1 bzw. 179-182.

46 Vgl. Hertling an Groenesteyn vom 29. 5. 1917, BayHStA, Bayerische Gesandtschaft, Päpstlicher Stuhl 949, Bl. 85. Zum Verhältnis zwischen Faulhaber und Pacelli vgl. P. Pfister, Spannungsfeld, bes. 204ff.

47 St. Samerski, Primat, 22.

48 F. Rossi, Vatikan, 69.

49 St. Samerski, Primat, 22.

50 Vgl. J. Höcht, Fatima, bes. 105ff.

51 Groenesteyn war so angetan von Pacelli, daß er am 15. 5. 1917 an Hertling schrieb:»Es ist eine Persönlichkeit, von der man annehmen könnte, daß sie sogar einmal würdig befunden, wenn die Verhältnisse danach sind, zum Papste gewählt zu werden.« BayHStA, Bayerische Gesandtschaft. Päpstlicher Stuhl 949, Bl. 70.

52 Vgl. J. Dülffer (Hg.), Bethmann Hollweg, 253ff.

53 Vgl. zum Folgenden W. Steglich, Friedensappell, 90-121; ders., Friedenspolitik, 117-131.

54 Vgl. W. Steglich, Friedensappell, 120.

55 Vgl. hierzu und zum Folgenden W. Mommsen, Bürgerstolz, 761ff.

56 J. Dülffer (Hg.), Bethmann Hollweg, 382. Vgl. auch Wilhelm II., Ereignisse und Gestalten, 223ff.

57 Vgl. J. Cornwell, Pius XII., 90; E. Fattorini, Germania, 48; M. Feldkamp, 26; [Pius XII.], Papst, 17; H. Rall, Wilhelm II., 322ff.; W. Steglich, Friedensappell, 655ff.

58 Vgl. Fr. Engel-Janosi, Österreich, 209ff.; W. Steglich, Friedenspolitik, 123.

59 Verhandlungen des Reichstags, 3573-3575; bes. 3573.

60 Vgl. W. Steglich, Friedensappell, 122ff.; ders., Friedenspolitik, 131.

61 Text: AAS 9 (1917), 417-420.

62 Vgl. R. Leiber, Friedenstätigkeit, 273.

63 Vgl. M. Hildermeier, Geschichte, 83.

64 Vgl. B. Schneider, Friedensbemühungen, 39.

65 Vgl. G. Ritter, Staatskunst und Kriegshandwerk, Bd. 4, 65f.; 73.

66 Vgl. W. Steglich, Friedenspolitik, 146-231. Valfré di Bonzo galt als italienischer Patriot und spielte in diesen Jahren keine gute Rolle. Vgl. dazu E. Kovács, Österreich-Ungarn.

67 Dort hatte man die regen diplomatischen Kontakte zwischen Rom, der Münchner Nuntiatur und den Gesandten der Mittelmächte in der Schweiz sowie die Friedensbemühungen Erzbergers mit äußerstem Mißtrauen verfolgt. Vgl. G. Ritter, Staatskunst und Kriegshandwerk, Bd. 4, 28ff.; J. Schmidlin, Papstgeschichte, Bd. 3/IV, 12.

68 Vgl. W. Steglich, Friedenspolitik, 216.

69 B. Schneider, Friedensbemühungen, 41.

70 Vgl. J. Cornwell, Pius XII., 94.
71 Vgl. G. Schwaiger, Papsttum und Päpste, 181.
72 Vgl. St. Stehlin, Weimar, 21.
73 Vgl. W. Michalka, Erzberger, bes. 43ff.
74 Vgl. K. Epstein, Erzberger, 170f.; 210f.; 240f.; 244f.; E. Fattorini, Germania, 78ff.; R. Morsey, Erzberger, bes. 108; St. Stehlin, Weimar, 46.
75 M. Feldkamp, Pius XII., 32.
76 ANM, Pos. 328, fasc. 1, Bl. 41r.
77 Ebd.
78 AaO., Bl. 41v.
79 Ebd.
80 Ebd.
81 M. Erzberger, Erlebnisse, 277f.
82 Gasparri an Pacelli vom 26. 6. 1920, ANM, Pos. 328, fasc. 1, Bl. 74r-v.
83 Vgl. zum Folgenden M. Feldkamp, Pius XII., 45ff.
84 Vgl. Bericht Groenesteyn vom 18. 1. 1927, BayHStA, Bayerische Gesandt-schaft. Päpstlicher Stuhl 967, Bl. 189.
85 Vgl. G. May, Ludwig Kaas. Kaas hat seinen Nachlaß auf Geheiß Pius' XII. in Rom vernichtet. Ein Restnachlaß befindet sich im Bundesarchiv Koblenz.
86 *Tägliche Rundschau* vom 3. 9. 1922; vgl. W. Steglich, Verhandlungen, 338.
87 Vgl. J. Dülffer (Hg.), Bethmann Hollweg, 254; 381f.
88 Vgl. Wilhelm II., Ereignisse und Gestalten, bes. 225-227.
89 Vgl. E. Severus, Herwegen; M. Albert, Benediktinerabtei Maria Laach, die allerdings beide diese Episode nicht erwähnen.
90 Vgl. *Germania* vom 17. 10. 1922 und *Osservatore Romano* vom 19. 10. 1922; siehe auch [Pius XII.], Papst, 17ff.; W. Steglich, Friedensappell, 659ff. Siehe auch die Berichte Groenesteyns vom 6. 10. 1922 und 13. 10. 1922, BayHStA, Bayerische Gesandtschaft. Päpstlicher Stuhl 967, Bl. 166 und 168.
91 Vgl. B. Grau, Eisner.
92 Pacelli an Gasparri vom 8. 11. 1918, ANM, Pos. 397, fasc. 1, Bl. 2r.
93 Pacelli an Gasparri vom 10. 11. 1918, aaO., Bl. 3r.
94 Pacelli an Gasparri vom 11. 11. 1918, aaO., Bl. 11r. Vgl. auch Pacelli an Gasparri vom 11. 11. 1918, aaO., Bl. 5r.
95 Gasparri an Pacelli vom 13. 11. 1918, aaO., Bl. 6r (Hervorhebung im Original).
96 Gasparri an Faulhaber vom 9. 12. 1918, EAM NL Faulhaber, Nr. 1200/1.
97 Vgl. dazu den Bericht Groenesteyn vom 21. 2. 1919, BayHStA, Bayerische Gesandtschaft, Päpstlicher Stuhl 967, Bl. 195.
98 Vgl. hierzu und zum Folgenden H. Hürten, Legenden.
99 In Faulhabers Autobiographie (Teil II) heißt es: »Es war mir ein furcht-barer Anblick, am 8. November früh 3 Uhr die ersten in Kolonne mar-schierenden Soldaten [...] hinter der roten Fahne zu sehen. [...] Wie war es möglich, daß ein Volk, dessen Königstreue sprichwörtlich war, auf den Ruf eines landfremden galizischen Schriftstellers hin, übernacht ohne Schuß und ohne einen Tropfen Heldenblut zu vergießen, in das republi-kanische Lager abschwenkte und seinen König in die Verbannung ziehen

ließ?« (466). »Mit fortschreitender Radikalisierung des Umsturzes wurde auch die Haltung gegenüber der Kirche immer feindseliger. Kurt Eisner wollte schon in der ersten Nacht ›an den Pfaffen Rache nehmen‹, wurde aber von ruhigeren Elementen, wie Erhard Auer, zurückgehalten. [...] Im Grunde war der Umsturz ebenso gegen die Altäre der Kirche wie gegen die Throne der Könige gerichtet.« (476). EAM NL Faulhaber, Nr. 9272f.

100 L. Volk (Hg.), Akten Kardinal Michael von Faulhabers, Bd. 1, Nr. 94.

101 Vgl. dazu B. Grau/G. Treffler, Unter Republikanern.

102 Ebd. Auch die diplomatischen Vertretungen der deutschen Bundesstaaten und Österreichs suchten alles zu vermeiden, was als diplomatische Anerkennung der Regierung Eisner hätte angesehen werden können. Vgl. E. Fattorini, Germania, 313f.

103 In einer Erklärung für die Akten vom 7. 7. 1921 holt Faulhaber dies freilich nach. EAM NL Faulhaber Nr. 1320.

104 Pacelli an Gasparri vom 20. 11. 1918, ANM, Pos. 397, fasc. 1, Bl. 22r-24r.

105 Vgl. J. Cornwell, Pius XII., 99.

106 Vgl. E. Fattorini, Germania, 328ff.; P. Lehnert, Erinnerungen, 21; N. Padellaro, Pius XII., 143.

107 Laut Bericht Groenesteyn vom 11. 6. 1919 kehrte Pacelli erst »im Februar« nach München zurück. BayHStA, Bayerische Gesandtschaft. Päpstlicher Stuhl 967, Bl. 167.

108 Vgl. H. Möller, Weimarer Republik, 127; H. Winkler, Weg, Bd. 1, 396ff.; ders., Weimar, 76ff.

109 ANM, Pos. 397, fasc. 2, Bl. 72r-73v; 74r-76r. Vgl. auch Pacelli an Gasparri vom 22. 2. 1919, ANM, Pos. 397, fasc. 2, Bl. 79r.

110 Pacelli an Gasparri vom 23. 2. 1919, aaO., Bl. 86r-88v. Druck (auf Italienisch) bei E. Fattorini, Germania, 314ff.

111 Pacelli an Gasparri vom 4. 3. 1919, aaO. Faulhaber schrieb in seiner Autobiographie (Teil II): »An der Beerdigung von Kurt Eisner am 26. Febr. hatte sich die Kirche in keiner Weise beteiligt, obwohl allgemeine Landestrauer angeordnet und die Beflaggung der öffentlichen Gebäude gefordert war. Das Läuten der Glocken und das Aushängen der Trauerfahnen wurde von den Soldatenräten mit Gewalt erzwungen.« 483. EAM NL Faulhaber, Nr. 9272f.

112 Vgl. H. Fischer, Geschichte, 168ff.; Z. Nagy, Geschichte, 8f.

113 Bericht Pacelli an Gasparri vom 3. 5. 1919, ANM, Pos. 397, fasc. 2, Bl. 105r-111v.

114 Vgl. *Bayerische Staatszeitung* vom 9. 4. 1919, BayHStA, Bayerische Gesandtschaft, Päpstlicher Stuhl 967, Bl. 192. Vgl. auch den *Bayerischen Kurier* vom 12./13. 4. 1919, aaO., Bl. 191.

115 Pacelli an Gasparri vom 18. 4. 1919, ANM, Pos. 397, fasc. 2, Bl. 154r-155v (Hervorhebungen – außer des Begriffs *Uditore* – im Original). Druck (auf Italienisch) bei E. Fattorini, Germania, 322ff.

116 Siehe auch die auf den Akten des BayHStA (Bayerische Gesandtschaft. Päpstlicher Stuhl, fasc. 967, Bl. 190) fußende Darstellung H. Stehles, Geheimdiplomatie, 22f.

117 Vgl. E. Fattorini, Germania, 322-325.

118 Vgl. aaO., 116 (Bericht Pacelli); BayHStA, MA 99878 (Bericht Schioppa nach dem *Corriere d'Italia*).

119 Nach dem Sieg der Regierungstruppen sagte der Portier der Nuntiatur, Alois Haindlmaier, zugunsten Mehrers aus, der sich vor Gericht verantworten mußte. Vgl. ANM, Pos. 397, fasc. 3, Bl. 15r; Bl. 17r-v.

120 Vgl. Bericht Pacelli an Gasparri vom 30. 4. 1919, aaO., Bl. 4r-8r.

121 AaO., Bl. 8r.

122 Vgl. Bericht Pacelli an Gasparri vom 5. 5. 1919, ANM, Pos. 379, fasc. 3, Bl. 10r-v. Der Bericht ist überschrieben: »Der Nuntiaturpalast unter Maschinengewehr-Beschuß«. Druck bei E. Fattorini, Germania, 325ff.

123 Vgl. B. Zittel, Vertretung, 485.

124 So auch der Bericht Schioppa nach dem *Corriere d'Italia*, aaO. Siehe auch Bericht Groenesteyn vom 18. 7. 1919, BayHStA, Bayerische Gesandtschaft, Päpstlicher Stuhl 967, Bl. 157f.

125 Gasparri an Pacelli vom 8. 5. 1919, ANM, Pos. 397, fasc. 3, Bl. 11r.

126 Vgl. Pacelli an Gasparri vom 9. 5. 1919, aaO., Bl. 12r.

127 Vgl. Gasparri an Pacelli vom 10. 5. 1919, aaO., Bl. 13r.

128 Pacelli an das Ministerium des Äußeren des Bayerischen Volksstaates in München vom 11. 5. 1919, aaO., Bl. 14r.

129 Vgl. H. Hillmayr, Terror, 143-149.

130 Erzberger an Pacelli vom 8. 4. 1919, ANM, Pos. 395, fasc. 1, Bl. 112r.

131 Vgl. Pacelli an Gasparri vom 10. 4. 1919, aaO., 113r-v.

132 Domkapitular an Fritz Albert, Regierungsrat im Staatsministerium für Unterricht und Kultus, München, vom 14. 11. 1928, EAM NL Faulhaber, Nr. 5922.

133 Pacelli an Gasparri vom 19. 6. 1919, ANM, Pos. 397, fasc. 2, Bl. 178r-183r.

134 St. Samerski, Primat, 8.

135 Vgl. E. Fattorini, Germania, 324.

136 Zit. nach H. Stehle, Geheimdiplomatie, 23.

137 Vgl. P. Lehnert, Erinnerungen, 15f.

138 Vgl. H. Hürten, Legenden.

139 Vgl. K. Epstein, Erzberger, 328.

140 Vgl. H. Stehle, Geheimdiplomatie, 63-72.

141 Pacelli an Gasparri vom 2. 11. 1918, E. Fattorini, Germania, 164.

142 J. Cornwell, Pius XII., 97ff.

143 Vgl. M. Feldkamp, Pius XII., 36.

144 Zit. nach J. Cornwell, Pius XII., 95.

145 Vgl. E. Kovács, Papst Benedikt XV. Auch alle Bemühungen um eine Konsolidierung der Habsburgermonarchie (»Donaukonföderation«) schlugen fehl. Die Zerspaltung Österreich-Ungarns und die Teilung Tirols wurden von den Entente-Mächten konsequent durchgeführt. Vgl. R. Lill, Südtirol, 34ff.

146 G. Adriányi, Geschichte.

147 Vgl. hierzu und zum Folgenden St. Samerski, Hl. Stuhl, 357.

148 Am 2. 1. 1919 schrieb Engelbert Freiherr v. Kerkerink zur Borg an Pacelli: »Euer Excellenz vertraten in jener Audienz [am 30. 10. 1917] mir gegenüber die Meinung, daß die Wirkung des U-Bootkrieges von uns überschätzt, die Kräfte Amerikas dagegen unterschätzt würden. Dem politischen Weitblick Eurer Excellenz haben die Ereignisse Recht gegeben.« ANM, Pos. 395, fasc. 1, Bl. 47r-48v.

149 Vgl. St. Samerski, Der Hl. Stuhl, 372.

150 Vgl. M. Keipert/P. Grupp (Hgg.), Biographisches Handbuch, 116f.

151 Vgl. Pacelli an Gasparri vom 15. 9. 1918 (Bericht Nr. 9263), AA.EE.SS., Stati Ecclesiastici, Pos. 1317, fasc. 470, Vol. XII (unpaginiert).

152 Vgl. Pacelli an Gasparri vom 6. 10. 1918 (Bericht Nr. 9776), aaO. (unpaginiert).

153 Vgl. Benedikt XV. an Wilson vom 11. 10. 1918; handschr. Entwurf (Telegramm Nr. »31«) vom 7. 10. 1918, von Gasparri an Giovanni Bonzano (Apostolischer Delegierter in den USA) geschickt; Bonzano schrieb unter dem 28. 10. 1918 an Gasparri, wie er das Telegramm am 11. 10. erhielt und sogleich in übersetzter Form Wilson überbringen ließ. Dabei leitete er Wilsons Antwort vom 17. 10. 1918 nach dem Vatikan weiter. Alle Dokumente aaO. (unpaginiert).

154 Vgl. Pacelli an Gasparri vom 2. 11. 1918 (Bericht Nr. 10502), aaO. (unpaginiert).

155 Vgl. von Hartmann an Benedikt XV. vom 12. 12. 1918, aaO. (unpaginiert); Brief von dem Bussche an Pacelli vom 15. 11. 1918, aaO. (unpaginiert).

156 Vgl. auch Erzberger an Pacelli vom 21. 1. 1919, aaO.

157 Vgl. Pacelli an Gasparri vom 4. 4. 1919 (Bericht Nr. 12487), aaO., Vol. XVII (unpaginiert).

158 Vgl. Erzberger an Benedikt XV. vom 9. 5. 1919, aaO. (unpaginiert).

159 Telegramm Pacelli an Gasparri vom 11. 5. 1919, aaO. (unpaginiert).

160 Vgl. Nicotra an Gasparri vom 12. 5. 1919 (Brief Nr. 41), aaO. (unpaginiert).

161 Vgl. Gasparri an House vom 13. 5. 1919 (als Durchschlag erhalten, Brief Nr. 90172), aaO. (unpaginiert).

162 Vgl. Gasparri an Pacelli vom 14. 5. 1919, aaO. (unpaginiert).

163 Vgl. Pacelli an Gasparri vom 19. 5. 1919, aaO. (unpaginiert).

164 Vgl. E. Fattorini, Germania, 167f.; G. Hankel, Leipziger Prozesse, 74-87; L. von Pastor, Tagebücher, 730; St. Samerski, Wilhelm II., bes. 230ff.; W. Schwengler, Völkerrecht, 74-82; St. Stehlin, Weimar, 44; 106-116.

165 Vgl. Fr. Engel-Janosi, Chaos, 35-38; E. Fattorini, Germania, 163-166; St. Stehlin, Weimar, 41.

166 Vgl. E. Fattorini, Germania, 88.

167 Vgl. Autobiographie Faulhaber, Teil II, 499 (EAM NL Faulhaber, Nr. 9272f.).

168 AAS 12 (1920), 209-218.

169 Vgl. E. Fattorini, Germania, 187-199; St. Stehlin, Weimar, 23-35.

170 Vgl. St. Samerski, Hl. Stuhl, 373ff.

171 Vgl. G. Besier, Kirche im 19. Jahrhundert, München 1998, 20ff.; 107ff.

172 Vgl. hierzu und zum Folgenden St. Samerski, Aufnahme, 325-368.

173 Vgl. L. von Pastor, Tagebücher, 686f.

174 Vgl. St. Samerski, Aufnahme, 327.

175 Vgl. L. Bruti Liberati, Santa Sede, 129f.; 146.

176 Vgl. St. Stehlin, Weimar, 13.

177 Vgl. *Germania* Nr. 68 vom 10. 2. 1917 und Nr. 96 vom 27. 2. 1917.

178 Vgl. Aversa an Gasparri vom 11. 2. 1917, AA.EE.SS., Germania, Pos. 1716 P.O., fasc. 896, Bl. 25r-27v. Druck: St. Samerski, Aufnahme, 362f.

179 Vgl. H. Wolf, München, 233ff.
180 Vgl. Erzberger an Aversa vom 27. 2. 1917, AA.EE.SS., Germania, Pos. 1716 P.O., fasc. 896, Bl. 37r.
181 Vgl. Gasparri an Aversa vom 21. 2. 1917, aaO., Bl. 30r.
182 Aversa an Erzberger vom 28. 2. 1917, aaO., Bl. 38r.
183 Erzberger an Aversa vom 2. 3. 1917, aaO, Bl. 39r-41r.
184 Vgl. von Gerlach an Pacelli vom 22. 3. 1917, aaO., Bl. 35r.
185 Vgl. Pacelli an von Gerlach vom 31. 3. 1917, aaO., Bl. 45r.
186 Vgl. Pacelli an Aversa vom 31. 3. 1917, aaO., Bl. 46r-v.
187 Vgl. Pacelli an Gasparri vom 27. 5. 1917, aaO., Bl. 50r-51r.
188 Vgl. Bericht von Mühlberg vom 27. 7. 1918, PA/AA, R 9353.
189 Vgl. im Blick auf Preußen Pacelli an Gasparri vom 6. 4. 1919, AA.EE.SS., Germania, Pos. 1718 P.O., fasc. 897, Bl. 44r-48r.
190 Vgl. G. Mai, Europa, 147f.
191 Vgl. AAS 13 (1921), 521-524.
192 Vgl. E. Fattorini, Germania, 187; St. Samerski, Delbrueck, 338.
193 Bericht von Bergen vom 5. 12. 1919 (Telegramm Nr. 53), PA/AA, R 9349.
194 Vgl. A. Kotowski, Polnischer Staat.
195 Vgl. St. Wilk, Staaten, 254.
196 Vgl. St. Stehlin, Weimar, 25.
197 Vgl. Pacelli an Gasparri vom 1. 3. 1919, AA.EE.SS., Germania, Pos. 1716 P.O., fasc. 896, Bl. 53r-54r.
198 Vgl. E. Fattorini, Germania, 164.
199 Vgl. G. Anschütz, Verfassung, 415-423.
200 Vgl. Pacelli an Gasparri vom 1. 3. 1919, AA.EE.SS., Germania, Pos. 1716 P.O., fasc. 896, Bl. 53r-54v.; G. Franz-Willing, Bayerische Vatikansgesandtschaft, 168f.
201 Vgl. Bericht Pacelli vom 28. 8. 1919, AA.EE.SS., Baviera, Pos. 62, fasc. 40, Bl. 77r.
202 Vgl. E. Fattorini, Germania, 207; K. Scholder, Kirchen, Bd. 1, 97f.
203 Vgl. Pacelli an Gasparri vom 6. 10. 1919, AA.EE.SS., Baviera, Pos. 62, fasc. 40, Bl. 78r-92v.
204 Präsident des Preuß. Staatsministeriums an AA vom 18. 7. 1919 und AA an das Preuß. Staatsministerium vom 29. 7. 1919, PA/AA, R 130193.
205 Vgl. R. Morsey, Zentrumspartei, 109, Anm. 27; Bericht Bergen vom 26. 8. 1919 und Bergen an Mathieu vom 15. 8. 1919, aaO.
206 Vgl. Erzberger an Bergen vom 7. 6. 1919, PA/AA, R 130193.
207 E. Deuerlein, Reichskonkordat 8f.; St. Stehlin, Weimar, 26.
208 Vgl. Pacelli an Gasparri vom 6. 10. 1919, AA.EE.SS., Baviera, Pos. 62, fasc. 40, Bl. 78r-92v.
209 Vgl. Pacelli an Gasparri vom 25. 10. 1919, aaO., Germania, Pos. 1716 P.O., fasc. 896, Bl. 55r-56v.
210 Vgl. Protokoll der Sitzung des AA vom 22. 10. 1919, Bericht Zech vom 29. 10. 1919 und Adolf Müller an Hoffmann vom 1. 11. 1919, PA/AA, R 9349.
211 Vgl. AA an von Grünau vom 17. 11. 1919, aaO.
212 Vgl. Bericht Zech vom 26. 12. 1919, aaO.; E. Fattorini, Germania, 164f.
213 Vgl. Akten der Reichskanzlei, Kabinett Bauer, 321.

214 Vgl. Bericht der Bayerischen Gesandtschaft am Hl. Stuhl vom 11. 11. 1919, PA/AA, R 9349. In der Abschiedsaudienz für den bayerischen Gesandten sagte Benedikt XV., »daß der Päpstliche Stuhl unter dem Drucke, den die Entente und zumal Frankreich auch noch nach dem Kriege auf ihn auszuüben versucht [sic], leide und es ihm angenehm wäre, einen Rückhalt an Deutschland zu finden«.

215 Vgl. Bericht Bergen vom 5. 12. 1919 (Telegramm Nr. 53), aaO.

216 Vgl. Bericht Zech vom 19. 12. 1919, aaO.

217 Vgl. Bericht Zech vom 16. 1. 1920, aaO.

218 Vgl. Gasparri an Pacelli vom 12. 1. 1920, AA.EE.SS., Baviera, Pos. 62, fasc. 40, Bl. 110r.

219 Vgl. Pacelli an Gasparri vom 9. 1. 1920, aaO.

220 Vgl. Gasparri an Pacelli vom 27. 1. 1920, aaO., Bl. 114r-115v.

221 H. Müller an Bergen vom 1. 2. 1920, PA/AA, R 9439.

222 Vgl. Hirsch an AA vom 22. 2. 1920, PA/AA, R 130195.

223 Die Wiederaufnahme diplomatischer Beziehungen mit Frankreich – vorausgegangen war die Heiligsprechung der Jungfrau von Orléans im Jahr zuvor (9. 5. 1920) – gehörte in das umfassende diplomatische Friedenskonzept der Kurie.

224 Vgl. M. Feldkamp, Pius XII., 41.

225 Vgl. Bericht Bergen vom 10. 3. 1920, PA/AA, R 9349.

226 Vgl. Hermann Müller an Zech vom 23. 3. 1920, aaO.; Bericht Bergen vom 30. 4. 1920, PA/AA, R 72079.

227 Vgl. Gasparri an Schioppa vom 31. 3. 1920, AA.EE.SS., Germania, Pos. 1716 P.O., fasc. 896, Bl. 67r.

228 Vgl. E. Deuerlein, Reichskonkordat, 11f.; Bericht Bergen vom 30. 4. 1920 (Telegramm Nr. 144), PA/AA, R 72079.

229 Vgl. St. Samerski, Aufnahme, 353ff.

230 Vgl. Telegramm Faulhaber an Gasparri vom 21. 5. 1920, AA.EE.SS., Germania, Pos. 1716, fasc. 897, Bl. 3r.

231 Bericht Bergen vom 11. 5. 1920 (Telegramm Nr. 161), PA/AA, R 72229.

232 Vgl. Pacelli an Gasparri vom 3. 6. und 25. 6. 1920, AA.EE.SS, Germania, Pos. 1716 P.O., fasc. 897, Bl. 9r-v; 13r.

233 Vgl. Gasparri an Pacelli vom 26. 5. 1920, aaO., Bl. 4r. Druck bei E. Fattorini, Germania, 356.

234 Vgl. AA (Haniel) nach Rom vom 24. 6. 1920 (Nr. 123; A 424), PA/AA, Botschaft beim Heiligen Stuhl, Best. 9 Umwandl./Lfd. Nr. 283 (unpaginiert).

235 Vgl. Pacelli an Gasparri vom 30. 6. 1920, aaO., Bl. 15r.

236 [Pius XII.], Papst, 22.

237 Vgl. R. Morsey, Pacelli, 115.

238 [Pius XII.], Papst, 22f.

239 Vgl. Bericht Bergen vom 3. 7. 1920 (Telegramm 130), PA/AA, R 72229; Bericht Bergen an AA vom 8. 7. 1920 (Nr. 232; A 431); PA/AA, Botschaft beim Heiligen Stuhl, Best. 9 Umwandl./Lfd. Nr. 283 (unpaginiert).

240 Vgl. Ritter zu Groenesteyn an das bayerische Ministerium des Äußern vom 3. 10. und 12. 10. 1923, BayHStA, MK 49127; Gasparri an Pacelli vom 5. 10. 1923, AA.EE.SS., Germania, Pos. 1716, fasc. 897, Bl. 29r; Telegramm Wirth an Vatikan vom 7. 12. 1921 (Nr. 134), PA/AA, Botschaft

beim Heiligen Stuhl, Best. 9 Umwandl./Lfd. Nr. 283 (unpaginiert); Bergen an AA vom 28. 6. 1924, PA/AA, R 72229.

241 Briefentwurf Gasparris an Pacelli vom 30. 5. 1923, AA.EE.SS., Germania, Pos. 507 P.O., fasc. 17, Bl. 74r-v.

242 Ebd.

243 Vgl. St. Samerski, Katholizismus, 67f.

244 Wegen der Auflösung des Landtages gab es eine weitere Verzögerung. Ärgerlich schrieb Pacelli am 6. 2. 1924 an Groenesteyn: »Streng vertraulich gesagt, ist es unbegreiflich, daß die bayerische Volkspartei selbst die Auflösung des Landtages angeregt hat! Im andern Fall hätten wir bequem Zeit gehabt, das K[onkordat] mit diesem Landtag vollständig unter Dach zu bringen.« BayHStA, Bayerische Gesandtschaft. Päpstlicher Stuhl 973, Bl. 366.

245 Pacelli an Bertram vom 14. 3. 1924, ANM, Pos. 396, fasc. 7, Bl. 31r.

246 Vgl. E. Huber/W. Huber (Hgg.), Staat und Kirche, Bd. 4, 294-315; H. Hürten, Deutsche Katholiken, 101; J. Listl. Konkordatäre Entwicklung, 447ff.

247 Paul Stengel an Groenesteyn vom 28. 11. 1924, BayHStA, Bayerische Gesandtschaft. Päpstlicher Stuhl 973, Bl. 443.

248 AAS 17 (1925), 41-54.

249 AAS 14 (1922), 577-581.

250 AAS 17 (1925), 273-287.

251 AAS 21 (1929), 441-454.

252 AAS 19 (1927), 425-433.

253 AAS 21 (1929), 319f.

254 AAS 21 (1929), 275-294.

255 AAS 21 (1929), 521-541.

256 AAS 25 (1933), 177-194.

257 AAS 25 (1933), 385-431.

258 Vgl. insgesamt R. Minnerath, L'Église, 43ff.; 57ff.; 441ff.; Au. Scheuermann, Konkordatspolitik.

259 AAS 19 (1927), 9-12.

260 AAS 20 (1928), 65f.

261 AAS 20 (1928), 129-133.

262 L. Schöppe, Konkordate, 87-91.

263 Vgl. O. Gritschneder, Bewährungsfrist; H. Möller, Die Weimarer Republik, 167ff.; H. Winkler, Weg, Bd. 1, 443f.; ders., Weimar, 234f.

264 Bericht Groenesteyn vom 9. 11. 1923, BayHStA, Bayerische Gesandtschaft. Päpstlicher Stuhl 996, Bl. 71. Weiter heißt es: »Im Vatikan scheint man nämlich im Zweifel darüber zu sein, ob es möglich wäre, mit einem Diktator das Konkordat abzuschließen, weil zu befürchten sei, daß dessen Rechtsgültigkeit nachträglich von der Volksvertretung bestritten werden könnte.«

265 Pacelli an Gasparri vom 9. 11. 1923, ANM, Pos. 396, fasc. 7, Bl. 3r.

266 Pacelli an Pizzardo vom 10. 11. 1923, AA.EE.SS., Germania, Pos. 511 P.O., fasc. 24, Bl. 87.

267 Pacelli an Gasparri vom 12. 11. 1923, ANM, Pos. 396, fasc. 7, Bl. 4r. Vgl. auch EAM NL Faulhaber, 7150-7155.

268 AaO., Bl. 5r.

269 Zit. nach Th. Brechenmacher, Held. Der Verfasser zitiert aus den Akten des Vatikanischen Archivs (AA.EE.SS, Baviera, Pos. ANM Pos. 396, fasc. 7, Bl. 6f.).

270 Pacelli an Gasparri vom 24. 4. 1924, ANM, Pos. 396, fasc. 7, Bl. 6f., zit. nach P. Godman, Vatikan und Hitler, 23. Auf der anderen Seite berichtete Groenesteyn am 27. 7. 1924, unter Bezug auf einen Artikel im *Osservatore Romano*, auch über folgenden Tenor: »Alle Bemühungen der Juden um Erlangung einer Machtstellung hatten von jeher dem Kampfe mit dem Katholizismus gegolten und hätten daher in Ländern, die sich von der katholischen Kirche abwendeten, ein um so leichteres Spiel gehabt. Daher sympathisierten die Juden auch jetzt mit allem, was antikatholisch ist.« BayHStA, Bayerische Gesandtschaft. Päpstlicher Stuhl 996 (unpaginiert).

271 Vgl. L. Volk (Hg.), Akten Kardinal Michael von Faulhabers, Bd. 1, 320-324.

272 Bericht Groenesteyn vom 12. 1. 1924, BayHStA, Bayerische Gesandtschaft. Päpstlicher Stuhl 996, Bl. 71. Vgl. auch Bericht Groenesteyn vom 2. 3. 1924, aaO., Bl. 42.

273 Zit. nach Th. Brechenmacher, Held (ANM, Pos. 396, fasc. 7, Bl. 75r-76v.).

274 ANM, Pos. 396, fasc. 7, Bl. 9r-10v. Vgl. auch EAM NL Faulhaber, 8028; 8029 (Ludendorff-Bewegung).

275 ANM, Pos. 396, fasc. 7, Bl. 9v.

276 AaO., Bl. 39r; 40r.

277 Telegramm Pacelli an Gasparri vom 5. 4. 1924, aaO., Bl. 66r; vgl. Telegramm Gasparri an Pacelli vom 9. 4. 1924, aaO., 68r.

278 Berichtsentwurf Pacelli vom 10. 4. 1924, ANM, Pos. 396, fasc. 7, Bl. 69r-72v; hier: 69r.

279 AaO., Bl. 72v.

280 Pacelli an Gasparri vom 26. 4. 1924, ANM, Pos. 396, fasc. 7, Bl. 75r-76v.

281 AaO., 76v.

282 Briefentwurf Pacelli an Gasparri vom 1. 5. 1924, aaO., Bl. 79v.

283 St. Samerski, Aufnahme, 361. Vgl. Paul Stengel an Groenesteyn vom 18. 8. 1925, BayHStA, Bayerische Gesandtschaft. Päpstlicher Stuhl 949, Bl. 219.

284 Pacelli an Pizzardo vom 8. 12. 1925, AA.EE.SS., Germania, Pos. 511 P.O., fasc. 24, Bl. 95r-96r; hier: 95r.

285 Pacelli an Pizzardo vom 17. 12. 1925, aaO., Bl. 99v.

286 Vgl. Leopold von Hoesch an AA vom 17. 11. 1925, ADAP, A, Bd. 14, 616.

287 Vgl. R. Morsey, Pacelli, 135.

288 Pacelli an Pizzardo vom 21. 11. 1925, AA.EE.SS., Germania, Pos. 511 P.O., fasc. 24, Bl. 91r.

289 AaO., 91v.

290 Ebd.

291 Pacelli an Pizzardo vom 24. 11. 1925, aaO., Bl. 92r.

292 Ebd.

293 Vgl. St. Samerski, Delbrueck.

294 Bericht Groenesteyn Nr. 105 vom 3. 10. 1923, BayHStA, Bayerische Gesandtschaft. Päpstlicher Stuhl 949, Bl. 194.

295 Bericht Groenesteyn Nr. 107 vom 12. 10. 1923, aaO., Bl. 195. Am 23. 3. 1925 berichtet Groenesteyn: »Wie zu erwarten war, ist der Deutsche

Botschafter kürzlich angewiesen worden, nunmehr, nachdem das bayerische Konkordat in Kraft getreten ist, ganz energisch die baldigste Übersiedlung des Monsignor Pacelli nach Berlin zu verlangen und durchblikken zu lassen, daß die Reichsregierung in dieser sich schon über Gebühr in die Länge ziehenden Frage empfindlich zu werden anfange und daß nicht nur von der Reichsregierung, sondern auch von der Preußischen Regierung, vom norddeutschen Episkopat und von dem Diplomatischen Korps in Berlin die dauernde Anwesenheit des Nuntius in der Reichshauptstadt dringend gewünscht werde.« AaO., Bl. 211.

296 Vgl. Pacelli an Gasparri vom 19. 7. 1923, AA.EE.SS., Germania, Pos. 535 P.O., fasc. 64, Bl. 71r-72v.

297 Vgl. St. Samerski, Bistum Danzig, 95f.

298 Vgl. J. Köhler, Bertram.

299 Telegramm Bergen an AA (Nr. 69; A 967), PA/AA, Botschaft beim Heiligen Stuhl, Best. 8 Nuntius/Lfd. Nr. 284 (unpaginiert).

300 St. Samerski, Bistum Danzig, 95f.

301 Vgl. Erlaß Schubert vom 27. 6. 1924 und Bericht Bergens vom 28. 6. 1924, PA/AA, Botschaft beim Heiligen Stuhl, 8 Nuntius/Lfd. Nr. 284 (unpaginiert).

302 Vgl. Bericht Bergen vom 9. 1. 1925, aaO.

303 Vgl. St. Samerski, Aufnahme, 360.

304 Vgl. M. Feldkamp, Pius XII., 45.

305 Vgl. E. Deuerlein, Reichskonkordat, 2; G. Franz-Willing, Bayerische Vatikangesandtschaft, 248; Fr. Hanus, Preußische Vatikangesandtschaft, 409.

Vatikanische Außenpolitik 1920-1929

1 Vgl. St. Payne, Geschichte des Faschismus, 243; Z. Sternhell/M. Sznajder/ M. Asheri, Entstehung, bes. 285ff.

2 Vgl. G. Schwaiger, Papsttum und Päpste, 187; 199f.

3 Vgl. dazu F. de Giorgi, Linguaggi militari.

4 Vgl. H. Roos, Geschichte, 41ff.; vgl. auch N. Davies, Herzen Europas; A. Koryna, Wojna.

5 Vgl. H. Winkler, Weg, Bd. 1, 443f.; J. Schmidlin, Papstgeschichte, Bd. 3/IV, 11.

6 Zum Verhältnis zwischen dem Vatikan und der Ukraine – auch hier war Ratti involviert –, siehe M. Mróz, Watykan y Ukraina.

7 Vgl. K. Kowalec, Dmowski; A. Micewski, Dmowski, 227f.

8 H. Stehle, Geheimdiplomatie, 24.

9 Vgl. St. Samerski, Katholizismus, 29f.

10 Zit. nach B. Grott, Polnische Parteien, 75.

11 Vgl. aaO., 76f.

12 Vgl. dazu K. Sadowski, Catholic Power.

13 Vgl. H. Hein, Pilsudski-Kult, 19ff.; 34ff.

14 Vgl. St. Wilk, Staaten, 254.

15 Vgl. W. Meysztowicz, Nunziatura, 180ff.

16 Vgl. aaO., 188.

Anmerkungen

17 Vgl. Fr. Steffen, Diözese Danzig, 78f.

18 Vgl. H. Roos, Geschichte, 83.

19 Vgl. Fr. von Lama, Papst und Kurie, 247.

20 Vgl. E. Fattorini, Germania, 236; St. Stehlin, Weimar, 108ff.

21 Vgl. J. Schmidlin, Papstgeschichte, Bd. 3/IV, 15.

22 Vgl. E. Fattorini, Germania, 236; St. Stehlin, Weimar, 110f.

23 Vgl. St. Stehlin, Weimar, 117.

24 Vgl. hierzu T. Falecki, Stolica Apostolska.

25 Vgl. St. Stehlin, Weimar, 117.

26 Vgl. aaO., 118f.

27 Vgl. J. Myszor, Beziehungen.

28 Vgl. E. Fattorini, Germania, 240.

29 Vgl. W. Marschall, Geschichte, 157; Fr. von Lama, Papst und Kurie, 253; E. Fattorini, Germania, 232ff.; St. Stehlin, Weimar, 114ff.

30 Vgl. E. Fattorini, Germania, 246f.

31 So G. Schwaiger, Papsttum und Päpste, 204.

32 Vgl. E. Fattorini, Germania, 249; Fr. von Lama, Papst und die Kurie, 254.

33 Vgl. J. Topolski, Polska, 73.

34 B. Grott, Polnische Parteien, 81f.

35 Vgl. E. Kneifel, Geschichte, bes. 203ff.

36 Vgl. J. Kochanowski, Horthy und Pilsudski, 90f.

37 Vgl. H. Hein, Pilsudski-Kult, 319.

38 Vgl. A. Kotowski, Hitlers Bewegung, 126ff.

39 W. Lipiński, Pilsudski.

40 Vgl. J. Rogall, Posener Land, 137; 140; M. Scheuermann, Minderheitenschutz, 22ff.; 88ff.

41 Vgl. O. Wagner, Geschichte, 134. Vgl. zum Status deutschstämmiger Katholiken in Polen LON Archives, Geneva, R 3906, 41/5154/560 und R 3906, 41/6274/560.

42 Vgl. St. Wilk, Staaten, 258. Siehe zur weiteren Entwicklung auch Hoover Institution Archives, Poland. Ambasada (Catholic Church), Records, 1924-1945.

43 Vgl. St. Zimniak, Cardinale August J. Hlond.

44 So H. Stehle, Geheimdiplomatie, 22. Siehe auch W. Rood, Rom und Moskau, 30.

45 Vgl. zum Folgenden auch K. Repgen, Pius XI., 6ff.

46 Vgl. hierzu und zum Folgenden J. Karlov, Vatikan, 158; W. Rood, Rom und Moskau, 29ff.

47 Vgl. W. Rood, Rom und Moskau, 30.

48 Vgl. aaO., 44ff.

49 O. Barkowez/F. Fjodor/A. Krylow, Zar Nikolaus II., 345-360.

50 Vgl. hierzu und zum Folgenden J. Karlov, Vatikan, 158ff.; H. Stehle, Geheimdiplomatie, 25ff.; A. Wenger, Rome et Moscou, 132ff.

51 Vgl. W. Rood, Rom und Moskau, 52ff.

52 Text: AaO., 57-59.

53 Vgl. H. Stehle, Lenins Mann.

54 Vgl. St. Samerski, Konsultor, bes. 270ff. Zu W. von Braun siehe auch H. Stehle, Lenins Mann, 35-39.

55 Mit der Leitung des Hilfswerks war zunächst der amerikanische Jesuit
Edmund A. Walsh betraut, dann der auf der Krim tätige Steyler Missions-
pater Eduard Gehrmann. Vgl. M. Feldkamp, Pius XII., 50; St. Samerski,
Konsultor, 272; H. Stehle, Geheimdiplomatie, 37.
56 Vgl. W. Rood, Rom und Moskau, 47ff.
57 Vgl. H. Winkler, Weimar, 167ff.
58 Vgl. C. Fink, Genoa Conference, 147f.; 201.
59 Vgl. M. Hildermeier, Geschichte, 355ff.; 360ff.
60 Vgl. im einzelnen H. Stehle, Geheimdiplomatie, 39ff.
61 Vgl. J. Karlov, Vatikan, 177.
62 Vgl. G. Rosenfeld, Sowjetunion und Deutschland, 126ff.
63 Vgl. St. Samerski, Katholizismus, 64. Mit Recht bemerkt Samerski, daß die
Deutsche Zentrumspartei den »Ostkurs« seit Frühjahr 1923 wieder verließ
und unter Außenminister Stresemann (August 1923 bis Oktober 1929)
konsequent auf die Verständigung mit dem Westen umschwenkte (aaO.,
65f.).
64 Vgl. H. Winkler, Weimar, 169f.
65 Vgl. H. Stehle, Geheimdiplomatie, 61.
66 Vgl. St. Payne, Geschichte des Faschismus, 115f.; 168.
67 Zum Begriff des Faschismus vgl. W. Schieder, Faschismus.
68 S. Nosov (Hg.), Papstvo, 61, verknüpft die Anerkennung mit der Ausweisung d'Herbignys. Man habe die Unterstützung des Vatikans nun nicht
mehr nötig gehabt.
69 J. Karlov, Vatikan, 184.
70 Vgl. aaO., 182.
71 Ebd.
72 Vgl. aaO., 183.
73 Worowski war im Mai 1923 in Lausanne ermordet worden, ebd.
74 Vgl. H. Stehle, Geheimdiplomatie, 62f.
75 Vgl. D. Colas, Einheitspartei, 155; ders., Léninisme, Paris 1998, 296f.
76 Vgl. H. Stehle, Geheimdiplomatie, 71; 78.
77 J. Karlov, Vatikan, 183.
78 Vgl. M. Feldkamp, Pius XII., 50; H. Stehle, Geheimdiplomatie, 80ff.
79 AAS 16 (1924), 294f.
80 Vgl. Pacelli an Pizzardo vom 24. 11. 1925, AA.EE.SS., Germania, Pos. 511
P.O., fasc. 24, Bl. 92r.
81 Vgl. U. von Hehl, Wilhelm Marx, bes. 288ff.
82 Vgl. St. Payne, Geschichte des Faschismus, 152f.; G. Sale, Matteotti.
83 Vgl. M. Schäfer, Luigi Sturzo.
84 Vgl. J.-L. Pouthier, Émigrés.
85 Um das antifaschistische italienische Zentrum in Paris nicht weiter zu
stärken, forderte der Heilige Stuhl, daß Sturzo im Londoner Exil blieb.
Er kehrte erst Anfang September 1946 nach Italien zurück. Vgl. aaO., 482.
86 Vgl. J. Molony, Emergence, 167; 192. Die Emigration ließ sich freilich
auch als Schutzmaßnahme für den Christdemokraten verstehen. Vgl.
aaO., 191.
87 Vgl. Fr. Engel-Janosi, Chaos, 65.
88 Vgl. hierzu und zum Folgenden H. Stehle, Geheimdiplomatie, 83ff.

89 Siehe zu den weiteren Vorschlägen sowie der sowjetischen Strategie im einzelnen E. Tokareva, Hierarchy, 144f.

90 Vgl. N. Cimbaev, Russische Kirche, 186; G. Stricker, Religion, 86f.

91 Vgl. H. Stehle, Geheimdiplomatie, 114.

92 Vgl. AaO., 114ff. Nach wenigen Tagen wurden die Jesuiten des Landes verwiesen.

93 Vgl. zum Verhältnis zwischen Pacelli und Brockdorff-Rantzau ADAP, B, Bd. 5, 254-258; H. Stehle, Geheimdiplomatie, 117f. Siehe auch W. Rood, Rom und Moskau, 106ff.

94 Vgl. Bergen an AA vom 24. 10. 1927, ADAP, B, Bd. 7, 113.

95 Vgl. S. Nosov (Hg.), Papstvo, 76.

96 Vgl. M. Hildermeier, Geschichte, 362.

97 Vgl. W. Rood, Rom und Moskau, 74ff.; D. Alvarez, Spies, 130ff.

98 Vgl. G. Schwaiger, Papsttum und Päpste, 260ff.; L. Tretjakewitsch, Bishop Michel d'Herbigny.

99 AAS 16 (1924), 5-11.

100 Vgl. H.-G. Franzke, Laizität; Z. Giacometti, Quellen, 383-386; G. May, Konkordatspolitik; J. Schmidlin, Papstgeschichte, Bd. 3/IV, 115-122.

101 AAS 16 (1924), 5-11; vgl. Z. Giacometti, Quellen, 383-386; J. Schmidlin, Papstgeschichte, Bd. 3/IV, 115-122.

102 Vgl. B. Bruneteau, Antiliberalismus; J. Prévotat, Catholiques, 280ff.

103 Pius XI. an Andrieu vom 5. 9. 1926; vgl. J. Schmidlin, Papstgeschichte, Bd. 3/IV, 118f. Auch Pacelli war den Angriffen der *Action française* ausgesetzt. Vgl. dazu den Bericht Bergen an AA vom 24. 1. 1930 (Nr. 7; A54), PA/AA, Best. 29, Bd. 1/Lfd. Nr. 441 (unpaginiert). Hoesch von der Deutschen Botschaft Paris berichtete am 11. 2. 1930 an das AA (A583): »Daß die ›*Action française*‹ die endgültige Ernennung Pacellis [scil. zum Kardinalstaatssekretär] kühl, wenn nicht ablehnend aufnehmen würde, war zu erwarten. Doch ist zu bemerken, daß sich Charles Maurras immerhin eine gewisse Reserve in seinen Äußerungen auferlegt. Nach einigen Ausfällen gegen den früheren Nuntius in Paris, Cardinal Cerretti, weist Maurras auf die Beliebtheit und Geschicklichkeit hin, mit der die Pacelli in Berlin gearbeitet habe und gibt die Möglichkeit zu, daß dieser mit gleicher Geschicklichkeit sein neues hohes Amt in Rom verwalten werde.« PA/AA, Best. 29, Bd. 1/Lfd. Nr. 441 (unpaginiert).

104 Vgl. H. Stehle, Geheimes.

105 Vgl. G. Schwaiger, Papsttum und Päpste, 262.

106 S. Nosov (Hg.), Papstvo, 76.

107 Erzbischöfl. Sekretär an Prälat Münch vom 15. 11. 1929, EAM NL Faulhaber, Nr. 7222.

108 AaO.

109 G. Schwaiger, Papsttum und Päpste, 207.

110 Vgl. H. Stehle, Geheimdiplomatie, 73.

111 So aaO., 82 (Hervorhebung im Original).

112 Vgl. hierzu und zum Folgenden St. Samerski, Katholizismus, 50f.; ders., Kirche, 66ff.

113 Vgl. St. Samerski, Kirche, 68.

114 Vgl. H. Böttcher, Freie Stadt Danzig.

115 Vgl. St. Samerski, Bistum Danzig, 39-52.
116 Vgl. AAS 14 (1922), 577-581.
117 Vgl. St. Samerski, Kirche, 77.
118 Vgl. aaO., 46.
119 Pacelli an Gasparri vom 27. 2. 1922, AA.EE.SS., Germania, Pos. 507 P.O.,
    fasc. 16, Bl. 10r-11v; hier: 10v. Druck bei E. Fattorini, Germania, 376ff.
120 Ebd.
121 AaO., 10v-11r.
122 Ebd. Siehe auch den Entwurf des Antwortbriefs Gasparri an Pacelli vom
    März 1922, aaO.
123 Vgl. St. Samerski, Kirche, 78f.
124 Am 4. 1. 1928 wurde zwar eine sogenannte »Feststellung« unterzeichnet,
    aber diese wurde weder von der römischen Kurie noch vom Volkstag
    ratifiziert. Vgl. St. Samerski, Bistum Danzig, 49.
125 Vgl. St. Samerski, Kirche, 136ff. Siehe auch ders., Bistum Danzig, 9ff.
126 Vgl. St. Samerski, Kirche, 149.
127 Vgl. hierzu und zum Folgenden St. Stehlin, Weimar, 130ff.
128 Bald geriet Hlond in Konflikt mit dem Verband deutscher Katholiken in
    Polen, der gegen seine Diözesanverwaltung opponierte. 1926 legte der
    Verband eine anklagende Denkschrift vor, die Hlond im Jahr darauf
    beantworten ließ. Vgl. J. Myszor/J. Konieczny (Hgg.), Korespondencja;
    J. Myszor, Beziehungen.
129 So J. Myszor, Beziehungen.
130 Vgl. St. Stehlin, Weimar, 134f.
131 Vgl. aaO., 137. Pacelli fürchtete 1931, zehn Jahre nach der
    Volksabstimmung zu Oberschlesien, Demonstrationen für die Rückgabe
    jener Gebiete an Deutschland – und zwar unter Beteiligung der katholi-
    schen Kirche (vgl. Pacelli an Orsenigo vom 26. 2. 1931, AA.EE.SS., Pos.
    604 P.O., fasc. 112, Bl. 55r). Doch Orsenigo konnte ihn beruhigen: An der
    großen Demonstration in Beuthen, die für den 22. 3. 1931 vorgesehen sei,
    werde sich die Kirche nicht beteiligen. Es würden lediglich die Glocken
    geläutet und Bertram werde ein kurzes Wort sprechen (aaO., Bl. 56r-v).
132 Zu den Verhandlungen im Zusammenhang mit dem Polenkonkordat vgl.
    St. Samerski, Katholizismus, 93ff.
133 Vgl. St. Stehlin, Weimar, 136.
134 Vgl. aaO., 138.
135 Pacelli an Gasparri vom 7. 12. 1923, AA.EE.SS., Germania, Pos. 511 P.O.,
    fasc. 21, Bl. 33r-34r.
136 Ebd.
137 Vgl. H. Winkler, Weg, Bd. 1, 452f.
138 Pacelli an Gasparri vom 7. 12. 1923, AA.EE.SS., Germania, Pos. 511 P.O.,
    fasc. 21, Bl. 33f.
139 Ebd.
140 Vgl. Pacelli an Gasparri vom 23. 7. 1922, AA.EE.SS., Germania, Pos. 507
    P.O., fasc. 16, Bl. 84r-v.
141 Vgl. L. Volk, Reichskonkordat, 5.
142 Es handelte sich um Art. 10 (1), 137, 138 und 143-149. Vgl. dazu
    G. Anschütz, Verfassung, 87; 629ff.; 666ff.

143 Vgl. R. Morsey, Deutsche Zentrumspartei, 235.

144 Reden, 4.

145 AaO., 204f.

146 Vgl. Wirth an Faulhaber vom 21. 8. 1922 und dessen Antwort vom 14. 9. 1922, L. Volk (Hg.), Akten Kardinal Michael von Faulhabers, Bd. 1, 260f.; 275f. Siehe auch Wirth an Pacelli vom 30. 10. 1922; Stegerwald an Wirth vom 3. 10. 1922: »Die in dem angezogenen Schreiben des Herrn Kardinals Faulhaber erfolgte Annahme, Sie hätten in Frankfurt, vor Beginn der Katholikenversammlung im Augustinerverein, die Stimmung gegen Bayern zu beeinflussen versucht, ist bestimmt irrig. [...] Eine Stimmungsmache gegen Bayern ist, wie ich mich auf das Bestimmteste entsinne, von Ihnen gelegentlich der Generalversammlung des Augustinervereins in Frankfurt *nicht* gemacht worden.« EAM NL Faulhaber, Nr. 3503.

147 Vgl. Faulhaber an Pacelli vom 19. 10. 1922, aaO., 289f. Siehe insgesamt H. Hürten, Deutsche Katholiken, 59-62.

148 Faulhaber an Pizzardo vom 19. 9. 1922, EAM NL Faulhaber, NR. 1200/1.

149 Reichstagswahlaufruf der BVP-Landesvorstandschaft vom 26. 4. 1924. Am 20. 5. 1924 wehrte sich Wirth gegen die Vorwürfe und bat Faulhaber um Vermittlung. EAM, NL Faulhaber, Nr. 7228. Siehe auch Stresemanns Appell an Faulhaber vom 13. 10. 1923, in dem er seine Sorge vor einem Zerfall des Reiches ausspricht und den Kardinal um die Unterstützung seiner Politik bittet. AaO., Nr. 7229.

150 So R. Morsey, Diskussion, 187. Am 9. 8. 1962 schrieb Adenauer an Msgr. Dr. Joseph Weissthanner: »Nach dieser Rede hat Kardinal Faulhaber mir vorgeworfen, ich hätte das bayerische Königshaus angegriffen. Leider ist es nicht gelungen, diese Mißstimmung zu beheben. Ja, es mußte sogar ein Bankett abgesagt werden. So sehr ich diese Kontroverse bedaure, so sehr muß ich für mich auch heute noch in Anspruch nehmen, zu jenen Bemerkungen berechtigt gewesen zu sein.« EAM NL Faulhaber, Nr. 3503.

151 Vgl. J.-L. Pouthier, Émigrés, 487.

152 Vgl. St. Samerski, Delbrueck.

153 O. Braun, Weimar, 155.

154 Zu dem münsterschen Kirchenhistoriker und Zentrumsabgeordneten Georg Schreiber vgl. zuletzt R. Morsey, Machtkampf.

155 Vgl. Bericht Delbrueck bei R. Morsey, Vorgeschichte, 244-246; siehe auch G. May, Ludwig Kaas, Bd. 2, 361; G. Schreiber, Kirchenpolitik, 318. Im Januar 1920 hatte die Fuldaer Bischofskonferenz den Priester und Trierer Kirchenrechtler Kaas zum Verbindungsmann zwischen Bischofskonferenz und Nuntius berufen – eine Mittlerfunktion, die er bis zum Abschluß des Reichskonkordats 1933 einnehmen sollte. Vgl. M. Höhle, Gründung, 72f.

156 Abdruck des Textes bei A. Kupper (Bearb.), Staatliche Akten, 437-439; vgl. L. Volk, Reichskonkordat, 8.

157 So D. Golombek, Vorgeschichte, 13.

158 Vgl. L. Volk, Reichskonkordat, 7ff.

159 Vgl. St. Samerski, Delbrueck, 341.

160 Vgl. L. Volk, Reichskonkordat, 21.

161 Abdruck der Besprechungsergebnisse bei R. Morsey, Vorgeschichte, 247-250.

162 Abdruck der Richtlinien des Innenministeriums (Koch-Weser-Runderlaß) vom 6. 1. 1921 bei A. Kupper (Bearb.), Staatliche Akten, 441.

163 Vgl. Delbrueck an Bayerische Gesandtschaft vom 12. 3. 1921, PA/AA, R 72088.

164 Text bei A. Kupper (Bearb.), Staatliche Akten, 441-447.

165 Vgl. E. Deuerlein, Reichskonkordat, 30.

166 L. Volk, Reichskonkordat, 13.

167 AaO., 18f. Vgl. K. Scholder, Kirchen, Bd. 1, 102ff.

168 A. Kupper (Bearb.), Staatliche Akten, 448-455.

169 St. Samerski, Katholizismus, 78.

170 Vgl. Pacelli an Gasparri vom 26. 5. 1922, AA.EE.SS., Germania, Pos. 507 P.O., fasc. 16, Bl. 53r-60v.

171 Pacelli an Gasparri vom 18. 4. 1922, aaO., Bl. 75r-76r.

172 AaO., Bl. 75r.

173 Pacelli an Gasparri vom 27. 3. 1923, Pos. 507 P.O., fasc. 17, Bl. 12r.

174 Pacelli an Gasparri vom 24. 2. 1923, aaO., Bl. 27r.

175 AaO., Bl. 28r.

176 AaO., Bl. 34r, Anm. 1.

177 Vgl. im Überblick K. Keller, Landesgeschichte, 268ff.; 361f.

178 Pacelli an Gasparri vom 23. 12. 1928, AA.EE.SS., Germania, Pos. 515 P.O., fasc. 25, Bl. 14f.

179 Pacelli an Gasparri vom 24. 8. 1929, aaO., Bl. 24f.

180 Text: E. Huber/W. Huber (Hgg.), Staat und Kirche, Bd. 4, 346-348.

181 Text: aaO., 689-692.

182 Vgl. Verhandlungen des Sächsischen Landtags, 3. Wahlperiode, 1928/29, Vorlagen Nr. 74.

183 Vgl. aaO., 4. Wahlperiode, 1929/30, 707ff.

184 Vgl. Centoz an Pacelli vom 18. 3. 1930, AA.EE.SS., Germania, Pos. 515 P.O., fasc. 25, Bl. 26.

185 Siehe den Bericht Orsenigos an Pacelli vom 22. 7. 1937, aaO., Bl. 51f.

186 Vgl. K. Scholder, Kirchen, Bd. 1, 106.

187 Vgl. F. von Papen, Wahrheit, 313-318; J. Petzold, Papen.

188 E. Huber/W. Huber (Hgg.), Staat und Kirche, Bd. 1, 204-221.

189 Vgl. R. Morsey, Vorgeschichte, 262ff.

190 Vgl. dazu E. Wende, Becker, 272.

191 Vgl. D. Golombek, Vorgeschichte, 48.

192 Vgl. H. Hömig, Zentrum, 189f.; E. Gräfin Rittberg, Kirchenvertrag, 94f.; 98f.

193 Vgl. schon Pacellis Bericht an Gasparri vom 18. 12. 1922 (AA.EE.SS., Germania, Pos. 507 P.O., fasc. 16, Bl. 97 r-98r.), in dem er über die konkordatsfeindlichen Aktivitäten des Evangelischen Bundes berichtet.

194 Beschluß der preußischen Generalsynode zur Konkordatsfrage vom 12. 5. 1927, in: E. Huber/W. Huber (Hgg.), Staat und Kirche, Bd. 4, 319f.

195 So Pacelli an Gasparri vom 24. 2. 1923, AA.EE.SS., Germania, Pos. 507 P.O., fasc. 17, Bl. 39v.

196 Vgl. im einzelnen M. Höhle, Gründung.

197 Texte: E. Huber/W. Huber (Hgg.), Staat und Kirche, Bd. 4, 337-339.

198 Vgl. aaO., 337.

199 Vgl. dazu unten, Kap. 11.

200 Vgl. dazu jetzt vor allem A. Hamers, Konkordatspolitik.

201 Vgl. Pacelli an Gasparri vom 30. 6. 1928, AA.EE.SS., Germania, Pos. 511 P.O., fasc. 23, Bl. 6f.

202 Schon mit dem Kabinett Trunk, seit November 1925 im Amt, hatte Pacelli vertrauliche Gespräche geführt. Am 20. 5. 1927 schrieb er an Gasparri: »Trotz der großen Schwierigkeiten und der Opposition der Liberalen und Demokraten versprachen Präsident Dr. Trunk, verschiedene Minister und der Zentrumsführer Schofer, alles zu tun, um jenes Ziel [scil. einen Konkordatsabschluß] zu erreichen.« AA.EE.SS., Germania, Pos. 565 P.O., fasc. 81, Bl. 25. Vgl. auch Pacelli an Gasparri vom 2. 12. 1925, aaO., Bl. 9.

203 Vgl. E. Föhr, Geschichte, 14f. Zu den weiteren Verhandlungen über das badische Konkordat vgl. unten, 169-171.

204 Pacelli an Gasparri vom 4. 12. 1928, AA.EE.SS., Germania, Pos. 511 P.O., fasc. 23, Bl. 41r-42r.

205 Vgl. Antwortentwurf Gasparri an Pacelli, aaO., Bl. 45r. Das folgende Zitat ebd. (Hervorhebung im Original).

206 Pacelli an Gasparri vom 20. 7. 1929, aaO., Bl. 64r-v.

207 Antwortentwurf Gasparri an Pacelli vom 31. 7. 1929, aaO., Bl. 67r-68r.

208 Vgl. M. Feldkamp, Pius XII., 62ff.

209 AaO., 63.

210 J. Mayer, Studien.

211 Vgl. hierzu und zum Folgenden Pacelli an Gasparri vom 7. 11. 1928, AA.EE.SS., Germania, Pos. 565 P.O., fasc. 81, Bl. 33f.

212 Collectanea, Nr. 1897, 321.

213 P. Godman, Vatikan und Hitler, 94-96.

214 Vgl. G. Besier, Kirchen, 869f.; D. Dietrich, Joseph Mayer; I. Richter, Nationalsozialismus; W. Stüken, Hirten, 63-66; H.-J. Wollasch, Priester.

215 AA.EE.SS., Germania, Pos. 632, fasc. 150, Bl. 51, zit. nach P. Godman, Vatikan und Hitler, 64f.

216 Pacelli an Orsenigo vom 10. 8. 1933, AA.EE.SS, Germania, Pos. 632 P.O., fasc. 150, Bl. 56; vgl. G. Besier, Kirchen, 869ff.

217 Vgl. P. Godman, Vatikan und Hitler, 68ff.

218 AaO., 69ff. (ACDF, S.O. 535/30; R.V. 1934, 12).

219 AaO., 77f. (ACDF, S.O. 1413/30 i).

220 Vgl. z. B. K. Vocelka, Geschichte Österreichs, 281; B. Wedemeyer-Kolwe, Körperkultur. Siehe auch EAM NL Faulhaber, Nr. 3703 (Bekämpfung der Unsittlichkeit); 5919 (kirchliche Einwände gegen die Einrichtung von Familienbädern); 6015 (Tanzveranstaltungen während der Fastenzeit 1927); 6016 (Frauenmode); 6017 (mangelhafte Bekleidung von Turnerinnen); 1620 (sexuelle Aufklärung); 7033 (Katholische Kirche, Körperkultur und Mode).

221 Vgl. R. Heinemann, Familie.

222 Pacelli an Gasparri vom 26. 5. 1926, AA.EE.SS., Germania, Pos. 565 P.O., fasc. 81, Bl. 104.

223 Vgl. zum Beispiel die Haltung des Kardinals Donato Sbarretti, wiedergegeben bei P. Godman, Vatikan und Hitler, 50f.

224 Vgl. EAM NL Faulhaber, Nr. 9899 (Evangelischer Bund gegen den Papst und Kardinal Faulhaber).

225 Siehe hierzu und zum Folgenden K. Repgen, Pius XI., 7ff.; ders., Pius XI. und das faschistische Italien.

226 Vgl. M. Berezin, Fascist Self, bes. 70ff.; E. Gentile, Via Italiana, bes. 129ff.

227 R. Lill, Katholische Kirche, 210.

228 Bereits 1931 kam es wegen der Katholischen Aktion zu ersten Konflikten, die aber rasch beigelegt werden konnten. Vgl. R. Lill, Katholische Kirche, 212f.; St. Payne, Geschichte des Faschismus, 270.

229 Vgl. St. Payne, Geschichte des Faschismus, 145.

230 Vgl. aaO., 159f.

231 Vgl. aaO., 161ff. Volker Reinhardt (Geschichte, 265) meint, »daß Totalitarismus im Verständnis Mussolinis vor allem einen ausgeprägten Patronage- und Prestigevorrang in einer weiterhin klientelär verfugten Gesellschaft bedeuten sollte«. Siehe dagegen zum »fascismo autoritario e fascismo totalitario« mit gegenläufigem Tenor E. Gentile, Via italiana, 136ff.

232 So F. Rossi, Vatikan, 19.

233 Vgl. H. Köck, Pius XII.; A. Steinmaus-Pollak, Katholische Aktion. Siehe auch EAM NL Faulhaber, Nr. 6580-6586.

234 Vgl. H. Maier, Politische Religionen, 27.

235 R. Lill, Katholische Kirche, 210.

236 Vgl. J.-L. Pouthier, Émigrés, 488f.

237 AaO., 484.

238 Lateranverträge.

239 Vgl. auch die Würdigung der Lateranverträge durch Alois Hudal (A. Hudal, Schaffen, 206-211).

240 Vgl. F. Rossi, Vatikan, 88; *Kölnische Volkszeitung* Nr. 78 vom 13. 2. 1931.

241 Vgl. F. Pacelli, Diario.

242 »Gasparri, der die komplexen und sich hinziehenden Verhandlungen für den Lateranvertrag mit Italien im Februar 1929 erfolgreich zu Ende geführt hatte, mußte Anfang 1930 zurücktreten. Der willensstarke Papst hatte starke Polemiken mit Mussolini über die Interpretation jenes Vertrags geführt und fühlte bereits seit einigen Monaten, daß sein Staatssekretär, ein Mann von großer Intelligenz und mit einer so starken Persönlichkeit wie seiner eigenen, seinen Ansichten und Methoden bei der Behandlung jener besonderen Phase italienisch-vatikanischer Beziehungen nicht zustimmte. Pacelli, der vor seinen diplomatischen Missionen über Jahre Gasparris rechte Hand gewesen war, wurde ausgewählt, um den Mann zu ersetzen, der ihn 29 Jahre zuvor aufgefordert hatte, dem diplomatischen Dienst des Vatikans beizutreten.« C. Cianfarra, War and the Vatican, 78.

243 Vgl. C. Casula, Segreterie di stato, 424f. Ein Kardinalstaatssekretär bleibt bis zum Tod »seines« Papstes im Amt (vgl. Art. Secrétairerie d'état, in: Ph. Levillain (Hg.), Dictionnaire, 1555ff.), beispielsweise Mariano Rampolla del Tindaro bis zum Tod Leos XIII. 1903 oder Rafael Merry del Val unter

Anmerkungen

Pius X. bis 1914. Nachdem Domenico Ferrata 1914 nach nur einem Monat im Amt unerwartet starb, wurde Pietro Gasparri von Benedikt XV. zum Staatssekretär ernannt und, nach dessen nur siebenjähriger Amtszeit, von Pius XI. übernommen, und er rechnete sicher damit, dieses Amt bis zum eigenen oder dem Tod des Papstes innezuhaben. In seinem kurzen, ungeliebten Ruhestand schaffte er es nicht mehr, seine Memoiren zu schreiben; ein Teil seines Nachlasses wurde von dem historischen Journalisten und Politiker Giovanni Spadolini in dem Band »Il cardinale Gasparri e la questione romana. Con brani delle memorie inedite«, Firenze 1972, veröffentlicht; vgl. C. Casula, Segreterie di stato, 425, dort Anm. 29. Kardinal Gasparri starb am 18. November 1933.

244 Vgl. P. Godman, Vatikan und Hitler, 53f.

245 Bei der Birettaufsetzung der zu Nuntien kreierten Kardinäle wirkten in katholischen Staaten für gewöhnlich die Staatsoberhäupter mit. An einem solchen Akt zeigte die Reichsregierung großes Interesse. Doch der Zentrumsvorsitzende Kaas machte deutlich, daß eine solche Vergünstigung nur rein katholischen Staaten gewährt werden könne. Vgl. Bergen an AA vom 27. 11. 1929 (Nr. 93; A 680), PA/AA, Botschaft beim Heiligen Stuhl, Best. 9 Umwandl./Lfd. Nr. 283 (unpaginiert).

246 Am 24. 1. 1930 telegraphierte Bergen ans AA (Nr. 8; A55): »Kardinalstaatssekretär [scil. Gasparri] mitteilt mir heute, Seine Heiligkeit habe die Antwort des Herrn Reichspräsidenten auf das Abberufungsschreiben des früheren Nuntius Pacelli mit lebhafter Genugtuung gelesen; das Schreiben sei sehr freundlich gehalten und außerdem, wie er unter Anspielung auf die bevorstehende Personalveränderung lächelnd hinzufügte, überaus schmeichelhaft für seinen Staatssekretär.« PA/AA, Botschaft beim Heiligen Stuhl, Bestand, 29, Bd. 1/Lfd. Nr. 441 (unpaginiert).

247 Vgl. P. Lehnert, Erinnerungen.

248 Vgl. W. Steglich, Friedenspolitik, 120. D. Alvarez/R. Graham, Nothing Sacred, 3, sprechen gar von einer »Freundschaft«, die beide Männer verbunden haben soll.

249 Vgl. Bergen an AA vom 8. 3. 1930 (Nr. 68; A 206), PA/AA, Best. 29, Bd. 1/Lfd. Nr. 441 (unpaginiert).

250 Vgl. bes. EAM NL Faulhaber, Nr. 7480.

251 Zur Rolle Faulhabers bei den Verhandlungen zum Reichskonkordat vgl. EAM NL Faulhaber, Nr. 7302-7308.

252 Bericht Nr. 93 (A 284) der Deutschen Botschaft beim Heiligen Stuhl an AA vom 24. 4 1931; vgl. Bericht vom 17. 4. 1931 (AA II. Vat. 209; A 265); Bericht vom 27. 5. 1931 (Nr. 21; A 350); Bericht Klee an das AA vom 24. 3. 1934 (Nr. 143; A 218); Bericht Klee vom 6. 12. 1934 (Nr. 478; A 724). PA/AA, Botschaft beim Heiligen Stuhl, Best. 29, Bd. 1/Lfd. Nr. 441 (unpaginiert).

253 Bericht Bergen vom 26. 6. 1934 (Nr. 267; A 400), PA/AA, Botschaft beim Heiligen Stuhl, Best. 29, Bd. 1/Lfd. Nr. 441 (unpaginiert).

254 Pacelli an Perosi vom 18. 11. 1929, AA.EE.SS., Germania, Pos. 511 P.O., fasc. 24, Bl. 4r.

255 AaO., Bl. 6r.

256 AaO., Bl. 10v.

257 AaO., Bl. 11r-v.
258 AaO., Bl. 13v.
259 Siehe dazu K. Vocelka, Geschichte Österreichs, 281; vgl. auch oben, 113.
260 Pacelli an Perosi vom 18. 11. 1929, AA.EE.SS., Germania, Pos. 511 P.O., fasc. 24, Bl. 15v.
261 AaO., Bl. 16r.
262 Jena 1926.
263 Vgl. E. Michel, Politik, 46ff. (Hinweis von E. Pacelli.)
264 Pacelli an Perosi vom 18. 11. 1929, AA.EE.SS., Germania, Pos. 511 P.O., fasc. 24, Bl. 16v.
265 AaO., Bl. 18r.
266 AaO., Bl. 19v.
267 AaO., Bl. 20v.
268 AaO., Bl. 23r.
269 AaO., Bl. 23v.
270 AaO., Bl. 26r.
271 AaO., Bl. 34v; 35v.
272 AaO., Bl. 35v.
273 AaO., Bl. 38v; 39r.
274 AaO., Bl. 40r.
275 AaO., Bl. 41r.
276 AaO., Bl. 41v.
277 AaO., Bl. 42r.
278 AaO., Bl. 42v.
279 AaO., Bl. 43r.
280 AaO., Bl. 44r.
281 AaO., Bl. 44v.
282 Vgl. M. Biffi, Orsenigo.
283 Vgl. hierzu und zum Folgenden aaO., 16ff.
284 Vgl. P. Godman, Vatikan und Hitler, 55f.
285 Vgl. S. Adam, Preysing; W. Knauft, Preysing.
286 O. Chadwick, Pius XII.
287 Vgl. L. Volk, Reichskonkordat, 212ff.
288 Vgl. H. Winkler, Weimar, 477.
289 Orsenigo an Pacelli vom 9. 5. 1930, AA.EE.SS., Germania, Pos. 604 P.O., fasc. 112, Bl. 3v. Druck (auf Italienisch) bei G. Sale, Hitler, 275f.
290 Ebd.
291 AaO., Bl. 3v-4r.
292 Vgl. Pacelli an Orsenigo vom 7. 6. 1930, Bl. 5r.
293 Vgl. Orsenigo an Pacelli vom 4. 8. 1930, aaO., Bl. 20r-v.
294 Ebd.
295 Vgl. G. Besier, Neuansätze, 194ff.
296 Orsenigo an Pacelli vom 4. 8. 1930, AA.EE.SS., Germania, Pos. 604 P.O., fasc. 112, Bl. 21r-23r; hier: 23r. Druck bei G. Sale, Hitler, 279ff. (bis auf kleinere Tippfehler korrekt wiedergegeben).
297 Pacelli an Orsenigo, aaO., Bl. 25r-v.
298 Vgl. unten, 175.
299 Vgl. K. Scholder, Kirchen, Bd. 1, 188ff.; H. Winkler, Weimar, 388ff.

Anmerkungen

300 Vgl. zu Bruno Doehring G. Besier, Dom, 197ff.
301 Orsenigo an Pacelli vom 16. 9. 1930, AA.EE.SS., Germania, Pos. 606 P.O., fasc. 117, Bl. 18r-19v. Druck bei G. Sale, Hitler, 282ff. (dort fälschlicherweise unter dem 18. 9. 1930 und mit der Archiv-Signatur »605 P.O., fasc. 117« wiedergegeben).

Die Außenpolitik des Vatikans
unter Kardinalstaatssekretär Pacelli 1930-1939

1 D. Tardini, Pius XII., 92.
2 So E. v. Weizsäcker, Erinnerungen, 357.
3 Vgl. F. Rossi, Vatikan, 85f.
4 So Nosengo, zit. nach F. de Giorgi, Linguaggi militari, 265f.
5 Vgl. M. Agostino, Pie XI, 443ff.
6 Zit. nach Fr. Engel-Janosi, Chaos, 111.
7 AAS 23 (1931), 285-312; A. Fitzek (Hg.), Pius XI., 27ff.; vgl. auch Fr. Engel-Janosi, Chaos, 229-255; C. Confalonieri, Pius XI., 204ff.
8 AAS 23 (1931), 294.
9 Vgl. J. Charnitzky, Schulpolitik, 3.
10 Zit. nach G. Gentile, Grundlagen, 88.
11 AaO., 89.
12 AaO., 90.
13 Ebd.
14 AaO., 92.
15 AaO., 96.
16 AaO., 94.
17 Ebd.
18 Tacchi Venturi wurde bei Mißstimmungen zwischen Mussolini und Pius XI. häufig als Vermittler eingeschaltet. Als beispielsweise die faschistische Presse sich kritisch über die 1937er Weihnachtsansprache des Papstes äußerte, erhielt Tacchi Venturi am 8. 1. 1938 einen Brief Pacellis, in dem dieser ihn bat, er möge Mussolini »auf das Bedauern des Heiligen Vaters über eine solche Haltung der Presse hinweisen, besonders nach dem, was der Heilige Vater in der Weihnachtsansprache über die Verfolgung zu sagen hatte, die die Kirche in Deutschland erleidet«. AA.EE.SS., Germania, Pos. 724 P.O., fasc. 339, Bl. 58r-v.
19 Text: R. De Felice, Mussolini, Bd. 1, 269.
20 Vgl. J. Charnitzky, Schulpolitik, 292-297.
21 Vgl. F. de Giorgi, Linguaggi militari, 277f.
22 Vgl. unten, 140-145.
23 Vgl. hierzu H. Hürten, Deutsche Katholiken, 119-143.
24 Vgl. L. Esch, Neudeutschland; R. Guardini, Stationen und Rückblicke, 14f.; F. Henrich, Bünde; F. Raabe, Bündische Jugend.
25 Vgl. Pacelli an Carlo Perosi vom 18. 11. 1929, AA.EE.SS., Germania, Pos. 511 P.O., fasc. 24, Bl. 4r-49v; hier: 7r-8v.
26 Vgl. E. Iserloh, Bewegungen.
27 Vgl. z. B. R. Guardini, Sinn, 13.

28 Vgl. G. May, Ludwig Kaas.
29 Vgl. L. Volk, Kirche, 543-545.
30 Vgl K. Klemperer, Ignaz Seipel; Fr. Rennhofer, Ignaz Seipel.
31 Vgl. hierzu und zum Folgenden: S. Amann, Austrofaschismus;
    I. Bärnthaler, Vaterländische Front; F. Carsten, Republik; H. Drimmel,
    Kanzlermord; A. Hopfgartner, Kurt Schuschnigg; U. Kluge, Ständestaat;
    L. Meysels, Austrofaschismus; A. Suppan (Hg.), Dokumente; G. Volsansky,
    Pakt; E. Weinzierl, Prüfstand; dies./K. Skalnik (Hgg.), Österreich; R. Stei-
    ninger/M. Gehler (Hgg.), Österreich, Bd. 1, bes. 153ff.
32 Fr. Engel-Janosi, Chaos, 56f.
33 Vgl. E. Hanisch, Katholizismus.
34 Vgl. W. Wiltschegg, Heimwehr.
35 Zur Unterstützung der italienisch-ungarischen Beziehungen durch den
    Vatikan vgl. P. Kent, Pope, 26ff.
36 Vgl. W. Maderthaner, 12. Februar 1934, bes. 158ff. Zum Konzept der
    Neuordnung, wie es sich den Heimwehren auf der Führertagung am
    18. 5. 1930 in Korneuburg darstellte, vgl. das Buch des Wiener Soziologen
    und Nationalökonomen Othmar Spann (O. Spann, Staat, bes. 62; 175ff.;
    237ff.).
37 So K. Vocelka, Geschichte Österreichs, 276.
38 Vgl. dagegen G. Kindermann, Österreich.
39 Vgl. E. Tálos, Herrschaftssystem, 104.
40 Vgl. E. Weinzierl, Prüfstand, 33f.
41 Vgl. B. Galletto, Dollfuss.
42 Vgl. K. Schuschnigg, Kampf.
43 Vgl. im einzelnen W. Maderthaner, 12. Februar 1934. Mussolini riet ihm
    ausdrücklich zu diesem Schritt. Vgl. Mussolini an Dollfuß vom 1. 7. 1933,
    in: W. Maderthaler/M. Maier (Hg.), Führer, 23-27; hier: 25.
44 Zit. nach W. Maderthaner, 12. Februar 1934, 163.
45 Zit. nach H. Wohnout, Regierungsdiktatur, 430.
46 Vgl. oben, 114f.
47 Vgl. das Mahnwort Bertrams zur bevorstehenden Reichstagswahl am 1. 9.
    1930 bei W. Marschall (Bearb.), Hirtenbriefe, 428f.
48 Siehe auch das Offene Wort Bertrams in ernster Stunde am Jahresschluß
    1930, aaO., 429-434. Darin greift der Breslauer Kardinal die Weihnachts-
    ansprache Pius' XI. auf (AAS 22 [1930], 529-539) und warnt wie dieser
    vor dem »übertriebenen Nationalismus« und der »Rassenverherrlichung«.
    Auf Aufforderung Pacellis berichtete Orsenigo am 31. 12. 1930 über die
    Resonanz der Weihnachtsansprache Pius' XI. in der deutschen Presse
    (AA.EE.SS., Germania, Pos. 604 P.O., fasc. 112, Bl. 52r-53v. Druck bei
    G. Sale, Hitler, 286f.; bis auf einen kleineren Tippfehler und die Schluß-
    formel – bei Sale identisch mit den einleitenden Worten des Dokuments –
    korrekt wiedergegeben). Danach machten viele Zeitungen als Adressaten
    den italienischen Faschismus und den deutschen Nationalsozialismus
    aus.
49 Bericht der Deutschen Botschaft beim Heiligen Stuhl vom 30. 9. 1930
    (Nr. 229; A 633), PA/AA, Botschaft beim Heiligen Stuhl, Best. 29,
    Bd. 1/Lfd. Nr. 441 (nicht paginiert).

50 Vgl. K. Scholder, Kirchen, Bd. 1, 195ff.
51 Orsenigo an Pacelli vom 8. 10. 1930, AA.EE.SS., Germania, Pos. 621 P.O., fasc. 138, Bl. 3r-4r.
52 Ebd.
53 AaO., Bl. 10.
54 Vgl. AA.EE.SS., Germania, Pos. 606 P.O., fasc. 117, Bl. 34-77; aaO., Bl. 22r-33r.
55 AaO., fasc. 117, Bl. 77r.
56 Diesen Eindruck teilte Matthias Ehrenfried, Bischof von Würzburg, am 2. 2. 1932 Pacelli mit (AA.EE.SS., Germania, Pos. 621 P.O., fasc. 139, Bl. 22r-v). Vgl. z. B. Franz Josef Fürst von Isenburg an Pacelli vom 12. 11. 1931, aaO., Bl. 10r-v; vgl. Pacelli an Isenburg vom 21. 11. 1931, aaO., Bl. 11r; Klara-Marie Prinzessin Georg von Sachsen-Meiningen an Pius XI. vom 12. 11. 1931, aaO., Bl. 12r-13r; Pacelli an Prinzessin von Sachsen-Meiningen vom 21. 11. 1931, aaO., Bl. 16r-v; 17r.
57 Vgl. Antwortentwurf Pacelli an Orsenigo vom 13. 10. 1930, Pos. 621 P.O., fasc. 138, Bl. 11r.
58 Orsenigo an Pacelli vom 29. 12. 1930, AA.EE.SS., Germania, Pos. 604 P.O., fasc. 112, Bl. 49r. Druck bei G. Sale, Hitler, 285.
59 H. Hömig, Brüning, 204ff.
60 Orsenigo an Pacelli vom 27. 1. 1931, AA.EE.SS., Germania, Pos. 621 P.O., fasc. 138, Bl. 25r-26r.
61 AaO., Bl. 25r.
62 Ebd.
63 Ebd.
64 Text: W. Marschall (Bearb.), Hirtenbriefe, 429-434.
65 Text: B. Stasiewski (Bearb.), Akten deutscher Bischöfe, Bd. 1, 806-809.
66 K. Scholder, Kirchen, Bd. 1, 196.
67 Vassallo an Pacelli vom 17. 2. 1931, AA.EE.SS., Germania, Pos. 621 P.O., fasc. 138, Bl. 27r-v.
68 Bericht Groenesteyn vom 16. 3. 1931, BayHStA, Bayerische Gesandtschaft. Päpstlicher Stuhl 1030, Bl. 99.
69 So etwa die Pastorale Anweisung des bayerischen Episkopats vom 10. 2. 1931, in: B. Stasiewski (Bearb.), Akten deutscher Bischöfe, Bd. 1, 806ff.
70 AaO., 832ff.
71 Orsenigo an Pacelli vom 8. 3. 1931, AA.EE.SS., Germania, Pos. 621 P.O., fasc. 138, Bl. 33r-v.
72 B. Stasiewski (Bearb.), Akten deutscher Bischöfe, Bd. 1, 806ff.
73 Ebd.
74 Ebd.
75 Text: W. Corsten (Hg.), Sammlung, 619ff.
76 B. Stasiewski (Bearb.), Akten deutscher Bischöfe, 806ff.
77 Dollfuß, am Ende seiner Trabrennplatzrede am 11. 9. 1933, zit. nach W. Maderthaner, Legitimationsmuster, 134.
78 Zit. nach E. Huber/W. Huber (Hgg.), Staat und Kirche, Bd. 3, 304.
79 Ebd.
80 Zit. nach E. Huber/W. Huber (Hgg.), Staat und Kirche, Bd. 4, 426.

81 So A. Hudal, Vatikan, 12.

82 Am 23. 4. 1932 ließ Kardinal Hlond einen Hirtenbrief »Um die
    Christlichen Grundsätze des Staatslebens« (Poznań 1932) herausgehen.
    Die hier ausgeführten Grundsätze lauteten: Der Staat muß Gott anerken-
    nen und ist ihm Verehrung schuldig; Die Pflichten des Staates gegen
    Gott; Im öffentlichen Leben verpflichtet das göttliche Gesetz (Rekurs auf
    Leo XIII., *Immortale Dei*); Verhältnis des Staates zur Familie; Das Recht der
    Eltern auf die Kinder und ihre Erziehung; Staat und Kirche; Unabhängig-
    keit der Kirche vom Staat; Die Kirche eine Wächterin der Moral des
    öffentlichen Lebens.

83 Emmerich Tálos hält im Falle von Österreich die Berufung auf die
    Enzyklika *Quadragesimio anno* für eine Farce. »›Berufsständische Ordnung‹
    bedeutete auch in der Realität die autoritäre Abstimmung zwischen staat-
    lichen und gesellschaftlichen Interessen.« E. Tálos, Herrschaftssystem,
    116.

84 Vgl. zum Folgenden W. Bernecker/H. Pietschmann, Geschichte Portugals;
    D. Birmingham, History; M. Braga da Cruz, Estado Novo; M. Golder/
    M. von Rahden, Studien; J. Linz/A. Stepan (Hg.), Breakdown; W. Opello,
    Development; M. Passos, Niedergang; A. Pinto, Dictatorship; ders.,
    Modern Portugal.

85 Es gab freilich auch gegenläufige Trends. Vgl. dazu E. Hanisch, Ideologie,
    26ff.

86 H. Wohnout, Regierungsdiktatur, 428.

87 Wiener Diözesanblatt vom 21. 12. 1933, 104.

88 Vgl. J. Kremsmair, Konkordat, 291ff. Zum Verhältnis Mussolini – Dollfuß
    siehe W. Maderthaner/M. Maier (Hgg.), Führer.

89 J. Kremsmair, Konkordat, 293.

90 Vgl. zu Hudals Rolle unten, 231-238. Als Anerkennung für sein Bemühen
    um das Zustandekommen des Konkordats wurde Hudal 1933 zum Bischof
    ernannt (J. Kremsmair, Konkordat, 304).

91 Text: AAS 26 (1934), 249ff. Vgl. K. Scholder, Konkordat. Siehe auch den
    kritischen SD-Bericht »Kirchenstaat Österreich«, BA, ZB I 1653, Bl. 387-
    391. Darin ist von einer »Klerikalisierung des gesamten staatlichen
    Lebens« die Rede. AaO., Bl. 391.

92 Vgl. Fr. Engel-Janosi, Chaos, 133.

93 Vgl. E. Tálos, Herrschaftssystem, 121. Am 30. 11. 1933 faßte die öster-
    reichische Bischofskonferenz einen Beschluß bezüglich der politischen
    Betätigung des Klerus. Danach war es den Geistlichen auf allen Ebenen
    untersagt, politische Mandate innezuhaben und sich politisch zu betäti-
    gen. *Wiener Diözesanblatt* Nr. 12 vom 21. 12. 1933, 99.

94 So K. Vocelka, Geschichte Österreichs, 293. Zu den Nachbesserungen,
    Korrekturen und Turbulenzen zwischen Unterzeichnung und Ratifizie-
    rung des Konkordats vgl. J. Kremsmair, Konkordat, 299ff.

95 Das Konkordat, in: *Wiener Diözesanblatt* Nr. 4 vom 7. 5. 1934, 27.

96 AaO., 28.

97 Vgl. E. Hanisch, Schatten, 314f.

98 W. Maderthaner, Legitimationsmuster, 142.

99 D. Binder, Ständestaat, 211.

100 A. Hudal, Vatikan, 12.

101 Vgl. E. Hanisch, Katholizismus, bes. 53ff.

102 Bei diesem Rom-Besuch gelang es Göring auch, erstmals von Mussolini empfangen zu werden. Vgl. E. Butler/G. Young, Hermann Göring, 92f.; R. de Felice (Hg.), Mussolini e Hitler, 227; A. Kube, Pour le mérite und Hakenkreuz, 17f.; W. Maser, Hermann Göring, 131.

103 Vgl. hierzu und zum Folgenden E. Deuerlein, Katholizismus, 53ff.; ders. (Hg.), Aufstieg, 351ff.

104 Vgl. hierzu und zum Folgenden A. Kube, Pour le mérite und Hakenkreuz, 17f.; St. Martens, Hermann Göring, 35ff.; J. Petersen, Hitler – Mussolini, 44f.; 104f.

105 Göring an Pacelli, Rom, den 30. 4. 1931, AA.EE.SS., Germania, Pos. 621 P.O., fasc. 138, Bl. 38r.

106 »Unter den gegebenen Verhältnissen [Ablehnung des Nationalsozialismus durch die deutschen Bischöfe] war es begreiflicherweise dem Kardinal Pacelli sehr peinlich, von einem Vertreter der nationalsozialistischen Partei um eine Audienz gebeten zu werden«. Bericht Groenesteyn vom 11. 5. 1931, BayHStA, Bayerische Gesandtschaft. Päpstlicher Stuhl 1030, Bl. 88.

107 AA.EE.SS., Germania, Pos. 621 P.O., fasc. 138, Bl. 40r-v.

108 Ebd.

109 M. Feldkamp, Pius XII., 73.

110 Siehe dagegen E. Deuerlein, Katholizismus, 53; 56; L. Volk, Reichskonkordat, 65.

111 Vgl. K. Scholder, Kirchen, Bd. 1, 219f.

112 Vgl. H. Fraenkel/R. Manvell, Göring, Hannover 1964, 64 (Interview Görings mit der Nationalzeitung).

113 Göring an Pizzardo vom 26. 5. 1931, AA.EE.SS., Pos. 606 P.O., fasc. 118, Bl. 3r-v.

114 Bericht Groenesteyn vom 11. 5. 1931, BayHStA, Bayerische Gesandtschaft. Päpstlicher Stuhl 1030, Bl. 91f. Vgl. aaO., Bl. 236f.; 238.

115 Vgl. zum Folgenden M. Feldkamp, Pius XII, 73ff. ; H. Hömig, Brüning, 359-361.

116 Vgl. R. Morsey, Entstehung; Fr. Müller, Brüning-Papers; A. Rödder, Dichtung und Wahrheit.

117 A. Rödder, aaO., 116.

118 H. Brüning, Memoiren, 355.

119 AaO., 357.

120 Ebd.

121 AaO., 358.

122 Vgl. zur Reichswehrseelsorge EAM NL Faulhaber, Nr. 6790.

123 Vgl. oben, 95; 97f.

124 H. Brüning, Memoiren, 358.

125 Ebd.

126 Ebd. Tatsächlich hatte Pacelli am 29. 2. 1930 an Centoz geschrieben: »Wer die Haltung der Protestanten gegenüber dem zwischen dem Heiligen Stuhl und Preußen geschlossenen Konkordat kennt, kann nicht umhin, es sehr eigenartig zu finden, daß es ausgerechnet die Katholiken

[scil. der Zentrumspartei] sein sollen, die sich nun zu Förderern der erwähnten Abmachung [scil. dem Staatskirchenvertrag] machen, die angesichts der besonderen Umstände dieses Landes geduldet, aber nicht unterstützt werden kann« (AA.EE.SS., Germania, Pos. 511 P.O., fasc. 24, Bl. 58).

127 H. Brüning, Memoiren, 359.

128 AaO., 359f.

129 Vgl. A. Rödder, Dichtung und Wahrheit, 82.

130 Vgl. R. Morsey, Brünings politische Weltanschauung, 333f.; Fr. Müller, Brüning-Papers, 142f.

131 Zit. nach Fr. Müller, Brüning-Papers, 143; vgl. H. Brüning, Memoiren, 135f.

132 Vgl. J. Stephan, Begleiterin im langen Schatten. Claire Nix: Heinrich Brünings Eckermann in Neuengland, in: *FAZ* Nr. 54 vom 4. 3. 2000, 3 sowie die Leserbriefe dazu in: *FAZ* Nr. 58 vom 9. 3. 2000, 14 (William L. Patch) und *FAZ* Nr. 66 vom 18. 3. 2000, 11 (Claire Nix).

133 Vgl. Fr. Müller, Brüning-Papers, 143, Anm. 633.

134 Vgl. Akten der Reichskanzlei, Kabinett Brüning I und II, Bd. 2, 1551; Aufzeichnung von Außenminister Curtius vom 9. 8. 1931, ADAP, B, Bd. 18, 248.

135 Vgl. R. Morsey (Bearb.), Protokolle, 479f.; 500; 509; 542.

136 Vgl. H. Winkler, Weimar, 431.

137 Orsenigo an Pacelli vom 11. 10. 1931, AA.EE.SS. Pos 604 P.O., fasc. 112, Bl. 84r-85v. Druck bei G. Sale, Hitler, 290ff.

138 AaO., Bl. 92r-94r.

139 P. Godman, Vatikan und Hitler, 35.

140 Vgl. P. Kent, Pope, 193. Vgl. auch J. Gaillard, Attractions, 208, der mit Ernesto Rossi (manganello, 210) Pius XI. zitiert: »[...] wenn es eine totalitäre Herrschaftsform gibt – in faktischem und rechtlichem Sinne totalitär –, ist es die Herrschaftsform der Kirche«.

141 Vgl. P. Foresta, Totalitarismus.

142 AAS 14 (1922), 673-700.

143 AAS 17 (1925), 593-610.

144 Siehe auch M. Agostino, Pie XI, 76ff.

145 Vgl. G. Besier, Kirche im 20. Jahrhundert, 14ff.

146 Vgl. Ch. Walther, Königsherrschaft Christi.

147 So P. Foresta, Totalitarismus.

148 Vgl. Enzyklika *Quas primas* vom 11. 12. 1925, AAS 17 (1925), 593-610.

149 Vgl. K. Frank, Christkönig, 1140.

150 F. Malgieri/E. Collotti, Chiesa, 174.

151 Vgl. R. de Felice, Mussolini e Hitler, 272f.

152 So F. de Giorgi, Linguaggi militari, 266.

153 Vgl. oben, 146f.

154 G. Batelli, Chiesa; G. Miccoli, Chiesa e società, 1521f.

155 So für Italien P. Scoppola (Hg.), Chiesa e stato, 685.

156 AAS 14 (1922), 673-680; vgl. A. Rohrbasser (Hg.), Heilslehre, 1000f.

157 Zit. nach Ecclesiastica. Dokumente und Nachrichten zur zeitgenössischen Kirchengeschichte Nr. 2, VI. vom 9. 1. 1926.

158 Vgl. L. Mangoni, Patti, 159.

159 Vgl. G. Miccoli, Italien, 544. Siehe auch den Hirtenbrief des Bischofs von Linz, Johannes Maria Gföller, vom 27. 2. 1927. Dieser soll, im Anschluß an das Rundschreiben Pius' XI. vom 11. 12. 1925, den Gedanken der Autorität stärken – der elterlichen, staatlichen und kirchlichen Autorität. Linzer Diözesanblatt Nr. 2, 1927, 25-34. Indem die Bischöfe in aller Welt die Ausführungen des Papstes in eigenen Hirtenschreiben aufnahmen, trat eine große Multiplikationswirkung ein.

160 Vgl. AAS 16 (1924), 133-148.

161 Vgl. F. de Giorgi, Linguaggi militari, 274.

162 Rundschreiben unseres Heiligsten Vaters Pius XI. zur sechsten Jahrhundertfeier der Heiligsprechung des Thomas von Aquin (29. Juni 1923: *Studiorum ducem*), Freiburg/Br. 1923, 31. Vgl. auch Rundschreiben unseres Heiligen Vaters Pius XI. zum 300. Todestag des heiligen Märtyrers Josaphat des Erzbischofs von Polozk ritus orientalis (12. November 1923: *Ecclesiam Dei*), Freiburg/Br. 1923; Rundschreiben Pius XI. über die Förderung der Missionen (28. Februar 1926: *Rerum ecclesiae*), Freiburg/Br. 1926; Rundschreiben Pius XI. über den hl. Franziskus von Assisi zu seinem 700. Todestage (30. April 1926: *Rite expiatis*), Freiburg/Br. 1926; Apostolischer Brief Pius XI. zum 200jährigen Jubiläum der Heiligsprechung des heiligen Aloisius von Gonzaga (*Singulare illud* vom 13. Juni 1926), Trier 1926; Rundschreiben Pius XI. über die Förderung der wahren Einheit der Religion (6. Januar, am Feste der Erscheinung des Herrn, 1928: *Mortalium animos*), Freiburg/Br. 1928; Rundschreiben Pius XI. zum glücklichen Abschluß seines fünfzigsten Priesterjahres (23. Dezember 1929: *Quinquagesimo ante anno*), Freiburg/Br. 1930; Rundschreiben Pius XI. über die christliche Erziehung der Jugend (31. Dezember 1929: *Rappresentanti*), Freiburg/Br. 1930; Rundschreiben Pius XI. zum 1500. Todesjahre des heiligen Augustinus Bischofs von Hippo und Kirchenlehrers (20. April 1930: *Ad salutem humani generis*), Freiburg/Br. 1930; Rundschreiben Pius XI. Über die christliche Ehe in Hinsicht auf die gegenwärtigen Verhältnisse, Bedrängnisse, Irrtümer und Verfehlungen in Familie und Gesellschaft (*Casti connubii* vom 31. Dezember 1930), München 1931.

163 Vgl. Enzyklika *Quas primas* vom 11. 12. 1925, AAS 17 (1925), 593-610; hier: 602ff.; vgl. A. Rohrbasser (Hg.), Heilslehre, 67ff.

164 Vgl. A. Rohrbasser (Hg.), Heilslehre, 65.

165 So F. de Giorgi, Linguaggi militari, 271.

166 A. Rohrbasser, Heilslehre, 70.

167 Vgl. Ch. Joosten, Christkönigsfest, 115ff.

168 Vgl. Fr. Engel-Janosi, Chaos, 165; A. Mattioli, Hölle, siehe auch ders., Kriegsgewalt; G. Schneider, Mussolini, 139ff.

169 A. Mattioli, Hölle. Weitere Beispiele und Literaturangaben bei L. Klinkhammer, Mussolinis Italien; hier: 88.

170 Vgl. G. Besier, Kirchen, 757.

171 Es war sinnfällig, daß nach 1929 die vatikanische Goldmünze im Wert von 100 Lire auf der einen Seite das Bildnis des Chistus Rex, auf der anderen Seite das Pius' XI. zeigte.

172 Vgl. D. Menozzi, Regalità; P. Scoppola, Storiografia, 192.

173 Vgl. E. Gentile, Sacralization.

174 Vgl. F. de Giorgi, Linguaggi militari.
175 Vgl. M. Zöller, Washington und Rom, bes. 152ff.; Ph. Chen, Religious Liberty; Ch. Gallagher, Patriotism.
176 Zit. nach D. Albrecht, Notenwechsel, 69. Am 16. November 1918 wurde im *Osservatore Romano* ein Brief des Papstes an den Kardinalstaatssekretär veröffentlicht, in dem es heißt: »Kirche [ist] perfekte Gesellschaft, die als einziges Ziel die Heiligung der Menschen aller Zeiten und Länder hat; wie sie sich an die verschiedenen Regierungsformen anpaßt, so akzeptiert sie ohne jede Schwierigkeit die legitimen territorialen und politischen Variationen der Völker.«
177 Gespräch des Bischofs Robert Picard de la Vacquerie mit Botschaftsrat Josef Höfer. Botschafter Jaenicke an das Auswärtige Amt vom 20. 11. 1954, zit. nach M. Feldkamp, Beziehungen, 124.
178 Text: E. Huber/W. Huber (Hgg.), Staat und Kirche, Bd. 1, 246-257.
179 Vgl. den Briefwechsel bei E. Huber/W. Huber (Hgg.), Bd. 4, 350-353.
180 Vgl. E. Föhr, Geschichte, 14f.
181 Text: E. Huber/W. Huber (Hgg.), Staat und Kirche, Bd. 4, 354-358.
182 Vgl. L. Volk, Reichskonkordat, 50ff.
183 Vgl. oben, 98f.; 157.
184 Vgl. oben, 113f.
185 Vgl. G. May, Ludwig Kaas, Bd. 1, 377; Bd. 2, 664-686.
186 Vgl. oben, 140-145.
187 Vgl. hierzu und zum Folgenden W. Becker, Zentrumspartei.
188 H. Hömig, Zentrum, 269.
189 R. Morsey (Bearb.), Protokolle, 599 (29. 11. 1932); vgl. W. Patch, Brüning, 294.
190 So G. Treviranus, Ende, 374.
191 Vgl. H. Winkler, Weimar, 536.
192 Orsenigo an Pacelli vom 11. 10. 1932, AA.EE.SS., Germania, Pos. 604 P.O., fasc. 113, Bl. 29r-31r. Druck bei G. Sale, Hitler, 308ff.
193 Schon 1932 hatte die Wahl Papens als Nachfolger von Brüning im In- und Ausland wie ein »Schock« gewirkt. Vgl. H. Graml, Stresemann und Hitler, 206.
194 Vgl. H. Winkler, Weimar, 580f.
195 AA.EE.SS., Germania, Pos. 604 P.O., fasc. 113, Bl. 41r-42v; hier: 41v. Abruck des Dokuments bei G. Sale, Hitler, 314f.
196 Ebd.
197 AaO., 42r.
198 Ebd.
199 Zit. nach L. Volk, Reichskonkordat, 64, Anm. 24; vgl. aaO., 65.
200 Fr. von Papen, Wahrheit, 314.
201 L. Volk, Reichskonkordat, 65, Anm. 26.
202 Die SPD hatte bei den Reichstagswahlen vom 6. November 1932 noch 20,4 %, die KPD 16,9 % der Stimmen auf sich vereinigen können.
203 Vgl. A. Mannes, Brüning, 183.
204 So G. Schwaiger, Papsttum und Päpste, 237.
205 Am Nachmittag des 23. 3. 1933 teilte Georg Schreiber in einem kleinen Zimmer in der Krolloper Frick die Zustimmung des Zentrums zum

»Ermächtigungsgesetz« mit. In dem Gespräch war von der Konkordatsfrage keine Rede. Vgl. dazu zuletzt R. Morsey, Ende.

206 A. François-Poncet, Botschafter, 125f.

207 So H. Winkler, Weg, Bd. 2, 13.

208 R. Morsey (Hg.), Ermächtigungsgesetz, 46f.; ders. (Bearb.), Protokolle, 630f.

209 Vgl. R. Morsey (Bearb.), Protokolle, 596 (19. 11. 1932).

210 Vgl. D. Junker, Deutsche Zentrumspartei, 197.

211 Vgl. L. Kaas, Konkordatstyp, 491.

212 Vgl. im einzelnen R. Morsey (Hg.), Ermächtigungsgesetz, 49ff.

213 Vgl. R. Morsey, Ende.

214 Zit. nach Morsey, Das Ende, der auf Karsten Ruppert verweist.

215 H. Brüning, Memoiren, 656; vgl. J. Becker, Zentrumspartei, 359-361.

216 Vgl. K. Bracher, Machtergreifung; L. Siegele-Wenschkewitz, Nationalsozialismus und Kirchen, 90-123; K. Scholder, Kirchen, Bd. 1, 340-363;
356; ders., Altes und Neues.

217 Vgl. H. Hürten, Deutsche Katholiken, 233ff.; St. Stehlin, Weimar, 451.

218 Vgl. K. Repgen, Entstehung; ders., Nachwort; ders., Strategie; ders., Reichs-
konkordat-Kontroversen; ders., Machtergreifung; L. Volk, Ökumene.

219 Vgl. L. Kaas, Konkordatstyp.

220 Siehe dagegen G. May, Ludwig Kaas, Bd. 3, 351; 367, der Kaas attestiert,
in guter Absicht gehandelt und schwer getäuscht worden zu sein.

221 Vgl. K. von Aretin, Vorbemerkungen. Siehe jetzt auch C. Kretschmann,
Scholder-Repgen-Debatte.

222 Vgl. H. Hürten, Deutsche Katholiken, 86ff.; 231ff.

223 Am 10. April 1933 überbrachte Vizekanzler von Papen die Konkordats-
Offerte der Reichsregierung nach Rom.

224 Brief Kaas an Bergen vom 19. 11. 1935, in: A. Kupper (Bearb.), Staatliche
Akten, 496.

225 Vgl. K. Scholder, Kirchen, Bd. 1, 543ff. Dagegen K. Repgen, Entstehung.

226 Vgl. H. Brüning, Memoiren, 655ff. So auch Brüning in einem Brief an
Franz Dessauer vom 8. 5. 1959, in: K. Repgen, Ungedruckte Nachkriegsquellen, 404-407.

227 Vgl. H. Brüning, Memoiren, 358ff.

228 Vgl. R. Morsey (Hg.), Ermächtigungsgesetz, 60.

229 Zit. nach E. Huber/W. Huber (Hgg.), Staat und Kirche, Bd. 4, 467.

230 So der Botschaftsrat an der deutschen Botschaft beim Heiligen Stuhl,
Eugen Klee; vgl. R. Morsey, Zentrumspartei, 363f., Anm. 59.

231 W. Becker, Zentrumspartei, 22.

232 Zit. nach R. Morsey (Hg.), Ermächtigungsgesetz, 136.

233 R. Morsey (Hg.), Kaas, 427; vgl. aaO., 424.

234 So schon K. Scholder, Altes und Neues, 553.

235 Vgl. oben, 143-145.

236 Orsenigo an Pacelli vom 7. 2. 1933, AA.EE.SS., Germania, Pos. 641-643
P.O., fasc. 157, Bl. 13r-14v. Druck bei G. Sale, Hitler, 316f. (Dort ist als
Datum der 4. 2. 1933 angegeben; sonst ist der Text, einschließlich der
ebenfalls abgedruckten Anlagen [318f.], korrekt.)

237 Vgl. F. von Papen, Wahrheit, 189ff.

238 Vgl. R. Baumgärtner, Weltanschauungskampf, 146f.; G. Besier, Kirchen, 696; K. Breuning, Vision.

239 Vgl. K. Breuning, Vision, 225ff.

240 Vgl. J. Petzold, Papen, 193. Siehe jetzt auch G. Denzler, Papen.

241 Vgl. M. Albert, Benediktinerabtei Maria Laach, 105f.

242 Vgl. Orsenigo an Pacelli vom 7. 2. 1933, AA.EE.SS., Germania, Pos. 641-643 P.O., fasc. 157, Bl. 13r-14v.

243 Bericht Orsenigo an Pacelli vom 16. 2. 1933, aaO., Bl. 18r-19v.

244 W. Adolph, Klausener.

245 Orsenigo an Pacelli vom 16. 2. 1933, AA.EE.SS., Germania, Pos. 641-643 P.O., fasc. 157, Bl. 18r-19v. Druck bei G. Sale, Hitler, 322ff.

246 Orsenigo an Pacelli vom 22. 2. 1933, AA.EE.SS., Germania, Pos. 621-623 P.O., fasc. 140, Bl. 62r-63v.

247 Orsenigo an Pacelli vom 7. 3. 1933, AA.EE.SS., Germania, Pos. 641-643 P.O., fasc. 157, Bl. 21r-22r; hier: 21r. Druck bei G. Sale, Hitler, 328f.

248 Ebd.

249 Ebd.

250 Vgl. z. B. J. Falter, Hitlers Wähler, 177ff.; 186ff. Richtig war freilich Orsenigos Eindruck, daß der NSDAP bei den Märzwahlen 1933 ein bis dahin nicht gekannter Einbruch in die katholischen Milieus gelungen war (aaO., 188).

251 Orsenigo an Pacelli vom 9. 3. 1933, AA.EE.SS., Germania, Pos. 641-643 P.O., fasc. 157, Bl. 26r-27r. Druck bei G. Sale, Hitler, 330f.

252 Orsenigo an Pacelli vom 22. 3. 1933, AA.EE.SS., Germania, Pos. 621 P.O., fasc. 139, Bl. 71r.

253 Orsenigo an Pacelli vom 22. 3. 1933, AA.EE.SS., Germania, Pos. 641-643 P.O., fasc. 157, Bl. 31r-32v. Druck bei G. Sale, Hitler, 341ff.

254 Orsenigo an Pacelli vom 24. 3. 1933, aaO., Bl. 29r. Abgedruckt bei L. Volk (Hg.), Kirchliche Akten, 4f. Text der Reichstagsrede Hitlers vom 23. 3. 1933: P. Meier-Benneckenstein, Dokumente, 39f.

255 Orsenigo an Pacelli vom 26. 3 1933, AA.EE.SS., Germania Pos. 621 P.O., fasc. 139, Bl. 77r-78r.

256 Zit. nach Th. Brechenmacher, Held (AA.EE.SS., Baveria, ANM 418, fasc. 4, Bl. 39). Am 31. 3. 1931 erwiderte Vassallo auf Pacellis Telegramm: »[...] Erzbischof im Sinne von chiffrierter [Botschaft] gesprochen. Erklärungen Konferenz des deutschen Episkopats voran[zu]schreiten. Hälfte der Bischöfe Bayerns, die nun darüber hinaus einzelne weitere Erklärungen an Klerus [und] Gläubige vorbereiten« (aaO., Bl. 73).

257 Pacelli an Orsenigo vom 29. 3. 1933, AA.EE.SS., Germania, Pos. 621 P.O., fasc. 139, Bl 72r.

258 Orsenigo an Pacelli vom 29. 3. 1933, AA.EE.SS., Germania, Pos. 621-623 P.O., fasc. 140, Bl. 2r-3v; hier: 2v. Druck bei G. Sale, Hitler, 347f. (Sales Wiedergabe enthält verschiedene Abschreibfehler, einmal auch sinnentstellend: Orsenigo wollte nach Hitlers Erklärung nicht – nur – Bertrams eigene [»l'atteggiamento dell'Eminentissimo«, vgl. aaO., 347], sondern allgemein die Haltung des Episkopats [»l'atteggiamento dell'Episcopato«, vgl. AA.EE.SS. Germania, aaO., Bl. 2r] zum Nationalsozialismus erfragen.)

259 Orsenigo an Pacelli vom 30. 3. 1933, AA.EE.SS., Germania, Pos. 621 P.O., fasc. 139, Bl. 74r.
260 Text: E. Huber/W. Huber (Hgg.), Staat und Kirche, Bd. 4, 467f.
261 Text der Instruktion vom 29. 3. 1933: B. Stasiewski (Bearb.), Akten deutscher Bischöfe, Bd. 1, 33ff.
262 Pacelli an Orsenigo vom 3. 4. 1933, AA.EE.SS., Germania, Pos. 621-623 P.O., fasc. 140, Bl. 13r-14r.
263 Ebd.
264 Faulhaber an Pacelli vom 10. 4. 1933, in: L. Volk (Hg.), Kirchliche Akten,10f.
265 Zit. nach B. Stasiewski (Bearb.), Akten deutscher Bischöfe, Bd. 1, 7f.
266 Vgl. oben, 171.
267 Zit. nach B. Stasiewski (Bearb.), Akten deutscher Bischöfe, Bd. 1, 9f.
268 Ebd.
269 Ebd.
270 Ebd.
271 Vgl. oben, 156-161.
272 E. Deuerlein, Reichskonkordat, 89f.
273 So W. Becker, Zentrumspartei, 29.
274 Vgl. K. Repgen, Strategie, 530ff.
275 Vgl. W. Patch, Brüning, 295ff.
276 Vgl. Hitlers Äußerungen über die Lateranverträge im *Völkischen Beobachter* Nr. 45 vom 22. 2. 1929, zit. bei K. Scholder, Kirchen, Bd. 1, 238f.
277 Vgl. J. Molony, Emergence; K. Repgen, Pius XI., 12; siehe auch oben, 87.
278 Vgl. R. Schumann, Geschichte Italiens, 224.
279 Vgl. L. Volk (Hg.), Kirchliche Akten, 20ff.
280 Vgl. H. Hürten, Deutsche Katholiken, 235f.
281 Vgl. L. Volk, Ökumene, 357.
282 Vgl. Bertram an Hindenburg vom 6. 4. 1933, B. Stasiewski (Bearb.), Akten deutscher Bischöfe, Bd 1, 49f.; Bertram an Hitler vom 16. 4. 1933, in: aaO., 60ff.
283 Hitler an Bertram vom 28. 4. 1933, B. Stasiewski (Bearb.), Akten deutscher Bischöfe, Bd. 1, 62ff.
284 Vgl. Bericht Orsenigo an Pacelli vom 8. 5. 1933, AA.EE.SS., Germania, Pos. 621-623 P.O., fasc. 140, 107f.
285 Vgl. B. Stasiewski (Bearb.), Akten deutscher Bischöfe, Bd. 1, 133ff.; 255ff.; L. Volk (Hg.), Kirchliche Akten, 115.
286 Vgl. B. Stasiewski (Bearb.), Akten deutscher Bischöfe, Bd. 1, 239ff.
287 L. Volk (Hg.), Kirchliche Akten, 58.
288 Orsenigo an Pacelli vom 8. 4. 1933, AA.EE.SS., Germania, Pos. 621-623 P.O., fasc. 140, Bl. 70f.
289 Orsenigo an Pacelli vom 26. 6. 1933, Orsenigo an Pacelli vom 20. 4. 1933, aaO., Bl. 112.
290 Das tat auch Vizekanzler von Papen, der sich gegenüber Faulhaber »sehr optimistisch« äußerte und meinte, »man sollte den gegenwärtigen guten Willen zu einem beschleunigten Abschluß ausnützen«. Faulhaber an Preysing vom 12. 6. 1933, EAM NL Faulhaber, Nr. 7302.
291 L. Volk (Hg.), Kirchliche Akten, 89.
292 Vgl. H. Hürten, Deutsche Katholiken, 240.

293 Vgl. Scharnagel an Pacelli vom 10. 4. 1933, in: L. Volk (Hg.), Kirchliche Akten, 12f.

294 Vgl. A. Rhodes, Papst, 151f.

295 Vgl. V. Berning/H. Maier, Dempf, 12; 116; vgl. 82f.; 263f. Auch der ehemalige Reichskanzler Josef Wirth, der sich Ostern 1933 in Rom aufhielt und die ersten Entwürfe einsehen konnte, warnte. Vgl. R. Morsey, Ende.

296 Vgl. K. Repgen, Strategie, 530ff.

297 Orsenigo an Pacelli vom 20. 4. 1933, AA.EE.SS., Germania, Pos. 621-623 P.O., fasc. 140, Bl. 105.

298 Orsenigo an Pacelli vom 5. 5. 1933, aaO., Bl. 109f.

299 AaO.

300 Notiz Gasparris, AA.EE.SS., Germania, Pos. 645, fasc. 163, Bl. 20r. Druck bei G. Sale, Hitler, 20 (dort fälschlicherweise unter der Bl.-Nr. »10« aufgeführt). P. Godman, Vatikan und Hitler, 24, datiert die Notiz fälschlicherweise auf den 20. 6. 1933 und macht aus ihr ein »Memorandum«.

301 Notiz Gasparris, aaO.

302 Vgl. A. Kupper (Bearb.), Staatliche Akten, 199ff.

303 Vgl. L. Volk (Hg.), Kirchliche Akten, 131.

304 Vgl. A. Kupper (Bearb.), Staatliche Akten, 215.

305 Vgl. aaO., 219f.

306 Vgl. L. Volk, Reichskonkordat, 197ff.

307 Vgl. M. Feldkamp, Pius XII., 95. Zur ansonsten widerspruchslosen Haltung des Vatikans vgl. Fr. Sandmann, Haltung, 48ff.

308 Pacelli an Schioppa vom 15. 7. 1933, AA.EE.SS., Germania, Pos. 645, fasc. 166, Bl. 71r-73r.

309 Vgl. L. Volk, Faulhaber, 201ff. Am 26. 7. 1933 hatte Papen an Faulhaber geschrieben, er gebe sich mit ihm der Hoffnung hin, »daß dieses Vertragswerk eine neue Ära der Blüte und Wirksamkeit unserer Heiligen Kirche zum Wohle auch des Deutschen Reiches herbeiführen möge«, EAM NL Faulhaber, Nr. 7304/1.

310 Vgl. Bertram an Pacelli vom 2. 9. 1933, AA.EE.SS., Germania, Pos. 645, fasc. 171, Bl. 15, zit. nach P. Godman, Vatikan und Hitler, 27.

311 Text nach: W. Jussen (Hg.), Gerechtigkeit, 201-216; hier: 205.

312 Orsenigo an Pacelli vom 8. 4. 1933, AA.EE.SS., Germania, Pos. 621-623 P.O., fasc. 140, Bl. 70f.

313 Orsenigo an Pacelli vom 30. 8. 1933, AA.EE.SS., Germania, Pos. 643 P.O., fasc. 160, Bl. 50f.

314 Vgl. dazu S. Friedländer, Juden, 54ff.

315 Vgl. G. Besier, Kirchen, 807ff.

316 Vgl. S. Friedländer, Juden, 55.

317 B. Stasiewski (Bearb.), Akten deutscher Bischöfe, Bd. 1, 42, Anm. 3.

318 L. Volk, Episkopat, 77.

319 Vgl. B. Stasiewski (Bearb.), Akten deutscher Bischöfe, Bd. 1, 43, Anm. 3.

320 Faulhaber an Pacelli vom 10. 4. 1933, zit. nach L. Volk (Hg.), Kirchliche Akten, 11.

321 Entwurf Pacelli an Orsenigo vom 4. 4. 1933, AA.EE.SS., Germania, Pos. 643 P.O., fasc. 158, Bl. 4r. Siehe hierzu und zum Folgenden auch P. Badde, Ausschreitungen; Th. Brechenmacher, Held.

322 RGBl. 1933 I, 175.

323 Orsenigo an Pacelli vom 9. 4. 1933, AA.EE.SS., Germania, Pos. 643 P.O., fasc. 158, Bl. 5r.

324 Vgl. W. Stüken, Hirten.

325 Orsenigo an Pacelli vom 9. 4. 1933, aaO., Bl. 5r.

326 B. Stasiewski (Bearb.), Akten deutscher Bischöfe, Bd. 1, 51.

327 Orsenigo an Pacelli vom 11. 4. 1933, AA.EE.SS., Germania, Pos. 643 P.O., fasc. 158, Bl. 6r-v.

328 Ebd.

329 AaO., Bl. 8.

330 Zit. nach W. Rauscher, Hitler und Mussolini, 197.

331 Zit. nach J. Petersen, Hitler – Mussolini, 157ff.

332 Faulhaber an Pacelli vom 10. 4. 1933, L. Volk (Hg.), Kirchliche Akten, 11.

333 Aktenvermerk Pacelli (o.D.), AA.EE.SS., Germania, Pos. 643 P.O., fasc. 158, Bl. 12r.

334 Pacelli an Faulhaber vom 20. 4. 1933, in: L. Volk (Hg.), Kirchliche Akten, 13.

335 S. Friedländer, Juden, 55.

336 Vgl. B. Beckmann/H.-B. Gerl-Falkowitz (Hgg.), Edith Stein; G. Wills, Papal Sin, 47ff.

337 Siehe hierzu und zum Folgenden K. Repgen, Machtergreifung, 48; 53; 58ff.

338 Stein an Pius XI. vom 12. 4. 1933, AA.EE.SS., Pos. 643 P.O., fasc. 158, Bl. 16r-17r.

339 Pacelli an Walzer vom 20. 4. 1933, aaO., Bl. 18r. Siehe auch A. Wucher, Antwort.

340 Vgl. K. Repgen, Machtergreifung, 67f. Zu den Maßnahmen des Heiligen Offiziums vgl. unten, 239-247.

341 Schwarz an Pius XI. vom 9. 4. 1933, AA.EE.SS., Pos. 643 P.O., fasc. 158, Bl. 29r-30r. Vgl. H. Wolf, Molto delicato.

342 Notiz vom 26. 4. 1933, AA.EE.SS., Pos. 643 P.O., fasc. 158, Bl. 32r.

343 Telegramm Margolis an den Vatikan vom 22. 4. 1933, aaO., Bl. 27r.

344 Vgl. hierzu und zum Folgenden B. Stasiewski (Bearb.), Akten deutscher Bischöfe, Bd. 1, 87ff. (Protokolle von Vertretern der Kirchenprovinzen in Berlin am 25./26. 4. 1933).

345 Vgl. Aktennotiz über den Besuch Bernings bei Hitler am 26. 4. 1933, A. Kupper (Bearb.), Staatliche Akten, 28ff.

346 Orsenigo an Pacelli vom 8. 5. 1933, AA.EE.SS., Germania, Pos. 641-643 P.O., fasc. 157, Bl. 107r-108v. Druck bei G. Sale, Hitler, 362ff.

347 Ebd.

348 Ebd.

349 Vgl. B. Stasiewski (Bearb.), Akten deutscher Bischöfe, Bd. 1, 100-103.

350 Gegen P. Godman, Vatikan und Hitler, 57f.

351 Orsenigo an Pacelli vom 28. 4. 1933, AA.EE.SS., Germania, Pos. 643 P.O., fasc. 158, Bl. 33r-34r.

352 Ebd.

353 Ebd.

354 Vgl. St. Martens, Hermann Göring, 35f.

355 Vgl. J. Petzold, Papen, 193.
356 Vgl. A. Kube, Pour le mérite und Hakenkreuz, 35.
357 Vgl. aaO., 38.
358 Zit. nach W. Rauscher, Hitler und Mussolini, 200; vgl. B. Stasiewski (Bearb.), Akten deutscher Bischöfe, Bd. 1, 107f.
359 Vgl. W. Rauscher, Hitler und Mussolini, 199; G. Otruba, Auswahldokumente.
360 Orsenigo an Pacelli vom 25. 4. 1933, AA.EE.SS., Germania, Pos. 641-643 P.O., fasc. 157, Bl. 39r-v. Druck bei G. Sale, Hitler, 355f.
361 Am 11. 4. 1933 kündigte der *Völkische Beobachter* Goebbels' Romreise an.
362 Interview mit der *Nationalsozialistischen Presse-Korrespondenz*, zit. nach H. Michels, Ideologie und Propaganda, 146.
363 Vgl. hierzu aaO., 145.
364 Zit. nach E. Fröhlich (Hg.), Tagebücher, Teil 1, Bd. 2, 426.
365 AaO., 427f.
366 Ebd.
367 Vgl. Schreiben Bertram vom 23. 7. 1933. Vgl. B. Stasiewski (Bearb.), Akten deutscher Bischöfe, Bd. 1, 270.
368 Pacelli an Orsenigo vom 3. 8. 1933, AA.EE.SS., Germania, Pos. 641-643 P.O., fasc. 157, Bl. 41r.
369 Orsenigo an Pacelli vom 23. 8. 1933, aaO., Pos. 643, fasc. 158, Bl. 45r-v.
370 Pacelli an Orsenigo vom 26. 8. 1933, aaO., Bl. 46r.
371 Vgl. *The Jewish Chronicle* an das Sekretariat des Kardinalstaatssekretärs vom 8. 9. 1933, aaO., Bl. 47r.
372 Pfannenstiel an Münchner Nuntiatur vom 20. 11. 1933, aaO., 73r-v.
373 Ebd.
374 Pizzardo an Vassallo vom 16. 12. 1933, aaO., Bl. 75r.
375 Vassallo an Pizzardo vom 7. 2, 1934, aaO., Bl. 76r-v.
376 Ebd.
377 Pizzardo an Vassallo vom 18. 2. 1934, aaO., Bl. 77r.
378 Ebd.
379 Vgl. G. Besier, Kirchen, 881.
380 Vgl. hierzu und zum Folgenden H. Wolf, Gottesmord. Die von Wolf benutzten Dokumente befinden sich in den Akten des Heiligen Offiziums zum Pontifikat Pius' XI. im Archiv der römischen Glaubenskongregation (ACDF, S.O. R.V. 1928, Nr. 2); siehe auch P. Godman, Vatikan und Hitler, 48ff.
381 Zit. nach dem Meßbuch von Anselm Schott in der Ausgabe von 1913 (A. Schott [Bearb.], Meßbuch, 281f.).
382 AAS 20 (1928), 103f. Siehe zu dem Vorgang auch G. Wills, Papal Sin, 32f.
383 Vgl. S. Friedländer, Juden, 231ff. Siehe auch N. Aleksiun, Polish Historiography.
384 In Ungarn, Rumänien, Spanien und anderen europäischen Ländern herrschte ebenfalls ein zum Teil fanatischer Antisemitismus. Vgl. hierzu z. B. P. Bettelheim, Antisemitismus, J. Hoensch, Judenemanzipation; M. Kappeler, Rassismus; L. Mosse, Geschichte.
385 Zur Situation in den USA vgl. G. Besier, Contradictions.
386 Fastenhirtenbrief Hlonds aus dem Jahr 1936, zit. nach V. Pollmann, Untermieter, 174; vgl. S. Friedländer, Juden, 236f.

387 S. Friedländer, aaO., 236.

388 AaO., 237.

389 Vgl. dazu J. Sánchez, Pius XII.

390 Vgl. dazu O. Blaschke, Katholizismus und Antisemitismus, 78-83;
V. Pollmann, Untermieter, 212-222.

391 Vgl. H. Hürten, Deutsche Katholiken, 356ff.; H. Gruber, Muckermann,
bes. 262ff.

392 Vgl. AA.EE.SS., Germania, Pos. 666 P.O., fasc. 221, Bl. 3ff. Druck bei
G. Sale, Hitler, 433. Siehe P. Godman, Vatikan und Hitler, 62ff.

393 Vgl. P. Godman, Vatikan und Hitler, 93f.

394 Deutsche Botschaft beim Heiligen Stuhl an AA vom 19. 6. 1937 (Nr. 131;
A 187), PA/AA, Botschaft beim Heiligen Stuhl, Best. 29, Bd. 1/Lfd. Nr. 441
(unpaginiert).

395 Vgl. Besier, Kirchen, 880ff.

396 AA.EE.SS. Germania, Pos. 706 P.O., fasc. 272.

397 AaO., Bl. 13r-18r.

398 Vgl. Brief des Katholiek Comité voor Vluchtelingen (Utrecht) an Hudal
vom 28. 5. 1935, AA.EE.SS., Germania, Pos. 722 P.O., fasc. 339, Bl. 17r-18r
sowie das *Memorandum from National Catholic Committees for the Assistance
of Refugees from Germany and Austria*, aaO., 33r-35r.

399 Vgl. EAM NL Faulhaber, Nr. 8423; 8425; 8427.

400 Froelicher an Reinhold vom 28. 5. 1936, aaO., 10r-11r.

401 Vgl. Laghi an Pacelli vom 27. 7. 1938, aaO., Bl. 30r-31v. Zur Konferenz
von Evian vgl. H. Kohler, Konferenz von Evian; J. Mendelsohn, Holocaust; J. Stein, Evian Conference;

402 Laghi an Pacelli vom 27. 7. 1938, AA.EE.SS., Pos. 706, fasc. 272, Bl. 31r.
Vgl. *Correspondence Juive* vom 22. 7. 1938, 2: Les résolutions et le rapports
adoptés à Evian.

403 Die offizielle Ernennung erfolgte im Dezember 1939. Vgl. H. Tittmann,
Inside, 6f.; G. Besier, Friends, 54; 56. Zu den Motiven der Etablierung
eines amerikanischen Sonderbotschafters beim Vatikan vgl. D. Alvarez,
Spies, 269ff.; ders., Information. Siehe auch J. Conway, Pope.

404 Politis an Pacelli vom 9. 8. 1938, AA.EE.SS. Germania, Pos. 706, fasc. 272,
Bl. 36r.

405 Vgl. Besier, Kirchen, 884ff. Siehe zu Grössers Aktivitäten auch EAM NL
Faulhaber, Nr. 3692.

406 Grösser an Faulhaber vom 10. 6. 1939, L. Volk (Hg.), Akten Kardinal
Michael von Faulhabers, Bd. 2, 642f. Vgl. EAM NL Faulhaber, Nr. 8427.
Siehe auch Nr. 8423.

407 Vgl. Faulhaber an Bertram vom 24. 3. 1939, L. Volk (Hg.), Akten Kardinal
Michael von Faulhabers, Bd.2, 613f.

408 Vgl. hierzu und zum Folgenden M. Feldkamp, Aufhebung; EAM NL
Faulhaber, Nr. 1320/2.

409 Vgl. M. Feldkamp, aaO., 192.

410 Zit. nach aaO., 195.

411 Ritter zu Groensteyn an die bayerische Staatskanzlei vom 6. 1. 1934, in:
AA, Rom-Vatikan 286, zit. nach M. Feldkamp, Aufhebung, 196.

412 Zit. nach aaO., 199.

413 Vgl. G. Besier, Kirchen, 159ff.
414 Vgl. M. Keipert/P. Grupp (Hgg.), Biographisches Handbuch, 471f.
415 Zit. nach M. Feldkamp, Aufhebung, 204.
416 Ebd.
417 Vgl. E. von Weizsäcker, Weizsäcker-Papiere.
418 Text: M. Feldkamp, Aufhebung, 208ff.
419 K.-A. Recker, Berning, 56ff.; vgl. B. Stasiewski (Bearb.), Akten deutscher Bischöfe, Bd. 1, 100ff.
420 Vgl. zu der Begegnung Hitlers mit den Bischöfen auch oben, 205f.
421 Vgl. K.-A. Recker, Berning, 62f.
422 Vgl. ebd.
423 Zit. nach K.-A. Recker, Berning, 68.
424 Ebd.
425 AaO., 69.
426 AaO., 71.
427 AaO., 74.
428 Ebd.
429 Vgl. G. Besier, Kirchen, 115ff. Siehe auch den Bericht in der NZZ vom 21. 6. 1934 über die »Stimmungskrise« in Deutschland unmittelbar vor dem »Röhm-Putsch«.
430 Vgl. G. Besier, Kirchen, 121f.; 130; 147f.
431 Vgl. Bericht Orsenigo an Pacelli vom 24. 8. 1934, AA.EE.SS, Germania, Pos. 666 P.O., fasc. 220, Bl. 29r-v.
432 Vgl. H. Winkler, Weg, Bd. 2, 39f.
433 Vgl. Orsenigo an Pacelli vom 21. 8. 1934, AA.EE.SS Germania, Pos. 666 P.O., fasc. 220, Bl. 26r-27r; Vassallo an Pacelli vom 21. 8. 1934, aaO., Bl. 37r-38r.
434 Pacelli an Orsenigo vom 4. 8. 1934, aaO., Bl. 8r.
435 Orsenigo an Pacelli vom 13. 9. 1934, aaO., Bl. 48v.
436 Vgl. H. Müller (Hg.), Katholische Kirche und Nationalsozialismus, 309; 344; 360f.
437 Vgl. G. Besier, Kirchen, 718ff.
438 Vgl. Galen an Orsenigo vom 28. 10. 1935, AA.EE.SS, Germania, Pos. 666 P.O., fasc. 224, Bl. 12r-v; Antwortentwurf Pacelli an Orsenigo vom 13. 11. 1935, aaO., Bl. 14r; Orsenigo an Pacelli vom 23. 11. 1935, aaO., Bl. 19r-20r.
439 Vgl. D. Albrecht (Hg.), Notenwechsel. Siehe auch EAM NL Faulhaber, Nr. 7307; 7304/2.
440 Vgl. U. von Hehl/Ch. Kösters, Priester.
441 Orsenigo an Pacelli vom 24. 4. 1936, AA.EE.SS., Germania, Pos. 666 P.O., fasc. 224, Bl. 30v.
442 Vgl. G. Besier, Kirchen, 714ff.
443 Dieses Gespräch soll durch die Vermittlung des Reichsstatthalters in Bayern, General Ritter von Epp, und Orsenigo zustande gekommen sein. Vgl. H.-J. Hecker, Kardinal Faulhaber, 28.
444 Vgl. G. Besier, Kirchen, 762ff.
445 Vgl. Fr. Engel-Janosi, Chaos, 74ff.; 141ff.; 185ff.; E. Weinzierl, Prüfstand, 57ff.

446 L. Volk (Hg.), Akten Kardinal Michael von Faulhabers, Bd. 2, 196, Anm. 1.

447 Vgl. Fr. Müller, Rechtskatholik, 255.

448 A. Hudal, Rassenproblem.

449 Vgl. A. Hudal, Römische Tagebücher, 129.

450 Vgl. Fr. Engel-Janosi, Chaos, 188ff.

451 Pacelli an Faulhaber vom 16. 11. 1936, zit. nach L. Volk (Hg.), Akten Kardinal Michael von Faulhabers, Bd. 2, 198.

452 Vgl. A. Hudal, Römische Tagebücher, 130ff.

453 Vgl. hierzu und zum Folgenden K. Scholder, Kirchen, Bd. 2, 152ff.; R. Baumgärtner, Weltanschauungskampf, 42-81; C.-E. Bärsch, Religion, 197ff.; G. Besier, Nationalsozialismus, 460ff.

454 Vgl. hierzu und zum Folgenden D. Burkard, Bergpredigt.

455 Vgl. A. Hudal, Römische Tagebücher, 119.

456 Vgl. ACDF, S.O. 4304, 1933 i (1).

457 *Osservatore Romano* vom 7. 2. 1934, 3.

458 Ebd.

459 Erzbischöfliches Generalvikariat (Hg.), Studien.

460 A. Hudal, Römische Tagebücher, 120.

461 So Hubert Wolf, Vertagt auf unbestimmte Zeit, in: *FAZ* Nr. 87 vom 12. 4. 2003, 8. Siehe auch die Leserzuschrift von Heinz Hürten, Keineswegs vertagt (*FAZ* Nr. 93 vom 22. 4. 2003, 11), der darauf aufmerksam macht, daß der Syllabus-Entwurf des Heiligen Offiziums vom Frühjahr 1937 in wesentlichen Zügen als Reskript der päpstlichen Studienkongregation am 1. 5. 1938 in *La Croix* veröffentlicht wurde. Vgl. auch P. Godman, Vatikan und Hitler, 313f. sowie unten, 233-238.

462 A. Hudal, Römische Tagebücher, 120.

463 AaO., 120f.

464 ACDF, S.O. R.V. 1934, 29, Prot. 3373/34, vol. 1,1,2-4;3-4.

465 Vgl. P. Godman, Vatikan und Hitler, 88ff.

466 AaO., 73ff.; Zitat: 73. Darin folgt er Fr. Engel-Janosi, Chaos, 187.

467 P. Godman, Vatikan und Hitler, 125.

468 AaO., 77.

469 Vgl. aaO., 246f. Godman erwähnt diesen Sachverhalt zwar, ordnet ihn aber ebenfalls nur dem »Ehrgeiz« Hudals zu, eine wichtige Rolle spielen zu wollen, was ihm »für kurze Zeit« gelungen sei.

470 Vgl. aaO., 74f.

471 Innsbruck 1935.

472 Innsbruck-München-Wien 1935.

473 A. Hudal, Vatikan, 82.

474 Vgl. J. Petzold, Papen, 250.

475 Das Zustandekommen dieses Vertrages gehörte zu den politischen Zielen Papens. Vgl. dazu G. Volsansky, Pakt, bes. 22ff.; 35f. Hudal hatte in der *Reichspost* vom 23. 7. 1936 einen nicht gezeichneten Artikel »Der 11. Juli von katholischer Warte« veröffentlicht, der das Abkommen begrüßte. Siehe auch seinen Artikel in der *Reichspost* vom 5. 8. 1936: »Nochmals: Der 11. Juli von katholischer Warte«.

476 Papen an Hitler vom 28. 7. 1936, BA, ZB I 1653, Bl. 97-100; Zitat: 99.

477 Bergen an Dieckhoff vom 16. 11. 1936, PA/AA, R 103249.

478 Vgl. A. Hudal, Römische Tagebücher, 129.
479 Vgl. J. Charnitzky, Schulpolitik, 155-169.
480 Vgl. E. Weinzierl-Fischer, Katholiken, Teil II, 497-499.
481 Zit. nach A. Hudal, Das Rassenproblem, 22f.
482 Reichsleitung NSDAP, Abt. III (Rosenberg) an SS-Brigadeführer Schaub, Büro der Reichskanzlei (Obersalzberg), vom 26. 10. 1936, BA, NS 10/109. Vgl. NS-Presseanweisung vom 31. 10. 1936, wonach das Buch angekündigt, aber nicht »weiter kommentiert werden« durfte. G. Toepser-Ziegert (Bearb.), NS-Presseanweisungen, 1299.
483 Vgl. Schreiben Hauptstellenleiter Matthes Ziegler an RPM vom 22. 10. 1936, BA, NS 10/62, Bl. 23.
484 Schreiben der Reichsgeschäftsstelle des Amtes Rosenberg an Wiedemann vom 13. 11. 1936 nebst Gutachten Rosenberg: Bischof Dr. Alois Hudal: »Die Grundlagen des Nationalsozialismus«, aaO., Bl. 15-21. Auch Joseph Roth warnte in seinem Konzept für Kerrls Gespräch mit Hitler vom 11. 11. 1936 vor der »Gefährlichkeit des Bischofs Hudal und seiner Hintermänner«. Text: L. Brandl, Neue Quellen, 442f. Siehe auch M. Huttner, Britische Presse, 574; H. Kreutzer, Reichskirchenministerium, 220f.
485 Vgl. A. Hudal, Schaffen, 82; 255ff.; vgl. P. Godman, Vatikan und Hitler, 76.
486 Vgl. A. Hudal, Ecclesiae, 48.
487 Vgl. K. Breuning, Vision, 190ff., und oben, 181.
488 Vgl. Luigi Centoz an Pacelli vom 4. 9. 1931, AA.EE.SS., Germania, Pos. 621 P.O., fasc. 138, Bl. 43r-v; Fritz an Pacelli vom 1. 9. 1931, aaO., 44r-46v; Pacelli an Centoz vom 10. 9. 1931, aaO., Bl. 49r.
489 Vgl. hierzu und zum Folgenden P. Godman, Vatikan und Hitler, 97ff. (ACDF, S.O. R.V. 1934, 29; Prot. 3373/34, 1, 1-3).
490 Zit. nach P. Godman, Der Vatikan und Hitler, 269.
491 Zit. nach D. Albrecht (Hg.), Notenwechsel, 146.
492 AA.EE.SS., Germania, Pos. 661-663, fasc. 210, Bl. 23ff.; Germania, Pos. 692 P.O., fasc. 260, Bl. 4-8, 22ff.; Germania, Pos. 692 P.O., fasc. 264, Bl. 5ff.; Germania, Pos. 666 P.O., fasc. 221, Bl. 27f. (Druck bei G. Sale, Hitler, 441); Germania, Pos. 666 P.O., fasc. 223, Bl. 3ff. (Druck bei G. Sale, aaO., 447f.).
493 Vgl. G. Besier, Kirchen, 657.
494 Vgl. G. Besier, Kirchen, 849-856.
495 Orsenigo an Pacelli vom 14. 9. 1935 AA.EE.SS., Germania 1935 »scatole«, fasc. 9, Bl. 32f.
496 Vgl. Vgl. z. B. D. Albrecht (Hg.), Notenwechsel, 309.
497 E. Pacelli, Discorsi, 430ff., zit. nach P. Godman, Vatikan und Hitler, 120. Die Deutsche Botschaft beim Heiligen Stuhl berichtete zutreffend über Pacellis Äußerungen. Vgl. Berichte vom 29. 4. 1935 (Budde K 24.IV) und 4. 5. 1935 (A 263), PA/AA, Botschaft beim Heiligen Stuhl, Best. 29, Bd. 1/Lfd. Nr. 441 (unpaginiert).
498 Vgl. insgesamt H. Maier, Totalitarismus.
499 Thesenliste zu Nationalismus, Rassismus und Totalitarismus (Mai 1935), zit. nach P. Godman, Vatikan und Hitler, 253.
500 Vgl. H. Hürten, Deutsche Katholiken, 370; P. Godman, Vatikan und Hitler, 136f.

501 Vgl. C. Casula, Tardini.
502 ACDF, S.O. R.V. 1934, 29, Prot. 3373/34, vol. 2, 4, 9.
503 Vgl. G. Ledit, Paradossi; ders., Religione.
504 P. Godman, Vatikan und Hitler, 147.
505 Vgl. ACDF, S.O. R.V. 1934, 29, Prot. 3373/34, vol. 2, 7ff.
506 Vgl. R. de Felice, Mussolini, Bd. 2.
507 B. Mussolini, Scritti e discorsi.
508 M. Missiroli, Date a Cesare.
509 ACDF, S.O. 2935/29i.
510 Vgl. oben, 167.
511 Vgl. G. Schneider, Mussolini, 139ff.
512 Vgl. ACDF, S.O. R.V. 1934, 29, Prot. 3373/34, vol. 4, 12.
513 Vgl. aaO., vol. 4, 12, 5f.
514 AaO., vol. 4, 12f.
515 AaO., vol. 4, 12, 16.
516 Text: P. Godman, Vatikan und Hitler, 277-281.
517 AaO., 281.
518 Vgl. z. B. G. Besier, Convictions, 509-518; E. Rosa, Internazionale.
519 Zit. nach P. Godman, Vatikan und Hitler, 189.
520 Zit. nach L. Volk (Hg.), Akten Kardinal Michael von Faulhabers, Bd. 2,
    199; vgl. aaO., 228-233.
521 Vgl. G. Besier, Kirchen, 768.
522 Vgl hierzu und zum Folgenden: J. Anderson, Spanish Civil War; S. Bal-
    four/P. Preston (Hgg.), Spain; S. Ben-Ami, Dictatorship; W. Bernecker,
    Krieg; ders., Religion; ders./H. Pietschmann, Geschichte Spaniens;
    M. Blinkhorn, Spain; ders., Democracy and Civil War; W. Bowen,
    Spaniards; C. Boyd, Historia Patria; R. Carr (Hg.), Spain; J. Casanova,
    Iglesia; J. Coverdale, Italian Intervention; P. Davidson (Hg.), Orwell.
    Homage to Catalonia; J. Goytisolo, Spanien; C. Humleboek, Zeitge-
    schichtsforschung; J. Linz, Regime; ders., Great Hopes; St. Payne, Falange;
    P. Preston, Franco; J. Rial, Revolution; K.-J. Ruhl, Spanien; W. Schieder/
    Ch. Dipper (Hgg.), Bürgerkrieg; E. Straub, Jahrhundert; R. Traina, Ameri-
    can Diplomacy; A. Vinas, Franco.
523 Gasparri zu Dormer, brit. Gesandtschaft, am 21. 9. 1923, zit. nach
    A. Rhodes, Papst, 96, Anm. 1.
524 Vgl. kritisch M. del Carmen Tapia, Schwelle, 417-423.
525 AAS 25 (1933), 261-274; J. Schmidlin, Papstgeschichte, Bd. 3/IV, 140f.
526 Vgl. Ch. Ealham/M. Richards (Hg.), Splintering.
527 Vgl. D. Tierney, Roosevelt; R. Traina, American Diplomacy, 158-169.
528 Vgl. P. Moa, Guerra civil.
529 Vgl. G. Besier, Kirchen, 757ff.
530 Zum Vergleich Polen-Spanien siehe K. Ruchniewicz/St. Troebst,
    Diktaturbewältigung.
531 W. Bernecker, Spanische Geschichte, 180.
532 Vgl. J. Rodrigo, Campos, 218-221.
533 Vgl. hierzu und zum Folgenden G. Besier, Kirchen, 757ff.
534 Zit. nach W. Bernecker, Religion, 95.
535 Vgl. G. Besier, Kirchen, 759f.

536 Vgl. aaO., 765.
537 Vgl. G. Fogarty, Roosevelt, 15ff.
538 So Bericht Bergen an AA vom 8. 10. 1936 (Nr. 266; A 309), PA/AA, Botschaft beim Heiligen Stuhl, Best. 29, Bd. 1/Lfd. Nr. 441 (unpaginiert).
539 Vgl. G. Besier, Kirchen, 766f.
540 Text: L. Volk (Hg.), Akten Kardinal Michael von Faulhabers, Bd. 2, 244-252.
541 Faulhaber an Hitler vom 30. 12. 1936, in: aaO., 261f.
542 Ebd.
543 Vgl. G. Besier, Kirchen, 774.
544 Vgl. Bertram an Faulhaber vom 30. 12. 1936, in: L. Volk (Hg.), Akten Kardinal Michael von Faulhabers, Bd. 2, 263.
545 Vgl. Bertram an Pacelli vom 28. 12. 1936, in: L. Volk (Hg.), Akten deutscher Bischöfe, 65f.
546 Vgl. Aufzeichnungen Faulhabers über die Audienz, in: L. Volk (Hg.), Akten Kardinal Michael von Faulhabers, Bd. 2, 275-277.
547 Vgl. hierzu und zum Folgenden ausführlich G. Besier, Kirchen, 777ff.
548 Text: L. Volk (Hg.), Akten Kardinal Michael von Faulhabers, Bd. 2, 277-279.
549 AA.EE.SS., Germania, Pos. 719 P.O., fasc. 314, Bl. 5r-6r.
550 Ebd.
551 »Ein Handschreiben des Heiligen Vaters an den Reichskanzler erscheint inopportun: Es besteht die Gefahr einer unehrerbietigen Beantwortung. Ein Erfolg ausgeschlossen. Hitler verträgt nur totale Anerkennung, keine Kritik. In jedem Fall best[ü]nde die Gefa[h]r verstümmelter Veröffentlichung und infolgedessen möglicher Irreführung der Katholiken.« Ebd.
552 Vgl. G. Besier, Kirchen, 778.
553 AaO., 779.
554 Pacelli notierte: »Der Zeitpunkt scheint jetzt günstig zu sein: Die Überzeugung von der Kirchenfeindlichkeit der Regierung ist weitest verbreitet; auch protestantische Kreise werden das Wort des Heiligen Vaters sympathisch aufnehmen; die Weltmeinung ist reif für eine solche Verlautbarung«. AA.EE.SS., Germania, Pos. 719 P.O., fasc. 314, Bl. 6r.
555 Vgl. M. Agostino, Pie XI, 639ff. Siehe zu den Verhältnissen in Mexiko K.-J. Ruhl/L. Ibarra García, Kleine Geschichte Mexikos, 182ff.; G. Schwaiger, Papsttum und Päpste, 257f.
556 Vgl. AA.EE.SS., Germania, Pos. 719 P.O., fasc. 314, Bl. 22r-27r; siehe auch den Bericht Faulhabers (L. Volk [Hg.], Akten Kardinal Michael von Faulhabers, Bd. 2, 279ff.) und Preysings (W. Adolph, Preysing, 73).
557 AA.EE.SS., Germania, Pos. 719 P.O., fasc. 314, Bl. 23r.
558 P. Godman, Vatikan und Hitler, 214.
559 Vgl. G. Besier, Kirchen, 778.
560 Vgl. Faulhaber an Pacelli vom 21. 1. 1937, in: L. Volk (Hg.), Akten Kardinal Michael von Faulhabers, Bd. 2, 281f.
561 Eine Synopse des Entwurfs und der endgültigen Enzyklika bei D. Albrecht (Hg.), Notenwechsel, 404-443.
562 Pignatti an Ciano vom 8. 3. 1937, in: DDI, 8/VI, 313.
563 Vgl. AA.EE.SS., Germania, Pos. 719, fasc. 312, Bl. 9.
564 Vgl. aaO., fasc. 313, Bl. 43.
565 AaO., fasc. 316, Bl. 4ff.

Anmerkungen

566 Vgl. P. Godman, Vatikan und Hitler, 218.
567 Text und Kommentierung: A. Fitzek (Hg.), Pius XI., 153-209. Siehe auch EAM NL Faulhaber, Nr. 3055.
568 ACDF, S.O. R.V. 1934, 29, Prot. 3373/34, vol. 4, 16.
569 Vgl. zum Beispiel die Sicht in den USA: G. Besier, Friends, 66ff.
570 Vgl. G. Besier, Kirchen, 784f.
571 Zit. nach A. Fitzek (Hg.), Pius XI., 169.
572 AaO., 113.
573 *The Catholic Times* vom 27. 3. 1937.
574 Vgl. J. Echeverria, Kampf; J. Meyer, Christiade; K.-J. Ruhl/L. Ibarra García, Kleine Geschichte Mexikos, 182ff.; G. Schwaiger, Papsttum und Päpste, 257f.
575 Vgl. G. Besier, Kirchen, 785.
576 Vgl. aaO., 786ff. Siehe hierzu und zum Folgenden auch H.-A. Raem, Pius XI.
577 Vgl. Orsenigo an Pacelli vom 1. 4. 1937, AA.EE.SS., Germania, Pos. 719 P.O., fasc. 316, Bl. 28r-30r
578 Vgl. Pignatti di Custoza an Pacelli vom 24. 4. 1937, AA.EE.SS., Germania, Pos. 720 P.O., fasc. 329, Bl. 11r-13r.
579 Cicognani an Pacelli vom 24. 4. 1937, aaO., Bl. 40r-42r.
580 Pacelli an Cicognani vom 28. 4. 1937, aaO., Bl. 43r.
581 Cicognani an Pacelli vom 4. 5. 1937, aaO., Bl. 45r-46r (Zitat im Original: »[...] quem Deus vult perdere prius dementat«).
582 Vgl. G. Besier, Kirchen, 799ff.
583 Zusammenfassung des Berichts Attolico, 21. 6. 1937, AA.EE.SS., Germania, Pos. 720, fasc. 329, Bl. 15r-16r.
584 EAM NL Faulhaber, Nr. 1201/2 und 1201/3.
585 Vgl. E. Göring, Seite, 121-124; A. Kube, Pour le mérite und Hakenkreuz, 224ff.; St. Martens, Hermann Göring, 94ff.
586 Vgl. A. Kube, aaO., 215ff.
587 Vgl. M. Muggeridge (Hg.), Ciano's Diplomatic Papers, 80-91, bes. 88f.
588 Vgl. W. Maderthaner, 12. Februar 1934. Zum »Anhaltelager« Wöllersdorf vgl. D. Binder, Ständestaat, 213.
589 Vgl. hierzu und zum Folgenden R. Steininger, 12. November 1918.
590 Vgl. im einzelnen H. Rein, Papen, 61ff.
591 Vgl. *Neue Freie Presse* (Wien) vom 26. 7. 1934.
592 Vgl. Fr. Müller, Rechtskatholik; Ch. Mentschl, Tätigkeit; H. Graf von Kageneck, Hindenburgs Testament.
593 Vgl. E. Weinzierl, Prüfstand, 56.
594 Vgl. Fr. Müller, Rechtskatholik, 252.
595 Vgl. aaO., 254.
596 Vgl. R. Ebneth, Wochenschrift, bes. 102ff.
597 P. Enderle, Grundlagen. Vgl. auch W. Rauscher, Hitler und Mussolini, 210.
598 L. Noël, Stresa.
599 Vgl. J. Dülffer, Weimar, 325-354.
600 Vgl. R. de Felice, Mussolini, 597ff. Siehe auch V. Reinhardt, Geschichte, 281f.
601 Vgl. W. Rauscher, Hitler und Mussolini, 225ff.

602 Vgl. R. Moseley, Hitler und Mussolini, 48ff.
603 Vgl. Ch. Burdett, Journeys.
604 Vgl. W. Rauscher, Hitler und Mussolini, 237ff.
605 Vgl. Fr. Müller, Rechtskatholik, 271ff.; G. Volsansky, Pakt.
606 Vgl. oben, 261.
607 Vgl. R. Lill, Südtirol, 152.
608 Vgl. P. Eppel, Kreuz und Hakenkreuz. Auch Faulhaber publizierte in *Schönere Zukunft*. Vgl. EAM NL Faulhaber, Nr. 6887.
609 Vgl. W. Rauscher, Hitler und Mussolini, 245.
610 Vgl. R. Lill, Südtirol, 165.
611 Vgl. G. Ciano, Diario (5. 12. 1937), 65f.
612 Vgl. H. Neuman, Arthur Seyß-Inquart; W. Rosar, Deutsche Gemeinschaft.
613 Vgl. W. Rauscher, Hitler und Mussolini, 255ff.; Vgl. auch D. Binder, Ständestaat, 230ff.; W. Kleindel, Anschluß, 20-29; G. Tomkowitz/D. Wagner, Anschluß, 8f.; R. Steininger, 12. November 1918, 125ff.
614 Stenographische Protokolle, 733-745.
615 Vgl. W. Goldinger/D. Binder, Geschichte, 282.
616 Vgl. E. Schmiedl, März 1938.
617 Vgl. H. Arnberger/W. Garscha/Ch. Mitterrutzner, Anschluß, 393ff.; W. Rauscher, Hitler und Mussolini, 260.
618 Vgl. H. Arnberger/W. Garscha/Ch. Mitterrutzner, aaO., 379-381; 392f.
619 Bericht Magistrati (Zusammenfassung), weitergegeben an Pacelli am 19. 3. 1938, AA.EE.SS., Pos. 720, fasc. 329, Bl. 21r-22r. Die folgenden Zitate ebd.
620 Diese generelle Aussage bedarf freilich einer regionalen Differenzierung: Vgl. J. Thierfelder, Wahlverweigerer.
621 Vgl. M. Liebmann, Innitzer; ders., Theodor Innitzer.
622 Vgl. M. Michaelis, Mussolini's Unofficial Mouthpiece. Vgl. unten, 287f.
623 Zit. nach E. Weinzierl, Prüfstand, 61.
624 Ebd.
625 Vgl. E. Bukey, Hitler's Austria, 93ff.
626 Vgl. hierzu und zum Folgenden: M. Liebmann, Innitzer; ders., Theodor Innitzer.
627 Zit. nach E. Weinzierl, Prüfstand, 82.
628 Vgl. H. Jablonka, Waitz.
629 Zit. nach E. Weinzierl, Prüfstand, 303-305; vgl. A. Reichhold, Kirche, 136f.
630 Zit. nach E. Weinzierl, Prüfstand, 107.
631 Wilson an Secretary of State vom 7. 4. 1938, NA, LM 197, Reel # 2.
632 Zit. nach E. Weinzierl, Prüfstand, 108.
633 Siehe auch A. Hudal, Katholizismus.
634 Vgl. Hudals Denkschrift an Pius XI. vom 2. 11. 1938 zur Lage der Kirche in Österreich nach 1938, AA.EE.SS., Germania, Pos. 720 P.O., fasc. 336, Bl. 39ff.; Zitat: AaO., Bl. 60.
635 Vgl. aaO., Bl. 70ff.
636 SD-Jahreslagebericht, BA, ZB I 1237, 358-374; hier: 358. In einem Bericht über die »Politische Kirche« heißt es: »Einen schweren Schlag bedeutete [...] die Rückgliederung Österreichs an das Reich für die kirchlichen Kreise. Dieser Zusammenbruch der katholischen Herrschaft in der Ostmark hatte eine Unsicherheit und starke Verwirrung innerhalb der Kirche

zur Folge. Es entstand auf katholischer Seite ein Zwiespalt zwischen Volk und Episkopat, zwischen Episkopat und Rom, zwischen dem deutschen und dem österreichischen Episkopat sowohl wie innerhalb des deutschen Episkopats. Die politische Kampftätigkeit der Kirche war dadurch zunächst weitgehend geschwächt.« AaO., Bl. 2.

637 Bericht Wilson an Secretary of State vom 5. 3. 1938, NA, LM 197, Reel # 2 (nicht paginiert).

638 Ebd.

639 Ebd.

640 A. J. Drexel Biddle, US Embassy Warsaw an Secretary of State vom 14. 4. 1938, aaO.

641 Zum Verhältnis zwischen Pacelli und Kennedy vgl. R. de Bedts, Joseph Kennedy, 126ff.; T. Schwarz, Joseph P. Kennedy, 281ff. Die in den USA lagernden kirchlichen Archivunterlagen über den Pacelli-Besuch von 1936 sind seit 2002 verschwunden. Am 18. 9. 2003 schrieb Sister Marguerita Smith, Archivarin des Archivs der Erzdiözese New York, an die Autoren: »Es tut mir leid sagen zu müssen, daß dieses Material ebenso wie der übrige Inhalt von Box X-21 wie auch der Mikrofilm verschwunden ist.«

642 Vgl. hierzu und zum Folgenden Th. Brechenmacher, Widerspruch; Ch. Gallagher, Views.

643 Vgl. G. Besier, Kirchen, 765.

644 Text: http://www.americamagazine.org/articles/pacelli.cfm.

645 Ebd.

646 Ebd.

647 Ebd.

648 Vgl. oben, 49.

649 Text: http://www.americamagazine.org/articles/pacelli.cfm.

650 Ch. Gallagher, Views, 9.

651 Central Zionist Archives, Jerusalem, S 25 3759, 26. 5. 1938, zit. nach Th. Brechenmacher, Widerspruch.

652 Zit. nach: Ch. Gallagher, Views, 9.

653 Vgl. hierzu und zum Folgenden auch J. Schwarte, Katholische Kirche.

654 A. Rauscher (Bearb.), Rassismus, 23; G. Passelecq/B. Suchecky, Enzyklika, 70f.

655 So Gundlach selbst, zit. nach A. Rauscher (Bearb.), Rassismus, 29.

656 Zit. nach aaO., 161; 166.

657 AaO., 167. Vgl. auch EAM NL Faulhaber, Nr. 7091. Wie Pius XI. wandte sich Faulhaber gegen jedwede antisemitischen Aktionen durch Geistliche. Vgl. seine Adventspredigten 1933 und seine Silvesterpredigt, zusammengefaßt in seinem Buch »Judentum, Christentum, Germanentum« (München 1934). Darin unterstreicht er u. a. die religiösen Werte des Alten Testaments. Auf Druck des Nationalsozialismus hin wurde das Buch in vielen deutschen Buchhandlungen nicht mehr verkauft. Die Buchhändler verpflichteten sich zum Teil schriftlich, das Buch nicht mehr in den Handel zu bringen. Vgl. EAM NL Faulhaber Nr. 7103/1 und 7103/2.

658 Vgl. R. Lill, Katholische Kirche, 214; siehe auch R. de Felice, Mussolini, Bd. 2, 489; A. Hoffend, Kultur-Achse, 357ff.

659 Siehe insgesamt V. de Grazia, Radikalisierung.

660 Vgl. W. Rauscher, Hitler und Mussolini, 209.
661 *Il Popolo d'Italia* vom 26. 5. 1934 (Opera Omnia, Bd. 26, 232f.). Zit. nach J. Petersen, Hitler – Mussolini, 341f.
662 Vgl. M. Agostino, Pie XI, 719ff.
663 Roberto Farinacci, Das Judenproblem in der Geschichte der Kirche (7. 11. 1938), BA, ZB I 1146, Bl. 986-1003; hier: 989; 996.
664 AaO., Bl. 998.
665 AaO., Bl. 1003.
666 Vermerk vom 6. 1. 1939, aaO., Bl. 983.
667 Vgl. hierzu und zum Folgenden M. Michaelis, Mussolini's Unofficial Mouthpiece; EAM NL Faulhaber, Nr. 1254.
668 Vgl. G. Ciano, Diario, 346.
669 Esmonde Robertson (E. Robertson, Race, 44) erinnert daran, daß Mussolini bereits Dollfuß drängte, etwas gegen die Juden in Österreich zu unternehmen – freilich aus politischen Gründen, weil diese der Linken zuneigten. Siehe auch G. Schneider, Mussolini, 157ff.
670 Vgl. Opera Omnia, Bd. 28, 202f.
671 Vgl. W. Rauscher, Hitler und Mussolini, 265ff.
672 Vgl. J. Petersen, Hitler – Mussolini, 344ff.; W. Rauscher, Hitler und Mussolini, 245ff. Zur außenpolitischen Bedeutung dieses Besuches vgl. Fr. Müller, Rechtskatholik, 347ff. In einer vatikanischen Aktennotiz von unbekannter Hand ist festgehalten, daß Pius XI. über Mussolinis Reise nach Deutschland mißgestimmt gewesen sein soll. Aktenvermerk vom 14. 9. 1937, AA.EE.SS., Germania, Pos. 724 P.O., fasc. 339, Bl. 52r.; siehe auch Aktennotiz vom 3. 9. 1937, aaO., Bl. 53r. Danach sei der Heilige Vater »außer sich [...], wenn er von Deutschland spricht, und jetzt auch von Italien, das sich Deutschland zur Seite gestellt hat, und von Mussolini wegen seiner Deutschlandreise«. Dem belgischen Botschafter zufolge gehörte das Verhältnis zwischen Reich und Heiligem Stuhl zu den Gesprächspunkten, die Mussolini mit Hitler festgelegt hatte. Aktennotiz vom 17. 9. 1937, aaO., Bl. 54r.
673 Vgl. oben, 156-161.
674 Vgl. Bergen an Weizsäcker vom 3. 3. 1938, ADAP, D, Bd. 1, 829f.
675 Vgl. A. Giovannetti, Der Vatikan und der Krieg, 176.
676 Vgl. Aufzeichnung Mackensen über Gespräch mit Ribbentrop am 14. 2. 1938, ADAP, D, Bd. 1, 828; Vermerk Weizsäcker vom 9. 3. 1938, aaO., 830f.; Bergen an Weizsäcker vom 23. 5. 1938, aaO., 841.
677 Weizsäcker an Bergen vom 26. 2. 1938, aaO., 828.
678 Bergen an Weizsäcker vom 3. 5. 1938, aaO., 829. Siehe auch L. Sturzo, Fascisme.
679 Vermerk Weizsäcker vom 9. 3. 1938, aaO., 831. Siehe auch Borgongini Duca an Pacelli vom 27. 4. 1938, in: G. Sale, Hitler, 522f. Kurz vor Hitlers Rombesuch hatte Mussolini wieder einmal wegen der Verfolgung deutscher Katholiken in Berlin interveniert, wie aus einem Dankschreiben aus dem Vatikan an den Duce hervorgeht. Vgl. aaO., 525.
680 Vgl. aaO., 524.
681 Vgl. aaO., 517.
682 Vgl. aaO., 520.

683 Amerikanische Botschaft Warschau an Secretary of State vom 14. 4. 1938, NA, LM 197, Reel # 2. Am 18. 5. 1938 berichtete die amerikanische Botschaft in Rom dann zutreffend, der Vatikan habe verneint, »daß irgendeine Annäherung seitens der Vertreter der deutschen Regierung an den Heiligen Stuhl vor oder während Herrn Hitlers Besuch im Hinblick darauf stattgefunden habe, letzteren vom Papst zu einer Audienz empfangen zu lassen.« AaO.

684 Darauf macht M. Feldkamp, Pius XII., 121, aufmerksam.

685 Vgl. Bergen an Weizsäcker vom 18. 5. 1938, ADAP, D, Bd. 1, 839.

686 Vgl. Edward L. Reed, Rom, an Secretary of State vom 18. 5. 1938, NA, LM 197, Reel # 2.

687 Bericht Tacchi Venturi an Ratti vom 10. 4. 1938, AA.EE.SS., Germania, Pos. 720 P.O., fasc. 329, Bl. 31r.

688 Vgl. J. Pollard, Vatican, 190.

689 G. Bottai, Diario (6. 10. 1938).

690 AaO., 137.

691 G. Ciano, Tagebücher, 295.

692 Vgl. Pacelli an Mussolini vom 16. 3. 1938, AA.EE.SS., Germania, Pos. 735 P.O., fasc. 353, Bl. 4. Darin bedankt sich Pacelli für eine Intervention bei Hitler zugunsten der unterdrückten deutschen Katholiken. Druck bei G. Sale, Hitler, 525.

693 Gegen P. Godman, Vatikan und Hitler, 228.

694 Vgl. Notiz Pacelli über eine Audienz bei Pius XI. am 24. 3. 1938, AA.EE.SS., Germania, Pos. 735 P.O., fasc. 353, Bl. 7r. Vgl. den Druck bei G. Sale, Hitler, 517 (mit Abweichungen vom Original).

695 So Ciano an Francesco Borgongini (Nuntius in Italien) vom 2. 5. 1938, AA.EE.SS., Germania, Pos. 720 P.O., fasc. 329, Bl. 25v.

696 Vgl. Bericht Borgongini an Pacelli vom 15. 6. 1938 über Gespräch mit Ciano, aaO., Bl. 27r-28r.

697 Text: P. Godman, Vatikan und Hitler, 313f.

698 Nach der Fuldaer Bischofskonferenz vom August 1938 wurden die von den Bischöfen kommentierten Thesen dem katholischen Klerus zugeleitet. Vgl. H. Hürten, Deutsche Katholiken, 424ff.

699 G. Miccoli, Dilemmi, 308ff.; S. Zuccotti, Vaticano, 11ff. Siehe auch oben, 284-286.

700 Vgl. P. Gallo, Love and Country, 22; G. Miccoli, Dilemmi, 309.

701 Vgl. P. Godman, Vatikan und Hitler, 43ff.; vgl. auch F. Rossi, Vatikan, 44ff.

702 AA.EE.SS., Germania, Pos. 738, fasc. 354, Bl. 51r-52r.

703 Orsenigo an Pacelli vom 15. 11. 1938, AA.EE.SS., Germania, Pos. 742 P.O., fasc. 354, Bl. 40r-41v. Die folgenden Zitate ebd.

704 Orsenigo an Pacelli vom 19. 11. 1938, aaO., Bl. 42r-43r. Am 13. 9. 1941 berichtete Orsenigo an Luigi Maglione, daß Juden im Protektorat Böhmen und Mähren, einem Erlaß des Innenministeriums zufolge, wie übrigens im gesamten Reichsgebiet, in der Öffentlichkeit den Judenstern tragen müßten und sie ihren Wohnort nicht verlassen dürften. »Die getauften Nichtarier fühlen sich besonders verwirrt und haben ihr großes Kümmernis zur Geltung gebracht, das auch nicht endet, wenn sie [...] zur Kirche gehen, besonders an Festtagen. Das Echo dieser Kümmernisse erreichte

sowohl [...] Kardinal Innitzer wie [...] Kardinal Bertram; man bedachte die Möglichkeit, den Juden einen eigenen Platz in der Kirche zu reservieren oder auch, falls sie zahlreich seien, ihnen eigene Gottesdienste anzubieten.« AaO., Bl. 50r-v.

705 Vgl. AA.EE.SS., Germania 1934-1944, »scatole« 50, Bl. 59r-71r; hier: 65r.

706 Vgl. G. Besier, Friends, 54-56; M. Carter, Diplomacy's Detractors.

707 Drexel Biddle, Warschauer US-Botschaft, an Secretary of State Washington DC vom 8. 12. 1938, NA, LM 197, Reel # 2.

708 Ciano schrieb am 12. 2. in sein Tagebuch:»Der Duce stimmte zu, am Begräbnis des Papstes teilzunehmen, das von der Nuntiatur für den 17. geplant wurde. Diese Entscheidung gefällt mir, denn sie wird bei dem Konklave einen guten Eindruck machen. In einigen amerikanischen Kreisen geht das Gerücht um, daß Pacelli ein vom Papst handgeschriebenes Dokument besitzt. Der Duce wünscht, daß Pignatti herausfindet, ob das stimmt, und wenn es das tut, daß er versuchen soll, eine Kopie dieses Dokuments zu erhalten [Kommentar: Gerade vor seinem Tod schrieb der Papst an einer Rede über das Verhältnis zwischen Italien und dem Vatikan, die vor den Bischöfen Italiens gehalten werden sollte. In Rom hieß es, diese Rede enthalte eine starke Anklage gegen die Verstöße der Faschisten gegen den Lateranvertrag. Kopien davon wurden von Vatikanvertretern zerstört] ... um eine Wiederholung des Filipelli-Zwischenfalls zu vermeiden. Es mag in diesem Zusammenhang von einiger Bedeutung sein, daß Rosenberg gestern in einer langen Rede seine üblichen, erbitterten Angriffe auf die katholische Kirche unterlassen hat.« M. Muggeridge (Hg.), Ciano's Diary, 28.

709 Gilbert an Secretary of State vom 18. 2. 1939, Na, LM 197, Reel # 2.

710 Ebd.

711 Bergen an AA vom 18. 2. 1939, ADAP, D, Bd. 4, 251.

712 Nach dem Tode Gasparris wurde Pacelli Camerlengo (Kämmerer); in dieser Funktion stand er an der Spitze der päpstlichen Finanzverwaltung und hatte in der Zeit der Sedisvakanz für die zeitlichen Rechte des Heiligen Stuhles zu sorgen.

713 Vgl. O. Chadwick, Britain, 30ff.; M. Feldkamp, Pius XII., 121ff. Vgl. auch das Eil-Telegramm Nr. 592/200 von G. Mameli vom 23. 2. 1939 aus Lissabon an das italienische Außenministerium über eine stattgefundene Unterredung mit dem Nuntius in Portugal, Pietro Ciriaci: »Der Nuntius zweifelt vor allem nicht daran, daß der Papst ›dieses Mal noch ein Italiener‹ sein wird. Nach Monsignor Ciriaci zeichnet sich nur eine eindeutige Kandidatur ab, und zwar die von Kardinal Pacelli, sei es wegen der Vergangenheit des Mannes, sei es wegen seines Einflusses, und weil er schließlich von einer Gruppe von Kardinälen, der sogenannten ›demokratischen‹, unterstützt wird, an deren Spitze Kardinal [Jean] Verdier steht. Diese Kandidatur kann laut dem Nuntius nur durch eine höchst rasche Aktion gelingen. Nur indem die ersten Stimmzählungen ›blockiert‹ werden, kann sie Hoffnung auf Erfolg haben. [...] Als er von Kardinal Pacelli sprach, tat der Nuntius fast mit Ungeduld den weit verbreiteten Einwand beiseite, daß der Kardinalstaatssekretär aus Tradition nicht gewählt würde. Er bekräftigte, daß nichts es verbietet. Da er ihn dieses Mal beim

Namen nennen mußte, äußerte sich die Vorsicht Monsignor Ciriacis besonders, als er von Kardinal Pacelli sprach. Es handelte sich um eine rein förmliche Vorsicht, denn es genügte der Ton, in welchem er ihn als ›einen gewiß überragenden Mann‹ bezeichnete. Wobei er hinzufügte, daß, wenn er [scil. Pacelli] gewählt würde, er ›wahrscheinlich nicht oder wenigstens nicht völlig der politischen Linie folgen könnte, die viele voraussehen‹.« ASMAE, Serie Affari Politici 1931-1945, Santa Sede, Busta 43 (1939), fasc.»Conclave« (unpaginiert).

714 Vgl. P. Blet, Pie XII, 19.

715 Vgl. Bericht Bergen vom 8. 10. 1936 (Nr. 266; A 309), PA/AA, Botschaft beim Heiligen Stuhl, Best. 29, Bd. 1/Lfd. Nr. 441 (unpaginiert).

716 Vgl. H. Hoberg, Papst Pius XII., 30; 58; W. Sandfuchs, Außenminister, 124ff.

717 G. Schwaiger, Papsttum und Päpste, 272.

718 Bergen an AA vom 13. 3. 1939, ADAP, D, Bd. 4, 525.

719 Warschau, April 1939.

720 Jena, April 1939.

721 Vgl. BA, ZB I 1237, Bl. 83ff.

722 Giornale d'Italia vom 11. 2. 1939.

723 Vgl. O. Chadwick, Britain, 27.

724 Vgl. aber den Bericht Osbornes, der nach einem letzten Besuch bei Pius XI. am 29. 12. 1938 den Eindruck empfing, der Papst habe Sympathien für das demokratische Großbritannien entwickelt und sehe Nazi-Deutschland auf einer Ebene mit dem Kommunismus. O. Chadwick, Britain, 25f.

725 Vgl. Gestapo-Bericht München vom 14. 3. 1939 über»Judentum und Ableben des Papstes Pius XI.«, BA, ZB I 1146, Bl. 1060.

726 C. Thoma, Botschaft, 241. Ein anderes Mal heißt es:»Bedenkt, daß Abraham, unser Patriarch, unser Vorfahr genannt wird. Der Antisemitismus ist mit dem Geist und der erhabenen Wirklichkeit, die in diesen Worten zum Ausdruck kommen, nicht zu vereinen. Der Antisemitismus ist eine abstoßende Bewegung, an der wir Christen keinen Anteil haben können. Es ist den Christen nicht möglich, am Antisemitismus teilzunehmen. [...] Der Antisemitismus ist nicht vertretbar.« Ebd. Am 23. 10. 1938 telegraphierte Tardini an den Apostolischen Delegaten in Washington DC, der Großrabbiner von Kairo habe dem Papst»respektvolle Botschaft Bewunderung und Dank im Namen des ägyptischen Judentums für Haltung Seiner Heiligkeit betreffend Unterdrückungsmaßnahmen [ausgesprochen], die von Feinden der Gerechtigkeit im Gegensatz zu göttlichem Gesetz der Liebe und Nächstenliebe unternommen werden, indem sie unabschreibbare Rechte verleugnen. Erklärt, Seine Heiligkeit sei Ehre der ganzen Menschheit – nicht nur, weil er als höchstes Haupt der Kirche handelt, sondern vor den Augen der ganzen Welt als höchste Autorität der ewigen Moral und des menschlichen Gewissens, die von den schlimmsten Gotteslästerungen nicht berührt werden könnten.« AA.EE.SS., Germania, Pos. 742 P.O., fasc. 356, Bl. 38r.

727 The New York Times vom 3. 3. 1939, 20; vgl. SD-Lagebericht für die Zeit vom 1. 1.-31. 3. 1939, BA, ZB I 1237, Bl. 83-93; hier: 86.

728 L'Humanité vom 4. 3. 1939, Titelseite; vgl. SD-Lagebericht für die Zeit vom
     1. 1.-31. 3. 1939, BA, ZB I 1237, Bl. 86.
729 SD-Bericht vom 17. 3. 1939, BA, ZB I 186, 58-63; hier: Bl. 62f.
730 Vgl. R. Eatwell, Reflections, 150.
731 Vgl. G. Besier, Friends, 63f.
732 Geist an Secretary of State vom 9. 5. 1939, NA, LM 197, Reel # 2.
733 Kirk an Secretary of State vom 24. 5. 1939, aaO.
734 Bergen an AA vom 5. 3. 1939, ADAP, D, Bd. 4, 522f.
735 Ebd. Siehe zum Briefwechsel zwischen Pacelli und Hitler aus Anlaß der
     Wahlanzeige Pius' XII., EAM NL Faulhaber, Nr. 1170.
736 Bergen an AA vom 5. 3. 1939, ADAP, D, Bd. 4, 522f.
737 Vgl. D. Zlepko, Friedensbemühungen, 13ff.
738 Schreiben in: EAM NL Faulhaber, Nr. 1152/1.
739 Gleichzeitig verabredete der Deutsche Episkopat ein Grußtelegramm an
     Hitler. Vgl. Volk, Faulhaber-Akten II, 614.
740 Schreiben in: EAM NL Faulhaber, Nr. 1152/1.
741 Zur einseitigen Kündigung des deutsch-polnischen Nichtangriffspakts
     durch Deutschland am 28. 4. 1939 vgl. A. Kotowski, Hitlers Bewegung,
     178ff.
742 Vgl. hierzu und zum Folgenden P. Blet, Papst Pius XII., 4ff.; O. Chadwick,
     Britain, 57ff.
743 Vgl. z. B. Catholic Times vom 12. 5. 1939.
744 Radiomessage du pope Pie XII, in: ADSS, Bd. 1, 232.
745 AaO., Nr. 160 und AAS 31 (1939), 335-336.
746 Vgl. The New York Times vom 21. 3. 1939. Zu den Verbindungen zwischen
     den britischen und amerikanischen Kirchen vgl. G. Besier, Friends, 63f.
     Zur Kritik des Protestantismus an Langs Vorschlag, gemeinsam mit dem
     Papst zu handeln, vgl. Besier, Pacelli, 207.
747 Vgl. Le nonce à Paris Valeri au cardinal Maglione. Paris, 20 juin 1939, in:
     ADSS, Bd. 1, 179f.
748 Vgl. Le nonce à Paris Valeri au cardinal Maglione. Paris, 4 juillet 1939, in:
     aaO., 198.
749 Vgl. notes de Msgr. Maglione. Vatican, 24 aout 1939, in: aaO., 239f.
750 Vgl. notes de Msgr. Tardini. Vatican, 26 aout 1939, in: aaO., 249.
751 Vgl. notes de Msgr. Montini et de Mgr. Tardini. Vatican, 28 aout 1939, in:
     aaO., 256f.
752 Zitiert nach S. Friedländer, Pius XII., 49f.
753 P. Godman, Vatikan und Hitler, 35.
754 AaO., 40.
755 Vgl. G. Miccoli, Italien, 549.
756 Osservatore Romano Nr. 164 vom 17. 7. 1937.
757 Das galt auch für die Herrscher selbst. Bei der Papstfeier in Rosenheim
     meinte Faulhaber über Pius XI., daß,»wenn Einzelheiten aus der
     Papstwahl bekannt würden, mit Sonnenklarheit auch bekannt würde,
     wie der Finger Gottes deutlich und deutlicher und ganz deutlich auf den
     Erzbischof von Mailand gedeutet hat. Der Finger der Vorsehung würde in
     der Papstwahl klar sichtbar werden, wenn ich reden dürfte.« Bayrischer
     Kurier Nr. 157, 1922.

758 Vgl. zu dem Problem des sich im exklusiven Besitz der Wahrheit Wissens J. Assmann, Herrschaft und Heil. Siehe auch R. Stark, One True God.

759 Kundgebung des belgischen Episkopats vom 2. 2. 1930, EAM NL Faulhaber, Nr. 2051.

760 P. Godman, Vatikan und Hitler, 140.

761 Vgl. oben, 146f.

762 R. Eatwell, Reflections, 148.

763 Vgl.Gaillard, Attractions, 209f.

764 Vgl. für Deutschland R. Uertz, Gottesrecht.

765 Vgl. G. Miccoli, Italien, 550.

766 Demgegenüber beharrte Mussolini auf dem staatlichen Charakter der Feiern. Vgl. dazu A. Nützenadel, Faschismus, bes. 29-32; siehe auch M. Berezin, Fascist Self, bes. 70ff.

767 Text: E. Huber/W. Huber (Hgg.), Staat und Kirche, Bd. 3, 336-343.

768 L. Sturzo, Kirche und Staat, 17.

769 AaO., 28.

770 R. Eatwell, Reflections, 148.

771 So J. Molony, Emergence, 12.

772 Vgl. oben, 113-115.

773 Vgl. R. Eatwell, Reflections, 148.

774 Vgl. G. Miccoli, Italien, 551.

775 R. Eatwell, Reflections, 149.

776 Vgl. ebd.

777 Vgl. dazu P. Kent, Tale, 593.

778 R. Eatwell, Reflections, 151.

779 Vgl. H. Maier, Doppelgesicht, 46ff.

780 Canepa schrieb sich 1932 in die faschistische Partei ein und erhielt nach der Veröffentlichung seines dreibändigen Werkes »Sistema di dottrina del fascismo« (Roma, 1937) einen Lehrstuhl für Geschichte und Lehre des Faschismus sowie (allgemeine) Geschichte der politischen Lehren an der Universität Catania in Sizilien. Er beteiligte sich aber auch unter dem Pseudonym Mario Turri am Widerstand gegen den Faschismus und trat für die Unabhängigkeit Siziliens von Italien ein. Er und zwei weitere Kämpfer fielen am 17. Juni 1945 in einem Schußwechsel mit einer Cara-binieri-Einheit. Der sizilianische Separatismus hatte damit bereits den Zenit überschritten und verlor rasch an Bedeutung. Vgl. S. Barbagallo, Rivoluzione; A. Caruso, Arrivano.

781 Schon 1925 betonte der französische Soziologe Georges Valois, daß der Faschismus ein »universales Phänomen« sei und »zur Synthese der positiv antidemokratischen Bewegungen« in Europa werde. Vgl. G. Valois, Essenza.

782 A. Canepa, Sistema, 96.

783 AaO., 100.

784 G. Bruni, Stato totalitario, 261f.

785 L. Klinkhammer, Mussolinis Italien, 89. Ähnlich schon J. Gaillard, Attractions, 213.

786 Vgl. dazu E. Gentile, Sacralization; ders., Liktorenkult.

787 Vgl. G. Besier, Kirchen, 241ff.; E. Gajek, Feiergestaltung.

788 L. Klinkhammer, Mussolinis Italien, 87.

789 AaO., 90. Vgl. zur Nachkriegspolitik des Vatikans auch P. Kent, Cold War, bes. 87ff.; 237ff.

790 Vgl. G. Denzler, Widerstand oder Anpassung; ders., Widerstand.

791 K. Breuning, Vision, 321.

792 Vgl. J. Brokoff/J. Fohrmann (Hgg.), Politische Theologie. Wenn es sich um »italienische« Angelegenheiten handelte – etwa den Abessinien-Krieg – schlugen gelegentlich allerdings nationalkatholische Attitüden durch.

793 Zum Verhältnis von Protestantismus und Nationalismus als »Politischer Religion« siehe Th. Kuhn, Christentum. Siehe zum Verhältnis von politischer und traditioneller Religion E. Gentile, Religioni, 210.

794 Vgl. P. Godman, Vatikan und Hitler, 273.

795 R. Niebuhr, Catholic Heresy.

796 Bericht vom 7. 1. 1927 über Gespräch Groenesteyn mit Gasparri, BayHStA, Bayerische Gesandtschaft. Päpstlicher Stuhl 1005 (unpaginiert).

797 Vgl. Berichte Groenesteyn vom 15. 1. 1927 und 24. 1. 1927, aaO.

798 Vgl. EAM NL Faulhaber, Nr. 2008.

799 Vgl. Will an AA vom 19. 8. 1926, PA/AA, R 79640 (unpaginiert).

800 Vgl. EAM NL Faulhaber, Nr. 2054.

801 Vgl. G. Besier, Contradictions; R. Slayton, Al and Frank.

802 J. McGreevy, Catholicism, 171.

803 AaO., 173.

804 L. Mumford, Call.

805 J. Mecklin, Freedom of Speech, 170f.

806 T. Parsons, Academic Freedom.

807 Vgl. U. Lübken, Bedrohliche Nähe, bes. 130ff.

808 Vgl. AA an von Bergen vom 19. 8. 1939, ADAP, D, Bd. 7, 114f.

809 Vgl. Stohrer (deutscher Botschafter in San Sebastian) an das AA vom 16. 7. 1939, ADAP, D, Bd. 6, 780.

810 AA an von Bergen vom 19. 8. 1939, ADAP, D, Bd. 7, 114.

811 Robertson an Bell vom 23. 9. 1937, LPL London, Bell Papers, German Church 9, Bl. 3.

812 So Robertson an Bell vom 25. 10. 1937, aaO., Bl. 26.

813 Nathaniel Micklem an Headlam vom 7. 8. 1938, Headlam Papers MS 2643, Bl. 272. Vgl. N. Micklem, National Socialism.

814 Vgl. H. Maier, Revolution und Kirche; ders., Kirche und Demokratie.

815 Vgl. H. Lutz, Katholizismus und Faschismus; ders./C. Amery, Katholizismus und Faschismus, 49.

816 So K.-E. Lönne, Historiographischer Rückblick, 144f.

817 Vgl. dazu auch P. Kent, Cold War, 191ff.

Quellen- und Literaturverzeichnis

Ungedruckte Quellen

Archivio della Congregazione della Fede Roma [ACDF]
Bestand S.O.: 535/30; 1413/30 i; 4304, 1933 i (1); R.V. 134/12; R.V 1928 (2);
R.V. 1934, 29, Prot. 3373/34, vol. 1, 1, 2-4; 3-4; vol. 1, 1-3; vol. 2, 4, 9; vol. 2,
7ff.; vol. 4, 12; vol. 4, 16.

Archivio Storico-Diplomatico del Ministero degli Affari Esteri italiano
Roma [ASMAE]
Serie Affari Politici 1931-1945: Santa Sede, Busta 43 (1939), fasc.»Conclave«.

Bayerisches Hauptstaatsarchiv München [BayHStA]
Bayerische Gesandtschaft. Päpstlicher Stuhl: 949; 954; 956; 967; 973; 996; 1005;
1017; 1025; 1030; 1045.
MA: 99878; 100009.
MInn: 72442.
MK: 49127.

Bundesarchiv Berlin [BA]
Bestand ZB I: 186; 1146; 1237; 1653.
Bestand NS 10: 62; 109.

Erzbischöfliches Archiv München und Freising. Kardinal-Faulhaber-Archiv
[EAM NL Faulhaber]
Nr. 1000; 1051; 1053; 1103f.; 1152; 1170; 1200f.; 1250f.; 1254; 1257; 1300;
1320; 1330; 1350-1352; 1370; 1395; 2008; 2013; 2015f.; 2051-2054; 2059;
2062-2067; 2073f.; 2076; 2079; 2200; 2205; 3051; 3054f.; 3154; 3156; 3250;
3503; 3624; 3692; 3703; 3801f.; 4105; 5537; 5916; 5919; 5922; 5929; 6015-
6017; 6020; 6281-6284; 6303f.; 6580-6582; 6585f.; 6760f.; 6790; 6887; 7001;
7006; 7033f.; 7039f.; 7088-7092; 7103-7106; 7150-7156; 7182; 7206; 7222;
7228f.; 7261; 7264-7267; 7277; 7302-7305; 7307f.; 7407; 7480; 7482-7484;
7603; 7609; 7686; 8000-8004; 8022; 8024; 8028f.; 8057; 8060-8062; 8106;
8203; 8211; 8216f.; 8301; 8319; 8359; 8373; 8422-8427; 9086; 9268-9273;
9276-9278; 9364; 9375;
9400f.; 9603; 9899.

Hoover Institution Archives Stanford
Poland. Ambasada (Catholic Church), Records, 1924-1945.

Lambeth Palace Library London [LPL]
Bell Papers: German Church 9; 20.
Headlam Papers: MS. 2643.

Gedruckte Quellen und Literatur

Archives of the League of Nations, Geneva [LON]
Bestand R 3906, 41/5154/560; 41/6274/56.

National Archives at College Park, MD (Archives II), Washington, DC [NA]
Bestand LM: 193, Reel # 24; 196, Reel # 2; 197, Reel #2.

Politisches Archiv des Auswärtigen Amtes [PA/AA]
Botschaft beim Heiligen Stuhl (Rom, Vatikan): 8 Nuntius, Bd. 1/Lfd. Nr. 284; 9 Umwandl., Bd. 1/Lfd. Nr. 283; 19, Aufhebung, Bd. 1/Lfd. Nr. 286; 29, Kardinal Pacelli, Bd. 1-2/Lfd. Nr. 441f.
Bestand R: 9349; 9353; 72079; 72088; 72229; 79640; 103249; 130193; 130195.

Vatikanisches Geheimarchiv Roma [Archivio Segreto Vaticano]
Archivio della Nunziatura Apostolica in Monaco (di Baviera) [ANM]
Pos. 307, fasc. 4; Pos. 328, fasc. 1; Pos. 395, fasc. 1; Pos. 396, fasc. 7; Pos. 397, fasc. 1-3;
Pos. 418, fasc. 4.
Affari Ecclesiastici Straordinari, Germania [AA.EE.SS., Germania]
Pos. 507 P.O., fasc. 16f.; Pos. 511 P.O., fasc. 21; 23f.; Pos. 515 P.O., fasc. 25; Pos. 535 P.O., fasc. 64; Pos. 563 P.O., fasc. 79-81, Vol. If.; Pos. 565 P.O., fasc. 81; Pos. 604 P.O., fasc. 112f.; 115; 138; Pos. 606 P.O., fasc. 112-118; Pos. 621 P.O., fasc. 138f.; Pos. 621-623 P.O., fasc. 140; Pos. 632 P.O., fasc. 150; Pos. 641-643 P.O., fasc. 157; Pos. 643 P.O., fasc. 158; 160; Pos. 654 P.O., fasc. 163; 166; 171; Pos. 661-663 P.O., fasc. 210; Pos. 666 P.O., fasc. 220f.; 223f.; Pos. 692 P.O., fasc. 260; 264; Pos. 706 P.O., fasc. 272; Pos. 719 P.O., fasc. 312-314; 316; Pos. 720 P.O., fasc. 329; 336; Pos. 722 P.O., fasc. 339; Pos. 724 P.O., fasc. 339; Pos. 735 P.O., fasc. 353; Pos. 736-738 P.O., fasc. 354; Pos. 742 P.O., fasc. 354; 356; Pos. 1716 P.O., fasc. 896f.; Pos. 1718 P.O., fasc. 897; 1935 »scatole«, fasc. 9; 50; 1934-1944, »scatole« 50.
Affari Ecclesiastici Straordinari, Baviera [AA.EE.SS., Baviera]
Pos. 62, fasc. 40.
Stati Ecclesiastici
Pos. 1317, fasc. 470, vol. XII; XVII.

Gedruckte Quellen und Literatur

Acta Apostolicae Sedis (*AAS*), Roma 6 (1914); 9 (1917); 10 (1918); 12 (1920); 13 (1921); 14 (1922); 16 (1924); 17 1925); 19 (1927); 20 (1928) 21 (1929); 22 (1930); 23 (1931); 25 (1933); 26 (1934); 31 (1939).
Actes et documents du Saint Siège (*ADSS*), relatifs à la seconde guerre mondiale, Bd. 1: Le Saint Siegé et la guerre en Europe. Mars 1939 – août 1940, hg. von Blet, Pierre/Martini, Angelo/Schneider, Burkhart, Cittá del Vaticano 1965.
Adam, Stephan, Die Auseinandersetzung des Bischofs Konrad von Preysing mit dem Nationalsozialismus in den Jahren 1933-1945, St. Ottilien 1996.
Adolph, Walter, Kardinal *Preysing* und zwei Diktaturen. Sein Widerstand gegen die totalitäre Macht, Berlin (West) 1971.

Quellen- und Literaturverzeichnis

Ders., Erich *Klausener*, Berlin (West) 1955.

Adriányi, Gabriel, *Geschichte* der katholischen Kirche Ungarns, Köln-Wien 2004 (i.E.).

Agostino, Marc, Le Pape *Pie XI* et l'opinion 1922-1939 (Collection de l'École française de Rome, 150), Rom 1991.

Akten der Reichskanzlei (Weimarer Republik), hg. von Karl Dietrich Erdmann, Das *Kabinett Bauer*. 21. Juni 1919 bis 27. März 1920, bearb. von Anton Golecki, Boppard 1980.

Akten der Reichskanzlei (Weimarer Republik), hg. von Karl Dietrich Erdmann, Die *Kabinette Brüning I und II*, Bd. 2:1. März 1931 bis Oktober 1931, Dokumente Nr. 253 bis 514, bearb. von Tilmann Koops, Boppard 1982.

Akten zur deutschen Auswärtigen Politik 1918 bis 1945 (*ADAP*). Aus dem Archiv des Auswärtigen Amtes, Serie A: 1918-1925, Bd. 14: 14. August-30. November 1925, Göttingen 1995; Serie B: 1925-1933, Bd. 5: 17. März-30. Juni 1927, aaO. 1974; Bd. 7: 1. Oktober-31. Dezember 1927, aaO. 1974; Bd. 18: 1. Juli-15. Oktober 1931, aaO. 1982; Serie D: 1937-1945, Bd. 1: Von Neurath zu Ribbentrop (September 1937-September 1938), aaO. 1950; Bd. 4: Die Nachwirkungen von München (Oktober 1938-März 1939), aaO. 1951; Bd. 6: Die letzten Monate vor Kriegsausbruch (März bis August 1939), aaO. 1956; Bd. 7: Die letzten Monate vor Kriegsausbruch (August bis September 1939), aaO. 1956.

Albert, Marcel, Die *Benediktinerabtei Maria Laach* und der Nationalsozialismus (VKZG.F, 59), Paderborn-München-Wien-Zürich 2004.

Albrecht, Dieter (Hg.), Der *Notenwechsel* zwischen dem heiligen Stuhl und der deutschen Reichsregierung, Bd. 1: Von der Ratifizierung des Reichskonkordats bis zur Enzyklika »Mit brennender Sorge« (VKZG.Q, 1), Mainz 1965.

Aleksiun, Natalia, *Polish Historiography* of the Holocaust – Between Silence and Public Debate, in: German History 22 (2004), 406-432.

Alvarez, David, *Spies* in the Vatican. Espionage & Intrigue from Napoleon to the Holocaust, Lawrence 2002.

Ders., A Few Bits of *Information*: American Intelligence and the Vatican, 1939-45, in: David B. Woolner u. a. (Hgg.), FDR, aaO., 253-267.

Ders./Graham, Robert A., *Nothing Sacred*. Nazi Espionage Against the Vatican 1933-1945 (Cass Series: Studies in Intelligence), London-Portland 1997.

Amann, Sirikit M., Kulturpolitische Aspekte im *Austrofaschismus* (1934-1938) unter besonderer Berücksichtigung des Ministeriums für Unterricht, Diss. phil. Wien 1987.

Amici Israel (Hg.), *Pax* super Israel, o. O. 1926.

Anderson, James M., The *Spanish Civil War*. A History and Reverence Guide, Westport-London 2003.

Anschütz, Gerhard, Die *Verfassung* des Deutschen Reichs vom 11. August 1919. Ein Kommentar für Wissenschaft und Praxis (Stilkes Rechtsbibliothek, 1), [14]Berlin 1933.

Arendt, Hannah, »Der *Stellvertreter*« in den USA, in: NDH 101, September/Oktober 1964, 111-123.

Aretin, Karl Otmar von, Einleitende *Vorbemerkungen* zur Kontroverse Scholder-Repgen, in: Klaus Scholder, Die Kirchen zwischen Republik und Gewaltherrschaft. Gesammelte Aufsätze. Hg. von Karl Otmar von Aretin/Gerhard Besier, Berlin (West) 1988, 171-173.

Arnberger, Heinz/Garscha, Winfried R./Mitterrutzner, Christa (Bearb.), »Anschluß« 1938. Eine Dokumentation, hg. vom Dokumentationsarchiv des österreichischen Widerstandes, Wien 1988.

Assmann, Jan, Herrschaft und Heil. Politische Theologie in Altägypten, Israel und Europa, München-Wien 2000.

Astorri, Romeo, Diritto comune e normativa concordataria. Uno scritto inedito di Mons. Pacelli sulla »decadenza« degli accordia tra chiesa e Stato, in: SCont 22 (1991), 685-701.

Badde, Paul, »Antisemitische Ausschreitungen«, in: Die Welt vom 15. 3. 2003, 28.

Bärnthaler, Irmgard, Die Vaterländische Front. Geschichte und Organisation, Wien-Frankfurt/M.-Zürich 1971.

Bärsch, Claus-Ekkehard, Die politische Religion des Nationalsozialismus. Die religiösen Dimensionen der NS-Ideologie in den Schriften von Dietrich Eckart, Joseph Goebbels, Alfred Rosenberg und Adolf Hitler, München [2]2002.

Balfour, Sebastian/Preston, Paul (Hgg.), Spain and the Great Powers in the Twentieth Century (Cañada Blanch studies in contemporary Spain), London 1999.

Barbagallo, Salvo, Una rivoluzione mancata, Catania 1974.

Barkowez, Olga/Federow, Fjodor/Krylow, Alexander, »Geliebter Nicky«. Der letzte russische Zar Nikolaus II. und seine Familie. Aus dem Russischen von Bärbel und Lothar Lenhardt. Mit 52 historischen Photographien, Berlin 2002.

Batelli, Giuseppe, Chiesa, societá e »devozioni politiche«, in: StSt 43 (2002), 611-626.

Batowski, Henryk, Die territorialen Bestimmungen von San Stefano und Berlin, in: Melville, Ralph/Schröder, Hans-Jürgen (Hgg.), Der Berliner Kongreß von 1878. Die Politik der Großmächte und die Probleme der Modernisierung in Südosteuropa in der zweiten Hälfte des 19. Jahrhunderts (Veröffentlichungen des Instituts für Europäische Geschichte Mainz. Abteilung Universalgeschichte. Beiheft 7), Wiesbaden 1982, 51-62.

Bauer, Richard (Bearb.), Kardinal Michael von Faulhaber, 1869-1952. Eine Ausstellung des Archivs des Erzbistums München und Freising, des Bayerischen Hauptstaatsarchivs und des Stadtarchivs München zum 50. Todestag. München 6. Juni bis 28. Juli 2002 (Ausstellungskataloge der Staatlichen Archive Bayerns, 44), München-Neuburg 2002.

Baumgärtner, Raimund, Weltanschauungskampf im Dritten Reich. Die Auseinandersetzung der Kirchen mit Alfred Rosenberg (VKZG.F, 22), Mainz 1977.

Becker, Josef, Das Ende der Zentrumspartei und die Problematik des politischen Katholizismus in Deutschland, in: Jasper, Gotthard (Hg.), Von Weimar zu Hitler 1930-1933, Köln-Berlin 1968 (Neue wissenschaftliche Bibliothek, 25: Geschichte), 344-376.

Becker, Winfried, Die Deutsche Zentrumspartei gegenüber dem Nationalsozialismus und dem Reichskonkordat 1930-1933: Motivationsstrukturen und Situationszwänge, in: HPM 7 (2000), 1-37.

Beckmann, Beate/Gerl-Falkowitz, Hanna-Barbara (Hgg.), Edith Stein. Themen-Bezüge-Dokumente (Orbis phaenomenologicus: Perspektiven, 1), Würzburg 2003.

Quellen- und Literaturverzeichnis

Ben-Ami, Shlomo, The *Dictatorship* of Primo de Rivera. A Political Reassessment, in: JCH 12 (1977), 65-84.

Berezin, Mabel, Making the *Fascist Self.* The Political Culture of Interwar Italy (The Wilder House Series in Politics, History, and Culture), Ithaka 1997.

Bergmann, Ernst, Die Deutsche Nationalkirche, Breslau 1933.

Bernecker, Walther L., *Krieg* in Spanien 1936-1939, Darmstadt 1991.

Ders., *Religion* in Spanien. Darstellung und Daten zur Geschichte und Gegenwart (Gütersloher Taschenbücher 636: Religion in Europa), Gütersloh 1995.

Ders., *Spanische Geschichte* von der Reconquista bis heute, Darmstadt 2002.

Ders./Pietschmann, Horst, *Geschichte Portugals.* Vom Spätmittelalter bis zur Gegenwart (Beck'sche Reihe, 2156: C.H. Beck Wissen), München 2001.

Dies., *Geschichte Spaniens.* Von der frühen Neuzeit bis zur Gegenwart, Stuttgart-Berlin-Köln ³2000.

Berning, Vincent/Maier, Hans, Alois *Dempf* 1891-1982. Philosoph, Kulturtheoretiker, Prophet gegen den Nationalsozialismus, Weißenhorn 1992.

Besier, Gerhard, In *Contradictions* to the Grassroots? The Stance of the Federal Council of the Churches of Christ (FCC) towards the »Third Reich«, in: Kyrkohistorisk Årsskrift 1 (2003), 139-156.

Ders., Confessional versus Ideological *Convictions.* The *Fliednersches Evangelisationswerk* and the Ecclesiastical Foreign Office of the German Protestant Church During the Spanish Civil War, in: KZG 15 (2002), 509-518.

Ders., Der *Dom* in der Weimarer Republik und im Dritten Reich, in: Plöse, Detlef (Redakt.), Der Berliner Dom. Geschichte und Gegenwart der Oberpfarr- und Domkirche zu Berlin (Dokumentation des »Symposiums zur Geschichte und Gegenwart der Oberpfarr- und Domkirche (Berliner Dom)« vom 19. November 1999 bis 3. März 2000 in Berlin), Berlin 2001, 197-209.

Ders., »The *friends* ... in America need to know the truth...«. Die deutschen Kirchen im Urteil der Vereinigten Staaten (1933-1941), in: JHK 1998, München 1999, 23-76.

Ders., Die *Kirchen* und das Dritte Reich. Spaltungen und Abwehrkämpfe 1934-1937, Berlin-München 2001.

Ders., *Kirche*, Politik und Gesellschaft *im 19. Jahrhundert* (EDG, 48), München 1998.

Ders., *Kirche*, Politik und Gesellschaft *im 20. Jahrhundert* (EDG, 50), München 2000.

Ders., Der *Nationalsozialismus* als Säkularreligion, in: ders./Lessing, Eckhard (Hgg.), Die Geschichte der Evangelischen Kirche der Union. Ein Handbuch, Bd. 3: Trennung von Staat und Kirche – Kirchlich-politische Krisen – Erneuerung kirchlicher Gemeinschaft (1918-1992), Leipzig 1999, 445-478.

Ders., Dogmatische *Neuansätze*, politisch ethische Kontroversen und praktisch-theologisches Handeln in der Kirche und Universitätstheologie, in: aaO., 142-210.

Ders., Eugenio *Pacelli*, die Römisch-katholische Kirche und das Christentum (1933-1945) in historisch-religiöser Kritik, in: Rainer Bendel (Hg.), Die katholische Schuld? Katholizismus im Dritten Reich zwischen Arrangement und Widerstand, Münster-Hamburg-London 2002, 200-220.

Gedruckte Quellen und Literatur

Bettelheim, Peter (Hg.), *Antisemitismus* in Osteuropa. Aspekte einer historischen Kontinuität, Wien 1992.

Biffi, Monica M., Mons. Cesare *Orsenigo*: nunzio apostolico in Germania (1930-1946) (Archivo ambrosiano, 75), Milano 1997.

Binder, Dieter A., Der »Christliche *Ständestaat*«. Österreich 1934-1938, in: Steininger, Rolf/u.a. (Hgg.), Österreich im 20. Jahrhundert, aaO., 203-243.

Birmingham, David, A Concise *History* of Portugal (Cambridge Concise Histories), Cambridge 1993.

Blaschke, Olaf, *Katholizismus und Antisemitismus* im Deutschen Kaiserreich (Kritische Studien zur Geschichtswissenschaft, 122), Göttingen 1997.

Blet, Pierre SJ, *Papst Pius XII.* und der Zweite Weltkrieg. Aus den Akten des Vatikans, Paderborn-München-Wien-Zürich [2]2001.

Ders., *Pie XII* et la Seconde Guerre mondiale d'après les archives du Vatican, Paris 2000.

Blinkhorn, Martin (Hg.), *Spain* in Conflict, 1931-1939. Democracy and Its Enemies, London 1986.

Ders., *Democracy and Civil War* in Spain, 1931-1939 (Lancaster Pamphlets), London 1996.

Böttcher, Hans Viktor, Die *Freie Stadt Danzig*. Wege und Umwege in die europäische Zukunft. Historischer Rückblick und völkerrechtliche Fragen (Forschungsergebnisse der Studiengruppe für Politik und Völkerrecht, 23), Bonn [3]1999.

Botti, Giuseppe, *Diario* 1935-1944, hg. von Giordano Bruno Guerri, Milano 1982.

Bottum, Joseph, The *End* of the Pius Wars, in: First Things 142 (April 2004), 18-25.

Ders./Dalin, David G., The *Pius War*. Responses to the Critics of Pius XII, Lanham 2004 (i.E.).

Bowen, Wayne H., *Spaniards* and Nazi Germany. Collaboration in the New Order, Columbia-London 2000.

Boyd, Carolyn B., *Historia Patria*. Politics, History, and National Identity in Spain 1875-1975, Princeton 1997.

Bracher, Karl Dietrich, Nationalsozialistische *Machtergreifung* und Reichskonkordat. Ein Gutachten, in: Giese, Friedrich/Heydte, Friedrich August von der/Müller, Hans (Hgg.), Der Konkordatsprozeß (Veröffentlichungen des Instituts für Staatslehre und Politik, 7), Bd. 3, München [2]1995, 947-1021.

Braga da Cruz, Manuel, Der *Estado Novo* und die katholische Kirche, in: Fernando Rosas (Hg.), Vom Ständestaat zur Demokratie. Portugal im zwanzigsten Jahrhundert (Schriftenreihe der Vierteljahrshefte für Zeitgeschichte, 75), München 1997, 49-63.

Brandl, Ludwig, *Neue Quellen* zum Reichskonkordat vom 20. Juli 1933, in: ZfP 38 (1991), 428-449.

Brandmüller, Walter, Ein neuer *Streit* um Pius XII. Zum Desaster der katholisch-jüdischen Historikerkommission, in: Die Neue Ordnung 55 (2001), 371-381.

Braun, Otto, Von *Weimar* zu Hitler, New York 1940.

Brechenmacher, Thomas, Das *Ende* der doppelten Schutzherrschaft. Der Heilige Stuhl und die Juden am Übergang zur Moderne 1775-1870 (Päpste und Papsttum, 32), Stuttgart 2004.

Quellen- und Literaturverzeichnis

Ders., Er war nicht stark, und er war kein *Held*, in: *FAZ* Nr. 95 vom 24. 4. 2003, 42.

Ders., Im *Widerspruch* zum göttlichen Recht. Neue Quellen zeigen: Kardinal Pacelli lehnte 1938 jeden Kompromiss mit dem Nationalsozialismus ab, in: *FAZ* Nr. 238 vom 14. 10. 2003, 48.

Breuning, Klaus, Die *Vision* des Reiches. Deutscher Katholizismus zwischen Demokratie und Diktatur (1929-1934), München 1969.

Brokoff, Jürgen/Fohrmann, Jürgen (Hgg.), *Politische Theologie*. Formen und Funktionen im 20. Jahrhundert (Studien zu Judentum und Christentum), Paderborn-München-Wien-Zürich 2003.

Brüning, Heinrich, *Memoiren* 1918-1934, Stuttgart 1970.

Bruneteau, Bernard, *Antiliberalismus* und totalitäre Versuchung – Am Beispiel von fünf Intellektuellen des »Parti populaire français« in den 30er Jahren, in: Backes, Uwe (Hg.), Rechtsextreme Ideologien in Geschichte und Gegenwart (Schriften des Hannah-Arendt-Instituts für Totalitarismusforschung, 23), Köln-Weimar-Wien 2003, 123-137.

Bruni, Giulio Ulderigo, Sul concetto di *Stato totalitario*, in: Lo Stato 10 (1939), 257-289.

Bruti Liberati, Luigi, *Santa Sede* e Stati Uniti negli anni della grande guerra, in: Rumi, Giorgio, (Hg.), Benedetto XV e la pace 1918 (Biblioteca di storia temporanea), Brescia 1990, 129-150.

Bukey, Evan Burr, *Hitler's Austria*. Popular Sentiment in the Nazi Era 1938-1945, Chapel Hill-London 2000.

Burdett, Charles, *Journeys* to Italian East Africa 1936-1941: narratives of settlement, in: JMIS 5 (2000), 207-226.

Burkard, Dominik, Die *Bergpredigt* des Teufels. Keine Gnade vor den Augen des Vatikans: Zur Indizierung von Rosenbergs Mythus des 20. Jahrhunderts, in: *FAZ* Nr. 73 vom 27. 3. 2003, 48.

Butler, Ewan/Young, Gordon, The Life and Death of *Hermann Goering*, Newton Abbot 1989.

Canepa, Antonio, *Sistema* di dottrina del fascismo. Libro terzo: Le basi del sistema, Roma 1937.

Carr, Raymund (Hg.), *Spain*. A History, Oxford 2000.

Carroll, James, *Constantine's Sword*. The Church and the Jews, Boston 2001.

Carsten, Francis L., Die erste österreichische *Republik* im Spiegel zeitgenössischer Quellen (Böhlaus zeitgeschichtliche Bibliothek, 8), Wien-Köln-Graz 1988.

Carter, Michael H., Diplomacy's Detractors: American Protestant Reaction to FDR's »Personal Representative« at the Vatican, in: David B. Woolner u. a. (Hgg.), FDR, aaO., 179-208.

Caruso, Alfio, *Arrivano* i nostri, Milano 2004.

Casanova, Julián, La *Iglesia* de Franco (Colleción historia), Madrid 2001.

Casula, Carlo Felice, Domenico *Tardini* (1888-1961). L'azione della Santa Sede nella crisi fra le due guerre, Roma 1988.

Ders., Le *segreterie di stato* tra le due guerre, in: De Rosa, Gabriele/Gracco, Giorgio. (Hg.), Il Papato e l'Europa, Soveria Mannelli (Catanzaro) 2001, 417-428.

Chadwick, Owen, *Pius XII*. The Legends and the Truth, in: International Catholic Newspaper vom 28. 3. 1998.

Ders., *Britain* and the Vatican during the Second World War (Ford Lectures, 1981), Cambridge 1986.

Charnitzky, Jürgen, Die *Schulpolitik* des faschistischen Regimes in Italien (1922-1943) (Bibliothek des Deutschen Historischen Instituts in Rom, 79), Tübingen 1994.

Chen, Philip, *Religious Liberty* in American Foreign Policy, 1933-41: Aspects of Public Argument Beween FDR and American Roman Catholics, in: David B. Woolner u. a. (Hgg.), FDR, aaO., 121-139.

Chenaux, Philippe, *Pie XII*. Diplomate et pasteur, Paris 2003.

Chiron, Yves, La Vie de *Maurras*, Paris 1991.

Cianfarra, Camille M., The *War and the Vatican*, London 1945.

Ciano, Galeazzo, *Diario* 1937-1943, hg. von Renzo de Felice, Milano 1980.

Ders., *Tagebücher* 1937/38, Hamburg 1949.

Cimbaev, Nikolay, Die *Russische Kirche* in den Jahren schwerer Prüfungen, in: Luks, Leonid (Hg.), Das Christentum und die totalitären Herausforderungen des 20. Jahrhunderts (Schriften des Zentralinstituts für Mittel- und Osteuropastudien, 5), Köln-Weimar-Wien 2002, 175-189.

Codex juris canonici (*CIC*) Pii X pontificis maximi jussi digestus, Benedicti Papae XV auctoritate promulgatus, praefatione, fontium annotatione et indice analytico-alphabetico ab Petri Card. Gasparri auctus, Romae 1918.

Cogni, Giulio, Il *Razzismo* (Piccola Biblioteca di scienze moderne, 415), Milano 1936.

Colas, Dominique, Säubernde und gesäuberte *Einheitspartei*. Lenin und der Leninismus, in; Backes, Uwe/Courtois, Stéphane (Hgg.), »Ein Gespenst geht um in Europa.« Das Erbe kommunistischer Ideologien, Köln-Weimar-Wien 2002, 147-186.

Ders., Le *léninisme*. Philosophie et sociologie politiques du léninisme, Paris [2]1998.

Collectanea S. Congregationis de Propaganda Fide seu decreta, instructiones, rescripta pro apostolicis missionibus. Bd. 2: [Jahre] 1867–1906, Nr. 1300–2317, Rom 1907.

Confalonieri, Carlo, *Pius XI*. aus der Nähe gesehen, Aschaffenburg 1958.

Conway, John S., *Pope* Pius XII and the Myron Taylor Mission: The Vatican and American Wartime Diplomacy, in: David B. Woolner u. a. (Hgg.), FDR, aaO., 143-151.

Cornwell, John, *Pius XII*. Der Papst, der geschwiegen hat, München [2]2000 .

Corsten, Wilhelm (Hg.), *Sammlung* kirchlicher Erlasse, Verordnungen und Bekanntmachungen für die Erzdiözese Köln, Bd. 1, Köln 1929.

Coverdale, John F., *Italian Intervention* in the Spanish Civil War, Princeton 1975.

Davidson, Peter (Hg.), *Orwell* in Spain. The Full Text of *Homage to Catalonia*, with Associated Articles, Reviews and Letters from the Complete Works of George Orwell, London 2001.

Davies, Norman, Im *Herzen Europas*. Geschichte Polens, München [2]2001.

De Bedts, Ralf F., Ambassador *Joseph Kennedy* 1938-1940. An Anatomy of Appeasement (American University Studies Series 9, 12), New York-Bern-Frankfurt/M. 1985.

De Felice, Renzo (Hg.), *Mussolini e Hitler*. I rapport segreti (1922-1933) (Quaderni di storia, 33), Firenze [2]1983.

Ders., *Mussolini il Duce*. Bd.1: Gli anni del consenso 1929-1936, Torino 1974; Bd. 2: Lo Stato totalitario 1936-1940, Torino 1981.

De Giorgi, Fulvio, *Linguaggi militari* e mobilitazione cattolica nell' Italia fascista, in: Contemporanea 5 (2002), 253-286.

De Grazia, Victoria, Die *Radikalisierung* der Bevölkerungspolitik im faschistischen Italien: Mussolinis »Rassenstaat«, in: GuG 26 (2000), 219-254.

Del Carmen Tapia, Maria, Hinter der *Schwelle*. Ein Leben im Opus Dei. Der schockierende Bericht einer Frau, Zürich [2]1994.

Denzler, Georg, Franz von *Papen* als abtrünniger Zentrumspolitiker und Initiator des Reichskonkordats. Vortrag am 17. 6. 2004 im DHI Rom (Ms.).

Ders., *Widerstand* ist nicht das richtige Wort. Katholische Priester, Bischöfe und Theologen im Dritten Reich, Zürich 2003.

Ders., *Widerstand oder Anpassung*? Katholische Kirche und Drittes Reich, München-Zürich 1984.

Deuerlein, Ernst (Hg.), Der *Aufstieg* der NSDAP in Augenzeugenberichten, München [3]1974.

Ders., Der deutsche *Katholizismus* 1933 (Fromms Taschenbücher zeitnahes Christentum, 10), Osnabrück 1963.

Ders., *Reichskonkordat*. Beiträge zu Vorgeschichte, Abschluß und Vollzug des Konkordates zwischen dem Heiligen Stuhl und dem Deutschen Reich vom 20. Juli 1933, Düsseldorf 1956.

Dietrich, Donald J., *Joseph Mayer* and the Missing Memo. A Catholic Justification for Euthanasisa, in: Remembering for the Future. Papers presented at an International Scholars' Conference, Bd. 1, Oxford 1988, 38-49.

[I] Documenti diplomatici italiani *(DDI)*. Ministero degli Affari Esteri, Commissione per la Pubblicazione dei Documenti Diplomatici, Ser. 4: 1908-1914. Vol. 5-6 (11 dicembre 1909-29 marzo 1911). Roma 2001; Ser. 8: 1935-1939. Vol. 6 (1 gennaio-30 giugno 1937), aaO. 1997.

Drimmel, Heinrich, Vom *Kanzlermord* zum Anschluß. Österreich 1934-1938, [2]Wien 1988.

Dülffer, Jost (Hg.), Theobald von *Bethmann Hollweg*, Betrachtungen zum Weltkrieg, Essen 1989.

Ders., *Weimar*, Hitler und die Marine. Reichspolitik und Flottenbau 1920-1939, Düsseldorf 1973.

Ealham, Chris/Richards, Michael (Hgg.), The *Splintering* of Spain 1936-1945. New Historical Perspectives on the Spanish Civil War, Cambridge 2005 (i. E.).

Eatwell, Roger, *Reflections* on Fascism and Religion, in: TMPR 4 (2003), 145-166.

Ebneth, Rudolf, Die österreichische *Wochenschrift* »Der Christliche Ständestaat«. Deutsche Emigration in Österreich 1933-1938 (VKZG.F, 19), Mainz 1976.

Echeverria, José, Der *Kampf* gegen die katholische Kirche in Mexiko in den letzten 13 Jahren (Apologetische Tagesfragen, 21), M.Gladbach 1926.

Enderle, Peter, Die ökonomischen und politischen *Grundlagen* der Römischen Protokolle aus dem Jahre 1934, Diss. phil. Wien 1980.

Engel-Janosi, Friedrich, Vom *Chaos* zur Katastrophe. Vatikanische Gespräche 1918-1938. Vornehmlich auf Grund der Berichte der österreichischen Gesandten beim Heiligen Stuhl, Wien-München 1971.

Ders., *Österreich* und der Vatikan 1846-1918, Bd. 2: Die Pontifikate Pius' X. und Benediktus XV. 1903-1918, Graz-Wien-Köln 1960.

Gedruckte Quellen und Literatur

Eppel, Peter, Zwischen *Kreuz und Hakenkreuz*. Die Haltung der Zeitschrift »Schönere Zukunft« zum Nationalsozialismus in Deutschland 1934-1938 (Veröffentlichungen der Kommission für Neuere Geschichte Österreichs, 69), Wien-Köln-Weimar 1980.

Epstein, Klaus, Matthias *Erzberger* und das Dilemma der deutschen Demokratie (Ullstein-Buch, 3227), Frankfurt/M.-Berlin-Wien 1976.

Erzberger, Matthias, *Erlebnisse* im Weltkrieg, Stuttgart 1920.

Erzbischöfliches Generalvikariat (Hg.), *Studien* zum Mythus des XX. Jahrhunderts (Amtsblatt des Bischöflichen Ordinariats, Berlin: Amtliche Beilage 1934), Köln 1934.

Esch, Ludwig SJ, *Neudeutschland*. Sein Werden und Wachsen, Saarbrücken 1927.

Falecki, Tomasz, *Stolica Apostolska* a problem ewentualnego zbliżenia polsko-niemieckiego w 1920 r, in: Kapaly, Zbigniew/Lesiuk, Wiesław (Hgg.), Pamięć o Powstaniach Śląskich czy i Komu Potrzebna?, Bytom 2001, 136-154.

Falter, Jürgen W., *Hitlers Wähler*, München 1991.

Fattorini, Emma, *Germania* e Santa Sede. Le nunziatura di Pacelli fra la Grande guerre e la Repubblica di Weimar (Annali dell'Istituto Storico Italo-Germanico: Monografia, 18), Bologna 1992.

Feldkamp, Michael F., Die *Aufhebung* der Apostolischen Nuntiatur in München 1934. Mit einem Anhang der Amtsdaten der Nuntien, Internuntien und Geschäftsführer 1786-1934, in: Haas, Reimund (Hg.), Im Gedächtnis der Kirche neu erwachen. Studien zur Geschichte des Christentums in Ost- und Mitteleuropa. Festgabe für Gabriel Adriányi zum 65. Geburtstag (Bonner Beiträge zur Kirchengeschichte, 22), Köln-Weimar-Wien 2000, 185-234.

Ders., Die *Beziehungen* der Bundesrepublik Deutschland zum Heiligen Stuhl 1949-1966. Aus den Vatikanakten des Auswärtigen Amtes. Eine Dokumentation (Bonner Beiträge zur Kirchengeschichte, 21), Köln-Weimar-Wien 2000.

Ders., *Pius XII.* und Deutschland (Kleine Reihe V & R, 4026), Göttingen 2000.

Fink, Carole, The *Genoa Conference*. European Diplomacy 1921-22, Chapel Hill-London 1994.

Fischer, Hans Friedrich, Die *Wiedererrichtung* des Bistums Meißen 1921 und ihre Vorgeschichte (Studien zur katholischen Bistums- und Klostergeschichte, 34), Leipzig 1992.

Fischer, Holger, Eine kleine *Geschichte* Ungarns (Edition Suhrkamp, 2114), Frankfurt/M. 1999.

Fitzek, Alfons (Hg.), *Pius XI.* und Mussolini, Hitler und Stalin. Seine Weltrundschreiben gegen Faschismus, Nationalsozialismus, Kommunismus, Eichstätt 1987.

Föhr, Ernst, *Geschichte* des badischen Konkordats, Freiburg/Br. 1958.

Fogarty, Gerald T., *Roosevelt* and the American Catholic Hierarchy, in: Woolner, David B. u. a. (Hgg.), FDR, aaO., 11-43.

Foresta, Patrizio, Der »katholische *Totalitarismus*«. Das Papsttum und die Modernität in der Wahrnehmung Pius' XI. (Ms.).

Fraenkel, Heinrich/Manvell, Roger, Hermann *Göring*, Hannover 1964.

François-Poncet, André, *Botschafter* in Berlin 1931-1938, Mainz [3]1962.

Frank, Karl Suso, *Christkönig*, in: LThK III (1994), 1140f.

Franzke, Hans-Georg, Die *Laizität* als staatskirchenrechtliches Leitprinzip Frankreichs, in: DÖV 2004, 383-387.

Quellen- und Literaturverzeichnis

Franz-Willing, Georg, Die *bayerische Vatikangesandtschaft* 1803-1934, München 1965.

Friedländer, Saul, Das Dritte Reich und die *Juden*. Die Jahre der Verfolgung 1933-1939, München 2000.

Ders., *Pius XII.* und das Dritte Reich. Eine Dokumentation (Rowohlt-Paperback, 43) Hamburg-Reinbek 1965.

Fröhlich, Elke (Hg.), Die *Tagebücher* von Joseph Goebbels. Sämtliche Fragmente. Hg. im Auftrag des Instituts für Zeitgeschichte und in Verbindung mit dem Bundesarchiv, Teil 1: Aufzeichnungen 1924-1941, Bd. 2: 1. 1. 1931-31. 12. 1936, München-New York-London-Paris 1987.

Gaillard, Jone, The *Attractions* of Fascism for the Church of Rome, in: Milfull, John (Hg.), The Attractions of Fascism. Social Psychology and Aesthetics of the »Triumph of the Right«, New York-Oxford-München 1990.

Gallagher, Charles R. SJ, ›Personal, Private *Views*‹, in: America, September 2003, 8-10.

Ders., A Peculiar Brand of *Patriotism*: The Holy See, FDR, and the Case of Reverend Charles E. Coughlin, in: David B. Woolner u. a. (Hgg.), FDR, aaO., 269-277.

Galletto, Bortolo, Vita di *Dollfuss*. Prefazione di S. E. Mons. Luigi Hudal, Roma 1935.

Gallo, Patrick J., For *Love and Country*. The Italian Resistance, Lanham 2003.

Gajek, Esther, »*Feiergestaltung*« – Zur planmäßigen Entwicklung eines »aus nationalsozialistischer Weltanschauung geborenen, neuen arteigenen Brauchtums« am Amt Rosenberg, in: Schnurbein, Stefanie von/Ulbricht, Justus H. (Hgg.), Völkische Religion und Krisen der Moderne. Entwürfe »arteigener« Glaubenssysteme seit der Jahrhundertwende, Würzburg 2001, 386-408.

Gentile, Emilio, Der *Liktorenkult*, in: Dipper, Christof/Hudemann, Rainer/ Petersen, Jens (Hgg.), Faschismus und Faschismen im Vergleich. Wolfgang Schieder zum 60. Geburtstag (Italien in der Moderne, 3), Vierow bei Greifswald 1998, 247-261.

Ders., Le *religioni* della politica. Fra democrazie e totalitarismi, Roma-Bari 2001.

Ders., The *Sacralisation* of Politics in Fascist Italy, Cambridge 1996.

Ders., La *Via Italiana* al Totalitarismo. Il partito e lo Stato nel regime fascista, Roma 1995.

Gentile, Giovanni, *Grundlagen* des Faschismus (Veröffentlichungen des Petrarca-Hauses 3, 2), Stuttgart 1936.

Germania. Zeitung für das deutsche Volk, Berlin 1917; 1922; 1933.

Giacometti, Zaccharia, *Quellen* zur Geschichte der Trennung von Staat und Kirche, Tübingen 1926.

Giovannetti, Alberto, Der *Vatikan* und der Krieg, Köln 1961.

Godman, Peter, Der *Vatikan und Hitler*. Die geheimen Archive, München 2004.

Göring, Emmy, An der *Seite* meines Mannes. Begebenheiten und Bekenntnisse, Coburg [4]1996.

Golder, Marko/Rahden, Manuel von, *Studien* zur Zeitgeschichte Portugals. Sport- und Jugendpolitik im Estado Novo (1933-1974). Militär und Parteien während der Nelkenrevolution (1974-75) (Hamburger Ibero-Amerika-Studien, 10), Hamburg 1998.

Gedruckte Quellen und Literatur

Goldhagen, Daniel Jonah, Die katholische Kirche und der Holocaust. Eine Untersuchung über Schuld und Sühne, Berlin 2002

Goldinger, Walther/Binder, Dieter A. (Bearb.), Geschichte der Republik Österreich 1918-1938, Wien 1992.

Golombek, Dieter, Die politische Vorgeschichte des Preußenkonkordats (1929) (VKZG.F, 4), Mainz 1970.

Goyet, Bruno, Charles Maurras (Références/Facettes), Paris 2000.

Goytisolo, Juan, Spanien und die Spanier (Suhrkamp-Taschenbuch, 861), Frankfurt/M. 1992.

Graml, Hermann, Zwischen Stresemann und Hitler. Die Außenpolitik der Präsidialkabinette Brüning, Papen und Schleicher (Schriftenreihe der VfZ, 83), München 2001.

Grau, Bernhard, Kurt Eisner 1867-1919. Eine Biographie, München 2001.

Ders./Treffler, Guido, Unter Republikanern und Republikfreunden, in: Bauer, Richard (Bearb.), Kardinal Michael von Faulhaber, aaO., 176-199.

Grentrup, Theodor, Die kirchliche Rechtslage der deutschen Minderheiten katholischer Konfession in Europa. Eine Materialsammlung, Berlin 1928.

Gritschneder, Otto, Bewährungsfrist für den Terroristen Adolf H. Der Hitler-Putsch und die bayerische Justiz, München 1990.

Grössl, Gerhard, Papst Pius XII. (1939-1958). »Pastor angelicus« oder »Hitlers Papst«? Dokumentation eines Widerstreits. Mit einer Bibliographie und einem Autorenverzeichnis, Dipl. Arb. phil. Eichstätt 2000.

Grott, Bogumil, Polnische Parteien und nationalistische Gruppen in ihrem Verhältnis zur katholischen Kirche und zu deren Lehre vor dem Zweiten Weltkrieg, in: ZfO 45 (1996), 72-88.

Gruber, Hubert, Friedrich Muckermann, S.J. 1883-1946. Ein katholischer Publizist in der Auseinandersetzung mit dem Zeitgeist (VKZG.F, 61), Mainz 1993.

Guardini, Romano, Vom Sinn der Kirche. Fünf Vorträge, Mainz 1922.

Ders., Stationen und Rückblicke. Berichte über mein Leben, Mainz [2]1995.

Härtel, Hans-Joachim/Schönfeld, Roland, Bulgarien. Vom Mittelalter bis zur Gegenwart, Regensburg 1998.

Hamers, Antonius, Zur Konkordatspolitik Eugenio Pacellis. Die nicht vollendeten Konkordate mit Württemberg und Hessen. Vortrag am 17. 6. 2004 im DHI Rom (Ms.).

Hanisch, Ernst, Der lange Schatten des Staates. Österreichische Gesellschaftsgeschichte im 20. Jahrhundert, Wien 1994.

Ders., Der politische Katholizismus als ideologischer Träger des »Austrofaschismus«, in: Tálos, Emmerich/Neugebauer, Wolfgang (Hgg.), »Austrofaschismus«. Beiträge über Politik, Ökonomie und Kultur 1934-1938, Wien [4]1988, 53-73.

Ders., Die Ideologie des politischen Katholizismus in Österreich 1918-1938 (Veröffentlichungen des Instituts für Kirchliche Zeitgeschichte am Internationalen Forschungszentrum für Grundfragen der Wissenschaften Salzburg: 2. Serie, Studien, 5) Wien-Salzburg 1977.

Hankel, Gerd, Die Leipziger Prozesse. Deutsche Kriegsverbrechen und ihre strafrechtliche Verfolgung nach dem ersten Weltkrieg, Hamburg 2003.

Hanus, Franciscus, Die preußische Vatikangesandtschaft 1747-1920, München 1954.

Hecker, Hans-Joachim, *Kardinal Faulhaber* und seine Stellung im Wandel der politischen Verhältnisse, in: Bauer, Richard (Bearb.), Kardinal Michael von Faulhaber, aaO., 19-36.

Hehl, Ulrich von, *Wilhelm Marx* 1863-1946. Eine politische Biographie (VKZG.F, 47), Mainz 1987.

Ders./Kösters, Christoph, *Priester* unter Hitlers Terror. Eine biographische und statistische Erhebung, 2 Bde. (VKZG.Q, 37), Paderborn-München-Wien-Zürich ³1996.

Hein, Heidi, Der *Piłsudski-Kult* und seine Bedeutung für den polnischen Staat 1926-1939 (Materialien und Studien zur Ostmitteleuropa-Forschung 9), Marburg 2002.

Heinemann, Rebecca, *Familie* zwischen Tradition und Emanzipation. Katholische und sozialdemokratische Familienkonzeptionen in der Weimarer Republik (Schriftenreihe der Stiftung Reichspräsident-Friedrich-Ebert-Gedenkstätte, 11), München 2004.

Henrich, Franz, Die *Bünde* katholischer Jugendbewegung. Ihre Bedeutung für die liturgische und eucharistische Erneuerung, München 1968.

Hildermeier, Manfred, *Geschichte* der Sowjetunion. Entstehung und Niedergang des ersten Sozialistischen Staates, München 1998.

Hillmayr, Heinrich, Roter und Weißer *Terror* in Bayern nach 1918. Ursachen, Erscheinungsformen und Folgen der Gewalttätigkeiten im Verlauf der revolutionären Ereignisse nach dem Ende des Ersten Weltkrieges (Moderne Geschichte, 2), München 1974.

Hitler, Adolf, Mein *Kampf*, München ²⁷⁶1937.

Hoberg, Hermann, *Papst Pius XII.* Die wesentlichen Tatsachen seines Lebens und Wirkens, München 1949.

Hochhuth, Rolf, Der *Stellvertreter*. Schauspiel mit einem Vorwort von Erwin Piscator (Rowohlt-Paperback, 20), Hamburg-Reinbek 1963.

Höcht, Johannes Maria, *Fatima* und Pius XII. Der Kampf um den Weltfrieden, die überraschende Kriegswende (1942/43) und der kommende Triumph Mariens. Mit einem ersten Gesamtbericht über die Fatima-Visionen des Papstes, Wiesbaden 1950.

Höhle, Michael, Die *Gründung* des Bistums Berlin 1930 (VKZG.F, 73), Paderborn-München-Wien-Zürich 1996.

Hömig, Herbert, *Brüning*. Kanzler in der Krise der Republik. Eine Weimarer Biographie, Paderborn-München-Wien-Zürich 2000.

Ders., Das preußische *Zentrum* in der Weimarer Republik (VKZG.F, 28), Mainz 1979.

Hoensch, Jörg K. (Hg.), *Judenemanzipation* – Antisemitismus – Verfolgung in Deutschland, Österreich-Ungarn, den böhmischen Ländern und in der Slowakei (Veröffentlichungen der Deutsch-Tschechischen und Deutsch-Slowakischen Historikerkommission, 6; Veröffentlichungen des Instituts für Kultur und Geschichte der Deutschen im östlichen Europa, 13), Essen 1999.

Hoffend, Andrea, Zwischen *Kultur-Achse* und Kulturkampf. Die Beziehungen zwischen ›Drittem Reich‹ und faschistischem Italien in den Bereichen Medien, Kunst, Wissenschaft und Rassenfragen (Italien in Geschichte und Gegenwart, 10), Frankfurt/M.-Berlin-Bern-Wien 1998.

Gedruckte Quellen und Literatur

Hopfgartner, Anton, *Kurt Schuschnigg*. Ein Mann gegen Hitler, Graz-Wien-Köln 1989.

Huber, Ernst Rudolf/Huber, Wolfgang (Hgg.), *Staat und Kirche* im 19. und 20. Jahrhundert. Dokumente des deutschen Staatskirchenrechts, Bd. 1: Staat und Kirche vom Ausgang des alten Reichs bis zum Vorabend der bürgerlichen Revolution, Berlin ²1990; Bd. 3: Staat und Kirche von der Beilegung des Kulturkampfes bis zum Ende des Ersten Weltkriegs, Berlin ²1990; Bd. 4: Staat und Kirche in der Zeit der Weimarer Republik, Berlin (West) 1988.

Hudal, Alois, *Deutsches Volk* und christliches Abendland, Innsbruck 1935.

Ders., *Ecclesiae* et nationi. Katholische Gedanken in einer Zeitenwende, Rom 1934.

Ders., Die *Grundlagen* des Nationalsozialismus. Eine ideengeschichtliche Untersuchung von katholischer Warte, Leipzig-Wien 1937.

Ders., Das *Rassenproblem* (Schriftenreihe im Dienste der Katholischen Aktion, 10/11), Lobnig (CŠR) 1936.

Ders., *Römische Tagebücher*. Lebensbeichte eines alten Bischofs, Graz 1976.

Ders., Vom deutschen *Schaffen* in Rom. Predigten, Ansprachen und Vorträge, Innsbruck-Wien-München 1933.

Ders., Der *Vatikan* und die modernen Staaten, Innsbruck 1935.

Hürten, Heinz, *Deutsche Katholiken* 1918-1945, Paderborn-München-Wien-Zürich 1992.

Ders., Kardinal *Faulhaber* – ein Kirchenmann im Meinungsstreit, in: Beiträge zur altbayerischen Kirchengeschichte 47 (2003), 253-267.

Ders., *Legenden* um Pacelli. Die Münchener Vatikansgesandtschaft 1918/19, in: Konrad Ackermann, Konrad (Hg.), Bayern vom Stamm zum Staat. Festschrift für Andreas Kraus zum 80. Geburtstag (Schriftenreihe zur bayerischen Landesgeschichte, 140), Bd. 2, München 2002, 503-511.

Ders., Keineswegs vertagt, *Leserbrief*, in: *FAZ* Nr. 93 vom 22. 4. 2003, 11.

Humleboek, Carsten, Die spanische *Zeitgeschichtsforschung* zur Franco-Ära seit 1975, in: Jahrbuch für Europäische Geschichte 4 (2003), 161-188.

Huttner, Markus, *Britische Presse* und nationalsozialistischer Kirchenkampf. Eine Untersuchung der »Times« und des »Manchester Guardian« von 1930 bis 1939, Paderborn-München-Wien-Zürich 1995.

Iserloh, Erwin, Innerkirchliche *Bewegungen* und ihre Spiritualität, in: HKG VII, 301-337.

Jablonka, Hans, *Waitz* – Bischof unter Kaiser und Hitler, Wien 1971.

Jaspers, Karl, Nicht schweigen! Zu Hochhuths ›*Stellvertreter*‹, in: Mitverantwortlich, Gütersloh o. J., 472.

Joosten, Christoph, Das *Christkönigsfest*. Liturgie im Spannungsfeld zwischen Frömmigkeit und Politik (Pietas Liturgica, 12), Tübingen-Basel 2002.

Jürgs, Michael, Der kleine *Frieden* im Großen Krieg. Westfront 1914: Als Deutsche, Franzosen und Briten gemeinsam Weihnachten feierten, München 2003.

Junker, Detlef, Die *Deutsche Zentrumspartei* und Hitler 1932/33. Ein Beitrag zur Problematik des politischen Katholizismus in Deutschland (Stuttgarter Beiträge zur Geschichte und Politik, 4), Stuttgart 1969.

Jurkiewicz, Jarosław, *Nuncjatura* Achillesa Ratti w Polsce, Warszawa 1955.

Jussen, Wilhelm (Hg.), *Gerechtigkeit* schafft Frieden. Reden und Enzykliken des Heiligen Vaters Papst Pius XII., Hamburg 1946.

Kaas, Ludwig, Der *Konkordatstyp* des faschistischen Italien, in: Zeitschrift für ausländisches öffentliches Recht und Völkerrecht 3 (1933), Teil 1, 488-522.

Kageneck, Hans Graf von, Wo blieb *Hindenburgs Testament?*, in: *FAZ* Nr. 146 vom 26. 6. 2004, 39.

Kappeler, Manfred, *Rassismus*. Über die Genese einer europäischen Bewußtseinsform, Frankfurt/M. 1994.

Karlov, Ju. E., Sovetskaja vlast' i *Vatikan* v 1917-1922 gg., in: Tokareva, E. S./Judina, A. V. (Hgg.), Rossija i Vatikan v konce XIX – pervoj treti XX veka, Moskva 2002, 158-184.

Keipert, Maria/Grupp, Peter (Hgg.), *Biographisches Handbuch* des deutschen Auswärtigen Dienstes 1871-1945, Bd. 1, Paderborn-München-Wien-Zürich 2000.

Keller, Katrin, *Landesgeschichte* Sachsen (UTB, 2291), Stuttgart 2002.

Kent, Peter C., The Lonely *Cold War* of Pius XII. The Roman Catholic Church and the Division of Europe 1943-1950, Montreal-London-Ithaka 2002.

Ders., The *Pope* and the Duce. The international impact of the Lateran Agreements, New York 1981.

Ders., A *Tale* of Two Popes. Pius XI, Pius XII and the Rome-Berlin Axis, in: JCH 23 (1988), 589-608.

Kertzer, David I., Die *Päpste* gegen die Juden. Der Vatikan und die Entstehung des modernen Antisemitismus, Berlin-München 2001.

Kindermann, Gottfried-Karl, *Österreich* gegen Hitler. Europas erste Abwehrfront 1933-1938, München 2003.

Kleindel, Walter, »Gott schütze Österreich!« Der *Anschluß* 1938, Wien 1988.

Klemperer, Klemens, *Ignaz Seipel*. Staatsmann einer Krisenzeit, Graz-Wien-Köln 1976.

Klinkhammer, Lutz, *Mussolinis Italien* zwischen Staat, Kirche und Religion, in: Hildebrand, Klaus (Hg.), Zwischen Politik und Religion. Studien zur Entstehung, Existenz und Wirkung des Totalitarismus, München 2003, 73-90.

Ders., Pius XII., Rom und der Holocaust, in: DHI Rom (Hg.), Quellen und Forschungen. Aus Italienischen Archiven und Bibliotheken, Bd. 80, 2000, 668-678.

Kluge, Ulrich, Der Österreichische *Ständestaat* 1934-1938. Entstehung und Scheitern, München 1984.

Knauft, Wolfgang, Konrad von Preysing – Anwalt des Rechts. Der erste Berliner Kardinal und seine Zeit, Berlin 1998.

Kneifel, Eduard, *Geschichte* der Evangelisch-Augsburgischen Kirche in Polen, Niedermarschacht 1962.

Kochanowski, Jerzy, *Horthy und Piłsudski* – Vergleich der autoritären Regime in Ungarn und Polen, in: Oberländer, Erwin (Hg.), Autoritäre Regime in Ostmittel- und Südosteuropa 1919-1944, Paderborn 2001, 19-94.

Köck, Heribert Franz, Pius XII. und das Apostolat der Laien, in: Schambeck, Herbert (Hg.), Pius XII., aaO., 427-433.

Köhler, Joachim, Adolf Kardinal *Bertram* (1859-1945), in: Karp, Hans-Jürgen/ders. (Hgg.), Katholische Kirche unter nationalsozialistischer und kommunistischer Diktatur. Deutschland und Polen 1939-1989 (Forschungen und Quellen zur Kirchen- und Kulturgeschichte Ostdeutschlands, 32), Köln-Weimar-Wien 2001, 175-193.

Gedruckte Quellen und Literatur

Köhler, Lotte/Saner, Hans (Hgg.), *Hannah Arendt/Karl Jaspers. Briefwechsel* 1926-1969, München [2]1987.

Kohler, Helga, Die *Konferenz von Evian* (6.-15. 7. 1938). Erfolgsaussichten und Ergebnisse einer internatonalen Konferenz zur Lösung des jüdischen Flüchtlingsproblems im Deutschen Reich nach dem Anschluß Österreichs im März 1938, Magisterarbeit Stuttgart 1991.

Koryna, Andrzej, *Wojna* polsko-sowiecka 1920 roku. Przebieg i tło międzynarodowe, Warszawa 1993.

Kotowski, Albert S., *Hitlers Bewegung* im Urteil der polnischen Nationaldemokratie (Studien der Forschungsstelle Ostmitteleuropa an der Universität Dortmund 28), Wiesbaden 2000.

Ders., *Polnischer Staat*, katholische Kirche und die deutschen Katholiken 1918-1939, in: KZG 15 (2002), 128-149.

Kovács, Elisabeth, *Österreich-Ungarn* aus der Sicht des Vatikans: Die Instruktion für den Apostolischen Nuntius in Wien, Teodoro Valfré di Bonzo, vom Sommer 1916, in: AHP 33 (1995), 275-298.

Dies., *Papst Benedikt XV.* und die Friedensbemühungen des Kaisers und Königs Karl von Österreich, in: AHP 27 (1989), 357-399.

Kowalec, Krzysztof, Roman *Dmowski*, Warszawa 1996.

Kremsmair, Josef, Der Weg zum österreichischen *Konkordat* von 1933/34 (Dissertationen der Universität Salzburg, 12), Wien 1980.

Kretschmann, Carsten, Die *Scholder-Repgen-Debatte*, Vortrag am 17. 6. 2004 im DHI Rom (Ms.).

Kreutzer, Heike, Das *Reichskirchenministerium* im Gefüge der nationalsozialistischen Herrschaft (Schriften des Bundesarchivs, 56), Düsseldorf 2000.

Kube, Alfred, *Pour le mérite und Hakenkreuz*. Hermann Göring im Dritten Reich (Quellen und Darstellungen zur Zeitgeschichte, 24), München [2]1987.

Kuhn, Thomas K., Das neuzeitliche *Christentum* und die Genese des Nationalismus als »Politischer Religion«, in: Pfleiderer, Georg/Stegemann, Ekkehard W. (Hgg.), Politische Religion. Geschichte und Gegenwart eines Problemfeldes (Christentum und Kultur, 3), Zürich 2004, 131-157.

Kupper, Alfons (Bearb.), *Staatliche Akten* über die Reichskonkordatsverhandlungen 1933 (VKZG.Q, 2), Mainz 1969.

Lama, Friedrich von, *Papst und Kurie* in ihrer Politik nach dem Weltkrieg dargestellt unter Berücksichtigung der Verhältnisse zwischen dem Vatikan und Deutschland, Illertissen 1925.

Landra, Guido, *Manifesto* della razza, in: Il Giornale d'Italia vom 14. 7. 1938.

[Die] *Lateranverträge* zwischen dem Heiligen Stuhl und Italien vom 11. Februar 1929. Italienischer und deutscher Text. Mit einem Geleitwort von Eugenio Pacelli, Apostolischem Nuntius in Berlin, Freiburg/Br. 1929.

Lawler, Justus George, *Popes* and Politics. Reform, Resentment, and the Holocaust, New York-London 2002.

Ledit, Giuseppe [= Joseph] SJ, *Paradossi* del communismo, Milano 1938.

Ders., La *religione* e il communismo, Milano 1937.

Lehnert, Pascalina M., Ich durfte ihm dienen. *Erinnerungen* an Papst Pius XII., Würzburg [10]1996.

Leiber, Robert, *Friedenstätigkeit* Benedikts XV., in: SdZ 100,4 (1921), 267-280.

Levillain, Philippe (Hg.), *Dictionnaire* historique de la Papauté, Paris 1994.

Quellen- und Literaturverzeichnis

Lewy, Guenter, Die Katholische Kirche und das Dritte Reich, München 1965.

Liebmann, Maximilian, Theodor Innitzer und der Anschluß. Kirche und Nationalsozialismus in Österreich (Grazer Beiträge zur Theologie-Geschichte und kirchlichen Zeitgeschichte, 1), Graz 1982.

Ders., Theodor Innitzer und der Anschluß. Österreichs Kirche 1938 (Grazer Beiträge zur Theologie-Geschichte und kirchlichen Zeit-Geschichte, 3), Graz-Wien-Köln 1988.

Lill, Rudolf, Die katholische Kirche im faschistischen Italien, in: Luks, Leonid (Hg.), Das Christentum und die totalitären Herausforderungen im 20. Jahrhundert. Rußland, Deutschland, Italien und Polen im Vergleich (Schriften des Zentralinstituts für Mittel- und Osteuropastudien, 5), Köln-Weimar-Wien 2002, 205-216.

Ders., Il Papato e la sua recezione nella Germania contemporanea, in: De Rosa, Gabriele/Cracco, Giorgio (Hgg.), Il Papato e l'Europa, Soveria Manelli 2001, 381-391.

Ders., Südtirol in der Zeit des Nationalsozialismus, Konstanz 2002.

Linz, Juan José, From Great Hopes to Civil War. The Breakdown of Democracy in Spain, in: ders./Stepan, Alfred (Hgg.), The Breakdown of Democratic Regimes, Baltimore 1978, 142-215.

Ders., An Authoritarian Regime: Spain, in: Allard, Erik/Rokkan, Stein (Hgg.), Mass Politics. Studies in Political Sociology, New York 1970, 251-283.

Ders./Stepan, Alfred (Hgg.), The Breakdown of Democratic Regimes, Baltimore 1978.

Lipiński, Wacław, Josef Piłsudski. Erinnerungen und Dokumente. Von Josef Piłsudski, dem Ersten Marschall von Polen persönlich autorisierte deutsche Gesamtausgabe, 2 Bde, Essen 1935.

Listl, Joseph, Die konkordatäre Entwicklung von 1871 bis 1988, St. Ottilien 1991.

Livre blanc du S. Siège, la séperation de l'Église et de l'État en France, exposé et documents, Paris 1906.

Lönne, Karl-Egon, Historiographischer Rückblick, in: Böckenförde, Ernst-Wolfgang (Hg.), Der deutsche Katholizismus im Jahre 1933. Kirche und demokratisches Ethos (Schriften zu Staat, Gesellschaft, Kirche, 1), Freiburg-Basel-Wien 1988, 121-150.

Ludendorff, Mathilde (Hg.), General und Kardinal. Ludendorff über die Politik des neuen Papstes Pius XII. (Pacelli) 1917-1937, München 1939.

Lübken, Uwe, Bedrohliche Nähe. Die USA und die nationalsozialistische Herausforderung in Lateinamerika 1937-1945 (Transatlantische historische Studien, 8), Stuttgart 2004.

Lutz, Heinrich, Katholizismus und Faschismus. Beobachtungen und Reflexionen, in: Beiträge zur historischen Sozialkunde 2 (1972), 21-25.

Ders./Amery, Carl, Katholizismus und Faschismus. Analysen einer Nachbarschaft. Heinrich Lutz antwortet Carl Amery (Das Theologische Interview, 16), Düsseldorf 1970.

Maderthaner, Wolfgang, 12. Februar 1934: Sozialdemokratie und Bürgerkrieg, in: Steininger, Rolf/u.a. (Hgg.), Österreich im 20. Jahrhundert, aaO., 153-202.

Ders., Legitimationsmuster des Austrofaschismus, in: ders./Maier, Michaela (Hgg.), »Der Führer bin ich selbst«. Engelbert Dollfuß – Benito Mussolini, Briefwechsel, Wien 2004, 131-157.

Ders./Maier, Michaela (Hgg.), »Der *Führer* bin ich selbst«. Engelbert Dollfuß – Benito Mussolini, Briefwechsel, Wien 2004.

Magnoni, Luisa, I *Patti* lateranensi e la cultura cattolica, in: StSt 43 (2002), 1 53-165.

Mai, Gunther, *Europa* 1918-1939. Mentalitäten, Lebensweisen, Politik zwischen den Weltkriegen, Stuttgart-Berlin-Köln 2001.

Maier, Hans, Das *Doppelgesicht* des Religiösen. Religion – Gewalt – Politik, Freiburg/Br.-Basel-Wien 2004.

Ders., *Kirche und Demokratie*, in: ders., Schriften zur Kirche und Gesellschaft, Bd. 1: Katholizismus und Demokratie, Freiburg/Br.-Basel-Wien 1983, 11-31.

Ders., *Politische Religionen*. Die totalitären Regime und das Christentum, Freiburg/Br.-Basel-Wien 1995.

Ders., *Revolution und Kirche*. Zur Frühgeschichte der christlichen Demokratie (1789-1901), Freiburg/Br.-Basel-Wien ⁵1988.

Ders. (Hg.), ›*Totalitarismus*‹ und ›Politische Religionen‹. Konzepte des Diktaturvergleichs (Politik- und Kommunikationswissenschaftliche Veröffentlichungen der Görres-Gesellschaft, 16f.; 21), 3 Bde., Paderborn-München-Wien-Zürich 1996-2003.

Malgieri, Francesco/Collotti, Enzo, *Chiesa* cattolica e regime fascista, in: Del Boca, Angelo (Hg.), Il regima fascista. Storia e storiografia, Roma-Bari 1995, 166-181.

Mann, Michael, Fascists, Cambridge 2004.

Mannes, Astrid Luise, *Brüning*. Leben – Wirken – Schicksal. Mit einem Vorwort von Bundesminister a. D. Dr. Gerhard Stoltenberg, München 1999.

Marchione, Margherita, *Consensus and Controversy*. Defending Pope Pius XII, New York 2002.

Marschall, Werner, *Geschichte* des Bistums Breslau, Stuttgart 1980.

Ders. (Bearb.), Adolf Kardinal Bertram. *Hirtenbriefe* und Hirtenworte (Forschungen und Quellen zur Kirchen- und Kulturgeschichte Ostdeutschlands, 30), Köln-Weimar-Wien 2000.

Martens, Stefan, *Hermann Göring*. »Erster Paladin des Führers« und »Zweiter Mann im Reich« (Sammlung Schöningh zur Geschichte und Gegenwart), Paderborn 1985.

Maser, Werner, *Hermann Göring*. Hitlers janusköpfiger Paladin. Die politische Biographie, Berlin 2000.

Mattioli, Aram, Eine veritable *Hölle*, in: Die Zeit Nr. 51 vom 13. 12. 2001.

Ders., Entgrenzte *Kriegsgewalt*. Der italienische Giftgaseinsatz in Abessinien 1935-1936, in: VfZ 51 (2003), 311-337.

May, Georg, Die *Konkordatspolitik* des Heiligen Stuhls von 1918-1974, in: HKG VII, 179-229.

Ders., *Ludwig Kaas*. Der Priester, der Politiker und der Gelehrte aus der Schule von Ulrich Stutz, 3 Bde., Amsterdam 1981f.

Mayer, Joseph, Gesetzliche *Unfruchtbarmachung* Geisteskranker (Studien zur katholischen Sozial- und Wirtschaftsethik, 3), Freiburg/Br. 1927.

McGreevy, John T., *Catholicism* and American Freedom. A History, New York 2003.

Mecklin, John M., *Freedom of Speech* for Clergymen, in: Annals of the American Academy of Political and Social Science 200 (1938), 170f.

Meier-Benneckenstein, Paul, *Dokumente* der deutschen Politik, Bd. 1: Die Nationalsozialistische Revolution 1933, Berlin [2]1937.

Melloni, Alberto, Das *Konklave*. Die Papstwahl in Geschichte und Gegenwart, Freiburg/Br. 2002.

Mendelsohn, John (Hg.), The *Holocaust*. Selected Documents in Eighteen Volumes. Vol. V: Jewish Emigration from 1933 to the Evian Conference of 1938 (Garland Series), New York 1982.

Menozzi, Daniele, *Regalità* sociale di Cristo e secolarizzazione. All origini della »Quas Primas«, in: CRST 16 (1995), 79-113.

Mentschl, Christoph, Zur *Tätigkeit* des deutschen Gesandten und späteren Botschafters »in besonderer Mission« Franz von Papen in Wien, Dipl. Arb. phil. Wien 1991.

Meyer, Jean M., La *christiade*. L'Église, l'état et le peuple dans la révolution mexicaine 1926-1929, Paris 1975.

Meysels, Lucian O., Der *Austrofaschismus*. Das Ende der Ersten Republik und ihr letzter Kanzler, Wien 1992.

Meysztowicz, Walerian, La *nunziatura* di Achille Ratti in Polonia, in: Ufficio studi arcivescovile di Milano (Hg.), Pio XI nel trentesimo della morte (1939-1969). Raccolta di studi e memorie, Milano 1969, 177-201.

Miccoli, Giovanni, *Chiesa e società* in Italia dal Concilio Vaticano I (1870) al pontificio di Giovanni XIII, in: Ruggiero, Romano/Vivanti, Corrado (Hgg.), Storia d'Italia, Bd. 5,2: I documenti, Torino 1973, 1494-1548.

Ders., I *dilemmi* e i silenzi di Pio XII. Vaticano, Seconda guerra mondiale e Shoah, Milano 2000.

Ders., Das katholische *Italien* und der Faschismus, in: Quellen und Forschungen aus italienischen Archiven und Bibliotheken 78 (1998), 539-566.

Micewski, Andrzej, Roman *Dmowski*, Warzawa 1971.

Michaelis, Meir, *Mussolini's Unofficial Mouthpiece*. Telesio Interlandi – Il Tevere and the Evolution of Mussolini's Anti-Semitism, in: JMIS 3 (1998), 217-240.

Michalka, Wolfgang, Matthias *Erzberger*: »Reichsminister in Deutschlands schwerster Zeit«. Essays zur Ausstellung, Potsdam 2002.

Michel, Ernst, *Politik* aus dem Glauben, Jena 1926.

Michels, Helmut, *Ideologie* und Propaganda. Die Rolle von Joseph Goebbels in der nationalsozialistischen Außenpolitik bis 1939 (Europäische Hochschulschriften: Reihe 3, Geschichte und ihre Hilfswissenschaften, 527), Frankfurt/M.-Bern-New York-Paris 1992.

Micklem, Nathaniel, *National Socialism* and the Roman Catholic Church. Being an account of the conflict between the National Socialist Government of Germany and the Roman Catholic Church 1933-1938, London 1939.

Minnerath, Roland, *L'Église* et les États concordataires (1864-1981). La souveraineté spirituelle, Paris 1983.

Missiroli, Mario, *Data* e Cesare. La politica religiosa di Mussolini con documenti inediti, Roma 1923.

Moa, Pío, Los mitos de la *Guerra Civil* (La esfera: historia), Madrid [23]2003.

Möller, Horst, Die *Weimarer Republik*. Eine unvollendete Demokratie, München [7]2004.

Mommsen, Wolfgang J., *Bürgerstolz* und Weltmachtstreben. Deutschland unter Wilhelm II. 1890-1918, Berlin 1995.

Gedruckte Quellen und Literatur

Molony, John N., The *Emergence* of Political Catholicism in Italy. Partito Popolare 1919-1926, London/Totowa 1977.

Morsey, Rudolf, *Brünings politische Weltanschauung* vor 1918, in: Ritter, Gerhard A. (Hg.), Gesellschaft, Parlament und Regierung. Zur Geschichte des Parlamentarismus in Deutschland (Veröffentlichung der Kommission für Geschichte des Parlamentarismus und der politischen Parteien), Düsseldorf 1974, 317-335.

Ders., Das *Ende* der Zentrumspartei 1933. Forschungsstand und persönliche Erinnerungen an die Zusammenarbeit mit Zeitzeugen, Vortrag am 17. 6. 2004 im DHI Rom (Ms.).

Ders. (Hg.), Das *»Ermächtigungsgesetz«* vom 24. März 1933, Quellen zur Geschichte und Interpretation des »Gesetzes zur Behebung der Not von Volk und Reich« (Kommission für Geschichte des Parlamentarismus und der politischen Parteien: Dokumente und Texte, 1), Düsseldorf 1992.

Ders., Die *Deutsche Zentrumspartei* 1917-1933 (Beiträge zur Geschichte des Parlamentarismus und der politischen Parteien, 32), Düsseldorf 1966.

Ders., [Teilnahme an] *Diskussion*, in: Hehl, Ulrich von (Hg.), Adenauer und die Kirchen (Veröffentlichungen der Stiftung Bundeskanzler-Adenauer-Haus; Rhöndorfer Gespräche, 17), Bonn 1999, passim.

Ders., Zur *Entstehung*, Authentizität und Kritik von Brünings »Memoiren« 1918-1934 (Rheinisch-Westfälische Akademie der Wissenschaften, Geisteswissenschaften, Vorträge, Geisteswissenschaften, 202), Opladen 1975.

Ders., Matthias *Erzberger* (1875-1921), Bonn 1973.

Ders. (Hg.), Ludwig *Kaas* †. Tagebuch 7.-20. April 1933. Aus dem Nachlaß von Prälat Ludwig Kaas, in: SdZ 166 (1960), 422-430.

Ders., *Machtkampf* um eine Bibliothek in Münster 1939-1942. Himmlers und Rosenbergs Interesse an den beschlagnahmten Instituten von Georg Schreiber, in: KZG 18 (2005) (i.E.).

Ders., Eugenio *Pacelli* als Nuntius in Deutschland, in: Schambeck, Herbert (Hg.), Pius XII., aaO., 103-139.

Ders. (Bearb.), Die *Protokolle* der Reichstagsfraktion 1926-1933 und des Fraktionsvorstandes der Deutschen Zentrumspartei 1926-1933 (VKZG,Q., 9), Mainz 1969.

Ders., Zur *Vorgeschichte* des Reichskonkordats aus den Jahren 1920 und 1921, in: ZRG KA 44 (1958) 237-267.

Moseley, Ray, Zwischen *Hitler und Mussolini*. Das Doppelleben des Grafen Ciano, Berlin 1998.

Mosse, Georg L., Die *Geschichte* des Rassismus in Europa. Aus dem Amerikanischen von Elfriede Burau und Hans Günter Holl, Frankfurt/M. 1990.

Mróz, Maciej, *Watykan y Ukraina* w okresie kształtowania się systemu wersalskiego w latach 1918-1921, in: Dzieje Najnowsze 36 (2004), Heft 1, 3-19.

Müller, Frank, Die *»Brüning-Papers«*. Der letzte Zentrumskanzler im Spiegel der Selbstzeugnisse (Europäische Hochschulschriften: Reihe 3, Geschichte und ihre Hilfswissenschaften, 557), Frankfurt/M.-Bern-New York-Paris 1993.

Müller, Franz, Ein *»Rechtskatholik«* zwischen Kreuz und Hakenkreuz: Franz von Papen als Sonderbevollmächtigter Hitlers in Wien 1934-1938 (Europäische Hochschulschriften: Reihe 3, Geschichte und ihre Hilfswissenschaften, 446), Frankfurt/M.-Bern-New York-Paris 1990.

Quellen- und Literaturverzeichnis

Müller, Hans (Hg.), *Katholische Kirche und Nationalsozialismus*, München 1965.

Muggeridge, Malcolm (Hg.), *Ciano's Diplomatic Papers*. Being a Record of Nearly 200 Conversations Held During the Years 1936-42 with Hitler, Mussolini, Franco, Goering, Ribbentrop; Chamberlain, Eden, Sumner, Welles, Schuschnigg, Lord Perth, François-Poncet; and Many Other World Diplomatic and Political Figures. Together with Important Memoranda, Letters, Telegrams, etc., London 1948.

Ders. (Hg.), *Ciano's Diary* 1939-1943, London 1950.

Mumford, Lewis, The *Call* to Arms, in: New Republic vom 8. 5. 1938, 41.

Mussolini, Benito, *Scritti e discorsi*: dal gennaio 1934 al 1934 al novembre 1935: XII-XIV E.F., Milano 1935.

Myszor, Jerzy, Die polnisch-deutschen *Beziehungen* in Polnisch-Schlesien im Zeitraum 1918-1926 aus der Sicht der Kirche, in: KZG 18 (2005) (i.E.).

Ders./Konieczny, Jan (Hgg.), *Korespondencja* Augusta Hlonda i Józefa Gawliny w latach 1924-1948 (Studia i Materiały Wydziału Teologicznego Uniwersytetu Śląskiego w Katowicach, 14), Katowice 2003.

Nagy, Zsuzsa L., Über die *Geschichte* der ungarischen Kommune, in: Farkas, József (Hg.), Räterepublik und Kultur. Ungarn 1919, Budapest 1979, 7-17.

Napolitano, Matteo Luigi, *Pio XII* tra guerra e pace. Profezia e diplomazia di un papa (1939-1945) (i volti della storia, 12), Roma 2002.

Napolitano, Matteo/Tornielli, Andrea, Il *Papa* che salvò gli ebrei. Dagli archivi segreti del Vaticano tutta la verita su Pio XII., Casale Monferrato 2004.

Neuman, Hendricus Johannes, Arthur *Seyß-Inquart*, Graz-Wien-Köln 1974.

Neyer, Maria Amata, Der *Brief* Edith Steins an Pius XI., in: Edith-Stein-Jahrbuch 10 (2004), 11-29.

Niebuhr, Reinhold, The *Catholic Heresy*, in: ChC 54 vom 8. 12. 1937.

Nix, Claire, *Leserbrief*, in: FAZ Nr. 66 vom 18. 3. 2000, 11.

Noël, Léon, Les illusions de *Stresa*. L'Italie abandonnée à Hitler, Paris 1975.

Nolte, Ernst, Der *Faschismus* in seiner Epoche. Die Action française. Der italienische Faschismus. Der Nationalsozialismus, München, Zürich ⁵1979.

Nosov, Sergej N. (Hg.), *Papstvo* i ego bor'ba s Pravoslaviem, Moskva 1993.

Nützenadel, Alexander, *Faschismus* als Revolution? Politische Sprache und revolutionärer Stil im Italien Mussolinis, in: Dipper, Christof (Hg.), Europäische Sozialgeschichte. Festschrift für Wolfgang Schieder (Historische Forschungen, 68), Berlin 2000, 21-40.

Opello, Walter, Portugal's Political *Development*. A Comparative Approach (Westview special studies in West European politics and society), Boulder 1985.

Opera Omnia di Benito Mussolini, a cura di Edoardo e Duilio Susmel, Bd. 26: Dal Patto a quatro all'inaugurazione della provincia di Littoria: (8 giugno 1933 – 18 dic. 1934), Firenze 1958; Bd. 28: Dalla proclamazione dell'imperio al viaggio in Germania: (10 magg. 1936 – 30 sett. 1937), Firenze 1959.

Otruba, Gustav, *Auswahldokumente* zur Geschichte der »Tausend-Mark-Sperre« von 1934 bis zum Juliabkommen 1936, in: Jahrbuch für Zeitgeschichte 1979, Wien 1980, 237-257.

Pacelli, Eugenio (Pius XII. Papa), *Discorsi* e panegirici. Con l'aggiunta di nuovi discorsi e panegirici (1931 – 1938), Città del Vaticano ²1956.

Ders., La *personalità* delle leggi. Specialmente nel Diritto Canonico, Roma 1912.

Pacelli, Francesco, *Diario* della Conciliazione. Con verbali e appendice di documenti, Roma 1959.

Padellaro, Nazareno, *Pius XII.*, Bonn 1952.

Papen, Franz von, Der *Wahrheit* eine Gasse, München 1952.

Parsons, Talcott, »*Academic Freedom*«, in: Gerhard, Uta (Hg.), Talcott Parsons on National Socialism, New York 1993, 98.

Passelecq, Georges/Suchecky, Bernard, Die unterschlagene *Enzyklika*. Der Vatikan und die Judenverfolgung, Berlin 1999.

Pastor, Ludwig von, *Tagebücher* – Briefe – Erinnerungen. Hg. von Wilhelm Wühr, Heidelberg 1950.

Passos, Marceliño, Der *Niedergang* des Faschismus in Portugal. Zum Verhältnis von Ökonomie, Gesellschaft und Staat/Politik in einem europäischen Schwellenland (Schriftenreihe der Studiengesellschaft für Sozialgeschichte und Arbeiterbewegung, 65), Marburg 1987.

Patch, William L., Heinrich *Brüning* and the Dissolution of the Weimar Republic, Cambridge 1998.

Ders., *Leserbrief*, in: *FAZ* Nr. 58 vom 9. 3. 2000, 14.

Payne, Stanley G., *Falange*. A History of Spanish Fascism (Stanford Studies in History, Economics and Political Science, 22), Stanford 1961.

Ders., *Geschichte des Faschismus*. Aufstieg und Fall einer europäischen Bewegung, München-Berlin 2001.

Petersen, Jens, *Hitler – Mussolini*. Die Entstehung der Achse Berlin-Rom 1933-1936 (Bibliothek des DHI in Rom, 43), Tübingen 1973.

Petzold, Joachim, Franz von *Papen*. Ein deutsches Verhängnis, München-Berlin 1995.

Pfister, Peter (Hg.), Michael Kardinal von *Faulhaber* (1869-1952). Beiträge zum 50. Todestag und zur Öffnung des Kardinal-Faulhaber-Archivs (Schriften des Archivs des Erzbistums München und Freising, 5), Regensburg 2002.

Ders., Im *Spannungsfeld* von Orts- und Weltkirche: Freising, Fulda, Rom, in: Bauer, Richard (Bearb.), Kardinal Michael von Faulhaber, aaO., 200-220.

Phayer, Michael, The *Catholic Church* and the Holocaust 1930-1965, Bloomington 2000.

Ders., Pope *Pius XII*, the Holocaust, and the Cold War, in: Holocaust and Genocide Studies 12 (1998), 233-256.

Ders., *Pius XII and the Genocide* of Polish Catholics and Polish Jews during the Second World War, in: KZG 15 (2002), 238-262.

Pinto, António Costa (Hg.), Modern *Portugal*, Palo Alto 1998.

Ders., *Salazar's Dictatorship* and European Fasicm. Problems of Interpretation (Social science monographs), New York 1995.

[Pius XII.], Der *Papst* an die Deutschen: Pius XII. als Apostolischer Nuntius und Papst in seinen deutschsprachigen Reden und Sendschreiben von 1917 bis 1956, nach den vatikanischen Archiven hg. von Bruno Wüstenberg, Frankfurt 1956.

Pollard, John Francis, The *Vatican* and Italian Fascism 1929-32. A Study in Conflict, Cambridge 1985.

Pollmann, Viktoria, *Untermieter* im christlichen Haus. Die Kirche und die ›jüdische Frage‹ in Polen anhand der Bistumspresse der Metropole Krakau 1926-1939 (Jüdische Kultur, 9), Wiesbaden 2001.

Quellen- und Literaturverzeichnis

Pouthier, Jean-Luc, *Émigrés* Catholiques et Antifascisme. Luigi Sturzo et L'internationale blanche, in: Perre Milza (Hg.), Les Italiens en France de 1914 à 1940, Paris-Roma 1986, 481-497.

Preston, Paul, *Franco*: »Caudillo de España«, Barcelona [2]1994.

Prévotat, Jacques, Les *catholiques* et l'Action française. Histoire d'une condamnation 1899-1939, Paris 2001.

Raabe, Felix, Die *Bündische Jugend*. Ein Beitrag zur Geschichte der Weimarer Republik, Stuttgart 1961.

Raem, Heinz-Albert, *Pius XI.* und der Nationalsozialismus. Die Enzyklika »Mit brennender Sorge« vom 14. März 1937 (Beiträge zur Katholizismusforschung: Reihe B, Abhandlungen), Paderborn-München-Wien-Zürich 1979.

Rall, Hans, *Wilhelm II.* Eine Biographie, Graz-Wien-Köln 1995.

Rauscher, Anton (Bearb.), Wider den *Rassismus*. Entwurf einer nicht erschienenen Enzyklika (1938). Texte aus dem Nachlaß von Gustav Gundlach SJ, Paderborn-München-Wien-Zürich [2]2001.

Rauscher, Walter, *Hitler und Mussolini*. Macht, Krieg und Terror, Graz-Wien-Köln 2001.

Recker, Klemens-August, »Wem wollt ihr glauben?« – Bischof *Berning* im Dritten Reich, Paderborn-München-Wien-Zürich [2]1998.

[Die] *Reden* gehalten in den öffentlichen und geschlossenen Versammlungen der 62. Generalversammlung der Katholiken Deutschlands zu München 27. bis 30. August 1922, Würzburg 1923.

Reichhold, Anselm OSB, Die deutsche katholische *Kirche* zur Zeit des Nationalsozialismus (1933-1945) unter besonderer Berücksichtigung der Hirtenbriefe, Denkschriften, Predigten und sonstigen Kundgebungen der deutschen katholischen Bischöfe, St. Ottilien 1992.

Reichsgesetzblatt (*RGBl.*). Teil I. Hg. im Reichsministerium des Innern, Berlin 1933.

Rein, Hans, Franz von *Papen* im Zwielicht der Geschichte. Sein letzter Prozeß, Baden-Baden 1979.

Reinhardt, Volker, *Geschichte* Italiens. Von der Spätantike bis zur Gegenwart (Beck's historische Bibliothek), München 2003.

Rennhofer, Friedrich, *Ignaz Seipel*, Mensch und Staatsmann. Eine biographische Dokumentation (Böhlaus zeitgeschichtl. Bibliothek, 2), Wien-Köln-Graz 1978.

Repgen, Konrad, Über die *Entstehung* der Reichskonkordats-Offerte im Frühjahr 1933 und die Bedeutung des Reichskonkordats, in: VfZ 26 (1978), 499-543.

Ders., Hitlers »*Machtergreifung*«, die christlichen Kirchen, die Judenfrage und Edith Steins Eingabe an Pius XI. vom [9.] April 1933, in: Edith-Stein-Jahrbuch 10 (2004), 31-69.

Ders., *Nachwort* zu einer Kontroverse, in: VfZ 27 (1979), 159-161.

Ders., *Pius XI. und das faschistische Italien*. Die Lateranverträge von 1929 und ihre Folgen, in: Pöls, Werner (Hg.), Staat und Gesellschaft im politischen Wandel. Beiträge zur Geschichte der Moderne, Stuttgart 1979, 331-359.

Ders., *Pius XI.* zwischen Stalin, Mussolini und Hitler. Zur Vatikanischen Konkordatspolitik der Zwischenkriegszeit, in: APuZ 39 1979, 3-23.

Ders., *Reichskonkordats-Kontroversen* und historische Logik, in: Funke, Manfred/Jacobsen, Hans-Adolf/Knütter, Hans-Helmuth/Schwarz, Hans-Peter (Hgg.),

Demokratie und Diktatur. Geist und Gestalt politischer Herrschaft in Deutschland und Europa. Festschrift für Karl Dietrich Bracher, Düsseldorf 1987, 158-176.

Ders., Zur vatikanischen *Strategie* beim Reichskonkordat, in: VfZ 31 (1983), 506-535.

Ders., *Ungedruckte Nachkriegsquellen* zum Reichskonkordat. Eine Dokumentation, in: HJ 99 (1979), 375-413.

Rhodes, Anthony, Der *Papst* und die Diktatoren. Der Vatikan zwischen Revolution und Faschismus (Böhlaus zeitgeschichtliche Bibliothek, 3), Wien 1980.

Rial, James H., *Revolution* from Above. The Primo de Rivera Dictatorship in Spain, 1923-1930, Fairfax 1986.

Richter, Ingrid, *Nationalsozialismus*, Kommunismus und die Folgen. Der katholische Moraltheologe, Eugeniker und Caritasfunktionär Joseph Mayer und die rassenhygienische Wende des Jahres 1933, in: Manderscheid, Michael/Wollasch, Hans-Josef (Hgg.), Die ersten hundert Jahre. Forschungsstand zur Caritas-Geschichte. Dokumentation eines Symposiums der Fortbildungs-Akademie des Deutschen Caritas-Verbandes, Freiburg/Br. 1998, 79-86.

Rigoni, Anna, Il *concordato* serbo-vaticano del 1914, in: ASI 133 (1976), 159-178.

Rittberg, Gräfin Else von, Der preußische *Kirchenvertrag* von 1931. Seine Entstehung und Bedeutung für das Verhältnis von Staat und Kirche in der Weimarer Republik, Diss. phil. Bonn 1959.

Ritter, Gerhard, *Staatskunst und Kriegshandwerk*. Das Problem des »Militarismus« in Deutschland, Bd. 4: Die Herrschaft des deutschen Militarismus und die Katastrophe von 1918, München 1968.

Robertson, Esmonde, *Race* as a Factor in Mussolini's Policy in Africa and Europe, in: JCH 23 (1988), 37-58.

Rodrigo, Javier, Los *campos* de concentración franquistas. Entre la historia y la memoria, Madrid 2003.

Rödder, Andreas, *Dichtung und Wahrheit*. Der Quellenwert von Heinrich Brünings Memoiren und seine Kanzlerschaft, in: HZ 265 (1997), 77-116.

Rogall, Joachim, Die Deutschen im *Posener Land* und in Mittelpolen (Studienbuchreihe der Stiftung Ostdeutscher Kulturrat, 3), München 1993.

Rohrbasser, Anton (Hg.)/Cattin, Paul (Bearb.), *Heilslehre* der Kirche. Dokumente von Pius IX. bis Pius XII., Freiburg/Schweiz 1953.

Rood, Wim, *Rom und Moskau*. Der Heilige Stuhl und Rußland bzw. die Sowjetunion von der Oktoberrevolution 1917 bis zum 1. Dezember 1989 (Münsteraner theologische Abhandlungen, 23), Altenberge 1993.

Roos, Hans, *Geschichte* der polnischen Nation 1918-1985. Von der Staatsgründung im Ersten Weltkrieg bis zur Gegenwart. Fortgeführt von Manfred Alexander, Stuttgart-Berlin-Köln [4]1986.

Rosa, Enrico, L'*internazionale* della barbarie nella sua lotta contro la Civiltà, in: CC vom 19. 9. 1936, 114ff.

Rosar, Wolfgang, *Deutsche Gemeinschaft*. Seyß-Inquart und der Anschluß, Wien-Frankfurt/M.-Zürich 1971.

Rosenberg, Alfred, Der *Mythus* des 20. Jahrhunderts Eine Wertung der seelisch-geistigen Gestaltungskämpfe unserer Zeit, München 1930.

Rosenfeld, Günter, *Sowjetunion und Deutschland* 1922-1933, Berlin (Ost) 1984.

Rossi, Ernesto, Il *manganello* e l'aspersorio, Bari 1968.

Rossi, Fabrizio, Der *Vatikan*. Politik und Organisation (Beck'sche Reihe, 2182; C. H. Beck Wissen), München 2004.

Rothenbücher, Karl, Die *Trennung* von Staat und Kirche, München 1908.

Ruchniewicz, Krzysztof/Troebst, Stefan (Hgg.), Diktaturbewältigung und nationale Selbstvergewisserung – Geschichtskulturen in Polen und Spanien im Vergleich. Materialien eines internationalen Workshops in Wroclaw und Krzyzowa, 12.-15. Juni 2003. Wroclaw 2004 (= Monografie Centrum Studiów Niemieckich i Europejskich im. Willy Brandta na Uniwersytecie Wroclawskim, t. 5). [im Druck]

Ruhl, Klaus-Jörg, *Spanien* im Zweiten Weltkrieg. Franco, die Falange und das »Dritte Reich« (Historische Perspektiven, 2), Hamburg 1975.

Ders./Ibarra García, Laura, *Kleine Geschichte Mexikos*. Von der Frühzeit bis zur Gegenwart (Beck'sche Reihe, 1366), München 2000.

Rychlak, Ronald J., *Hitler*, the War and the Pope, Huntington 2000.

Sadowski, Konrad, *Catholic Power* and Catholicism as a Component of Modern Polish National Identity 1863-1918 (The Donald W. Treadgold Papers, 29), Seattle 2001.

Sale, Giovanni SJ, *Hitler*, la Santa Sede e gli ebrei con documenti dell'archivio segreto vaticano (Di fronte e attraverso, 661), Milano 2004.

Ders., Il delitto *Matteotti*, in: CC 155 (2004), 13-26.

Samerski, Stefan, Die *Aufnahme* diplomatischer Beziehungen zwischen dem Hl. Stuhl und dem Deutschen Reich (1920), in: AHP 34 (1996), 325-368.

Ders. (Hg.), Das *Bistum Danzig* in Lebensbildern. Ordinarien, Weihbischöfe, Generalvikare, Apostolische Visitatoren 1922/25 bis 2000 (Religions- und Kulturgeschichte in Ostmittel- und Südeuropa, 3), Münster 2003.

Ders., Prof. Richard *Delbrueck* und die Anfänge der Reichskonkordatverhandlungen aus den Jahren 1920 bis 1923, in: ZKG 104 (1993), 328-357.

Ders., Der *Hl. Stuhl* und der Vertrag von Versailles, in: ZKG 107 (1996), 355-375.

Ders., Ostdeutscher *Katholizismus* im Brennpunkt. Der deutsche Osten im Spannungsfeld von Kirche und Staat nach dem Ersten Weltkrieg (Historische Forschungen), Bonn 1999.

Ders., Die katholische *Kirche* in der Freien Stadt Danzig 1920-1933. Katholizismus zwischen Libertas und Irredenta (Bonner Beiträge zur Kirchengeschichte, 17), Köln-Weimar-Wien 1991.

Ders., Der geistliche *Konsultor* der deutschen Botschaft beim Heiligen Stuhl während der Weimarer Republik, in: RQ 86 (1991), 261-278.

Ders., *Primat* des Kirchenrechts. Eugenio Pacelli als Nuntius beim Deutschen Reich (1920- 1929), in: Archiv für katholisches Kirchenrecht 170 (2001), 5-21.

Ders. (Hg.), *Wilhelm II.* und die Religion. Facetten einer Persönlichkeit und ihres Umfeldes (Forschungen zur brandenburgischen und preußischen Geschichte: Beiheft, N.F., 5), Berlin 2001.

Sánchez, José M., *Pius XII.* und der Holocaust. Anatomie einer Debatte, Paderborn-München-Wien-Zürich 2003.

Sandfuchs, Wilhelm, Die *Außenminister* der Päpste, München-Wien 1962.

Sandmann, Fritz, Die *Haltung* des Vatikans zum Nationalsozialismus im Spiegel des »Osservatore Romano« (von 1929 bis zum Kriegsausbruch), Mainz 1966.

Gedruckte Quellen und Literatur

Schäfer, Michael, *Luigi Sturzo* als Totalitarismustheoretiker, in: Maier, Hans (Hg.), ›Totalitarismus‹, aaO., Bd. 1, 37-47.

Schambeck, Herbert (Hg.), *Pius XII.* zum Gedächtnis, Berlin (West) 1977.

Scheuermann, Audomar, Die *Konkordatspolitik* Pius XII., in: Schambeck, Herbert (Hg.), Pius XII., aaO., 71-102.

Scheuermann, Martin, *Minderheitenschutz* contra Konfliktverhütung? Die Minderheitenpolitik des Völkerbundes in den zwanziger Jahren (Materialien und Studien zur Ostmitteleuropa-Forschung 6), Marburg 2000.

Schieder, Wolfgang, *Faschismus*, in: Dülmen, Richard van (Hg.), Fischer Lexikon Geschichte, Frankfurt/M. 2003, 194-221.

Ders./Dipper, Christof (Hgg.), Der Spanische *Bürgerkrieg* in der internationalen Politik (1936-1939) (Nymphenburger Texte zur Wissenschaft, 23), München 1976.

Schmidlin, Josef, *Papstgeschichte* der neuesten Zeit, Bd. 3, I: Papsttum und Päpste im 20. Jahrhundert: Pius X. und Benedikt XV. (1903-1922), München 1936; Bd. 3, II-IV: Papsttum und Päpste im 20. Jahrhundert: Pius XI. (1922-1939), München 1939.

Schmiedl, Erwin A., *März 1938*. Der deutsche Einmarsch in Österreich, Wien 1987.

Schneider, Burkhart, Die *Friedensbemühungen* des Vatikans im Ersten Weltkrieg, in: SdZ 93 (1968), 31-43.

Schneider, Gabriele, *Mussolini* in Afrika. Die faschistische Rassenpolitik in den italienischen Kolonien 1936-1941 (Italien in der Moderne, 8), Köln 2000.

Schöppe, Lothar (Bearb.), *Konkordate* seit 1800. Originaltext und deutsche Übersetzung der geltenden Konkordate (Dokumente, 35), Frankfurt/M.-Berlin 1964.

Scholder, Klaus, *Altes und Neues* zur Vorgeschichte des Reichskonkordats. Erwiderung auf Konrad Repgen, in: VfZ 26 (1978), 535-570.

Ders., Die *Kirchen* und das Dritte Reich, Bd. 1: Vorgeschichte und Zeit der Illusionen 1918-1934, Frankfurt/M.-Berlin [3]2000; Bd. 2: Das Jahr der Ernüchterung 1934. Barmen und Rom, aaO.

Ders., Österreichisches *Konkordat* und nationalsozialistische Kirchenpolitik 1938/39, in: ZevKR 20 (1975), 230-243.

Schott, Anselm P. (Bearb.), Das *Meßbuch* der hl. Kirche (Missale Romanum) lateinisch und deutsch mit liturgischen Erklärungen, Freiburg/Br. [19]1913.

Schreiber, Georg, Deutsche *Kirchenpolitik* nach dem ersten Weltkrieg: Gestalten und Geschehnisse der Novemberrevolution 1918 und der Weimarer Zeit, in: HJ 70 (1951), 296-333.

Schumann, Reinhold, *Geschichte Italiens*, Stuttgart-Berlin-Köln 1983.

Schuschnigg, Kurt, Im *Kampf* gegen Hitler. Die Überwindung der Anschlußidee, Wien-München 1988.

Schwaiger, Georg, *Papsttum und Päpste* im 20. Jahrhundert. Von Leo XIII. zu Johannes Paul II., München 1999.

Schwarte, Johannes, Die *katholische Kirche* und der Rassismus der Nationalsozialisten – konkretisiert am Enzyklika-Projekt Pius' XI. gegen den Rassismus, in: Edith-Stein-Jahrbuch 10 (2004), 69-98.

Schwarz, Ted, *Joseph P. Kennedy*. The Mogul, the Mob, the Statesman, and the Making of an American Myth, Hoboken 2003.

Quellen- und Literaturverzeichnis

Schwengler, Walter, *Völkerrecht*, Versailler Vertrag und Auslieferungsfrage. Die Strafverfolgung wegen Kriegsverbrechen als Problem des Friedensschlusses 1919/20 (Beiträge zur Militär- und Kriegsgeschichte, 24), Stuttgart 1982.

Scoppola, Pietro, La *Chiesa e il fascismo*. Documenti e interpretazioni, Roma-Bari 1973.

Ders. (Hg.), *Chiesa e stato* nella storia d'Italia. Storia documentaria dall'unità alla repubblica, Bari 1967.

Ders., La *storiografia* italiana sul pontificio di Pio XI, in: École Française (Hg.), Achille Ratti, Pape Pie XI. Actes du colloque (Rome 15-18 mars 1989), Roma 1996, 181-193.

Senn, Wilhelm Maria, *Katholizismus und Nationalsozialismus*. Eine Rede an den deutschen Katholizismus, Münster 1931.

Severus, Emmanuel von OSB, Abt Ildefons *Herwegen*. Maria Laach gedenkt seines Geburtstags vor hundert Jahren, in: ders. (Hg.), Was haltet ihr von der Kirche? Die Fragen des Abtes Ildefons Herwegen an seine und unsere Zeit. Beiträge und Würdigungen aus Anlaß seines Geburtstages vor hundert Jah-ren am 27. November 1874 (Beiträge zur Geschichte des alten Mönchtums und des Benediktinerordens. Supplementband, 3), Münster 1976, 10-19.

Siegele-Wenschkewitz, Leonore, *Nationalsozialismus und Kirchen*. Religionspolitik von Partei und Staat bis 1935 (Tübinger Schriften zur Sozial- und Zeitgeschichte, 5), Düsseldorf 1974.

Slayton, Robert A., *Al and Frank*: The Great Smith–Roosevelt Feud, in: D. B. Woolner u.a. (Hgg.), FDR, aaO., 55-66.

Spadolini, Giovanni, Il cardinale *Gasparri* e la questione romana. Con brani delle memorie inedite (Quaderni di storia, 23), Firenze 1972.

Spann, Othmar, Der wahre *Staat*. Vorlesungen über Abbruch und Neubau der Gesellschaft, Leipzig ³1931.

Stark, Rodney, *One True God*. Historical Consequences of Monotheism, Princeton 2001.

Stasiewski, Bernhard (Bearb.), *Akten deutscher Bischöfe* zur Lage der Kirchen 1933-1945, Bd. 1: 1933-1934 (VKZG.Q, 5), Mainz 1968.

Steffen, Franz, Die *Diözese Danzig*, ihr erster Bischof Graf Eduard O'Rouke und ihre Kathedralkirche zu Olivia, Danzig 1926.

Steglich, Wolfgang (Hg.), Der *Friedensappell* Papst Benedikts XV. vom 1. August 1917 und die Mittelmächte. Diplomatische Aktenstücke des Deutschen Auswärtigen Amtes, des bayerischen Staatsministeriums des Äußern, des Österreichisch-Ungarischen Ministeriums des Äußern und des Britischen Auswärtigen Amtes aus den Jahren 1915-1922 (Quellen und Studien zu den Friedensversuchen des Ersten Weltkrieges, 2), Wiesbaden 1970.

Ders., Die *Friedenspolitik* der Mittelmächte 1917/18 (Quellen und Studien zu den Friedensversuchen des Ersten Weltkrieges, 1), Wiesbaden 1964.

Ders. (Hg.), Die *Verhandlungen* des 2. Unterausschusses des Parlamentarischen Untersuchungsausschusses über die Päpstliche Friedensaktion von 1917. Aufzeichnungen und Vernehmungsprotokolle (Quellen und Studien zu den Friedensversuchen des Ersten Weltkrieges, 3), Wiesbaden 1974.

Stehle, Hansjakob, *Geheimdiplomatie* im Vatikan. Die Päpste und die Kommunisten, Zürich 1993.

Ders., *Geheimes* aus Bonn für Moskau vom Vatikan. Der vielseitige Agent Monsignore Edoardo Prettner-Cippico und sein Nachlaß, in: VfZ 51 (2003), 263-283.

Ders., *Lenins Mann* im heiligen Rom, in: ders., Graue Eminenzen – dunkle Existenzen. Geheimgeschichten aus vatikanischen und anderen Hinterhöfen, Düsseldorf 1998, 32-39.

Stehlin, Stewart A., *Weimar* and the Vatican 1919-1933. German-Vatican Diplomatic Relations in the Interwar Years, Princeton 1983.

Stein, Joshua B., Great Britain and the *Evian Conference* 1938, in: The Wiener Library Bulletin 37/38 (1976/1977), 40-52.

Steininger, Rolf/Gehler, Michael, *Österreich im 20. Jahrhundert*, Bd. 1: Von der Monarchie bis zum Zweiten Weltkrieg, Wien 1997.

Ders., *12. November 1918* bis 13. März 1938: Stationen auf dem Weg zum »Anschluß«, in: ders./u.a. (Hgg.), Österreich im 20. Jahrhundert, aaO., 99-151.

Steinmaus-Pollak, Angelika, Das als *Katholische Aktion* organisierte Laienapostolat. Geschichte seiner Theorie und seiner kirchenrechtlichen Praxis in Deutschland (Forschungen zur Kirchenrechtswissenschaft, 4), Würzburg 1988.

Stenographische Protokolle über die Sitzungen des Bundestages des Bundesstaates Österreich, Bd. 2, Wien 1938.

Stephan, Juliane, *Begleiterin* im langen Schatten. Claire Nix: Heinrich Brünings Eckermann in Neuengland, in: FAZ Nr. 54 vom 4. 3. 2000, 3.

Sternhell, Zeev/Sznaijder, Mario/Asheri, Maia, Die *Entstehung* der faschistischen Ideologie. Von Sorel zu Mussolini, Hamburg 1999.

Straub, Eberhard, Das Spanische *Jahrhundert*, Berlin 2004.

Stricker, Gerd, *Religion* in Rußland. Darstellungen und Daten zu Geschichte und Gegenwart (Gütersloher Taschenbücher, 634: Religion in Europa), Gütersloh 1993.

Stüken, Wolfgang, *Hirten* unter Hitler. Die Rolle der Paderborner Erzbischöfe Caspar Klein und Lorenz Jäger in der NS-Zeit, Essen 1999.

Sturzo, Luigi, *Kirche und Staat*, Augsburg 1932.

Ders., Le *Fascisme* et le Vatican en 1938. La visite de Hitler à Rome, in: La Vie Intellectuelle v. 10. 2. 1940, 325-350.

Suppan, Arnold (Hg.), Außenpolitische *Dokumente* der Republik Österreich 1918-1938, Bd. 2: Im Schatten von Saint-Germain 15. März 1919 bis 6. September 1919, Wien 1994.

Sutton, Michael, Charles *Maurras* et les Catholiques français 1890-1914. Nationalisme et Positivisme (Bibliothèque Beauchesne. Religions – société – politique, 25), Paris 1994.

Tálos, Emmerich, Das austrofaschistische *Herrschaftssystem* 1933-1938, in: Maderthaner, Wolfgang/Maier, Michaela (Hgg.), »Der Führer bin ich selbst.« Engelbert Dollfuß – Benito Mussolini, Briefwechsel, Wien 2004, 103-127.

Tardini, Domenico, *Pius XII.* als Oberhirte, Priester und Mensch, Freiburg/Br. 1963.

Thierfelder, Jörg, »Aber Hände weg von Bibel und Kirche«. *Wahlverweigerer* im evangelischen Württemberg bei der Volksabstimmung vom 10. April 1938, in: Besier, Gerhard/Schmidt Günther R. (Hgg.), Widerstehen und Erziehen im christlichen Glauben. Festgabe für Gerhard Ringshausen zum 60. Geburtstag, Holzgerlingen 1999, 164-181.

Quellen- und Literaturverzeichnis

Thoma, Clemens, Versteckte und verpaßte *Botschaft* für die Juden. Bemerkungen zu einer 1938 vorbereiteten Enzyklika über Rassismus und Antisemitismus, in: Freiburger Rundbrief. Zeitschrift für christlich-jüdische Begegnung, Neue Folge 4 (1997), 241-249.

Tierney, Dominic, Franklin D. *Roosevelt* and Covert Aid to the Loyalists in the Spanish Civil War, in: JCH 39 (2004), 299-314.

Tittmann, Harold Jr., *Inside* the Vatican of Pius XII. The Memoirs of an American Diplomat During World War II, edited by Harold H. Titmann III, New York 2004.

Toepser-Ziegert, Gabriele (Bearb.), *NS-Presseanweisungen*. Edition und Dokumentation, hg. von Hans Bohrmann, Bd. 4/III: 1936, München-New Providence-London 1993.

Tokareva, Evgenia S., Catholic *Hierarchy* in Russia in the 1920s and the 1930s. New Archival Evidence, in: KZG 14 (2001), 142-147.

Tomkowitz, Gerhard/Wagner, Dieter, »Ein Volk, ein Reich, ein Führer!«. Der »*Anschluß*« Österreichs 1938, München-Zürich [2]1988.

Topolski, Jerzy, *Polska* dwudziestego wieku 1914-1997, Poznań [3]1998.

Tornielli, Andrea, Pio XII. Il papa degli *Ebrei*, Casale Monferrato 2001.

Traina, Richard P., *American Diplomacy* and the Spanish Civil War, Bloomington 1968.

Tretjakewitsch, Léon, *Bishop Michel d'Herbigny* and Russia. A Pre-Ecumenical Approach to Christian Unity (Das östliche Christentum, Neue Folge, 39), Würzburg 1990.

Treviranus, Gottfried Reinhold, Das *Ende* der Weimarer Republik. Heinrich Brüning und seine Zeit, Düsseldorf-Wien 1968.

Tüchle, Hermann, *Pietro Kardinal Gasparri*, in: Sandfuchs, Wilhelm (Hg.), Die Außenminister der Päpste, München-Wien 1962, 94-108.

Uertz, Rudolf, Vom *Gottesrecht* zum Menschenrecht. Das katholische Staatsdenken in Deutschland von der Französischen Revolution bis zum II. Vatikanischen Konzil (1789-1965) (Politik- und Kommunikationswissenschaftliche Veröffentlichungen der Görres-Gesellschaft, 25), Paderborn-München-Wien-Zürich 2004.

Valois, Georges, L'essenza del *Fascismo* secondo un sociologo francese, in: Il popolo d'Italia vom 18. 10. 1925.

Van de Velde, Theodor Hendrik, Die vollkommene Ehe. Eine Studie über ihre Psychologie und Technik, Leipzig [17]1927.

Verhandlungen des Sächsischen Landtags, 3. Wahlperiode, 1928/29; 4. Wahlperiode, 1929/30.

Verhandlungen des Reichstags. XIII. Legislaturperiode. II. Session. Band 310. Stenographische Berichte. Von der 102. Sitzung am 7. Mai 1917 bis zur 125. Sitzung am 10. Oktober 1917, Berlin 1917.

Vinas, Añgel, *Franco*, Hitler y el estallido de la guerra civil. Antecedentes y consecuencias (Alianza ensayo, 171), Madrid 2001.

Vocelka, Karl, *Geschichte Österreichs*. Kultur – Gesellschaft – Politik, Graz-Wien-Köln 2000.

Volk, Ludwig (Hg.), *Akten deutscher Bischöfe* über die Lage der Kirche 1933 – 1945, Bd. 4: 1936-1939 (VKZG.Q, 30), Mainz 1981.

Ders. (Hg.), *Akten Kardinal Michael von Faulhabers*, Bd. 1: 1917-1934 (VKZG.Q, 17), Mainz 1975; Bd. 2: 1935-1945 (VKZG.Q, 26), Mainz 1978.

Gedruckte Quellen und Literatur

Ders., Der bayerische *Episkopat* und der Nationalsozialismus 1930-1934 (VKZG.F, 1), Mainz [2]1966.

Ders., Kardinal Michael von *Faulhaber* (1869-1952), in: ders., *Katholische Kirche* und Nationalsozialismus: ausgewählte Aufsätze, hg. von Dieter Albrecht (VKZG.F, 46), Mainz 1987, 201-251.

Ders., Die *Kirche* in den deutschsprachigen Ländern (Deutschland, Österreich, Schweiz), in: HKG VII, 537-561.

Ders. (Hg.), *Kirchliche Akten* über die Reichskonkordatsverhandlungen 1933 (VKZG.Q, 11), Mainz 1969.

Ders., *Ökumene* des Versagens?, in: ders., Katholische Kirche, aaO., 354-360.

Ders., Das *Reichskonkordat* vom 20. Juli 1933. Von den Ansätzen in der Weimarer Republik bis zur Ratifizierung am 10. 9. 1933 (VKZG.F, 5), Mainz 1972.

Volsansky, Gabriele, *Pakt* auf Zeit. Das Deutsch-Österreichische Juli-Abkommen 1936 (Böhlaus zeitgeschichtliche Bibliothek, 37), Wien-Köln-Weimar 2001.

Wagner, Oskar, Zwischen Völkern, Staaten und Kirchen. Zur *Geschichte* des Protestantismus in Ostmitteleuropa, Berlin (West) 1986.

Wahrmund, Ludwig, Die kaiserliche *Exklusive* im Konklave Innozenz XIII. mit einem Anhang betreffend die Akten des päpstlichen Konsistorialarchivs über Sedisvakanz und Konklave (Sitzungsberichte der Kais. Akademie der Wissenschaften in Wien, Philosophisch-Historische Klasse, 170,5), Wien 1912.

Walther, Christian, *Königsherrschaft Christi*, in: TRE XIX (1999), 311-323.

Walz, Angelus M., *Andreas Kardinal Frühwirth* (1845-1933). Ein Zeit- und Lebensbild, Wien 1950.

Wedemeyer-Kolwe, Bernd, »Der neue Mensch«. *Körperkultur* im Kaiserreich und in der Weimarer Republik, Würzburg 2004 (i.E.).

Weinzierl, Erika, *Prüfstand*. Österreichs Katholiken und der Nationalsozialismus, Mödling 1988.

Dies./Skalnik, Kurt (Hgg.), *Österreich* 1918-1938. Geschichte der Ersten Republik, 2 Bde, Graz-Wien-Köln 1983.

Weinzierl-Fischer, Erika, Österreichs *Katholiken* und der Nationalsozialismus, Teil I: 1918-1933; Teil II: 1933-1945, in: WuW 18 (1963), 417-439; 493-526.

Weizsäcker, Ernst von, Die *Weizsäcker-Papiere* 1933-1950, hg. von Leonidas E. Hill, Frankfurt 1974.

Ders., *Erinnerungen*, München 1950.

Wende, Erich, *C. H. Becker*. Mensch und Politiker. Ein biographischer Beitrag zur Geschichte der Weimarer Republik, Stuttgart 1959.

Wenger, Antoine, *Rome et Moscou* 1900-1950, Paris 1987.

Wilhelm II., *Ereignisse und Gestalten* aus den Jahren 1878-1918, Leipzig 1922.

Wilk, Stanislav, Der Heilige Stuhl und die *Staaten* Ostmitteleuropas nach dem 1. Weltkrieg (Abriß der Problematik), in: Kloczowski, Jerzy u.a. (Hgg.), Churches in the Century of the Totalitarian Systems (Proceedings of the Commission Internationale d'Histoire Ecclésiastique Comparée, 5,2), Bd. 2, Lublin 2001, 247-259.

Wills, Garry, *Papal Sin*. Structures of Deceit, New York 2000.

Wiltschegg, Walter, Die *Heimwehr*. Eine unwiderstehliche Volksbewegung?, Wien 1985.

Quellen- und Literaturverzeichnis

Winkler, Heinrich August, Der lange *Weg* nach Westen Bd.1: Deutsche Geschichte vom Ende des Alten Reiches bis zum Untergang der Weimarer Republik; Bd. 2: Deutsche Geschichte vom »Dritten Reich« bis zur Wiedervereinigung, München 2000.

Ders., *Weimar* 1918-1933. Die Geschichte der ersten deutschen Demokratie, München 1993.

Wohnout, Helmut, *Regierungsdiktatur* oder Ständeparlament? Gesetzgebung im autoritären Österreich (Studien zu Politik und Verwaltung, 43), Wien-Köln-Weimar 1993.

Wolf, Hubert, Denn für *Gottesmord* gab's in der Kurie kein Pardon, in: *FAZ* Nr. 91 vom 17. 4. 2003, 44.

Ders., *Molto delicato*, in: *FAZ* Nr. 60 vom 12. 3. 2003, 40.

Ders., *München* als Reichsnuntiatur? Aus Anlaß der vollständigen Öffnung des Archivo della Nunziatura di Monaco, in: ZKG 103 (1992), 231-242.

Ders., Vertagt auf unbestimmte *Zeit*, in: *FAZ* Nr. 87 vom 12. 4. 2003, 8.

Wollasch, Hans-Josef, War der katholische *Priester und Eugeniker* Joseph Mayer ein Wegbereiter der NS-Euthanasie?, in: caritas 1991. Jahrbuch des Deutschen Caritasverbandes (1991), 411-429.

Woolner, David B./Kurial, Richard G. (Hgg.), *FDR* [= Franklin Delano Roosevelt], the Vatican, and the Roman Catholic Church in America, 1933-1945 (The World of the Roosevelts), New York-Hampshire 2003.

Wucher, Albert, Postwendend eine *Antwort* aus Rom, in: *FAZ* Nr. 86 vom 11. 4. 2003, 44.

Zimniak, Stanislaw, Il cardinale *August J. Hlond*, primate di Polonia (1881-1948): note sul suo operato apostolico; atti della serata di studio: Roma 20 maggio 1999 (Piccola bibliotheca dell'Instituto Storico Salesiano, 18), Roma 1999.

Zittel, Bernhard, Die *Vertretung* des Hl. Stuhles in München 1785-1934, in: Der Mönch im Wappen – Aus Geschichte und Gegenwart des katholischen München, München 1960, 490-493.

Zlepko, Dmytro, Die *Friedensbemühungen* Pius' XII. vom Pontifikatsantritt bis zum Kriegsausbruch (2. März-1. September 1939), Leverkusen-Opladen 1980.

Zöller, Michael, *Washington und Rom*. Der Katholizismus in der amerikanischen Kultur (Soziale Orientierung, 9), Berlin 1995.

Zuccotti, Susan, Il *Vaticano* e l'Olocausto in Italia, Milano 2001.

Personenregister

Adenauer, Konrad (1876-1967) 100f., 342

Alphons XIII., König von Spanien (1885-1931) 248f.

Alvensleben, Werner von (1875-1949) 127f.

Andrieu, Paulin (1849-1935) 90

Aquin, Thomas von (1225-1274) 165f.

Arco auf Valley, Anton Graf (1897-1945) 39f.

Arendt, Hannah (1906-1975) 7f.

Aretin, Karl Otmar von 178

Aron, Raymond Claude Ferdinand (1905-1983) 243

Asseldonk, Anton van (1892-1983) 215

Attolico, Bernardo (1880-1942) 267

Auer, Erhard (1874-1945) 40

Aversa, Giuseppe (1862-1917) 26f., 54

Balbo, Italo (1896-1940) 208

Baumgartner, Eugen (1879-1944) 170f.

Beck, Józef (1894-1944) 294

Becker, Carl Heinrich von (1876-1933) 69f.

Becker, Winfried 179

Bell, George (1883-1958) 320

Bellarmin, Robert (1542-1621) 165

Benedikt XV. (1854-1922) (vgl. auch Della Chiesa, Giacomo) 16, 20, 24-29, 31, 49-51, 53-56, 58f., 66-68, 70-72, 76, 79f., 91, 94, 117, 145, 214, 327, 334, 349

Benigni, Umberto (1862-1934) 19

Berenguer, Dámaso (1873-1953) 249

Bergen, Diego von (1872-1944) 49, 57, 59f., 68, 70, 103, 120f., 203, 210, 223, 236, 289, 296, 301

Bergmann, Ernst (1881-1945) 231f.

Berning, Wilhelm (1877-1955) 126, 201, 205, 224-227, 229, 238

Bertram, Adolf (1859-1945) 62, 70, 75f. 112, 124f., 142f. 186-189, 192, 198, 200, 210f., 224, 260f. 341, 346, 373

Bethmann Hollweg, Theobald von (1856-1921) 26, 28-30, 35, 55

Beyerle, Josef (1881-1963) 109

Binder, Dieter A. 150

Bismarck, Otto Eduard Leopold von (1815-1898) 99, 107, 197

Blet, Pierre 10

Bludau, Augustin (1862-1930) 125

Blum, Léon (1872-1950) 10, 253, 258

Boelitz, Otto (1876-1951) 94, 107

Bok, Nikolai (1880-1962) 79

Bolz, Eugen (1881-1945) 109

Bonzano, Giovanni (1867-1927) 332

Bornewasser, Franz Rudoph (1866-1951) 279

Bose, Herbert von (1893-1934) 269

Bottum, Joseph 11

Brandmüller, Walter 326

Bratman-Brodowski, Stefan (1880-1937) 85-87

Braun, Wilhelm von (1883-1941) 81

Brechenmacher, Thomas 282f.

Brentano di Tremezzo, Clemens von (1886-1965) 57

Breuning, Klaus 316

Brockdorff-Rantzau, Ulrich Graf von (1869-1928) 81, 83, 86, 89

Bruni, Giulio Ulderigo 312

Brüning, Heinrich (1885-1970) 141f., 152, 156-159, 172f., 176, 178f., 190, 289, 355

Buck, Wilhelm (1869-1945) 104

Bünger, Wilhelm (1870-1937) 105

Bürckel, Joseph (1895-1944) 272, 275-278

Bussche-Haddenhausen, Hilmar Freiherr von dem (1867-1939) 50

Buttmann, Rudolf (1885-1947) 196, 224, 226

Personenregister

Segura y Sáenz, Pedro (1880-1957) 257

Seipel, Ignaz (1876-1932) 137 f., 148

Senn, Wilhelm Maria (1878-1940) 238

Sergij, Metropolit (1867-1944) 89

Seyß-Inquart, Arthur (1892-1946) 271 f., 274, 278

Sibilia, Enrico (1861-1948) 269

Signori, Giosuè 82

Simonetti 84

Smith, Alfred Emanuel (1873-1944) 318

Spahn, Martin (1875-1945) 269

Spahn, Peter (1846-1925) 56

Spellman, Francis (1889-1967) 259

Stalin, Josef (Josef Wissarionowitsch Dschugaschwili) (1879-1953) 233

Stehle, Hansjakob 79

Stein, Edith (1891-1942) 203 f.

Steinmann, Johannes (1870-1940) 81-83, 205

Strasser, Gregor (1892-1934) 154

Stresemann, Gustav (1878-1929) 88, 99, 342

Sturzo, Luigi (1871-1959) 87, 101, 119, 191, 309, 339

Süßheim, Max (*1876) 40

Suhard, Emmanuel Célestin (1874-1949) 304

Tacchi Venturi, Pietro (1861-1956) 136, 291, 348

Tálos, Emmerich 351

Tardini, Domenico (1888-1961) 244

Taylor, Myron C. (1874-1959) 11, 218

Tisserant, Eugène (1884-1972) 304

Tittmann, Jr., Harold H. (1893-1981) 11

Trotzki, Lew (Leib Bronschtein) (1879-1940) 79, 82

Trunk, Gustav (1871-1936) 344

Tschitscherin, Georgij Wassiljewitsch (1872-1936) 82-84, 89

Tychon, Patriarch (Wassilij Iwanowitsch Bellawin) (1865-1925) 80

Valfré di Bonzo, Teodoro (1853-1922) 31, 328

Valois, Georges 376

Van de Velde, Theodor Hendrik (1873-1937) 113

Vannutelli, Vincenzo (1836-1930) 15

Vargas, Getulio (1883-1954) 219

Vassallo di Torregrossa, Alberto (1865-1959) 61, 143, 188, 212 f., 220-223

Verdier, Jean (1864-1940) 373

Vesnitsch, Milenko R. (1863-1921) 23

Viktor Emanuel III., König von Italien (1869-1947) 208, 248

Vocelka, Karl 138

Voegelin, Eric (1901-1985) 243

Waitz, Sigismund (1864-1941) 275, 277 f.

Waldmann, Mosche 283

Walsh, Edmund A. (1885-1956) 85, 339

Walzer, Raphael OSB (1888-1966) 204

Wassermann, Oskar (1869-1934) 200

Weismann, Robert (1873-1939) 69 f.

Weizsäcker, Ernst Freiherr von (1882-1951) 223, 277

Wels, Otto (1873-1939) 180

Wiedemann, Fritz (1891-1970) 277

Wilhelm II., Deutscher Kaiser (1859-1941) 28 f., 35, 51, 54 f.

Wilson, Hugh R. (1885-1946) 277, 279

Wilson, Thomas Woodrow (1856-1924) 26, 31, 36, 49-51, 332

Wirth, Josef (1879-1956) 82-84, 95, 99 f., 102, 153, 157, 342, 359

Wolf, Hubert 213, 215, 361, 364

Wolf, Wilhelm (*1897) 278

Worowski, Waclaw (1871-1923) 81-85, 339

Zech-Bukersroda, Julius Graf von (1885-1946) 42, 57, 101

Zimmermann, Kurt Otto von 106